桥梁工程方向研究生教材

THEORY AND DESIGN OF
HYBRID BRIDGE

组合结构桥梁
理论与设计

东南大学	黄 侨	万 水	
	杨 明		
同济大学	苏庆田	徐 晨	主编
北京交通大学	韩 冰		
长沙理工大学	贺 君		
西南交通大学	李亚东	张清华	主审
长安大学	刘永健		

人民交通出版社股份有限公司

北 京

内 容 提 要

本书为桥梁工程方向研究生教材。全书主要介绍现代桥梁工程中涉及的组合结构桥梁的设计理论与计算方法。本教材共分为 8 章：概述、钢-混凝土组合结构连接件设计、钢-混凝土组合梁桥理论与设计、波形钢腹板组合梁桥理论与设计、钢管混凝土拱桥理论与设计、钢-混凝土结合段结构与设计、钢-混凝土组合桥梁的长期性能、钢-混凝土组合梁桥施工技术与方法。

本教材可供桥梁与隧道工程专业或土木工程专业的研究生学习、参考，也可为从事桥梁工程设计、施工、管理的工程技术人员和科研人员提供理论支持。

图书在版编目(CIP)数据

组合结构桥梁理论与设计／东南大学等主编．— 北京：人民交通出版社股份有限公司，2023.12
ISBN 978-7-114-18880-0

Ⅰ．①组… Ⅱ．①东… Ⅲ．①组合结构—桥梁设计 Ⅳ．①U442.5

中国国家版本馆 CIP 数据核字(2023)第 120894 号

桥梁工程方向研究生教材
Zuhe Jiegou Qiaoliang Lilun yu Sheji

书　名：	组合结构桥梁理论与设计
著 作 者：	东南大学　同济大学　北京交通大学　长沙理工大学
责任编辑：	卢俊丽　王景景
责任校对：	孙国靖　刘璇
责任印制：	刘高彤
出版发行：	人民交通出版社股份有限公司
地　　址：	(100011)北京市朝阳区安定门外外馆斜街 3 号
网　　址：	http://www.ccpcl.com.cn
销售电话：	(010)59757973
总 经 销：	人民交通出版社股份有限公司发行部
经　　销：	各地新华书店
印　　刷：	北京印匠彩色印刷有限公司
开　　本：	787×1092　1/16
印　　张：	19.5
字　　数：	478 千
版　　次：	2023 年 12 月　第 1 版
印　　次：	2023 年 12 月　第 1 次印刷
书　　号：	ISBN 978-7-114-18880-0
定　　价：	65.00 元

(有印刷、装订质量问题的图书由本公司负责调换)

前言

随着我国钢产能的提高,钢桥和组合结构桥梁也得到了快速发展。钢-混凝土组合结构已成为继钢筋混凝土结构、预应力混凝土结构、钢结构以及砖石混凝土结构之后的第五大类桥梁结构。在我国桥梁工程实践的基础上,近年来国内颁布了一批关于组合结构桥梁的行业设计规范及标准,主要有《钢-混凝土组合桥梁设计规范》(GB 50917—2013)、《公路钢结构桥梁设计规范》(JTG D64—2015)、《公路钢混组合桥梁设计与施工规范》(JTG/T D64-01—2015)、《波形钢腹板组合梁桥技术标准》(CJJ/T 272—2017)、《公路钢管混凝土拱桥设计规范》(JTG/T D65-06—2015)、《钢管混凝土拱桥技术规范》(GB 50923—2013)以及《钢管混凝土结构技术规范》(GB 50936—2014)等,明确了组合结构桥梁设计的理论、方法和构造特性。上述规范、标准的颁布必将进一步促进组合结构桥梁发展。基于桥梁工程的发展趋势与我国公路、铁路及市政桥梁的实际需求,各有关高校已先后在本科、研究生教学中开设了组合结构桥梁设计的相关课程。

本教材由东南大学、同济大学、北京交通大学、长沙理工大学联合主编,并由西南交通大学、长安大学主审。本教材主要涉及桥梁工程中常用的三种组合结构桥型,即钢-混凝土组合梁桥、波形钢腹板组合梁桥和钢管混凝土拱桥。结合上述新颁设计规范和标准,本教材着重介绍了组合结构的基本概念、基本理论、设计方法、构造特性及施工技术要点。本教材在每一章的最后列出了配套的思考题,可供学生课后复习和思考。通过对本课程的学习,研究生应具备进行组合结构桥梁设计、施工的基本能力,并为进一步提高创新能力奠定理论基础。

本教材共分为8章。编写分工如下:第1章"概述"和第7章"钢-混凝土组合桥梁的长期性能"由东南大学黄侨教授、北京交通大学韩冰教授编写;第2章"钢-混凝土组合结构连接件设计"由东南大学万水教授和同济大学徐晨副教授编写;第3章"钢-混凝土组合梁桥理论与设计"由东南大学黄侨教授和同济大学苏庆田教授编写;第4章"波形钢腹板组合梁桥理论与设计"由东南大学万水教授和长沙理工大学贺君教授编写;第5章"钢管混凝土拱桥理论与设计"由东南大学黄侨教授、杨明副教授编写;第6章"钢-混凝土结合段结构与设计"由同济大学苏庆田教授编写;第8章"钢-混凝土组合梁桥施工技术与方法"由同济大学苏庆田教授和东南大学万水教授编写。本教材由西南交通大学李亚东教授、张清华教授和长安大学刘永健教授主审。本课程教学的参考学时为32~42学时,各校可根据自己的计划学时酌情调整教学内容。

本教材在编写过程中得到高等学校交通运输与工程(道路、桥梁、隧道与交通工程)教材建设委员会和人民交通出版社股份有限公司的大力支持,孙玺、李喆和卢俊丽等同志为本教材的编写、整合做了大量的工作,在此一并表示衷心的感谢。

由于编者对新颁设计规范和标准的理解可能不准确,教材中难免有不妥或疏漏之处,敬请读者批评指正,并将意见和建议寄至人民交通出版社股份有限公司(卢俊丽,邮箱:ljl@ccpress.com.cn)。

黄 侨

东南大学 2022年6月

目录

第 1 章	概述	1
1.1	钢-混凝土组合结构桥梁特点与分类	1
1.2	钢-混凝土组合结构桥梁应用与发展简介	6
1.3	钢-混凝土组合结构桥梁设计理论与方法	8
1.4	钢-混凝土组合结构桥梁设计规范简介	12
1.5	组合结构桥梁材料及计算原则	22
	思考题	28
	本章参考文献	29
第 2 章	钢-混凝土组合结构连接件设计	31
2.1	钢-混凝土组合结构连接形式及连接件的分类	31
2.2	焊钉连接件	36
2.3	开孔板连接件	51
2.4	其他形式连接件	59
2.5	本章小结	61
	思考题	61
	本章参考文献	62
第 3 章	钢-混凝土组合梁桥理论与设计	63
3.1	钢-混凝土组合梁桥的应用	63
3.2	钢-混凝土组合梁桥的受力特点	69
3.3	钢-混凝土组合梁桥的一般构造	73
3.4	钢-混凝土组合梁桥的截面应力分析与控制	81
3.5	钢-混凝土组合梁桥的截面承载力计算方法	93
3.6	负弯矩区钢结构的稳定问题	118

3.7 本章小结 · 125
思考题 · 125
本章参考文献 · 126

第4章 波形钢腹板组合梁桥理论与设计
4.1 波形钢腹板组合梁桥的发展与结构体系 · 127
4.2 波形钢腹板构造与设计 · 136
4.3 波形钢腹板组合梁桥的力学性能 · 142
4.4 本章小结 · 154
思考题 · 154
本章参考文献 · 155

第5章 钢管混凝土拱桥理论与设计
5.1 钢管混凝土拱桥的应用 · 157
5.2 钢管混凝土结构概述 · 160
5.3 钢管混凝土拱桥的结构体系 · 163
5.4 钢管材料及核心混凝土的基本性能 · 167
5.5 钢管混凝土的基本性能 · 169
5.6 钢管混凝土组合性能指标及组合参数 · 174
5.7 轴心受压构件的承载力及稳定性 · 181
5.8 偏心受压构件的承载力及稳定性 · 191
5.9 钢管混凝土拱桥的拱上立柱及吊杆分析 · 205
5.10 钢管混凝土拱桥的施工方法和技术要点 · 207
5.11 本章小结 · 209
思考题 · 209
本章参考文献 · 209

第6章 钢-混凝土结合段结构与设计
6.1 钢-混凝土结合段的应用 · 211
6.2 钢-混凝土结合段的结构形式 · 215
6.3 钢-混凝土结合段的受力特点 · 223
6.4 钢-混凝土结合段的计算分析方法 · 225
6.5 本章小结 · 228
思考题 · 229
本章参考文献 · 229

第7章 钢-混凝土组合桥梁的长期性能
7.1 基于模量换算的组合梁长期性能计算方法 · 230
7.2 基于迭代分析的组合梁长期性能计算方法 · 234
7.3 栓钉锈蚀和疲劳对组合梁的影响 · 245
7.4 混凝土收缩、徐变对钢管混凝土的影响 · 249
7.5 本章小结 · 257
思考题 · 258

本章参考文献···258

第8章 钢-混凝土组合梁桥施工技术与方法·····························261
8.1 施工方法对组合梁受力的影响·······································261
8.2 钢结构施工方法···263
8.3 桥面板的施工方法···271
8.4 结合段的施工方法···274
8.5 波形钢腹板的加工制造··277
8.6 波形钢腹板组合结构桥梁的施工····································283
8.7 波形钢腹板组合梁桥设计与建造实例·····························292
8.8 本章小结··303
思考题···304
本章参考文献···304

第1章
概述

1.1 钢-混凝土组合结构桥梁特点与分类

我国公路桥梁的主要建筑材料已从过去以木材、石材、水泥、混凝土和钢筋为主,发展到今天高强混凝土、高强钢材以及复合材料广泛应用。建筑材料的变化必然带来桥梁结构的演变,桥梁结构已从过去以木结构、圬工结构、钢筋混凝土结构、预应力混凝土结构为主,发展到今天大力推广钢结构及组合结构的阶段;桥梁结构体系也从过去以简支梁桥和圬工拱桥为主,发展到今天连续梁桥、连续刚构桥、斜拉桥、悬索桥以及其他组合体系桥梁百花齐放。为便于学习和理解钢-混凝土组合结构桥梁,应先掌握以下几个基本概念:

(1)组合结构:一般是指在构件横断面上由不同材料(混凝土、钢材或其他材料)组合并能共同受力的结构或构件。

(2)混合结构:通常是指在结构的轴线方向上由两种不同材料的构件(例如钢构件和混凝土构件)有效结合并共同受力的结构。

(3)钢-混凝土组合结构:可定义为在用型钢或钢板焊接而成的钢截面上(下)面或内部浇筑混凝土,使混凝土与钢截面形成整体并且共同受力的结构。

(4)钢-混凝土组合结构桥梁:通常是指以钢-混凝土组合结构为桥梁主要受力构件(例如主梁或主拱肋)建造的桥梁。

(5)组合体系桥梁:指由不同桥型结构(例如梁、拱、斜拉、悬索等)组合而成的新的桥型结构。

钢-混凝土组合结构桥梁应能够在其主要受力构件的断面上充分利用混凝土的抗压能力和钢材的抗拉能力,或采取必要的技术措施以达到上述目的。本教材结合现行国家、行业规范和标准,主要介绍钢-混凝土组合结构桥梁的设计方法、构造形式及施工技术,以使桥梁工程专业方向的研究生和工程技术人员掌握钢-混凝土组合结构桥梁的设计理论、方法和施工建造技术。

1.1.1 钢-混凝土组合结构

钢-混凝土组合结构桥梁的发展离不开钢-混凝土组合结构的发展。目前国内外桥梁工程中常用的组合结构主要涉及以下三种:

1)钢-混凝土组合梁(Steel-Concrete Composite Beam)

由外露的钢梁与混凝土板形成的组合结构,即钢-混凝土组合梁。在混凝土板和钢梁之间设置剪力键,以保证在使用荷载作用下混凝土板与钢梁共同受力,共同变形。钢-混凝土组合梁截面形式见图1-1-1。

钢-混凝土组合梁最早出现于美国,并于1944年被引入美国国家公路与运输协会(AASHTO)的《公路桥梁设计规范》。德国也在1945年制定了《桥梁组合梁》(DIN 1078)规范,并逐步将其引入房屋建筑结构。我国由于受到钢产量和钢材品质的限制,在钢-混凝土组合梁领域发展较慢,但1957年建成的武汉长江大桥的上层公路桥就已借助苏联的技术采用了这种结构。我国钢-混凝土组合梁的研究工作起步于20世纪80年代,最初用于房屋及厂房结构;进入90年代后,开始用于城市立交桥的主体结构。

2)钢管混凝土结构(Concrete-Filled Steel Tube)

钢管混凝土结构是指在薄壁钢管内填入普通混凝土而形成的组合结构。这种结构借助内填混凝土增强钢管壁的稳定性,借助钢管对核心混凝土的约束作用,使核心混凝土处于三向受压状态,从而使得核心混凝土具有更高的抗压强度和更强的变形能力,其截面形式见图1-1-2。

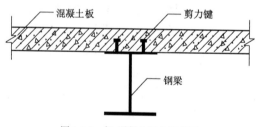

图1-1-1 钢-混凝土组合梁截面

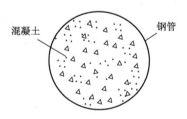

图1-1-2 钢管混凝土结构截面

在钢管混凝土结构中,钢管具有如下功能:

(1)钢管本身是耐侧压的模板。

(2)钢管本身可代替钢筋承受拉力或压力。

(3)钢管本身是劲性承重骨架。

(4)钢管可以提高核心混凝土的抗压强度。

钢管混凝土结构已有90多年的历史,最初用于房屋建筑结构。20世纪30年代末,苏联开始将钢管混凝土应用于公路及铁路拱桥的主拱肋结构。20世纪60年代前后,西欧、北美地区和日本等发达国家开始广泛应用钢管混凝土。我国在20世纪60年代初期才开始研究钢管混凝土结构,80年代开始将其应用于建筑、冶金、电力和桥梁工程中;90年代后,钢管混凝土在拱桥结构中开始大量应用,不仅收到了良好的美学效果,还具有较好的经济效益。

3) 波形钢腹板组合结构(Composite Beam with Corrugated Steel Web)

波形钢腹板组合梁是用波折形薄钢板代替混凝土梁中的腹板形成的一种新型组合梁结构。它由混凝土顶板、混凝土底板、波形钢腹板及连接件组成,其截面形式见图1-1-3。

图1-1-3　波形钢腹板组合箱梁截面

波形钢腹板组合梁具有重量轻、腹板稳定性好、跨越能力较强等优点,并且克服了传统混凝土箱形梁腹板易开裂的缺点。波形钢腹板组合梁通常采用箱形截面,可沿梁向布置体外预应力钢束或体内预应力钢筋(束),以保持上、下缘混凝土翼板始终处于受压状态,进而保证截面的抗弯刚度及承载能力。波形钢腹板存在所谓的"风琴效应",不能承受梁的纵向轴力,也不能承受截面上的弯矩作用,故波形钢腹板组合梁的受弯承载力主要由其上、下缘混凝土翼板的混凝土及其中的钢筋提供。为加强上、下缘混凝土翼板与波形钢腹板的连接,通常在上、下结合面上设置开孔板连接件或栓钉连接件。

1986年,法国CB(Campenon Bernard)公司率先建成第一座预应力混凝土波形钢腹板组合箱梁结构的3跨连续梁桥,即Cognac桥。此后日本进行了相关技术的系统性研究,并在1993年建成其第一座预应力混凝土波形钢腹板简支箱梁桥,即新开桥。我国于20世纪末引入波形钢腹板组合结构,2005年建成了第一座波形钢腹板组合箱梁桥,即淮安长征人行桥。其后又相继建成了十几座波形钢腹板组合箱梁桥,其中包括采用悬臂拼装和体外预应力施工技术的大跨径波形钢腹板连续箱梁桥,2015年还建成了多跨波形钢腹板矮塔斜拉桥。

1.1.2　钢-混凝土组合结构桥梁

在我国现阶段的桥梁工程中通常涉及的组合结构桥梁主要包括钢-混凝土组合梁桥、波形钢腹板组合梁桥和钢管混凝土拱桥三种基本桥型,以及钢-超高性能混凝土组合桥梁、其他组合体系桥梁。

1) 钢-混凝土组合梁桥

早期的钢-混凝土组合梁桥主要用于简支梁桥,其截面通常由钢梁和位于钢梁上的混凝土桥面板组成。常用的钢-混凝土组合梁桥的截面形式见图1-1-4。钢-混凝土组合梁桥的截面形式包括多肋式[图1-1-4a)]、双肋式工字形焊接钢梁[图1-1-4b)],单箱式[图1-1-4c)]、多箱式焊接钢箱梁,焊接、栓接钢桁架。钢梁主要承受组合梁弯曲时的拉应力和部分压应力。混凝土桥面板主要承受组合梁弯曲时产生的压应力,兼作行车道板,可分为钢筋混凝土桥面板和预应力混凝土桥面板,前者主要用作简支组合梁桥的桥面板。

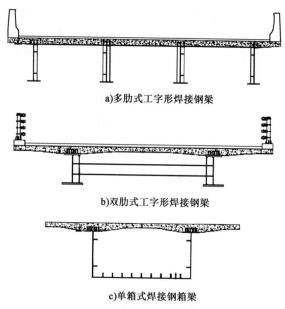

a) 多肋式工字形焊接钢梁

b) 双肋式工字形焊接钢梁

c) 单箱式焊接钢箱梁

图 1-1-4 常用的钢-混凝土组合梁桥截面形式

当钢-混凝土组合梁用于连续梁桥时,中支点负弯矩区的混凝土桥面板需要承受拉应力。因此,需要采用预应力混凝土桥面板,或采用其他方法对负弯矩区的混凝土桥面板施加预压应力。此时中支点负弯矩区的钢梁因承受压应力而存在局部稳定问题。

2) 波形钢腹板组合梁桥

波形钢腹板组合梁桥是在钢-混凝土组合梁桥的基础上发展而来的。当钢-混凝土组合连续梁桥的主跨跨径超过110m时,钢腹板的局部稳定性较难保证,并阻碍了桥梁跨越能力的提高。波形钢腹板的出现有效地增强了钢腹板抵抗局部失稳的能力,因此也有效地提高了组合连续梁桥的跨越能力。波形钢腹板组合梁多用于连续梁桥,其常用的截面形式为箱形截面,可分为单箱单室[图1-1-5a)]、单箱双室和单箱多室[图1-1-5b)]等截面形式。

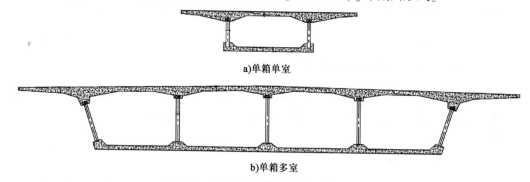

a) 单箱单室

b) 单箱多室

图 1-1-5 波形钢腹板组合梁桥常用的截面形式

目前,波形钢腹板在连续刚构桥、矮塔斜拉桥中均有应用。波形钢腹板组合梁桥的截面由混凝土顶板、底板和一定规格的波形钢腹板组成。混凝土顶板和底板通常采用体内或体外预应力配束,以抵抗中支点负弯矩区顶板和跨中正弯矩区底板中的拉应力,保证组合截面的抗弯刚度和承载能力。波形钢腹板主要用于抵抗支点附近截面的剪应力,并提供腹板在剪应力、压应力共同作用下抵抗局部失稳的能力。

3) 钢管混凝土拱桥

混凝土的抗压能力很强而抗拉能力却很弱,抗拉强度与抗压强度的比值大约为 1/10~1/8。当混凝土沿轴向受压时,由于材料泊松比的特性,其横向将处于受拉状态,横向开裂降低了混凝土轴向的抗压能力。早期采用的钢筋混凝土短柱,为提高混凝土的抗压能力,采用了密集的环形箍筋来约束混凝土的横向受拉,使得核心混凝土处于三向受压状态,进而提高其抗压能力。可以想象,密集的环形箍筋若以钢管代之,其作用机理和效果是一样的。

由结构力学知识可知,拱桥结构的拱肋是主要承受压力的构件,当然也有一定抵抗弯矩的作用。在不增加拱肋重量的情况下,为提高拱的抗压能力,可采用钢管混凝土作拱肋。钢管混凝土拱肋常用的截面形式主要有单肢截面[图 1-1-6a)]、双肢哑铃形截面[图 1-1-6b)]和四肢格构形截面[图 1-1-6c)]。

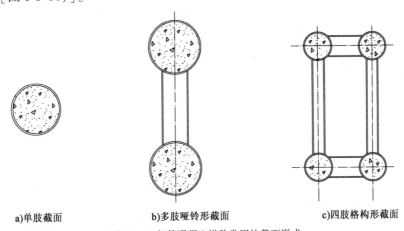

a) 单肢截面　　b) 多肢哑铃形截面　　c) 四肢格构形截面

图 1-1-6　钢管混凝土拱肋常用的截面形式

由于钢管混凝土拱肋的出现,拱桥的跨越能力得到了大幅提升,并形成了一种新型的钢-混凝土组合结构桥梁——钢管混凝土拱桥。与传统的拱桥一样,钢管混凝土拱桥也可根据桥面系的位置划分为上承式钢管混凝土拱桥、中承式钢管混凝土拱桥、下承式钢管混凝土拱桥和飞燕式钢管混凝土系杆拱桥。根据拱的数量和平面位置,钢管混凝土拱桥亦可分为复式拱桥、蝴蝶式拱桥等不同的结构形式。

4) 钢-超高性能混凝土组合桥梁

针对钢结构桥梁正交异性钢桥面板的疲劳开裂问题,近些年国内外开展了新型组合结构桥面体系的研究。以高性能水泥基复合材料如超高性能混凝土(Ultra-High Performance Concrete, UHPC)、工程用水泥基复合材料(Engineered Cementitious Composite, ECC)等为代表的新型材料已成功用于正交异性钢桥面板,有效地解决了钢桥面 U 肋等的疲劳开裂问题,并形成了新型组合桥面结构,如欧洲、美国等发展的预制 UHPC 桥面板。我国在这一研究领域也已取得了进展,并在一些钢桥的桥面板上有所应用。这些新型组合桥面结构正在形成未来新的研究和发展方向,同时也形成了一种新型的钢-超高性能混凝土组合桥梁。

5) 其他组合体系桥梁

钢-混凝土组合梁桥可与其他桥型结构组合成钢-混凝土组合梁斜拉桥、组合梁悬索桥、钢管混凝土桁架拱桥、波形钢腹板组合矮塔斜拉桥、钢管混凝土拱塔斜拉桥等多种多样的组合体系桥梁。对于首先在日本出现的新型管翼缘钢-混凝土组合梁结构,我国也有相关的工程尝试。

上述各种组合体系桥梁均有其独特的视觉感受和受力特点。本教材主要针对上述钢-混凝土组合梁桥、波形钢腹板组合梁桥及钢管混凝土拱桥的发展概况、设计方法、构造特点、施工技术，以及相关技术问题进行介绍。

1.2 钢-混凝土组合结构桥梁应用与发展简介

1.2.1 公路及城市组合结构桥梁

1) 钢-混凝土组合梁桥

从20世纪50年代起，组合梁在交通、冶金、电力及煤矿等系统都有所应用。1957年建成的武汉长江大桥的上层公路桥就已采用了组合梁结构(跨径18m，梁间距1.8m)。交通部1975年颁布的《公路桥涵设计规范》中亦有关于钢-混凝土组合梁的专门条款，但受当时我国钢产量的限制，钢-混凝土组合梁在公路桥梁工程中的应用并不多见。

改革开放后，尤其是20世纪90年代，钢-混凝土组合梁在我国公路和城市桥梁建设中开始应用，并取得了成功。在北京、天津等城市的立交桥建设中，钢-混凝土组合梁桥由于其跨越能力强、桥型美观、抗震性能好以及施工速度快等优点，得到了推广应用。我国先后建成了以天津北运河大桥(跨径40m+60m+40m)为代表的一批钢-混凝土组合连续梁桥，收到了较好的社会、经济效益。21世纪初，山东潍坊建成了跨越济青高速公路的连续钢-混凝土组合三跨梁桥(跨径为66m+96m+66m)。

早期建成通车的上海南浦大桥(主跨跨径423m)、杨浦大桥(主跨跨径602m)均采用了钢-混凝土组合梁，为钢-混凝土组合梁斜拉桥。21世纪初，我国钢-混凝土组合梁斜拉桥主跨跨径已达到926m，即鄂东长江大桥。随着高性能混凝土的出现，钢-混凝土组合梁斜拉桥的主跨跨径还有进一步发展的空间。

2) 波形钢腹板组合梁桥

波形钢腹板最早出现在18世纪末，主要用于增强受压钢板抵抗平面外屈曲的能力并首先被用于涵管结构。1975年法国CB公司提出了用波形钢腹板代替平面钢板的设想，并于1986年设计、建造了世界上第一座波形钢腹板体外预应力混凝土组合箱梁桥——Cognac桥，一座3跨等截面连续梁桥，其跨径分布为31m+43m+31m。该桥主梁为单箱单室梯形箱梁。波形钢腹板斜倾角35°，板厚8mm，直板段长352.7mm，波高150mm，工厂预制防腐。波纹钢腹板上、下缘焊接钢翼缘板，以翼缘板上焊接的角钢为腹板与混凝土翼缘板的剪力连接件。该桥采用支架法施工，预应力系统采用可更换式体外预应力系统，必要时可更换预应力束。20世纪80—90年代，国际桥梁界面临着如何提升预应力混凝土桥梁耐久性的困惑，Cognac桥一经建成，很快受到了日本、美国、德国等国桥梁界的重视，这是因为其具有优良的结构特性，尤其是波形钢腹板及体外预应力技术，解决了传统预应力混凝土桥梁腹板开裂问题。

此后，该桥型在日本的发展尤为迅速。矢作川桥位于第二东名高速公路上，跨越矢作川河，是一座4跨连续梁桥(173.4m+2×235.0m+173.4m)，桥长816.8m，主塔为高109.6m的倒Y形钢筋混凝土结构，16对斜拉索，扇形单索面布置，也是世界上第一座采用波形钢腹板箱梁作为加劲梁的体外预应力梁桥。栗东桥是世界上第一座波形钢腹板混凝土矮塔斜拉桥。该桥上、下行两幅分离,东京方向桥梁全长为495.0m,跨径布置为67.5m+115m+170m+137.5m,由一座矮塔斜拉桥加2跨连续梁组成;大阪方向桥梁全长555.0m,跨径布置为72.5m+90m+75m+160m+152.5m,由一座矮塔斜拉桥加3跨连续梁组成。每幅的行车道宽16.5m,从地面起桥墩的最大高度为72m,桥塔高度为30.5m。

我国引入波形钢腹板组合桥梁较晚,但发展很快,且以中小跨径的简支梁或连续梁桥为主。江苏淮安的长征桥(18.5m+30.5m+18.5m),是一座3跨连续梁人行桥,也是我国建成的第一座波形钢腹板组合梁桥。之后我国又建成了一批波形钢腹板组合梁桥,例如河南的洨河大桥(4×30m),一座先简支后连续的公路梁桥;宁波甬新河3跨连续梁桥(24m+40m+24m)等。随着对这一结构的研究与成功应用,我国也逐渐开始在一些跨径更大、结构更复杂的桥梁工程中应用这种桥型,如山东鄄城黄河公路大桥(70m+11×120m+70m变截面连续梁)及南京长江四桥引桥(50m+90m+50m连续梁)等。2017年,深圳市建成了东宝河新安大桥(88m+156m+88m),一座波形钢腹板组合连续箱梁桥。该桥创造性地在跨中正弯矩区段将混凝土底板替换为抗拉能力较好的平钢板,减小了跨中区段的自重弯矩,也增强了桥梁的跨越能力。目前我国的波形钢腹板组合桥梁也在向矮塔斜拉桥方向拓展。

3) 钢管混凝土拱桥

钢管混凝土结构最早出现于19世纪80年代,它是在劲性钢筋混凝土结构、螺旋配筋混凝土结构以及钢管结构的基础上演变和发展起来的。1879年英国赛文(Severn)铁路桥中曾采用钢管桥墩,为防止钢管内壁锈蚀并增强抗压能力,在钢管内灌注了混凝土。此后不久就出现了在钢管中填充混凝土用作受压构件的钢管混凝土结构。当时的钢管就有方形钢管和圆形钢管,其力学性能要比纯钢结构好得多。我国从1963年开始进行钢管混凝土结构的研究工作,主要集中在工业与民用建筑及地铁工程中,且以在钢管中填充素混凝土的圆形钢管混凝土结构为主。

钢管混凝土结构充分发挥了混凝土的抗压能力及钢材的抗压、抗拉能力,主要用于承受轴向压力的构件。早期钢管混凝土结构多用于桥梁工程的基础工程之中。

随着对钢管混凝土构件工作性能的深入研究以及计算机技术的不断发展,20世纪80年代末,钢管混凝土开始用于拱桥结构。拱桥的拱圈是以承受轴向压力为主的构件,这恰好充分利用了钢管混凝土结构的优点。由于钢管混凝土结构的重量相对较轻,加之拱桥的转体施工技术,因此拱桥的跨径大幅度增加。此外,钢管混凝土柱也大量地用于桥梁下部结构,以使桥梁结构更加秀丽、美观。

钢管混凝土拱桥(Concrete-Filled Steel Tube Arch Bridge,CFST拱桥),其跨径一般在40~400m之间,矢跨比在1/6~1/3之间。常用跨径在80~300m之间,常用矢跨比在1/5~1/4之间。我国第一座钢管混凝土拱桥即四川旺苍东河大桥始建于1990年10月,其跨径为115m,矢跨比为1/6。2000年以前建成的钢管混凝土拱桥中,跨径最大的是广州丫髻沙大桥,其跨径已达360m,矢跨比为1/5。

我国在钢管混凝土拱桥的基础上同时发展了具有钢管混凝土劲性骨架的拱桥(Steel Reinforced Concrete Arch Bridge,SRC拱桥)。这种拱桥的特点是在钢管混凝土拱肋的外面包裹混凝土,形成以钢管混凝土为劲性骨架的箱形拱圈断面,从而减轻了施工中的拱圈重量,增强了运营中拱圈的刚度和稳定性,并且大幅增强了拱桥的跨越能力。这种桥的跨径在100~420m之间,其矢跨比在1/9~1/4之间,常用矢跨比为1/6~1/5。

进入21世纪以来,钢管混凝土拱桥的跨径已突破了500m。例如2013年建成的四川波司登大桥(合江长江大桥),其主跨跨径已达到了530m,并且钢管混凝土拱桥的跨径有继续增大的发展趋势。目前就技术和经济指标而言,钢管混凝土拱桥已成为能与斜拉桥竞争的大跨径桥型之一,并在大跨径拱桥系列中独树一帜。

1.2.2 铁路组合结构桥梁

钢-混凝土组合结构在大部分铁路桥型中也有应用,包括组合梁桥、组合刚构桥、组合拱桥、组合斜拉桥等。其基本力学原理是充分利用钢材的高抗拉强度和混凝土的高抗压强度,形成经济、合理的受力构件,进而应用于桥梁结构体系中,以最大程度地发挥两种材料的相对优势。由于混凝土抗拉强度低,因此这种组合构件主要用于受弯与受压构件中。目前国内组合梁在公路上应用较多,而在铁路上的应用并不广泛。

钢-混凝土组合梁在我国铁路系统的规划与应用始于中华人民共和国成立初期。在组合梁桥方面,1956年铁道部编制了组合梁的标准图,其跨径包括28m、32m、36m、40m、44m等5种。我国于1999年动工建设秦沈客运专线,大规模采用有砟桥面箱形简支梁。2012年建成的哈尔滨至大连铁路客运专线大连段高速铁路采用了梁长24m简支组合梁桥。

在组合刚构桥方面,2014年7月1日正式通车的大西铁路晋陕黄河特大桥,主梁结构分别采用了32m预制架设简支箱梁、悬臂浇筑连续梁、48m预制节段拼装简支梁、2×108m单T形刚构加劲钢桁组合梁等结构形式。轨道结构为CRTS Ⅰ型双块式无砟轨道,设计速度350km/h。

2010年通车的郑新黄河大桥(原称郑州黄河公铁两用桥)是石家庄—武汉铁路客运专线跨越郑州黄河的一座特大桥。主桥分2联布置,第1联采用120m+5×168m+120m六塔矮塔斜拉连续钢桁组合梁方案,长1080m,跨越主河槽;处于边滩区的第2联采用120m+3×120m+120m连续钢桁组合梁方案,长600m。立面上布置成多塔长联的构造形式,为连续体系,桥面系首次采用三主桁斜边桁的空间桁架形式。

在铁路组合拱桥方面,2011年通车的京沪高速铁路南京大胜关长江大桥主跨跨径336m的连续钢桁拱桥,设计速度目标值300km/h,设计荷载为6线铁路荷载。主桁采用整体节点,弦杆采用箱形带肋杆件,桥面采用正交异性整体钢桥面与混凝土板组合形式。武广客运专线上的汀泗河特大桥跨径为140m,拱肋和系杆都为钢箱梁,桥面为纵横梁体系组合桥面,采用无砟整体道床。桥梁设计速度为350km/h,线路标准为客运专线双线铁路,线间距5m。该桥采用平行双拱肋结构,拱肋中心距16m,拱高30m,两片拱肋之间设5道横撑。每片拱肋设15根吊杆,相邻吊杆间距8m。钢箱拱截面宽2m,拱脚处高4.5m,拱顶处高3m。系梁采用钢箱截面,高3.5m、宽2.0m。哈大客运专线新开河特大桥位于哈尔滨至大连新建铁路客运专线沈阳至哈尔滨段,为跨径138m钢箱叠拱桥,拱脚处系梁高4.5m。该桥混凝土道砟板与全部钢纵、横梁结合,不与系梁结合。

1.3 钢-混凝土组合结构桥梁设计理论与方法

钢-混凝土组合结构与传统的钢结构或混凝土结构一样,在荷载作用下,结构材料可能处于不同的受力状态。当荷载不大时,结构材料处于弹性状态(即便混凝土可能开裂);当荷载达到结构所能承受的最大荷载时,结构材料可能达到弹塑性状态,甚至是塑性状态。因此,钢-混凝土组合结构桥梁的分析或设计可以建立在结构材料的弹性阶段,即基于弹性理论的方法;或建立在结构材料的塑性阶段,即基于塑性理论的方法。

我国的桥梁结构采用多种设计理论与方法,不论是弹性理论还是塑性理论都是把影响结构可靠性的各种参数视为确定的量,结构设计的安全系数一般在可靠度理论的基础上,根据工程经验来确定。这些方法统称为"定值设计法"。不同行业的桥梁或结构的设计规范基于的理论可以不同,但均需要保证桥梁结构的安全性、适用性和耐久性。设计中需考虑桥梁与周边自然环境和景观的协调,并适当地考虑桥梁的美学效果。

对持久状况、短暂状况、偶然状况和地震状况下的承载能力极限状态的截面承载力进行分析时,应基于弹性方法计算作用的基本组合,采用基于塑性理论的截面抗力计算方法或基于弹性理论的截面应力控制计算方法。

承载能力极限状态是结构安全性功能的极限状态。当结构或结构构件出现下列状态之一时,应认为超过了承载能力极限状态:

(1)结构或结构的一部分作为刚体失去平衡。

(2)结构、结构构件或其连接超过材料强度而破坏,或因过度的塑性变形而不能继续承载。

(3)结构转变为机动体系。

(4)结构或结构构件丧失稳定。

在承载能力极限状态下,结构部分截面的材料已进入塑性状态。超过结构承载能力极限状态将导致结构破坏并造成人身伤亡和经济损失,因此组合结构和构件均需避免出现这种状态。为此,在设计时应控制出现承载能力极限状态的概率,使其处于很低的水平。

《公路桥涵设计通用规范》(JTG D60—2015)规定的承载能力极限状态计算的基本组合的表达式可写为如下形式:

$$\gamma_0 S_{ud} \leqslant R_{ud} \tag{1-3-1}$$

在承载能力极限状态下,计算作用(或荷载)效应基本组合时,上式可展开为

$$\gamma_0 \left(\sum_{i=1}^{m} \gamma_{G_i} G_{ik} + \gamma_{Q_1} \gamma_L Q_{1k} + \psi_c \sum_{j=2}^{n} \gamma_{Lj} \gamma_{Qj} Q_{jk} \right) \leqslant R_{ud}(f_d, \alpha_d) \tag{1-3-2}$$

对于常用的汽车荷载加人群荷载组合情况,组合系数 ψ_c 应取 0.75,上式可简化为

$$\gamma_0 (1.2 G_{ik} + 1.4 Q_{1k} + 1.05 Q_{2k}) \leqslant R_{ud}(f_d, \alpha_d) \tag{1-3-3}$$

当永久作用效应与可变效应异号时,永久作用分项系数应取 1.0,则上式应写为

$$\gamma_0 (1.0 G_{ik} + 1.4 Q_{1k} + 1.05 Q_{2k}) \leqslant R_{ud}(f_d, \alpha_d) \tag{1-3-4}$$

式中:S_{ud}——作用(或荷载)效应设计值;

R_{ud}——结构(截面)抗力设计值,与材料强度设计值 f_d 和参数设计值 α_d 有关;

γ_0——结构重要性系数,由《公路桥涵设计通用规范》(JTG D60—2015)确定;

G_{ik}——第 i 个永久作用(恒载)效应标准值;

Q_{1k}——汽车荷载(包括冲击系数影响)效应标准值;

Q_{jk}——除汽车荷载外的其他第 j 个可变作用的标准值,例如人群荷载效应标准值;

ψ_c——在作用组合中除汽车荷载(含汽车冲击力、离心力)外的其他可变作用的组合系数,取 0.75。

上述公式中的其他作用分项系数 γ 的定义和取值均可由《公路桥涵设计通用规范》(JTG D60—2015)确定,在此不再赘述。

上述公式中的组合结构抗力设计值 R_{ud} 是在一定的材料强度保证率及材料安全系数的条件下,基于材料塑性得到的截面承载力设计值,其中包括受弯承载力设计值、受剪承载力设计值和受压承载力设计值等。

对于短暂状况和持久状况的正常使用极限状态,材料处于弹性阶段,构件的作用效应、变形及截面裂缝、应力分析均应基于弹性理论的计算方法。

正常使用极限状态是结构的适用性和耐久性功能极限状态。当结构或结构构件出现下列状态之一时,应认为超过了正常使用极限状态:

(1) 影响正常使用或外观的变形。

(2) 影响正常使用或耐久性的局部损坏(例如,钢筋混凝土构件的裂缝宽度超过某个限值)。

(3) 影响正常使用的振动。

(4) 影响正常使用的其他特定状态。

在正常使用极限状态下,结构的材料仍处于弹性状态。组合结构或结构构件都有不同程度的结构正常使用极限状态要求。当结构超过正常使用极限状态时,虽然它已不能满足适用性和耐久性功能要求,但结构并没有破坏,不会导致人身伤亡。

公路桥涵结构按正常使用极限状态设计时,应根据结构不同设计要求,选用以下作用效应组合。

(1) 频遇组合。

频遇组合是指永久作用标准值与汽车作用频遇值、其他可变作用准永久值相组合。根据《公路桥涵设计通用规范》(JTG D60—2015),作用频遇组合效应设计值应按下式确定:

$$S_{fd} = \sum_{i=1}^{m} G_{ik} + \psi_{f1} Q_{1k} + \sum_{j=2}^{n} \psi_{qj} Q_{jk} \tag{1-3-5}$$

式中:S_{fd}——作用频遇组合的效应设计值;

ψ_{f1}——汽车荷载(不计汽车冲击力)频遇值系数,取 0.7;

ψ_{qj}——汽车荷载(不计汽车冲击力)准永久值系数,取 0.4。

对于常用的汽车荷载加人群荷载组合情况,上式可简化为

$$S_{fd} = G_k + 0.7 Q_{1k} + 0.4 Q_{2k} \tag{1-3-6}$$

(2) 准永久组合。

准永久组合是指永久作用标准值与可变作用准永久值相组合。根据《公路桥涵设计通用规范》(JTG D60—2015),作用的准永久组合效应设计值应按下式确定:

$$S_{qd} = \sum_{i=1}^{m} G_{ik} + \sum_{j=1}^{n} \psi_{qj} Q_{jk} \tag{1-3-7}$$

式中:S_{qd}——作用准永久组合的效应设计值。

对于常用的汽车荷载加人群荷载组合情况,上式可简化为

$$S_{qd} = G_k + 0.4 Q_{1k} + 0.4 Q_{2k} \tag{1-3-8}$$

当作用与作用效应可按线性关系考虑,计算上述作用设计值 S_{fd} 和 S_{qd} 时,可将其他可变作用效应线性相加。

(3)标准值组合。

当对钢结构构件进行疲劳计算,对组合结构或预应力组合结构进行弹性阶段截面应力计算时,各项作用效应应采用标准值组合,即认为各项作用的分项系数均取 1.0,按下式计算作用标准值组合效应设计值:

$$S_d = \sum_{i=1}^{m} G_{ik} + Q_{1k} + \psi_c \sum_{j=2}^{n} Q_{jk} \quad (1\text{-}3\text{-}9)$$

对于常用的汽车荷载加人群荷载组合情况,上式可简化为

$$S_d = G_k + Q_{1k} + 0.75 Q_{2k} \quad (1\text{-}3\text{-}10)$$

式中:S_d——作用(或荷载)标准值组合的效应设计值;

G_{ik}、G_k——分别为第 i 个永久作用(恒载)效应标准值和永久作用效应标准值;

Q_{1k}——汽车荷载(包括冲击系数影响)效应标准值;

Q_{jk}——除汽车荷载外的其他第 j 个可变作用的标准值,例如人群荷载效应标准值。

(4)正常使用极限状态下的控制。

在正常使用极限状态,组合结构处于弹性工作状态,应对桥梁结构受力最不利截面进行频遇组合、准永久组合下的变形及裂缝控制,必要时应进行标准值组合下的截面应力控制。上述结构变形、负弯矩区桥面板的混凝土裂缝及钢梁、混凝土截面应力均应基于弹性理论方法进行计算分析,具体控制方法如下。

①组合结构的变形控制:

$$f_{\max}(S, \alpha_d) \leq [f] \quad (1\text{-}3\text{-}11)$$

②负弯矩区桥面板混凝土的裂缝控制:

$$\delta_{f\max}(S, \alpha_d) \leq [\delta_f] \quad (1\text{-}3\text{-}12)$$

③组合梁受力最不利截面边缘点的应力控制:

$$\sigma_{\max}(S, \alpha_d) \leq [\sigma] \quad (1\text{-}3\text{-}13)$$

式中:$f_{\max}$——跨中的最大计算变形值;

$\delta_{f\max}$——负弯矩区桥面板混凝土的最大裂缝宽度;

$\sigma_{\max}$——由最不利设计荷载引起的结构最危险截面边缘的混凝土或钢梁的计算应力;

$[f]$——组合梁的容许变形值;

$[\delta_f]$——混凝土的裂缝宽度限值;

$[\sigma]$——钢材或混凝土材料的容许应力,其数值等于材料强度标准值除以安全系数 K,一般根据经验取 $K = 2.0 \sim 3.0$;

S——最不利的设计荷载(作用)引起的作用效应;

α_d——构件截面几何特征设计值。

上述各项弹性指标计算均应以弹性理论为基础。相应的设计限值则与采用的设计状况、设计组合及荷载作用种类有关,并按相关的行业设计规范(标准)中相应的条款要求取值。

对桥梁组合结构,除进行上述承载力、变形、裂缝及应力计算外,还应根据不同行业规范的组合要求对结构的疲劳性能、局部稳定性、整体稳定性、倾覆稳定性及耐久性进行设计与分析。

1.4 钢-混凝土组合结构桥梁设计规范简介

1.4.1 我国公路和城市桥梁规范介绍

从桥梁及结构角度出发,进行钢-混凝土组合结构桥梁设计主要涉及桥梁设计通用规范、钢-混凝土组合结构梁桥规范、波形钢腹板组合结构桥梁设计规范、钢管混凝土拱桥设计规范、钢管混凝土结构设计规范,以及桥梁钢筋混凝土及预应力混凝土结构设计规范。这些设计规范是组合结构桥梁设计的技术依据。

2010年后,交通运输部及住房和城乡建设部先后颁布或更新了一批相关的桥梁工程及结构工程的设计规范,主要内容如下:

交通运输部先后发布了《公路桥涵设计通用规范》(JTG D60—2015)、《公路钢结构桥梁设计规范》(JTG D64—2015)、《公路钢混组合桥梁设计与施工规范》(JTG/T D64-01—2015)、《公路钢管混凝土拱桥设计规范》(JTG/T D65-06—2015)和《公路钢筋混凝土及预应力混凝土桥涵设计规范》(JTG 3362—2018)。

住房和城乡建设部发布了《城市桥梁设计规范》(CJJ 11—2011)、《钢-混凝土组合桥梁设计规范》(GB 50917—2013)、《钢管混凝土拱桥技术规范》(GB 50923—2013)和《波形钢腹板组合梁桥技术标准》(CJJ/T 272—2017)。

上述规范、标准系统地总结了我国过去近30年钢-混凝土组合结构桥梁的建设经验,提出了钢-混凝土组合梁桥设计、施工的技术指标和控制条件。新一代相关规范的发布无疑将会推动我国钢结构桥梁和钢-混凝土组合结构桥梁建设的进一步发展。

以下就上述相关规范的主要功能和采用的基本理论作简要的介绍。

1)《公路桥涵设计通用规范》(JTG D60—2015)和《城市桥梁设计规范》(CJJ 11—2011)

《公路桥涵设计通用规范》(JTG D60—2015)和《城市桥梁设计规范》(CJJ 11—2011)是我国桥梁工程设计的基本规范,前者针对公路桥梁,后者主要针对城市桥梁。这两本规范主要给出了桥梁工程设计的基本规定、桥位选择、桥跨布置、桥梁线形、引道及引桥、桥梁构造要求及桥梁附属设施要求。两者在桥梁上作用(荷载)的分类及组合原则均相同,最大的不同是用于桥梁设计的最主要的汽车荷载分级和取值有所不同。两本规范的汽车荷载均有车道荷载和车辆荷载两种。

《公路桥涵设计通用规范》(JTG D60—2015)将用于公路桥梁设计的汽车荷载分为公路-Ⅰ级和公路-Ⅱ级;《城市桥梁设计规范》(CJJ 11—2011)则结合城市桥梁的荷载特点将其划分为城-A级和城-B级。两种荷载分级中,车道荷载计算模式都由均布荷载和集中力组成,但两者的均布荷载取值相同,集中力取值则有一定的差异,两种荷载分级中的车道荷载均用于桥梁主要构件的作用效应计算。此外,用于桥梁结构局部计算的车辆荷载的轴间距布置及单车荷载总吨位明显不同,《公路桥涵设计通用规范》(JTG D60—2015)中无论是公路-Ⅰ级还是公路-Ⅱ级,均取车辆荷载总吨位为55t,而《城市桥梁设计规范》(CJJ 11—2011)中的城-A级车辆荷载总吨位则达到70t,城-B级车辆荷载总吨位仍为55t。《城市桥梁设计规范》(CJJ 11—2011)中还规定了在城市指定路线上行驶的特种车辆荷载的分级和主要技术指标、结构验算要点。

两本规范中的人群荷载取值方法及其他相关规定也有不同之处,在此不再赘述。

2)《钢-混凝土组合桥梁设计规范》(GB 50917—2013)和《公路钢混组合桥梁设计与施工规范》(JTG/T D64-01—2015)

《公路钢混组合桥梁设计与施工规范》(JTG/T D64-01—2015)和《钢-混凝土组合桥梁设计规范》(GB 50917—2013)是目前国内钢-混凝土组合梁桥设计的两本基本规范。两者针对公路及城市道路上的钢-混凝土组合梁桥设计分别给出了基本规定、材料及指标、连接件设计、疲劳计算、构造要求及规定的计算内容。

《公路钢混组合桥梁设计与施工规范》(JTG/T D64-01—2015)中除上述内容外,还要求进行四种设计状况,即持久状况、短暂状况、偶然状况和地震状况的设计,以及组合梁的强度、稳定、疲劳、裂缝及变形的计算。同时还给出了连接件、组合梁、混合梁结合部以及索塔和拱座钢-混凝土结合部的施工规定。《钢-混凝土组合桥梁设计规范》(GB 50917—2013)规定,在进行持久状况的承载能力极限状态计算时可采用基于塑性理论的承载力计算方法。对于其他设计状况及极限状态的计算要求,与《公路钢混组合桥梁设计与施工规范》(JTG/T D64-01—2015)基本相同。

钢-混凝土组合桥梁设计时,荷载作用的取值方法及各种作用的组合方法应参照现行《公路桥涵设计通用规范》(JTG D60)的相关规定。钢筋、混凝土和钢材的材料指标取值均需满足现行《公路钢筋混凝土及预应力混凝土桥涵设计规范》(JTG 3362)和《公路钢结构桥梁设计规范》(JTG D64)的要求。

值得注意的是,《钢-混凝土组合桥梁设计规范》(GB 50917—2013)中承载能力极限状态下组合梁截面受弯承载力、受剪承载力的计算方法均基于塑性理论,即认为在承载能力极限状态下组合梁控制截面的材料已进入塑性状态,在此状态下建立的截面受弯承载力和受剪承载力均为截面塑性承载力。即

$$\gamma_0 S_{ud} \leq R \tag{1-4-1}$$

式中:γ_0——结构重要性系数;

S_{ud}——作用效应的组合设计值;

R——结构承载力设计值,由材料强度设计值按塑性设计方法确定。

按此方法确定截面受弯承载力时,要求组合梁钢梁的板件满足规定的宽厚比要求。

《公路钢混组合桥梁设计与施工规范》(JTG/T D64-01—2015)则规定,组合梁截面受弯承载力应采用弹性方法计算,并以截面上任一点达到材料强度设计值作为截面达到受弯承载力的标志,即应满足下式要求:

$$\gamma_0 \sigma \leq f \tag{1-4-2}$$

式中:γ_0——结构重要性系数;

σ——计算截面上各控制点的计算应力;

f——泛指钢筋、钢梁或混凝土的强度设计值。

按此方法计算时,对正弯矩截面通常钢梁上、下缘,桥面板混凝土上缘三个控制点的应力可能会达到相应的材料强度设计值,且三者一般不会同时达到。因此,可认为最先达到材料强度设计值的控制点对应的截面承载力即为截面弹性承载力,即满足下式:

$$\gamma_0 S_{ud} \leq R_e \tag{1-4-3}$$

式中:R_e——结构承载力设计值,由材料强度设计值按弹性设计方法确定。

比较式(1-4-1)和式(1-4-3),可以从理论上判断出:

$$R_e < R \tag{1-4-4}$$

式(1-4-4)表明截面弹性承载力一定小于截面塑性承载力,R_e仅对应组合梁弹性截面上的某一个点达到材料强度设计值,可视为截面承载力的下限(或称为截面弹性承载力的上限),而R对应整个截面进入塑性,材料均达到其强度设计值,应为截面承载力的上限(或称为截面塑性承载力的下限)。

3)《波形钢腹板组合梁桥技术标准》(CJJ/T 272—2017)

《波形钢腹板组合梁桥技术标准》(CJJ/T 272—2017)可用于城市桥梁、公路桥梁中的波形钢腹板组合梁桥的设计与施工。该标准要求进行四种设计状况,即持久状况、短暂状况、偶然状况和地震状况的设计,给出了波形钢腹板组合结构桥梁设计中必须遵循的基本规定、材料强度取值、承载能力极限状态和正常使用极限状态的计算内容、构造要求及施工要点,尤其是规定了波形钢腹板的形状参数,并对波形钢腹板的受剪承载力、剪应力的计算方法以及连接件的抗剪、抗滑的计算方法作出了明确的要求。

在承载能力极限状态下梁的截面受弯承载力主要由混凝土顶、底板及其中的钢筋承受。《波形钢腹板组合梁桥技术标准》(CJJ/T 272—2017)没有列出构件截面受弯承载力的设计方法。受剪承载力计算采用的是弹性方法,并以截面上某一点达到钢材抗剪强度设计值作为截面达到受剪承载力的标志,即以波形钢腹板的抗剪强度验算来保证截面的受剪承载力。波形钢腹板组合梁的受弯承载力可参考《公路钢筋混凝土及预应力混凝土桥涵设计规范》(JTG 3362—2018)的方法计算。

波形钢腹板组合梁桥的荷载作用、分类及内力组合方法同《公路桥涵设计通用规范》(JTG D60—2015),其混凝土顶、底板及预应力配筋设计的相关要求同《公路钢筋混凝土及预应力混凝土桥涵设计规范》(JTG 3362—2018)。

4)《公路钢管混凝土拱桥设计规范》(JTG/T D65-06—2015)和《钢管混凝土拱桥技术规范》(GB 50923—2013)

《钢管混凝土拱桥技术规范》(GB 50923—2013)和《公路钢管混凝土拱桥设计规范》(JTG/T D65-06—2015)是目前国内发布的两本钢管混凝土拱桥设计规范,分别由住房和城乡建设部和交通运输部发布。两本规范均对钢管混凝土拱桥设计和施工提出了材料要求和基本规定,并对钢管混凝土拱桥设计时承载能力极限状态和正常使用极限状态的具体内容提出了要求,但两者要求内容的侧重点各有不同。从规定的内容来看,前者增加了关于钢管混凝土拱桥养护的相关规定,而后者则增加了总体设计及构造的相关内容。

《钢管混凝土拱桥技术规范》(GB 50923—2013)多以试验为基础建立了持久状况承载能力极限状态下主拱肋的强度计算方法。持久状况正常使用极限状态只规定了计算要求,具体的计算方法尚需参考《公路钢筋混凝土及预应力混凝土桥涵设计规范》(JTG 3362—2018)和《公路圬工桥涵设计规范》(JTG D61—2005)的相关规定。《公路钢管混凝土拱桥设计规范》(JTG/T D65-06—2015)中承载能力极限状态的计算方法采用了20世纪90年代由钟善桐教授提出的合成法基本理论,将钢管和混凝土视为一种组合材料而得到组合材料强度指标。钢管混凝土构件的极限承载力的计算方法与住房和城乡建设部发布的《钢管混凝土结构技术规范》(GB 50936—2014)的计算方法相近。

钢管混凝土拱桥的荷载作用、分类及内力组合方法同《公路桥涵设计通用规范》(JTG D60—2015)或《城市桥梁设计规范》(CJJ 11—2011),管内混凝土的相关要求同《公路钢筋混凝土及预应力混凝土桥涵设计规范》(JTG 3362—2018)。

5)《公路钢结构桥梁设计规范》(JTG D64—2015)和《公路钢筋混凝土及预应力混凝土桥涵设计规范》(JTG 3362—2018)

钢-混凝土组合梁桥、波形钢腹板组合梁桥以及钢管混凝土拱桥均是由钢结构和混凝土结构组成的组合结构,是在钢结构和混凝土梁结构的基础上发展起来的。因此在其设计、施工中均带有《公路钢结构桥梁设计规范》(JTG D64—2015)和《公路钢筋混凝土及预应力混凝土桥涵设计规范》(JTG 3362—2018)的基因。

《公路钢结构桥梁设计规范》(JTG D64—2015)和《公路钢筋混凝土及预应力混凝土桥涵设计规范》(JTG 3362—2018)分别给出了钢结构桥梁和混凝土结构桥梁设计的一般规定、材料取值、构件计算方法和相应的构造要求。《公路钢结构桥梁设计规范》(JTG D64—2015)对钢结构桥梁中经常遇到的连接件、钢板梁、钢箱梁、钢桁梁、钢管结构、钢塔、缆索等主要构件给出了具体的设计方法和构造要求,对桥面铺装、支座及伸缩装置也提出了具体的设计要求,并将钢-混凝土组合梁内容单独成章,作为公路钢桥内容的一个组成部分。《公路钢筋混凝土及预应力混凝土桥涵设计规范》(JTG 3362—2018)则给出了持久状况承载能力极限状态、持久状况正常使用极限状态下桥梁各种主要受力构件的计算方法和验算要求,也规定了持久状况和短暂状况下构件应力计算的规定。

值得注意的是,《公路钢结构桥梁设计规范》(JTG D64—2015)对基本构件的承载力设计计算均基于弹性理论的方法,即使是在承载能力极限状态下,也是采用了以弹性方法计算确定并以极限状态表示的结构承载力的下限,其实质上也是极限状态下的容许应力法的表现形式,只是材料容许应力采用其材料强度设计值。《公路钢筋混凝土及预应力混凝土桥涵设计规范》(JTG 3362—2018)对构件承载力的设计计算基于塑性理论的方法,直接建立极限平衡方程,给出了结构或构件承载力的上限值。这是两本设计规范采用计算理论上的本质区别。

在钢-混凝土组合结构桥梁设计中,涉及混凝土的部分,例如桥面板混凝土,应作为受弯构件参照《公路钢筋混凝土及预应力混凝土桥涵设计规范》(JTG 3362—2018)进行计算和构造;而钢结构部分,例如钢梁、钢管,则应参照《公路钢结构桥梁设计规范》(JTG D64—2015)进行计算和构造。

1.4.2 我国铁路桥梁规范介绍

随着我国铁路现代化建设的不断深入和国际间交流合作的日益密切,铁路桥梁设计规范进行了完善发展。国家铁路局于2014年发布《高速铁路设计规范》(TB 10621—2014),在全面总结我国高速铁路建设、运营的实践经验和科研成果的基础上,为统一高速铁路设计标准,使高速铁路设计符合安全可靠、先进成熟、快捷舒适、经济适用等要求,对《高速铁路设计规范(试行)》(TB 10621—2009)进行了全面修订。

铁路钢-混凝土组合结构桥梁相关规范的发展历经《铁路桥涵设计规范》(TBJ 2—85)第四章"钢结构部分"、《铁路结合梁设计规定》(TBJ 24—89)、《铁路桥梁钢结构设计规范》(TB 10002.2—99)、《铁路桥梁钢结构设计规范》(TB 10002.2—2005),至2017年1月2日国家铁路局发布《铁路桥涵设计规范》(TB 10002—2017)、《铁路桥梁钢结构设计规范》(TB 10091—2017)、《铁路桥涵混凝土结构设计规范》(TB 10092—2017)、《铁路桥涵地基和基础设计规范》

(TB 10093—2017)等4项铁道桥梁行业标准代替原有的相关规范,总结了我国在组合桥梁发展过程中应用的设计理论与技术,使得铁路桥梁相关规范日趋完善。

1)《高速铁路设计规范》(TB 10621—2014)

该规范涉及高速铁路的多个方面,包括术语和符号、总体设计、运输组织、线路、路基、桥涵、隧道、轨道、站场、电力牵引供电、电力、通信、信号、信息灾害监测、动车组设备、维修设施、给水排水、房屋建筑、综合接地、环境保护等,适用于新建设计速度为250~350km/h、运行动车组列车的标准轨距客运专线铁路,设计速度分为250km/h、300km/h、350km/h三级。

该规范从整体上对高速铁路的设计提供技术标准,从前期的方案制订到工程建设、附属设施的完善,再到高速铁路的运营,为高速铁路建设的整个过程提供保障。在高速铁路桥涵方面,对桥梁设计荷载的选择、桥梁动力系数的选取、曲线桥列车荷载产生的离心力计算作出了规定,并对跨度96m及以下的混凝土桥梁规定了梁体的竖向挠度限值、自振频率限值、梁端转角限值以及静定结构墩台基础工后沉降限值。

2)《铁路桥涵设计规范》(TB 10002—2017)

该规范确定了铁路桥梁设计的基本原则和要求,对桥梁涵洞布置的一般要求、桥涵孔径、桥涵构造、桥头引线及桥上线路、桥面布置及附属设施、维修养护设施、铁路线路交叉跨越桥梁结构设计与安全防护、高架车站桥梁结构及系统接口设计等方面提出相应的规定,并对铁路桥涵设计中荷载作用下不同类型铁路列车运行安全性指标(脱轨系数、轮重减载率、轮对横向力)、路斯佩林舒适度指标,以及车体、桥面板竖向、横向加速度,梁体的竖向挠度、自振频率以及梁端转角作出相应规定。其适用于新建和改建标准轨距的高速铁路、城际铁路、客货共线Ⅰ级和Ⅱ级铁路、重载铁路桥涵结构设计。该规范作为铁路桥梁设计的基本规范,对铁路桥梁设计与施工起到了根本性的指导作用。

铁路桥涵结构设计采用容许应力法,设计荷载采用的列车荷载标准应符合《铁路列车荷载图式》(TB/T 3466—2016)的规定,如表1-4-1所示。

铁路列车荷载图式　　　　　　　　　　　　　　表1-4-1

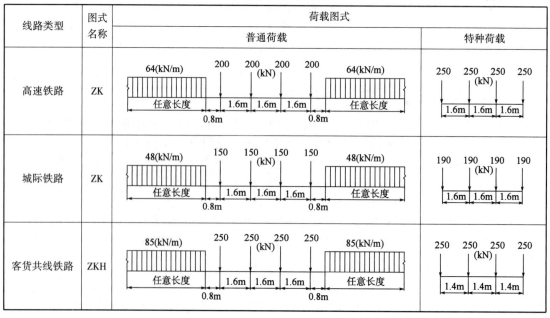

续上表

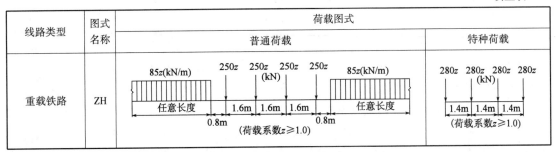

《铁路桥涵设计规范》(TB 10002—2017)对列车荷载动力系数的规定:桥涵结构计算应考虑列车竖向活载动力作用,可按竖向静活载乘动力系数$(1+\mu)$确定。实体墩台、基础计算可不考虑动力作用。

(1)客货共线、重载铁路桥梁结构动力系数应按下列公式计算,且不小于1.0。

①简支或连续的钢桥跨结构和钢墩台动力系数应按下式计算:

$$1 + \mu = 1 + \frac{1+28}{40+L} \tag{1-4-5}$$

②钢与钢筋混凝土板组合梁动力系数应按下式计算:

$$1 + \mu = 1 + \frac{22}{40+L} \tag{1-4-6}$$

③钢筋混凝土、素混凝土、石砌的桥跨结构及涵洞、刚架桥,其顶上填土厚度$h \geq 3\mathrm{m}$(从轨底算起)时不计列车竖向动力作用。当$h<3\mathrm{m}$时,动力系数应按下式计算:

$$1 + \mu = 1 + \alpha\left(\frac{6}{30+L}\right) \tag{1-4-7}$$

其中,$\alpha = 0.32 \times (3-h)^2$,$h<0.5\mathrm{m}$时取0.5m。以上三式中的$L$以m计,除承受局部活载杆件为影响线加载长度外,其余均为桥梁跨度。

④空腹式钢筋混凝土拱桥的拱圈和拱肋动力系数应按下式计算:

$$1 + \mu = 1 + \frac{15}{100+\lambda}\left(1 + \frac{0.4L}{f}\right) \tag{1-4-8}$$

式中:L——拱桥的跨度,m;

λ——计算桥跨结构的主要杆件时为计算跨度,m;对于只承受局部活载的杆件,则按其计算图式为一个或数个节间的长度,m;

f——拱的矢高,m。

⑤支座的动力系数计算公式与相应的桥跨结构计算公式相同。

(2)高速铁路、城际铁路桥梁结构动力系数$(1+\mu)$应按下式计算,且不小于1.0。

$$1 + \mu = 1 + \left(\frac{1.44}{\sqrt{L\varphi} - 0.2} - 0.18\right) \tag{1-4-9}$$

式中:$L\varphi$——加载长度,m。加载长度小于3.61m时,应取3.61m;简支梁应取梁的跨度;连续梁可按平均跨度乘跨度调整系数(表1-4-2)确定,且不应小于最大跨度。

连续梁跨度调整系数 表1-4-2

跨度	2	3	4	≥5
跨度调整系数	1.2	1.3	1.4	1.5

《铁路桥涵设计规范》(TB 10002—2017)对脱轨荷载的规定:长度大于15m的桥梁应考虑列车脱轨荷载。列车竖向脱轨荷载可不计动力系数。多线桥只考虑一线脱轨荷载,且其他线路上不作用列车荷载。列车脱轨荷载应按下列两种情况考虑:

(1) 列车脱轨后一侧车轮仍停留在桥面轨道范围内。两条平行于线路中线、相距1.4m的线荷载,作用于线路中线一侧不超过挡砟墙或防护墙内侧的最不利位置上。该线荷载在长度为6.4m的一段上为50kN/m,前后各接以25kN/m,如图1-4-1所示。

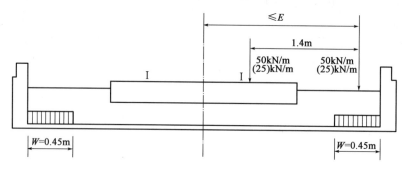

图1-4-1 列车竖向脱轨荷载1

(2) 列车脱轨后已离开轨道范围但仍停留在桥面边缘时,列车脱轨荷载应考虑竖向脱轨荷载。竖向脱轨荷载为一条长度为20m、平行于线路中线的线荷载,作用于挡砟墙内侧,离线路中心的最大距离为线路中线一侧不超过挡砟墙或防护墙内侧的距离,如图1-4-2所示。

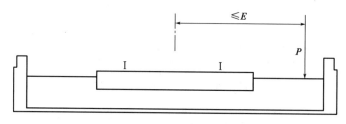

图1-4-2 列车竖向脱轨荷载2

注:1. E-脱轨荷载距线路中心距离,客货共线铁路、重载铁路,脱轨荷载作用于线路中线一侧 $E≤2.0m$ 范围以内的最不利位置上;高速铁路和城际铁路,脱轨荷载作用于线路中线一侧 $E≤2.2m$ 范围以内的最不利位置上。

2. P-列车竖向脱轨荷载,客货共线铁路 $P=80kN/m$;高速铁路和城际铁路 $P=64kN/m$;重载铁路 $P=85zkN/m$(z 为 ZH 图式中重载铁路荷载系数)。

3)《铁路桥梁钢结构设计规范》(TB 10091—2017)

该规范采用的是容许应力法,其主要内容包括总则,术语和符号,材料及基本容许应力,结构内力计算,杆件的计算长度、长细比和构件截面,构件连接,桥面系及联结系,钢板梁,钢桁梁,支座等,另有5个附录。该规范介绍了铁路桥梁钢结构的材料性能、结构计算方法、组合桥梁的剪力连接形式及性能、钢板梁和钢桁梁的设计规定等。该规范适用于高速铁路,城际铁路,客货共线Ⅰ级和Ⅱ级铁路,重载铁路铆接、栓焊及全焊桥梁钢结构的设计。

该规范为铁路组合桥梁设计的基本规范,对铁路组合桥梁设计与施工起到根本性的指导作用,基本规定如下:

(1)铁路桥梁钢结构应具有规定的强度、刚度、稳定性和耐久性,主体结构的设计使用年限应为100年。

(2)采用本规范设计时,尚应符合现行《铁路桥涵设计规范》(TB 10002)的规定。

(3)钢结构的构件设计宜标准化,使同型构件能互换。结构应便于加工、运输、安装、检查和养护。

(4)桥跨结构应设预拱度,预拱度曲线宜与恒载和半个静活载产生的挠度曲线形状基本相同,但方向相反。由恒载和静活载所引起的竖向挠度不大于桥梁跨度的1/1600时,可不设置预拱度。

(5)桥跨结构在计算荷载的最不利组合作用下,横向倾覆稳定系数不应小于1.3。

(6)钢梁应能使用千斤顶将其顶起。起顶设施及结构本身都应按起顶荷重1.3倍检算。

(7)曲线上线路中心有偏移的桥以及其他有偏心荷载的桥应计算偏载对桥跨结构的影响。

《铁路桥梁钢结构设计规范》(TB 10091—2017)对铁路组合桥梁的疲劳计算的规定:疲劳组合包括设计荷载中的恒载加活载(包括冲击力、离心力,但不考虑活载发展系数)。列车竖向活载应将列车竖向静活载乘运营动力系数$(1+\mu_f)$。运营动力系数可按下式计算:

$$1+\mu_f = 1 + \frac{18}{40+L} \tag{1-4-10}$$

式中:L——桥梁跨度,m,承受局部活载杆件的影响线加载长度;

μ_f——活载冲击力的动力系数。

对多线铁路桥主桁(或主梁)构件进行疲劳检算时,疲劳荷载可按照一线加载,作用于横向最不利位置,乘相应的多线系数。

《铁路桥梁钢结构设计规范》(TB 10091—2017)对剪力滞效应的规定:整体钢桥面结构检算时,桥面板作为纵梁(肋)、横梁(肋)的上翼缘应考虑剪力滞后的影响。钢桥面板参与作用的有效宽度b_e为$(\lambda_1 + \lambda_2)$,其中λ_1为一侧伸出部分的有效宽度,λ_2为主梁中心线间距一半的有效宽度,如图1-4-3所示。λ_1、λ_2的取值应符合下列规定:

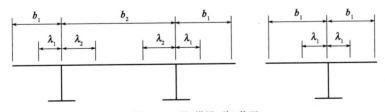

图1-4-3 纵、横梁(肋)截面

(1)简支梁或连续梁跨中的λ_1、λ_2可按下列公式取值:

①当$\frac{b}{L} \leq 0.05$时,

$$\lambda_1 \text{ 或 } \lambda_2 = b$$

②当$0.05 < \frac{b}{L} < 0.30$时,

$$\lambda_1 \text{ 或 } \lambda_2 = \left(1.1 - 2\frac{b}{L}\right)b$$

③当 $\frac{b}{L} \geqslant 0.30$ 时,

$$\lambda_1 \text{ 或 } \lambda_2 = 0.15L$$

(2)悬臂梁或连续梁中间支点处的 λ_1、λ_2 可按下列公式取值:

①当 $\frac{b}{L} \leqslant 0.02$ 时,

$$\lambda_1 \text{ 或 } \lambda_2 = b$$

②当 $0.02 < \frac{b}{L} < 0.30$ 时,

$$\lambda_1 \text{ 或 } \lambda_2 = \left[1.06 + 4.5\left(\frac{b}{L}\right)^2 - 3.2\frac{b}{L}\right]b$$

③当 $\frac{b}{L} \geqslant 0.30$ 时,

$$\lambda_1 \text{ 或 } \lambda_2 = 0.15L$$

式中:b——腹板间距的 1/2 或翼缘悬臂端为伸出部分的宽度,$b = b_2/2$ 或 b_1;
L——等效跨径。

(3)连续梁中间支点处和跨中之间的过渡部位的 λ_1、λ_2 可以参照表 1-4-3 中斜线过渡部分处的翼缘有效宽度线性插值。

翼缘有效宽度计算的等效跨径 表 1-4-3

类别	梁段号	腹板单侧翼缘有效宽度计算			计算图式
		符号	适用公式	等效跨径 L	
简支梁	①	λ_1 或 λ_2	(7.1.4-1) (7.1.4-2) (7.1.4-3)	L	
连续梁	①	λ_1 或 λ_2	(7.1.4-1) (7.1.4-2) (7.1.4-3) (7.1.4-4) (7.1.4-5) (7.1.4-6)	$0.8L_1$	
	⑤	λ_1 或 λ_2		$0.6L_2$	
	③	λ_1 或 λ_2		$0.2(L_1+L_2)$	
	⑦	λ_1 或 λ_2		$0.2(L_2+L_3)$	
	② ④ ⑥ ⑧	线性内插			

续上表

类别	梁段号	腹板单侧翼缘有效宽度计算		等效跨径 L	计算图式
		符号	适用公式		
悬臂梁	①	λ_1 或 λ_2	(7.1.4-4) (7.1.4-5)	$2L_1$	
	⑤	λ_1 或 λ_2	(7.1.4-6)	$2L_3$	
	③	λ_1 或 λ_2	(7.1.4-1) (7.1.4-2) (7.1.4-3)	$0.6L_2$	
	② ④	线性内插			

注:"适用公式"一栏的公式号对应《铁路桥梁钢结构设计规范》(TB 10091—2017)。

1.4.3 组合结构桥梁国际规范介绍

随着组合结构的发展,各国根据本国的经验和需求制定相关的规范。1944 年,美国国家公路与运输协会的 AASHTO 规范针对钢-混凝土组合结构列出了设计条文。同年,苏联也修建了世界上第一座组合结构公路桥,并颁布了相关规范,在规范中系统介绍了"钢-混凝土结合的结构"的设计和有关构件等。1945 年,德国制定了《桥梁组合梁》(DIN 1078)。

1955 年,日本修建了第一座钢-混凝土组合梁桥,并于 1959 年制定了《道路钢桥组合梁设计施工指南》,此后日本也进入了钢-混凝土组合结构桥梁蓬勃发展的阶段。1975 年,日本制定了《组合梁结构设计施工指南和说明》。2000 年,日本钢结构委员会成立了一个专门的设计小组委员会研究铁路钢-混凝土组合梁这一新结构的设计方法,并于 2003 年发表了一份题为《基于性能设计的钢结构建筑》(JSCE 2003)的报告。基于此份报告,日本土木工程师协会(JSCE)分别于 2007 年、2008 年及 2009 年发布了《铁路组合结构总则、结合规划和设计标准》(JSCE 2007)、《组合结构抗震设计标准》(JSCE 2008)及《组合结构施工标准》(JSCE 2009)。

美国现行通用钢结构设计规范主要有 ASD 9(*Allowable Stress Design* 9)、LRFD(《荷载和抗力分项系数设计规程》)。ASD9 是由美国钢结构协会(AISC)于 1989 年 6 月颁布的一本钢结构设计规范,其特点是通过安全系数来度量对因材料达到屈服强度而破坏或杆件进入屈曲状态而失效的抵抗能力。LRFD 是由美国钢结构协会颁布的钢结构设计规程,根据各种可能的极限状态计算出构件的标准强度,用该强度乘抗力系数确定设计构件的承载力,并与分析得到的构件内力值进行比较。相对于 ASD 9,虽然 LRFD 规范较复杂,但其依据的设计理论及试验结果比 ASD 9 的公式来源更具有说服力。另外,LRFD 引入了结构可靠度的概念,使得采用 LRFD 设计的各种构件将具有较为一致、平均和协调的安全性和可靠度,目前已被美国等国家广泛采用。

在欧洲,为了统一土工技术以及土木建筑结构的设计,消除行业的技术障碍并统一技术规范,欧洲标准化委员会(CEN)制定了欧洲规范。1990 年开始编制欧洲规范试行版本(ENV),1992 年陆续形成 9 卷 57 分册的基本框架,1998 年起逐步将欧洲规范试行版本 ENV 转化为欧洲规范草案(prEN),2006 年形成了 10 卷 58 分册的欧洲规范(EN)。至今,经过欧洲各国的共同努力,这套欧洲规范已逐步形成一套完整的配套工程结构规范体系,成为在工程建设领域中较有影响力的一套区域性国际标准,内容包括设计基础、结构上的作用、不同材料的结构设计、土工设计和结构抗震设计等,涵盖了桥梁、建筑、筒仓、储罐、管道、塔、桅杆、烟囱等结构的设计。其中,《欧洲规范4》(Eurocode 4)是关于组合结构的设计规范,它最初的草案是1984年在英国完成的,主要以1981年由欧洲共同体委员会(CEC)、欧洲钢结构协会(ECCS)、国际预应力联合会(FIP)及国际桥梁与结构工程协会(IABSE)共同组成的组合结构委员会颁布的《组合结构》规范为基础修订和补充而成。1985年,Eurocode 4由欧洲标准化委员会(CEN)首次正式颁布。这是目前世界上关于钢-混凝土组合结构比较完整的规范,规范中针对钢-混凝土组合结构的设计、研究和应用进行了细致的分析和总结,为以后组合结构的发展指明了方向。Eurocode 4中的第二部分是关于钢-混凝土组合桥梁的有关规定,介绍了相关材料参数、剪力连接件布置形式,以及结构的计算方法,采用的是基于可靠度理论的极限状态法,而我国铁路桥梁中目前采用的设计方法是容许应力法。

BS 5400是英国标准协会(BSI)桥梁技术委员会编制的适用于钢桥、混凝土桥和组合桥的设计、施工、荷载、材料及工艺的一套国家标准,在国际上具有相当广泛的影响力。BS 5400包括以下10篇:BS 5400-1:1988,第一篇 概述;BS 5400-2:1978,第二篇 荷载规范;BS 5400-3:2000,第三篇 钢桥设计实用规范;BS 5400-4:1990,第四篇 混凝土桥设计实用规范;BS 5400-5:1979,第五篇 组合桥设计实用规范;BS 5400-6:1999,第六篇 材料及工艺规范(钢材);BS 5400-7:1978,第七篇 材料及工艺规范(混凝土、钢筋及预应力筋);BS 5400-8:1978,第八篇 材料及工艺建议(混凝土、钢筋及预应力筋);BS 5400-9.1:1983,第九篇 桥梁支座 第9.1节 桥梁支座设计实用规范;BS 5400-9.2:1983,第九篇 桥梁支座 第9.2节 桥梁支座的材料、制造与安装规范;BS 5400-10:1980,第十篇 疲劳实用规范。

2010年4月1日起,各欧盟成员国及其殖民地地区开始全面采用欧洲规范,取代这些国家和地区所有与欧洲规范相抵触的规范标准。但对于很多英联邦国家和地区,由于采用英国规范时间长、范围广,许多地区依然采用英国规范BS 5400,在欧洲规范取代英国规范的过程中两种规范体系必然会共存一段时间。

1.5 组合结构桥梁材料及计算原则

1.5.1 组合结构桥梁材料

组合结构桥梁所采用的材料主要包括钢材、混凝土以及钢筋等。

1) 混凝土

《钢-混凝土组合桥梁设计规范》(GB 50917—2013)中规定,钢-混凝土组合梁的主要受力构件中的混凝土强度等级应符合下列要求:钢筋混凝土构件不应低于C30,且不宜大于C60;预应力混凝土构件不应低于C40。

组合桥梁中常用混凝土轴心抗压强度标准值f_{ck}、轴心抗拉强度标准值f_{tk}、轴心抗压强度设计值f_{cd}和轴心抗拉强度设计值f_{td}应按表1-5-1采用。

混凝土强度标准值 表1-5-1

强度等级	C30	C35	C40	C45	C50	C55	C60
f_{ck}(MPa)	20.1	23.4	26.8	29.6	32.4	35.5	38.5
f_{tk}(MPa)	2.01	2.20	2.40	2.51	2.65	2.74	2.85
f_{cd}(MPa)	13.8	16.1	18.4	20.5	22.4	24.4	26.5
f_{td}(MPa)	1.39	1.52	1.65	1.74	1.83	1.89	1.96

混凝土受压或受拉时的弹性模量E_c宜按表1-5-2采用;当有可靠试验依据时,E_c可按实测数据确定。

混凝土的弹性模量 表1-5-2

强度等级	C25	C30	C35	C40	C45	C50	C55	C60	C65	C70	C75	C80
$E_c(\times 10^4$MPa)	2.80	3.00	3.15	3.25	3.35	3.45	3.55	3.60	3.65	3.70	3.75	3.80

注:当采用引气剂及较高砂率的泵送混凝土且无实测数据时,表中C50~C80的E_c值乘折减系数0.95。

混凝土的剪切变形模量G_c可按表1-5-2中E_c值的40%采用,混凝土的泊松比ν_c可采用0.2。

2)钢筋

组合结构桥梁所用的钢筋主要有两类:一类是有物理屈服点的钢筋(又称软钢),如热轧钢筋;另一类是没有物理屈服点的钢筋(又称硬钢),如钢丝、钢绞线和热处理钢筋。热轧钢筋可用于组合结构桥梁构件的构造配筋,或者与钢材及混凝土组合在一起共同受力。钢绞线等则可用于预应力组合结构桥梁。钢筋的应力-应变关系通常采用表面不经切削加工的钢筋试件进行拉伸试验加以测定。一般认为,钢筋的受压应力-应变关系与受拉相同,所以钢筋的抗压强度和弹性模量都采用受拉试验测得。

《公路钢筋混凝土及预应力混凝土桥涵设计规范》(JTG 3362—2018)规定钢筋的抗拉强度标准值应具有不小于95%的保证率。普通钢筋抗拉强度标准值f_{sk}和预应力钢筋抗拉强度标准值f_{pk}应分别按表1-5-3和表1-5-4采用。

普通钢筋抗拉强度标准值 表1-5-3

钢筋种类	符号	公称直径d(mm)	f_{sk}(MPa)
HPB300	ϕ	6~22	300
HRB400 HRBF400 RRB400	ϕ ϕ^F ϕ^R	6~50	400
HRB500	ϕ	6~50	500

预应力钢筋抗拉强度标准值 表1-5-4

钢筋种类	符号	公称直径d(mm)	f_{pk}(MPa)
钢绞线	1×7 ϕ^S	9.5、12.7、15.2、17.8	1720、1860、1960
		21.6	1860
消除应力 钢丝	光面 螺旋肋 ϕ^P ϕ^H	5	1570、1770、1860
		7	1570
		9	1470、1570
预应力螺纹钢筋	ϕ^T	18、25、32、40、50	785、930、1080

注:抗拉强度标准值为1960MPa的钢绞线作为预应力钢筋使用时,应有可靠工程经验或经充分试验验证。

普通钢筋抗拉强度设计值f_{sd}和抗压强度设计值f'_{sd}应按表 1-5-5 采用;预应力钢筋抗拉强度设计值f_{pd}和抗压强度设计值f'_{pd}应按表 1-5-6 采用。

普通钢筋抗拉、抗压强度设计值 表 1-5-5

钢筋种类	f_{sd}(MPa)	f'_{sd}(MPa)
HPB300	250	250
HRB400、HRBF400、RRB400	330	330
HRB500	415	400

注:1. 钢筋混凝土轴心受拉和小偏心受拉构件的钢筋抗拉强度设计值大于 330MPa 时,仍按 330MPa 取用;在斜截面抗剪承载力、受扭承载力和冲切承载力计算中,垂直于纵向受力钢筋的箍筋或间接钢筋等横向钢筋的抗拉强度设计值大于 330MPa 时,应取 330MPa。

2. 构件中配有不同种类的钢筋时,每种钢筋应采用各自的强度设计值。

预应力钢筋抗拉、抗压强度设计值 表 1-5-6

钢筋种类	f_{pk}(MPa)	f_{pd}(MPa)	f'_{pd}(MPa)
钢绞线 1×7(七股)	1720	1170	390
	1860	1260	
	1960	1330	
消除应力钢丝	1470	1000	410
	1570	1070	
	1770	1200	
	1860	1260	
预应力螺纹钢筋	785	650	400
	930	770	
	1080	900	

普通钢筋的弹性模量E_s和预应力钢筋的弹性模量E_p宜按表 1-5-7 采用;当有可靠试验依据时,E_s和E_p可按实测数据确定。

钢筋的弹性模量 表 1-5-7

钢筋种类	弹性模量E_s(×10⁵MPa)	钢筋种类	弹性模量E_p(×10⁵MPa)
HPB300	2.10	钢绞线	1.95
HRB400、HRB500 HRBF400、RRB400	2.00	消除应力钢丝	2.05
		预应力螺纹钢筋	2.00

3)钢材

《公路钢结构桥梁设计规范》(JTG D64—2015)和《钢-混凝土组合桥梁设计规范》(GB 50917—2013)规定组合构件中钢材宜采用 Q235 钢、Q345 钢、Q390 钢和 Q420 钢,其质量应符合现行《碳素结构钢》(GB/T 700)和《低合金高强度结构钢》(GB/T 1591)的规定。钢材的强度设计值按表 1-5-8 采用。

钢材的强度设计值(MPa)　　　　　　　　　　　　　　　表1-5-8

钢材		抗拉、抗压和抗弯强度 f_d	抗剪强度 f_{vd}	端面承压(刨平顶紧)强度 f_{cd}
牌号	厚度或直径(mm)			
Q235钢	≤16	190	110	280
	16~40	180	105	270
	40~100	170	100	255
Q345钢	≤16	275	160	415
	16~40	270	155	400
	40~63	260	150	390
	63~80	250	145	375
	80~100	245	140	365
Q390钢	≤16	310	180	465
	16~40	295	170	445
	40~63	280	160	420
	63~100	265	150	395
Q420钢	≤16	335	195	505
	16~40	320	185	480
	40~63	305	175	455
	63~100	290	165	430

注:表中厚度系指计算点的钢材厚度,对轴心受拉和轴心受压构件系指截面中较厚板件的厚度。

设计使用年限为100年的钢-混凝土组合梁宜采用桥梁用结构钢,其质量应符合现行《桥梁用结构钢》(GB/T 714)的规定。钢材的强度设计值应按表1-5-9采用。

钢材的强度设计值(MPa)　　　　　　　　　　　　　　　表1-5-9

钢材		抗拉、抗压和抗弯强度 f_d	抗剪强度 f_{vd}	端面承压(刨平顶紧)强度 f_{ced}
牌号	厚度或直径(mm)			
Q235q钢	≤50	185	105	275
	50~100	180	100	270
Q345q钢	≤50	275	155	410
	50~100	265	150	395
Q370q钢	≤50	295	170	440
	50~100	285	165	425
Q420q钢	≤50	335	190	500
	50~100	325	185	485

注:表中厚度系指计算点的钢材厚度,对轴心受拉和轴心受压构件系指截面中较厚板件的厚度。

钢材的物理性能指标应按表 1-5-10 采用。

钢材的物理性能指标   表 1-5-10

弹性模量 E_s （MPa）	剪切模量 G_s （MPa）	泊松比 ν_s	线膨胀系数 α_s （以每℃计）	密度 ρ_s （kg/m³）
2.06×10^5	7.9×10^4	0.3	1.2×10^{-5}	7850

4) 螺栓及栓钉连接件

钢-混凝土组合梁桥的钢梁可采用螺栓连接,使用的螺栓分为高强度螺栓和普通螺栓。前者用于主要受力构件的连接,后者用于桥梁次要构件或施工中临时构件的连接。组合桥梁中推荐使用 8.8S 和 10.9S 两种级别的高强度螺栓。高强度螺栓的预拉力设计值 P_d 应按表 1-5-11 采用,高强度螺栓连接的钢材摩擦面抗滑移系数宜采用 0.45。

高强度螺栓的预拉力设计值(kN)   表 1-5-11

螺纹直径规格		M20	M22	M24	M27	M30
性能等级	8.8S	125	150	175	230	280
	10.9S	155	190	225	290	355

高强度螺栓、螺母、垫圈的技术条件应符合现行《钢结构用高强度大六角头螺栓、大六角螺母、垫圈技术条件》(GB/T 1228~1231)、《钢结构用扭剪型高强度螺栓连接副》(GB/T 3632)的相关要求。高强度螺栓采用的钢材有 20 锰钛硼钢(20MnTiB)、45 号钢和 40 硼钢(40B)。20 锰钛硼钢与 45 号钢及 40 硼钢(40B)相比较,不易产生延迟断裂。桥梁工程中常用性能等级为 10.9S 的高强度螺栓。

普通螺栓应符合现行《六角头螺栓 C 级》(GB/T 5780)和《六角头螺栓》(GB/T 5782)的规定,其材料通常采用普通碳素结构钢,一般采用 Q235 钢。桥梁用普通螺栓的标准直径及其截面面积可参考表 1-5-12 取用。

桥梁用普通螺栓的标准直径及其截面面积   表 1-5-12

螺栓外径（mm）	10	12	14	16	18	20	22	24	27	30	36
螺栓内径（mm）	8.05	9.73	11.40	13.40	14.75	16.75	18.75	20.10	23.10	25.45	30.80
螺栓毛截面面积（mm²）	0.79	1.13	1.54	2.01	2.54	3.14	3.80	4.52	5.72	7.07	10.17
螺栓净截面面积（mm²）	0.51	0.74	1.02	1.41	1.71	2.18	2.74	3.17	4.18	5.06	7.44

普通螺栓连接的抗拉、抗剪及承压强度设计值应按表 1-5-13 的规定采用。

钢-混凝土桥梁中设置的栓钉应符合现行《电弧螺柱焊用圆柱头焊钉》(GB/T 10433)的规定,栓钉的力学性能应符合表 1-5-14 的规定。

普通螺栓和锚栓连接的强度设计值(MPa)　　表 1-5-13

螺栓的性能等级、锚栓和构件钢材的牌号		普通螺栓						锚栓
		C 级			A、B 级			
		抗拉强度 f_{td}^b	抗剪强度 f_{vd}^b	承压强度 f_{cd}^b	抗拉强度 f_{td}^b	抗剪强度 f_{vd}^b	承压强度 f_{cd}^b	抗拉强度 f_{td}^b
普通螺栓	4.6级、4.8级	145	120	—	—	—	—	—
	5.6级	—	—	—	185	165	—	—
	8.8级	—	—	—	350	280	—	—
锚栓	Q235钢	—	—	—	—	—	—	125
	Q345钢	—	—	—	—	—	—	160
构件	Q235钢	—	—	265	—	—	350	—
	Q345钢	—	—	340	—	—	450	—
	Q390钢	—	—	355	—	—	470	—
	Q420钢	—	—	380	—	—	500	—

栓钉的力学性能(MPa)　　表 1-5-14

钢号	屈服强度 f_{std}	抗拉强度 f_{std}
ML15、ML15A1	≥320	≥400

当钢-混凝土桥梁的钢梁采用焊接连接时,其焊接材料和焊接工艺需满足现行《公路钢结构桥梁设计规范》(JTG D64)和《公路桥涵施工技术规范》(JTG/T 3650)的要求。

1.5.2　组合结构桥梁计算原则

《公路钢混组合桥梁设计与施工规范》(JTG/T D64-01—2015)规定,钢-混凝土组合梁桥设计时应考虑四种设计状况,即持久状况、短暂状况、偶然状况和地震状况,以及相应的极限状态下的结构分析和验算。验算中各项材料指标取值均需满足现行《公路钢筋混凝土及预应力混凝土桥涵设计规范》(JTG 3362)和《公路钢结构桥梁设计规范》(JTG D64)的要求。

在持久状况下,须考虑正常使用极限状态和承载能力极限状态的计算。在正常使用极限状态下,应采用短期效应组合及长期效应组合进行结构变形验算及负弯矩区混凝土桥面板的抗裂性或裂缝宽度验算。同时,可对结构的控制断面进行应力验算,并作为承载能力验算的补充。上述计算均以弹性理论为基础,计算中永久作用效应取其标准值,可变作用效应,对于变形或裂缝,取其频遇值或准永久值,即采用频遇组合或准永久组合;对于应力计算,应取作用的标准值并考虑冲击作用,材料限值均应以其强度设计值为基础。在承载能力极限状态下,采用基于概率理论的极限状态设计方法进行承载力、稳定性及连续的计算。上述计算可以弹性理论、弹塑性理论或塑性理论为基础。作用效应取其考虑分项系数的基本组合;混凝土和钢筋材料性能可取其材料强度的标准值或设计值,钢板材料的强度指标均取其强度设计值。

在短暂状况下,应对施工过程中的钢-混凝土组合梁进行验算。组合梁桥通常采用分阶段施工法,施工期间存在结构体系转换或者截面变化,因此,设计时应考虑施工阶段的受力特点,验算施工过程中结构控制截面的应力及钢梁稳定性。原则上结构自重及施工荷载(包括施工人员和机具设备)等均采用标准值组合,必要时应考虑动力放大系数的影响。在短暂状况下,一般不进行裂缝和变形的计算,可以通过施工措施或构造措施,防止构件出现过大的变形或不必要的裂缝。

在偶然状况和地震状况下,仅需要对桥梁结构进行承载能力极限状态验算。根据《公路桥涵设计通用规范》(JTG D60—2015)的要求,钢-混凝土组合梁桥应根据桥梁的设计使用年限和桥梁的使用环境类别及作用等级进行耐久性设计,采取必要的耐久性构造和钢梁的防腐蚀措施。设计中应考虑桥梁养护的需要,满足可到达、可检测、可维修和可更换的要求。

钢-混凝土组合梁桥的钢结构主要构件应按弹性分析方法进行疲劳计算。疲劳荷载模型应符合《公路钢结构桥梁设计规范》(JTG D64—2015)中的相关规定,作用效应需采用疲劳荷载的标准值。设计中需考虑桥梁与周边自然环境和景观的协调,适当考虑桥梁的美学效果。

按照目前交通运输行业设计规范体系,在钢-混凝土组合梁桥中,桥梁设计内力均采用弹性分析或者弹性有限元方法确定。构件或截面抗力计算方法可分为弹性、弹塑性和塑性三种。设计时具体采用哪种方法应根据结构的受力状态和计算目的进行选择。对于短暂状况和持久状况的正常使用极限状态的截面裂缝、变形及应力分析,均应采用基于弹性理论的计算方法;对于持久状况的承载能力极限状态的截面承载力分析,应采用作用的基本组合以及基于弹性理论表示的极限承载力设计方法。

《钢-混凝土组合桥梁设计规范》(GB 50917—2013)则规定,在持久状况的承载力极限状态计算时可采用基于塑性理论的承载力计算方法。对于其他设计状况及极限状态的计算要求,与《公路钢混组合桥梁设计与施工规范》(JTG/T D64-01—2015)基本相同。在铁路组合桥梁的设计分析过程中,需要同时参照一些组合结构规范,如《钢结构设计标准》(GB 50017—2017)、《组合结构设计规范》(JGJ 138—2016)等,以及与铁路桥梁关系密切的规范,如《高速铁路设计规范》(TB 10621—2014)、《铁路桥涵设计规范》(TB 10002—2017)、《铁路桥梁钢结构设计规范》(TB 10091—2017)等。

钢-混凝土组合桥梁设计时,荷载作用的取值方法及各种作用的组合方法应参照现行《公路桥涵设计通用规范》(JTG D60)、《城市桥梁设计规范(2019年版)》(CJJ 11)、《铁路桥涵设计规范》(TB 10002)或《高速铁路设计规范》(TB 10621)的相关规定。在地震状况下,结构内力及结构反应均需参照现行《公路桥梁抗震设计规范》(JTG/T 2231-01)或《铁路工程抗震设计规范》(GB 50111),在此不再赘述。

思考题

1. 我国钢-混凝土组合结构桥梁的发展有何特点?
2. 常用的组合结构桥梁有哪些?相应的组合结构的截面是如何构成的?
3. 我国公路、铁路行业涉及哪些与组合结构桥梁相关的主要设计规范?
4. 钢-混凝土组合结构梁桥有哪些主要的设计方法?
5. 分析容许应力法和极限状态法各自的特点。

本章参考文献

[1] 钟善桐.钢管混凝土结构[M].哈尔滨:黑龙江科学技术出版社,1987.

[2] 朱聘儒.钢-混凝土组合梁设计原理[M].北京:中国建筑工业出版社,1989.

[3] 黄侨.桥梁钢-混凝土组合结构设计原理[M].2版.北京:人民交通出版社股份有限公司,2017.

[4] LEBET J P,HIRT M A.钢桥 钢与钢-混组合桥梁概念和结构设计[M].葛耀君,苏庆田,等译.北京:人民交通出版社股份有限公司,2014.

[5] 徐强,万水,等.波形钢腹板PC组合箱梁桥设计与应用[M].北京:人民交通出版社,2009.

[6] 陈宝春.钢管混凝土拱桥[M].3版.北京:人民交通出版社股份有限公司,2016.

[7] 张树仁,黄侨.结构设计原理[M].2版.北京:人民交通出版社,2010.

[8] 邵旭东,胡建华.钢-超高性能混凝土轻型组合桥梁结构[M].北京:人民交通出版社股份有限公司,2015.

[9] 中华人民共和国交通运输部.公路桥涵设计通用规范:JTG D60—2015[S].北京:人民交通出版社股份有限公司,2015.

[10] 中华人民共和国交通运输部.公路钢结构桥梁设计规范:JTG D64—2015[S].北京:人民交通出版社股份有限公司,2015.

[11] 中华人民共和国交通运输部.公路钢混组合桥梁设计与施工规范:JTG/T D64-01—2015[S].北京:人民交通出版社股份有限公司,2015.

[12] 中华人民共和国交通运输部.公路钢管混凝土拱桥设计规范:JTG/T D65-06—2015[S].北京:人民交通出版社股份有限公司,2015.

[13] 中华人民共和国交通运输部.公路钢筋混凝土及预应力混凝土桥涵设计规范:JTG 3362—2018[S].北京:人民交通出版社股份有限公司,2018.

[14] 中华人民共和国住房和城乡建设部.城市桥梁设计规范(2019年版):CJJ 11—2011[S].北京:中国建筑工业出版社,2019.

[15] 中华人民共和国住房和城乡建设部,中华人民共和国国家质量监督检验检疫总局.钢-混凝土组合桥梁设计规范:GB 50917—2013[S].北京:中国计划出版社,2014.

[16] 中华人民共和国住房和城乡建设部,中华人民共和国国家质量监督检验检疫总局.钢管混凝土拱桥技术规范:GB 50923—2013[S].北京:中国计划出版社,2014.

[17] 中华人民共和国住房和城乡建设部.波形钢腹板组合梁桥技术标准:CJJ/T 272—2017[S].北京:中国建筑工业出版社,2018.

[18] 中华人民共和国住房和城乡建设部,中华人民共和国国家质量监督检验检疫总局.钢管混凝土结构技术规范:GB 50936—2014[S].北京:中国建筑工业出版社,2014.

[19] 黄侨,郭赵元,万世成,等.钢-混凝土组合梁桥的截面弹性抗弯承载力计算方法研究[J].中国公路学报,2017,30(3):167-174.

[20] 国家铁路局.高速铁路设计规范:TB 10621—2014[S].北京:中国铁道出版社,2014.

[21] 国家铁路局.铁路桥涵设计规范:TB 10002—2017[S].北京:中国铁道出版社,2017.

[22] 国家铁路局.铁路桥梁钢结构设计规范:TB 10091—2017[S].北京:中国铁道出版社,2017.

[23] 聂建国,刘明,叶列平.钢-混凝土组合结构[M].北京:中国建筑工业出版社,2005.

[24] American Institute of Steel Construction. Specification for Structural Steel Buildings: AISC-S335—1989[S]. Allowable Stress Design and Plastic Design,1989.

[25] 李志明.美国钢结构设计规范的最新发展[J].钢结构,2005,20(6):82-85.

[26] American Institute of Steel Construction(AISC). Load and resistance factor design specification for structural steel buildings[S]. December 27,1999.

[27] Joint Committee IABSE/CEB/FIP/ECCS Composite bridges. Structures(Model Code)[S]. London: Construction Press,1981.

[28] European Committee for Standardization(CEN). Eurocode 4: Design of composite steel and concrete structures,Part 1.2: General rules and for bridges[S]. Brussels,1994.

[29] Steel, concrete and composite bridges, Part 2: Specification for Loads: BS 5400-2—1978[S].1978.

第 2 章
钢-混凝土组合结构连接件设计

2.1 钢-混凝土组合结构连接形式及连接件的分类

2.1.1 钢-混凝土组合结构连接形式

钢-混凝土组合结构中钢与混凝土构件的协同工作须靠两者之间的连接来实现。目前组合结构中常用连接形式有黏结型、胶结型、摩擦型以及连接件型等多种。

1) 黏结型

黏结型连接是依靠水泥砂浆与钢梁翼缘自然黏结的一种连接形式。为扩大两者间的结合面积,增大咬合力,也可在钢板表面设置突起部,起到材料间的咬合作用,提升黏结性能。图 2-1-1 所示为设有 2~3mm 厚表面突起部的压延工字钢与钢管。压延钢管一般把突起部设置在内部表面,以提高与填充混凝土之间的黏结性能。图 2-1-2 所示为设有表面突起部的压延工字钢与混凝土之间相互作用的示意图,与螺纹钢筋在混凝土中的作用相似,突起部的支压应力与翼缘下面所产生的摩擦力增强了钢与混凝土之间的黏结效果。突起部形状越复杂,黏结强度就越大,但制作难度也越大,而突起部引起的应力集中可能造成钢材疲劳强度降低。

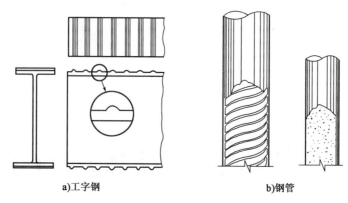

a) 工字钢　　　　　　　　b) 钢管

图2-1-1　表面设有突起部的压延工字钢与钢管

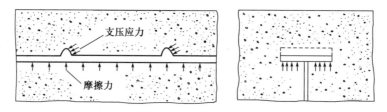

图2-1-2　表面突起部受力示意图

2）胶结型

胶结型连接主要是利用环氧树脂等有机材料把钢材与混凝土结合起来的一种连接形式。结合面积相同时,环氧树脂相对于水泥砂浆的自然黏结力要大。在混凝土梁加固以及钢-混凝土组合桥面板的设计施工中,环氧树脂常被用作黏结剂,其耐久性通常是被关注的焦点。图2-1-3所示为胶结型连接作用示意图。胶结效果的好坏不仅与胶结材料自身特性的好坏有关,还受到胶结材料与钢板及混凝土能否充分结合的影响。

3）摩擦型

在对预制装配式组合结构进行拼装时,利用摩擦力使钢材与混凝土结合在一起即为摩擦型连接形式。如图2-1-4所示,摩擦型连接通过拧紧高强度螺栓对钢-混凝土截面施加压力来产生摩擦,从而实现结合。需要指出的是,混凝土在受压作用下产生的收缩、徐变可能会降低拧紧效果,从而使摩擦效果下降。

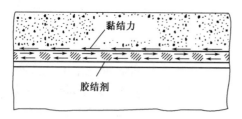

图2-1-3　胶结型连接作用示意图

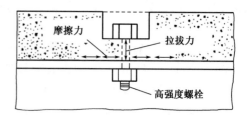

图2-1-4　摩擦型连接作用示意图

4）连接件型

连接件型连接是指在组合结构中将钢筋、焊钉、型钢或钢板等材料构件插入混凝土中,并通过焊接等方法与钢翼缘结合的一种连接形式。连接件通过抵抗钢与混凝土界面之间的剪力等作用来实现钢与混凝土结合。也有学者称其为销栓型或机械型连接形式。焊钉连接件、开孔板连接件等是最为常见的连接件。

本章将介绍目前组合结构桥梁中几种常用的连接件,如焊钉连接件、开孔板连接件以及型钢连接件,同时也对其他一些连接方式进行简要介绍。

2.1.2 连接件的分类

1)按照工作方式分类

如图 2-1-5 所示,连接件按照工作方式可分为焊钉连接件、开孔板连接件、型钢连接件、钢筋连接件、组合连接件等。

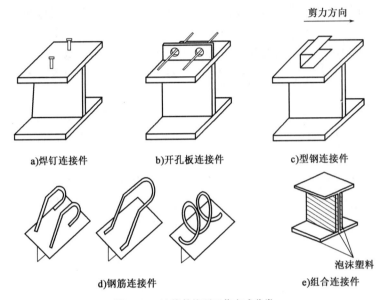

图 2-1-5 连接件按照工作方式分类

(1)焊钉连接件。

图 2-1-5a)所示为焊钉连接件(以下简称焊钉)。焊钉由钉身及钉头两部分组成,钉身主要抵抗组合梁界面剪力,钉头约束界面分离。焊钉最早用于造船时安装船内构件,在英国的造船厂诞生。早期由于焊钉的疲劳问题没有得到有效解决,其在组合桥梁中的应用受到限制。20 世纪 80 年代以来,随着焊接技术的发展,焊钉的疲劳强度逐渐提高,疲劳问题不再是焊钉应用于组合桥梁的障碍。目前,焊钉是应用最广泛、综合受力性能及施工性能最好的抗剪连接件。

焊钉在焊接时使用专用焊接机,操作方便,焊接质量容易保证,一个工人一天可完成近千个焊钉的焊接任务。焊钉的焊接过程以焊接母材为正极,焊钉为负极,在强电流作用下两者放电起弧,金属熔化,此时焊枪将焊钉压入熔池,冷却后即完成整个操作。通过在焊接时使用瓷环,焊缝的尺寸及形状变得可控,同时焊缝的冷却速度降低,降低了出现焊缝裂纹的可能性,焊缝质量大大提高。组合桥梁中所使用焊钉的直径一般为 19mm 或 22mm,有些组合梁也使用 25mm 及 30mm 等大直径焊钉作为连接件。相比而言,大直径焊钉可以减少焊钉个数,提高施工速度,但也需注意大直径焊钉在焊接时的焊接质量等问题。

(2)开孔板连接件。

图 2-1-5b)所示为开孔板连接件(以下简称开孔板)。开孔板刚度较大,疲劳荷载作用下

33

应力变化较小,具有良好的抗疲劳性能。20世纪80年代末,Leonhardt等人首先提出了开孔板连接件(Perfobond-Leisten,PBL),并首次应用在委内瑞拉的 Third Caroni 桥中以解决潜在疲劳问题,它是一种相对较新的连接件。

这种连接件由沿梁纵向焊接的竖开孔钢板构成。开孔板依靠圆孔中的混凝土加强钢与混凝土之间的连接,抵抗钢梁与混凝土界面间的纵向剪力和拉拔力。如果在开孔板圆孔中放置贯通钢筋,还可进一步增大这种连接件的抗剪刚度、强度及变形能力。开孔板由两条纵向角焊缝焊于钢梁上翼缘,相对于采用全截面熔透焊的焊钉,角焊缝焊脚尺寸较小,对钢梁的影响较小。

开孔板具有良好的抗疲劳性能,但用于组合梁也可能出现将混凝土板横向分割的情况,这不利于桥面板的整体性及横向受力;同时开孔板连接件常须在孔内穿钢筋,保证孔内混凝土的密实度,对施工造成不便,因此在组合梁的设计和施工中,开孔板连接件一般不是首选。但在混合梁结合段等受力较大部位,开孔板连接件是一种较为理想的传力构造形式。

(3)型钢连接件。

图2-1-5c)所示为型钢连接件。将轧制或焊接钢截断后用角焊缝焊接在钢梁上翼缘以抵抗钢与混凝土界面剪力和拉拔力的连接件就是型钢连接件。型钢连接件的强度和刚度均较高,对于某些大跨重载的组合桥梁,为防止梁端产生过大的滑移,可在此处设置用型钢制成的大型抗剪连接件,但需注意应力集中现象。型钢连接件主要依靠混凝土的局部承压作用来传递混凝土板与钢梁间的剪力,其抗剪承载力主要取决于混凝土的局部抗压强度。对于某些没有抗掀起功能的型钢连接件,还应与锚筋联合使用以抵抗拉拔力,如图2-1-6a)所示。

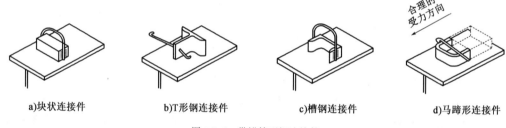

a)块状连接件　　b)T形钢连接件　　c)槽钢连接件　　d)马蹄形连接件

图2-1-6　带锚筋型钢连接件

T形钢连接件、槽钢连接件分别如图2-1-6b)、c)所示。在型钢连接件中,翼缘水平设置的槽钢连接件是一种较为合理的连接形式,槽钢型号多,取材方便,供选择范围大,施工比较方便。影响槽钢连接件承载力的主要因素为混凝土的强度和槽钢的几何尺寸及材质等。混凝土强度越高,槽钢连接件的承载力越大。槽钢高度增大有利于腹板抗拉强度的发挥,同时混凝土板的约束作用也更大。而槽钢翼缘宽度较大时也可以产生更大的混凝土压应力区和界面摩擦力。此外,角钢也可以作为抗剪连接件使用。但由于角钢的抗拔作用较弱,需要同时设置锚筋以起到抗掀起作用。

如图2-1-6d)所示,马蹄形连接件是将型钢与锚筋结合在一起使用的一种抗剪连接件,早期曾广泛运用于铁路组合梁桥。弯成马蹄形的钢板主要用来抵抗水平剪力。为使连接件具有足够的刚度,钢板厚度一般不小于16mm。为使连接件具有竖向抗拔能力,在马蹄形钢板上还应焊有环形钢筋,环形钢筋直径不宜小于16mm,安装时以向上斜45°为宜,以便在抗掀起的同时承担部分水平剪力。

(4) 钢筋连接件。

图 2-1-5d) 所示为钢筋连接件。钢筋连接件将螺纹钢筋焊接在钢板上并埋置于混凝土之中,用于抵抗钢与混凝土之间的剪力并约束两者分离。钢筋连接件中的钢筋可以有多种形状,如弯起钢筋、轮形钢筋以及螺旋钢筋等。钢筋连接件是较早使用的连接件,主要通过斜向受力的钢筋承受混凝土板与钢梁间的剪力和竖向拉拔力。钢筋一般通过角焊缝焊于钢梁翼缘上。由于只能利用钢筋的抗拉强度来抵抗剪力,所以在剪力方向不明确或剪力方向发生改变时,钢筋连接件的效果较差。因此,在活载剪力可能发生变化的梁中段区域,钢筋连接件宜双向布置,如图 2-1-7d)、e) 所示。同时,钢筋连接件的连接强度和刚度均较低,焊接工作量较大,因而目前在桥梁结构中较少采用。

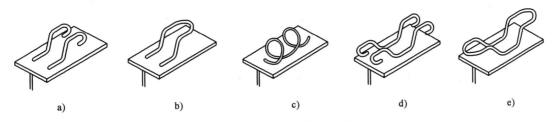

图 2-1-7 多种布置形式的钢筋连接件

(5) 组合连接件。

图 2-1-5e) 所示为在型钢腹板处设置树脂海绵或泡沫塑料的组合连接件。针对特定的受力需求,如缓解焊钉根部应力疲劳、允许组合界面有限滑移等,在焊钉根部或者型钢腹板处等位置设置树脂海绵或者泡沫塑料等开发而成的连接件可统称为组合连接件。

2) 按照刚度大小分类

连接件按照刚度大小可分为刚性连接件、柔性连接件和刚度滞后型连接件。

在早期的组合结构设计中,连接件刚度很大,界面滑移被控制在微小的范围之内,这给连接件甚至钢梁的制作以及后续的组合梁施工都带来了不便,成本也高,这种设计思路后来被认为是保守的。设计中适当允许界面滑移的发生,可以显著降低对连接件刚度的要求,使组合梁的设计更加经济、合理。

(1) 刚性连接件。

刚性连接件的抗剪刚度很大,作用在混凝土上的支压应力分布如图 2-1-8a) 所示,分布较为均匀。极限状态下,刚性连接件周围的混凝土发生剪切破坏。刚性连接件抗剪承载力较高,但延性较差。一般认为开孔板连接件属于刚性连接件。

(2) 柔性连接件。

柔性连接件的抗剪刚度相比刚性连接件要小,从局部看,在组合梁界面剪力流的作用下,滑移相比刚性连接件更为显著。图 2-1-8b) 所示的焊钉连接件,随着周边混凝土的塑性应变及损伤的发展,它还将发生弯曲,并产生相应的弯曲应力。一般认为焊钉连接件属于柔性连接件。

除此以外,还有一些连接件具有初期抗剪刚度较低,但抗剪承载力不小的特点。在连续梁负弯矩区的设计中,设置这些连接件可形成弱组合形式,这是改善混凝土桥面板受力状态的有效手段之一,同时还可以有效降低混凝土收缩、徐变的影响。在焊钉根部或型钢腹部设置树脂海绵或泡沫塑料就是为了满足这样的需要。

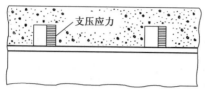
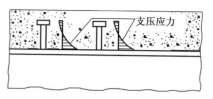

a) 刚性连接件支压应力分布   b) 柔性连接件支压应力分布

图 2-1-8　连接件应力分布示意图

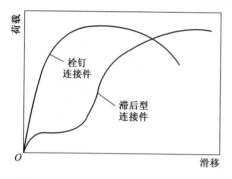

图 2-1-9　刚度滞后型连接件荷载滑移特点

(3) 刚度滞后型连接件。

在现浇预应力混凝土组合结构中,为了避免混凝土板中的预应力损失以及钢翼缘受到压应力,通常不希望连接件具有抗剪刚度,而在之后的使用阶段,又希望连接件具有刚度,如图 2-1-9 所示。刚度滞后型连接件就是为了适应这样的需要而开发的,通过在焊钉根部用硬化型环氧树脂取代柔性连接件中的树脂海绵或者泡沫塑料,并通过调整硬化剂的加入量来控制硬化时间,达到刚度滞后的目的。

2.2　焊钉连接件

2.2.1　受力机理及破坏模式

在组合梁界面剪力作用下,单根焊钉连接件可能发生的典型破坏模式有如下两种(图 2-2-1):

(1) 当焊钉高与焊钉直径比值不小于 5.5,混凝土抗压强度较高时,焊钉根部通常被剪断,焊钉周围混凝土局部压碎,如图 2-2-1a)所示。

(2) 当焊钉高与焊钉直径比值小于 5.5,混凝土抗压强度较低时,混凝土通常出现大面积压碎情况[图 2-2-1b)],焊钉钉身发生弯曲变形。

对于预制混凝土桥面板组合梁而言,焊钉通常集群布设在钢梁翼缘上,与预制板后浇孔位置对应,成桥后埋置于微膨胀后浇高强度砂浆当中。在界面剪力作用下,群钉的破坏形式与普通单焊钉的破坏形式相似,但由于群钉采用集群布设,内部受力不均匀,且焊钉间距狭小,焊钉周边混凝土的损伤可能发生叠加[图 2-2-1c)],这些因素可能导致群钉整体的力学性能下降。

试验研究和数值分析表明,在组合梁界面剪力作用下,图 2-2-2a)所示焊钉根部及其周边混凝土区域将出现应力集中。在此区域内,焊钉与混凝土相互作用,界面荷载作用持续增强,这两者的损伤交替出现并持续发展。

图 2-2-2a)为钢与混凝土界面间传力的简化图式。外荷载作用于组合梁上,钢与混凝土之间产生剪力和滑移,焊钉中产生剪应力和弯曲应力,并在焊钉根部形成剪力和弯矩。在焊钉根部区域[图 2-2-2a)阴影所示]的混凝土由于受力集中而具有较高的应力,并处于多向受力

状态下,其合力 Q 反作用于钉身,与焊钉根部距离为 b_f,所产生的弯矩 Qb_f 与焊钉根部弯矩 M_q 平衡。研究表明,b_f 与焊钉和混凝土的弹性模量比存在关系。若设 E_{st} 和 E_c 分别为焊钉和周边混凝土材料的弹性模量,当 E_c 趋于无穷大时,焊钉趋于纯剪,b_f 趋于0;当 E_c 趋于0时,b_f 则趋于焊钉高度的一半。在实际的受力过程中,焊钉根部区域的材料逐渐出现损伤退化,b_f 的变化可间接反映焊钉自身及周边混凝土的损伤发展情况。

焊钉根部断裂　　母材表面焊钉根部剪断面　　焊钉周围混凝土局部压碎

a)焊钉根部剪断模式

b)混凝土大面积压碎模式

  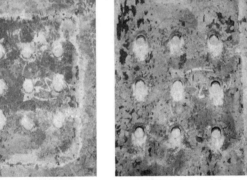

群钉根部断裂　　母材表面群钉根部剪断面　　群钉周围混凝土局部压碎

c)群钉根部剪断模式

图 2-2-1　焊钉典型破坏模式

图 2-2-2b)所示为根据有限元参数化焊钉推出分析结果整理得到的 b_f 与焊钉根部剪力之间的关系折线。图中横竖两轴都进行了无量纲化操作。竖轴为焊钉剪力 Q 与焊钉抗剪承载力 Q_u 的比值,横轴为 b_f 与焊钉高 L 的比值。该折线共分三个阶段,在第一阶段,b_f 随着剪力 Q 的增大而增大,说明焊钉周边的混凝土发生损伤,弹性模量降低。在第二阶段,b_f 随着剪力的增大反而减小,说明焊钉根部自身进入了塑性阶段,发生了损伤,弹性模量下降。在第三阶段,b_f 随着剪力的增大而继续增大,说明焊钉周边的混凝土损伤加剧。图 2-2-2b)所示关系曲线所依据的有限元参数化焊钉推出分析中,采用了 3 种不同抗压强度(30MPa,40MPa 和 50MPa)的混凝土本构,焊钉直径包含 13mm、16mm、19mm 和 22mm,焊钉高度包含 80mm、100mm 和 150mm,焊钉材料的抗拉强度设为 480MPa,所有焊钉的高与直径的比值大于 5。

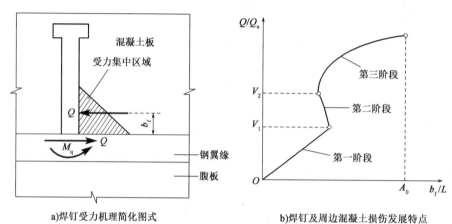

a)焊钉受力机理简化图式　　　　b)焊钉及周边混凝土损伤发展特点

图 2-2-2　焊钉受力机理简化图式及损伤发展特征
Q-焊钉剪力;Q_u-焊钉抗剪承载力;b_f-等效力臂;L-焊钉高

焊钉连接件在组合梁中主要传递钢与混凝土之间的纵桥向剪力,但是在钢梁上翼缘的横桥向上会布置多排焊钉,在车辆荷载作用下混凝土桥面板在横桥向产生弯曲变形,导致翼缘上的焊钉产生竖桥向的拉拔力,特别是当桥面板的横桥向支承跨度较大时这种拉拔力不可以忽视。

有关焊钉抗拉性能的试验和理论研究相对较少,基于国内外现有的焊钉拉拔试验结果可知,在纯拉拔力作用下焊钉的破坏模式可分为如下几种:

(1)当焊钉埋设较深,混凝土强度较高时,焊钉被拉断,如图 2-2-3a)所示。

(2)当焊钉埋设较浅,焊钉头直径较小,锚固效果不明显时,焊钉从混凝土中被拔出,如图 2-2-3b)所示。

(3)当焊钉埋置较深,焊钉头直径较大,锚固效果明显时,混凝土形成锥形破坏面,如图 2-2-3c)所示。

(4)当焊钉距离自由边的长度不足埋置深度的三分之一时,混凝土边缘处可能发生压碎破坏,如图 2-2-3d)所示。

(5)当混凝土构件较薄时,混凝土还可能发生割裂破坏,如图 2-2-3e)所示。

上述破坏模式中,以焊钉的破坏以及混凝土的锥形破坏最为典型,而焊钉的破坏属于延性破坏,是工程设计中的合理破坏模式。图 2-2-4 为拉拔试验中焊钉的破坏模态。

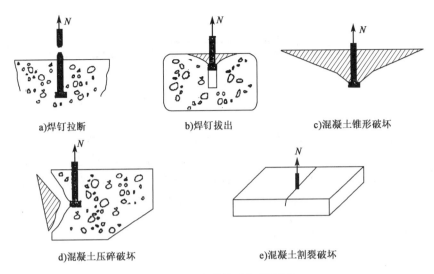

图 2-2-3 焊钉拉拔时的破坏模式

图 2-2-4 拉拔试验中焊钉破坏模态

2.2.2 力学性能测试方法

1) 抗剪能力测试方法

焊钉的抗剪性能可以通过组合梁受弯试验或推出试验来进行考察。此外还有一种用于检测焊钉焊缝质量的外露连接件推出试验,外露试验与包裹在混凝土中的焊钉的实际受力状态有所不同,不能用于评价组合梁中连接件的受力性能。

简支组合梁受弯试验是考察连接件实际受力性能最直接可靠的方法。简支组合梁受弯试验通过在梁上施加两点对称荷载,使剪跨段的钢梁与混凝土板件界面产生纵桥向剪力,并作用于连接件上,如图 2-2-5 所示。这种试验可以反映出剪跨区内连接件的实际受力状态,但试验过程复杂,成本较高,进行连接件的大规模试验时不是首选。

推出试验则需制作推出试件,它实际上是用于专门考察焊钉的组合梁节段,尺寸相比组合梁小,对焊钉的剪力加载更为直接、方便,试验结果也更加直观,并且具有试验成本相对较低的优点。但推出试件是梁的节段,试验中如何设置边界条件成为影响试验结果可靠性的关键。

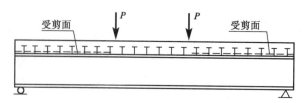

图 2-2-5 组合梁受弯试验

目前，国内外主流规范对推出试件的设计与试验加载均有明确说明。

Eurocode 4 中提出了包含焊钉在内的抗剪连接件标准推出试验方法。推出试件的几何尺寸及配筋应符合图 2-2-6 的要求。其中混凝土板底部的凹槽可以省略。焊钉焊接于 H 型钢两侧翼缘板上并埋置于混凝土块之中，一些关键设计要求如下：

(1) 混凝土块的钢筋保护层厚度为 15mm。
(2) 推出试件底部采用砂浆或者石膏找平。
(3) 建议采用 10mm 的带肋钢筋，屈服强度介于 450MPa 与 550MPa 之间。
(4) 钢梁采用 HE260B 或 $254 \times 254 \times 89$kg.UC。

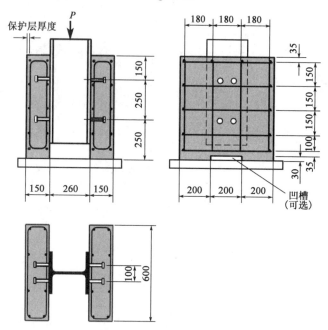

图 2-2-6 Eurocode 4 提出的标准推出试件尺寸及配筋(尺寸单位:mm)

推出试件中混凝土板的浇筑方向对焊钉力学性能存在影响，混凝土浇筑方向相对焊钉而言有如图 2-2-7 所示四种形式，在浇筑混凝土时应该结合实际结构确定浇筑方向，例如对于普通钢-混凝土组合梁，图 2-2-7a) 所示水平浇筑最为妥当。

混凝土与钢翼缘板之间的黏结应该通过涂刷油脂等适当手段加以消除；混凝土应在自然空气环境中完成养护；推出试件中每一个混凝土块需配备至少 4 个圆柱体或立方体材料试块，用于测定混凝土的抗压强度；如需在浇筑后 28d 内进行推出试验，混凝土的材料强度应该高于设计强度的 70% ±10% 以上方可进行。连接件的屈服强度、极限抗拉强度、最大拉伸率等材料特性需通过试验确定；如果推出试件中混凝土板带压型钢板，则还需测定压型钢板的相关材料特性。

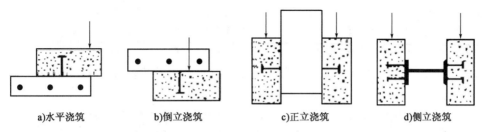

a)水平浇筑 b)倒立浇筑 c)正立浇筑 d)侧立浇筑

图 2-2-7 推出试件中混凝土块浇筑形式

除上述标准推出试件外,在对某一特定组合结构梁中连接件的受力性能进行考察时,也可依照实际组合梁的构造特点来设计推出试件的尺寸,具体如下:

(1)混凝土板长度应根据实际组合梁中连接件的间距来确定。
(2)混凝土板宽度不应超过实际组合梁中混凝土板的有效宽度。
(3)混凝土板厚度不应超过实际组合梁的最小板厚。
(4)当实际组合梁中混凝土加腋尺寸不能满足 Eurocode 4 的要求时,加腋构造应在推出试件中如实反映。

Eurocode 4 中规定的加载流程如下:

(1)预估推出试验的破坏荷载。
(2)将推出试件加载至预估破坏荷载的 40%,然后以破坏荷载的 40% 为峰、破坏荷载的 5% 为谷循环加载 25 次。
(3)进行破坏性加载,整个过程不少于 15min。
(4)混凝土与钢翼缘间的滑移需连续测定,直至试验荷载卸载至最大加载的 80%。
(5)在试验过程中,应测定连接件附近处混凝土与钢翼缘间的横向分离。

在 Eurocode 4 中,推出试验的测试结果应按以下方式进行处理,以确定包含焊钉在内的抗剪连接件的承载力和滑移能力。

(1)推出试验一般以 3 个相同试件为一组,任一试验的结果与该组试验结果的均值不超过 10%,否则还应增加一组推出试验。抗剪连接件的名义抗剪承载力 P_{Rk} 取为最小破坏荷载的 90%,抗剪承载力的设计值 P_{Rd} 按照下式计算:

$$P_{Rd} = \frac{f_u}{f_{ut}} \frac{P_{Rk}}{\gamma_v} \leqslant \frac{P_{Rk}}{\gamma_v}$$

式中:f_u——连接件的名义最小极限强度;
f_{ut}——连接件的实测最小极限强度;
γ_v——分项安全系数,可取 1.25。

(2)如果抗剪连接件由两部分组成,一部分抵抗界面纵向剪力,另一部分抵抗界面分离,则用于约束界面分离的拉杆应具有足够的刚度和强度以保证加载至 80% 的极限荷载前,界面的分离量小于界面纵向剪切滑移的 50%。

(3)试件的滑移能力 δ_u 应根据名义抗剪承载力所对应的滑移值来确定,如图 2-2-8 所示。名义滑移能力 δ_{uk} 则应根据 δ_u 的最小实测值的 90% 来确定。

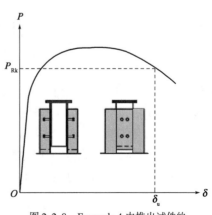

图 2-2-8 Eurocode 4 中推出试件的滑移能力确定图式

此外,日本钢结构协会(JSSC)也提出了焊钉连接件推出试验方法,包括试件制作、试验安装、加载测试、结果分析等。Eurocode 4 及 JSSC 所提标准推出试验方法最大的不同表现在推出试验中试件的边界条件的设置上。实际上,推出试件底部与承压板之间的边界条件的处理对推出试验结果有着显著的影响,在进行实际推出试验及形成试验报告时,应明确说明推出试验中所使用的边界条件。

JSSC 标准推出试件的几何形状和尺寸如图 2-2-9 所示。推出试件为对称试件,包含一块由节点板和高强螺栓拼装而成的 H 型钢及两个混凝土块。焊钉焊接于 H 型钢两侧翼缘板上并埋置于混凝土块之中。具体可参考如下规定:

(1)混凝土块宽宜超过 400mm,并且混凝土的抗压承载力要为埋置其中焊钉拉拔力总和的 6 倍以上。

(2)型钢翼缘与混凝土的接触面沿试件高度方向约为 350mm。

(3)原则上 H 型钢的两侧各焊接 2 根焊钉,并设置在同一水平面上。

(4)焊钉与翼缘的焊接应该与实际结构的焊接条件一致。

(5)焊钉沿高度方向应距离 H 型钢下端 200mm 以上。

(6)焊钉的间距应该为焊钉直径的 5 倍。

(7)应该对 H 型钢腹板进行切削,使其比两侧翼缘低。

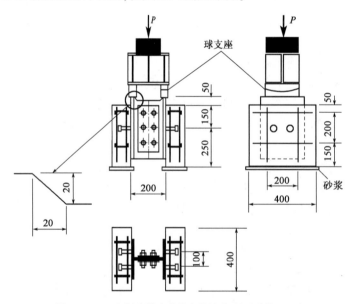

图 2-2-9　JSSC 标准推出试件参考尺寸(尺寸单位:mm)

此外,H 型钢应该比混凝土块高出约 50mm,即其底部距离混凝土块底面 50mm。H 型钢翼缘宽约 200mm。焊钉头外侧混凝土覆盖厚度应该与实际结构相符合,不宜小于 30mm。混凝土块内部配筋应与实际结构相符合。当实际结构的配筋不明确时,可采用直径 10mm 的钢筋进行配筋,原则上钢筋应距离混凝土表面约 40mm。

在混凝土浇筑以前,可以在 H 型钢两侧表面涂抹剥离剂以减少界面黏结对焊钉力学性能测试的影响。

一般而言,焊钉推出试验按一组 3 个进行加载试验,其中一个用来做渐增加载推出试验,剩下的用来做单调加载试验。此外,还应该制作至少 3 个抗压和 3 个抗拉混凝土材性试件用于获取试验中材料的实际强度。

图 2-2-10 所示为标准推出试验加载示意图,图 2-2-11 所示为实际的标准推出试验加载场景。从上往下依次为竖向千斤顶、球面支座、荷载计、加载分配梁、标准推出试件、砂垫层以及钢垫板等。

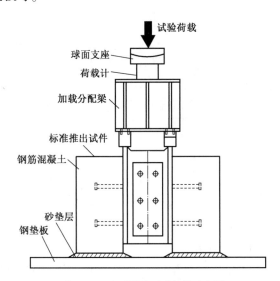

图 2-2-10 标准推出试验加载示意图　　图 2-2-11 实际的标准推出试验加载场景

为了使两侧的钢翼缘承受荷载相同,避免过分偏载影响结果,在压力机和试件之间还设置了加载分配梁、球面支座。

在钢垫板和标准推出试件之间设置砂垫层主要是用于防止由于试件制作误差而造成的加载偏载或者应力集中。当然,也可通过在承载底板与标准推出试件之间涂抹砂浆或石膏找平的方式来减少加载偏载及应力集中的影响。实际上,标准推出试件与钢底板之间的边界条件的合理设置是保证通过推出试验来真实模拟实际组合梁中焊钉连接件的受力特征的关键因素之一。试件底部完全无约束时得到的焊钉力学性能往往会低于试件底部完全约束的时候,这两种情况都不能很好地与实桥吻合,合理设置推出试件的边界条件,是保证推出试验结果接近实桥状态的关键因素之一。

JSSC 中焊钉连接件的静力推出试验加载方法大致如下:

(1)在相同条件下制作至少 3 个相同试件,原则上应该利用其中 1 个试件进行往返渐增加载试验,剩余的试件进行单调加载试验。

(2)当采用位移控制进行渐增加载试验时,滑移每变化 0.05mm 时计测一次荷载变化。渐增加载的增幅在最大滑移达到 1.0mm 之前和 4.0mm 之前分别为 0.2mm 和 0.5mm。

(3)当采用荷载控制进行渐增加载试验时,原则上把极限荷载的 1/20 作为增量进行加载,荷载每变化最大荷载的 1/100 时计测一次荷载与滑移。

(4)原则上加载速度应该控制在焊钉剪切应力增幅为 3~4MPa/s,例如,当对 4 根直径 19mm 的焊钉进行焊钉推出试验时,加载速度约为 4kN/s。

此外,静力推出试验的加载通常还包括预加载过程。预加载的荷载大小一般为承载力的 10% 左右,主要用于预紧确认试验状态是否正常、预紧试件与试验设备之间的缝隙等。

根据试验目的不同,试验分析的侧重点也会不同。但试验结果中,焊钉抗剪承载力、抗剪刚度、荷载-滑移曲线、滑移量、混凝土的裂缝及破坏形式等是推出试验中最基本的结果。

图 2-2-8 所示为推出试验得到的荷载-滑移曲线。该曲线一般可以分为三个部分,即弹性段、塑性强化段以及下降段。所谓弹性段,是指在此阶段荷载-滑移关系接近线性,整体上表现为弹性状态。但是从局部出发,由于应力集中,焊钉周边的混凝土在加载初期便已经出现塑性状态及损伤。弹性段一般可持续到极限荷载的三分之一。

2) 抗拉能力测试方法

如图 2-2-12 所示,目前焊钉拉拔性能的试验中,主要有三种不同的试件构造形式,即单钉倒立拉拔、单钉侧立拉拔和多钉侧立拉拔。

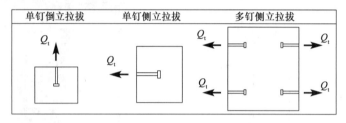

图 2-2-12 焊钉拉拔试验形式

图 2-2-13 所示为焊钉倒立拉拔试验,采用自平衡体系进行加载,前、后侧各设置一个千斤顶,同步加载。两个高精度位移计分别布置在试件前、后侧,用于测定钢和混凝土界面间的剥离量。

在组合结构桥梁中存在一些少主梁宽幅桥面板结构形式。在车辆与人行荷载的作用下桥面板的横向弯曲效应对焊钉力学性能的影响变得不可忽视,焊钉实际处于多重荷载效应的作用之下。为了考察焊钉在这种多重荷载效应作用下的力学特点,有学者提出了双轴荷载推出试验方法,如图 2-2-14 所示。

图 2-2-13 焊钉倒立拉拔试验

图 2-2-14 焊钉双轴荷载推出试验

2.2.3 承载力计算方法

1) 抗剪承载力计算公式

目前各国规范对焊钉连接件的抗剪承载力的计算方法主要有三类:第一类是采用公式计

算;第二类是采用表格形式,设计时只需要查阅表格,如英国规范 BS 5400-5;第三类是采用推出试验方法确定极限承载力值,再按照一定的材料分项系数进行折减,得到设计所用的抗剪承载力。这三类方法中,采用公式计算和推出试验在各国应用较为普遍,而表格法则相对较为局限,表格中焊钉的尺寸等均已固定,这就使得超出表格范围的应用形式都需要通过试验来确定。

如2.2.1节所述,焊钉的破坏形式主要分为两种,一种是焊钉根部剪断,另一种是混凝土大面积压碎。这两种破坏形式的机理显然不同,在计算焊钉连接件的抗剪承载力时,一般是分别计算这两种不同破坏模式对应的承载力,取较小值作为焊钉连接件的抗剪承载力。如果焊钉根部剪断所对应的承载力更小,则说明焊钉连接构造最终破坏模式为焊钉根部剪断;如果混凝土大面积压碎所对应的承载力更小,则说明焊钉连接构造的最终破坏模式为混凝土大面积压碎。

以下列出了国内外部分规范中有关焊钉的抗剪承载力计算公式。

(1)《钢-混凝土组合桥梁设计规范》(GB 50917—2013)。

《钢-混凝土组合桥梁设计规范》(GB 50917—2013)中,焊钉的抗剪承载力 N_v^s(N)可由下式计算。

$$N_v^s = \min\left\{1.19 A_{std} f_{std}\left(\frac{E_c}{E_s}\right)^{0.2}\left(\frac{f_{cu}}{f_{std}}\right)^{0.1}, 0.43\eta A_{std}\sqrt{f_{cd}E_c}\right\} \tag{2-2-1}$$

式中:A_{std}——焊钉的横截面面积,mm^2;

E_c——混凝土的弹性模量,MPa;

E_s——焊钉的弹性模量,MPa;

f_{cu}——边长为150mm 的混凝土立方体的设计抗压强度,MPa;

f_{std}——焊钉的设计抗拉强度,MPa;

f_{cd}——混凝土的设计抗压强度,MPa;

η——群钉效应折减系数。

规范中规定,钢混凝土组合梁中单个焊钉的抗剪设计值不应超过承载力的75%。

(2)《公路钢结构桥梁设计规范》(JTG D64—2015)。

《公路钢结构桥梁设计规范》(JTG D64—2015)中,焊钉的抗剪承载力 V_{su}(N)可由下式计算。

$$V_{su} = \min\left\{0.7 A_{su} f_{su}, 0.43 A_{su}\sqrt{f_{cd}E_c}\right\} \tag{2-2-2}$$

式中:A_{su}——焊钉钉身的横截面面积,mm^2;

E_c——混凝土的弹性模量,MPa;

f_{cd}——混凝土轴心抗压强度设计值,MPa;

f_{su}——焊钉材料的抗拉强度最小值,MPa。

(3)AASHTO LRFD(2012)。

美国 AASHTO 于2012年发布的《AASHTO 荷载和抗力系数桥梁设计规范》(AASHTO LRFD Bridge Design Specification)中规定焊钉名义抗剪承载力按照下式计算:

$$Q_n = 0.5 A_{sc}\sqrt{f'_c E_c} \leqslant A_{sc} F_u \tag{2-2-3}$$

式中:Q_n——焊钉连接件的名义抗剪承载力,N;

A_{sc}——焊钉连接件杆部的横截面面积,mm^2;

E_c——混凝土的弹性模量,MPa,$E_c = 4800\sqrt{f'_c}$;

F_u——焊钉的最小抗拉强度,MPa,《AASHTO 荷载和抗力系数桥梁设计规范》第6.4.4条规定了焊钉连接件的材质要求:屈服强度不小于345MPa,抗拉强度不小于415MPa;

f'_c——混凝土抗压强度,MPa。

焊钉连接件设计抗剪承载力可按下式计算:

$$Q_r = \Phi_{sc} Q_n \quad (2\text{-}2\text{-}4)$$

式中:Q_r——焊钉连接件的设计抗剪承载力,N;

Φ_{sc}——抗力分项系数,$\Phi_{sc} = 0.85$。

(4) Eurocode 4。

Eurocode 4 通过对各国共75个推出试件的试验结果进行分析和可靠度研究,得到焊钉连接件抗剪承载力可按下式计算:

$$P_{Rd} = 0.29\alpha d^2 \sqrt{(f_{ck} E_{cm})}/\gamma_v \leq 0.8 f_u (\pi d^2/4)/\gamma_v \quad (2\text{-}2\text{-}5)$$

式中:P_{Rd}——焊钉连接件抗剪承载力的设计值,N;

α——焊钉连接件长度的影响系数,当 $3 \leq h_{sc}/d \leq 4$ 时,$\alpha = 0.2(h_{sc}/d + 1)$,当 $h_{sc}/d > 4$ 时,$\alpha = 1$;

d——焊钉连接件杆部直径,$16\text{mm} \leq d \leq 25\text{mm}$;

h_{sc}——焊钉连接件总长度,mm;

γ_v——抗力分项系数,取1.25;

f_u——焊钉连接件的标准抗拉强度,$f_u \leq 500\text{MPa}$;

f_{ck}——混凝土圆柱体的标准抗压强度,MPa;

E_{cm}——混凝土弹性模量均值,MPa。

(5)日本复合构造标准示方书(2014)。

日本复合构造标准示方书(2014)中,焊钉的设计抗剪承载力 V_{ssud} 可按下式计算:

$$V_{ssud} = \min\left\{ A_{ss} f_{ssud}/\gamma_b, 31 A_{ss} \sqrt{\left(\frac{h_{ss}}{d_{ss}}\right) f'_{cd}} + 1000/\gamma_b \right\} \quad (2\text{-}2\text{-}6)$$

式中:A_{ss}——焊钉钉身横截面面积,mm^2;

d_{ss}——焊钉钉身直径,mm;

h_{ss}——焊钉高,mm;

f_{ssud}——焊钉材料的设计抗拉强度,MPa;

f'_{cd}——混凝土的设计抗压强度,MPa;

γ_b——构件系数,偏安全时,可取为1.3。

表2-2-1对比了部分焊钉推出试验结果和各国规范的承载力计算结果。除 AASHTO LRFD(2012)规范外,各国规范计算值比试验值低,留有较大的安全余量。其中,AASHTO LRFD(2012)规范计算值与试验值拟合度较好,计算差值较小,但安全余量较小。Eurocode 4 安全余量最大,《钢-混凝土组合桥梁设计规范》(GB 50917—2013)、《公路钢结构桥梁设计规范》(JTG D64—2015)次之,日本复合构造标准示方书(2014)安全余量适度减小,但经济效果好。

表 2-2-1 部分焊钉推出试验结果和各国规范的承载力计算结果比较

钉径 (mm)	钉长 (mm)	E_s (MPa)	f_{ys} (MPa)	f_{cu} (MPa)	试验值 V (kN)	式(2-2-1) 计算值 (kN)	式(2-2-1) 与试验值比值	式(2-2-2) 计算值 (kN)	式(2-2-2) 与试验值比值	式(2-2-4) 计算值 (kN)	式(2-2-4) 与试验值比值	式(2-2-5) 计算值 (kN)	式(2-2-5) 与试验值比值	式(2-2-6) 计算值 (kN)	式(2-2-6) 与试验值比值
19	100	200000	470.8	50.0	130.40	89.32	0.68	93.44	0.72	113.46	0.87	85.43	0.66	97.68	0.75
19	100	200000	470.8	30.0	93.00	79.85	0.86	79.85	0.86	89.67	0.96	64.91	0.70	77.02	0.83
19	100	200000	470.8	35.0	102.00	84.64	0.83	88.43	0.87	100.66	0.99	71.87	0.70	83.17	0.82
19	100	200000	470.8	20.0	71.60	60.32	0.84	60.32	0.84	66.16	0.92	49.03	0.68	63.25	0.88
19	150	210000	480.0	40.0	168.30	86.05	0.51	95.27	0.57	111.27	0.66	78.08	0.46	104.69	0.62
22	200	214865	498.0	58.1	185.31	126.95	0.69	132.51	0.72	160.91	0.87	121.16	0.65	145.62	0.79
19	100	200000	470.8	54.6	128.40	90.51	0.70	93.44	0.73	113.46	0.88	85.43	0.67	101.89	0.79
22	100	200000	470.8	54.6	175.10	121.34	0.69	125.28	0.72	152.82	0.87	114.54	0.65	126.76	0.72

注:1. 《钢-混凝土组合桥梁设计规范》(GB 50917—2013)中,当l_d/d不满足公式适用条件时,不考虑群钉效应折减系数η,即取$\eta=1$;满足适用条件的,根据规范考虑群钉效应折减系数η。《钢-混凝土组合桥梁设计规范》(GB 50917—2013)、《公路钢结构桥梁设计规范》(JTG D64—2015)、Eurocode 4、AASHTO LRFD (2012)、日本复合构造标准示方书(2014)
2. 取焊钉的屈服强度为规范中焊钉计算公式中的抗拉强度。

2）抗拉拔承载力计算公式

(1)美国《预制和预应力混凝土规范》。

各国规范对焊钉抗拉拔承载力设计规定较少,美国预应力混凝土协会(PCI)编制的《预制和预应力混凝土规范》中根据焊钉连接件在拉拔力作用下四种不同的破坏模态定义单个焊钉连接件抗拉拔承载力,分别为焊钉杆部拉断、混凝土锥形破坏、焊钉拔出及焊钉距离混凝土边缘太近时拉拔力作用下混凝土边缘压溃破坏。此处仅列出焊钉杆部拉断及混凝土锥形破坏两种模态,不考虑焊钉与混凝土边缘距离的影响。

①焊钉杆部拉断。

单个焊钉连接件抗拉拔承载力按下式计算：

$$\phi N_s = \phi A_{se} f_{ut} \quad (2\text{-}2\text{-}7a)$$

式中：N_s——单个焊钉连接件名义抗拉强度,kips；

A_{se}——焊钉连接件杆部截面积,in²；

f_{ut}——焊钉材料最小抗拉强度,psi；

ϕ——焊钉材料强度折减系数,$\phi = 0.75$。

②混凝土锥形破坏。

单个焊钉连接件抗拉拔承载力按下式计算：

$$N_{cb} = C_{bs} A_N C_{crb} \Psi_{ed,N} = 29.97 h_e^{3/2} \sqrt{f_c'}$$

式中：C_{bs}——混凝土强度破坏系数；

C_{crb}——开裂混凝土系数,对未开裂混凝土取为1.0,对局部开裂混凝土取为0.8；

$\Psi_{ed,N}$——与混凝土边缘距离修正系数,此处不考虑边缘距离的影响,$\Psi_{ed,N} = 1$；

A_N——焊钉连接件的投影面积,A_{N0}为不考虑边界距离混凝土锥形破坏投影面积,in²,如图2-2-15所示。

$$C_{bs} = 3.33 \lambda \sqrt{\frac{f_c'}{h_e}}$$

$$A_{N0} = (2 \times 1.5 \times h_e) \times (2 \times 1.5 \times h_e) = 9 h_e^2$$

对于焊钉焊接钢板与混凝土表面持平的焊钉连接件,其埋置深度为焊钉的名义长度减去焊钉头部厚度及焊接过程中的损失高度,再加上钢翼缘厚度。

将计算式中单位转化为国际单位制(mm,N,MPa),可得下式：

$$N_d = 12.54 h_e^{3/2} \sqrt{f_c'} \leqslant 0.75 A_{se} f_{ut} \quad (2\text{-}2\text{-}7b)$$

(2)日本复合构造标准示方书(2014)。

日本复合构造标准示方书(2014)中,焊钉的抗拉拔承载力T_{su}可按下式计算：

$$T_{su} = 11.3 \sqrt{l_e} (l_e + d_s) \sqrt{f_{cd}'} \leqslant f_{ssud} A_s \quad (2\text{-}2\text{-}8)$$

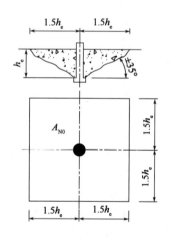

图2-2-15 混凝土锥形破坏投影面积

式中：T_{su}——焊钉的抗拉拔承载力,N；

l_e——焊钉的埋入深度,mm；

d_s——钉头直径,mm；

f_{cd}'——混凝土的设计抗压强度,MPa；

f_{ssud}——焊钉的设计抗拉强度,MPa；

A_s——焊钉杆部的截面面积,mm²。

(3)国内焊钉抗拉拔相关研究。

基于既有研究成果,研究者通过对国内外77个发生混凝土锥形破坏的焊钉连接件拉拔试验数据及28个发生焊钉杆部拉断的焊钉连接件拉拔试验数据进行分析拟合,得到焊钉连接件抗拉拔承载力还可按式(2-2-9)计算,此公式适用于焊钉杆部直径6~22mm,焊钉全长25~250mm,混凝土强度等级C15~C65,焊钉材料抗拉强度为400~800MPa的情况。

$$N_u = 5.0d_h^{1.2}h_e^{0.8}f_{ck}^{0.6} \leq 0.93A_sf_{su} \quad (2\text{-}2\text{-}9)$$

式中:N_u——焊钉连接件抗拉拔承载力,N;

h_e——焊钉连接件杆部长度,mm;

d_h——焊钉连接件头部直径,mm;

f_{ck}——混凝土抗压强度标准值,MPa;

A_s——焊钉连接件杆部截面面积,mm²;

f_{su}——焊钉连接件材料极限抗拉强度,MPa。

3)剪切拉拔共同作用下的焊钉承载力计算公式

Eurocode 4指出当焊钉连接件在拉拔力和剪力共同作用下,应计算焊钉连接件的抗拉拔承载力设计值F_{ten}。当$F_{ten} \leq 0.1P_{Rd}$(P_{Rd}为焊钉的抗剪承载力设计值)时,可不考虑拉拔力对剪力的影响;当$F_{ten} > 0.1P_{Rd}$,Eurocode 4中未给出此种情况下连接件承载力计算。

AASHTO LRFD(2012)中,焊钉的抗拉拔和抗剪耦合作用如式(2-2-10)所示,α可取5/3。该式是基于焊钉试验结果所得。试验中焊钉直径分别为19mm和22mm,埋置深度分别为10mm、178mm和200mm。

$$\left(\frac{N_u}{N_r}\right)^\alpha + \left(\frac{Q_u}{Q_r}\right)^\alpha \leq 1.0 \quad (2\text{-}2\text{-}10)$$

式中:N_r——单个焊钉的设计抗拉承载力,N,可表达为$N_r = \phi_{st}N_n$,ϕ_{st}为强度折减系数,$\phi_{st} = 0.9$;

N_u——单个焊钉的名义抗拉承载力,N,计算公式中考虑了群钉效应的影响;

Q_r——单个焊钉的设计抗剪承载力,N;

Q_u——单个焊钉的名义抗剪承载力,N。

德国也有拉拔力与剪力共同作用的试验研究,所用焊钉直径为10mm和22mm,提出拉拔力N与剪力Q共同作用的承载力计算公式:

$$\begin{cases} \dfrac{N}{N_u} + \dfrac{Q}{Q_u} \leq 1.2 \\ \dfrac{N}{N_u} \leq 1.0 \\ \dfrac{Q}{Q_u} \leq 1.0 \end{cases} \quad (2\text{-}2\text{-}11)$$

2.2.4 工程应用及布置原则

1)工程应用

焊钉作为钢与混凝土之间的连接件,在土木工程中的应用是广泛的。

在钢-混凝土组合梁中,焊钉焊接在钢梁翼缘上,埋置于混凝土桥面板之中,传递弯曲作用下的界面剪力。对于组合连续梁而言,钢-混凝土界面剪力在梁端附近最大,在中间支点附近区域较小。因此,在设置焊钉时,通常在梁端部密布焊钉,沿桥梁纵向间距可缩小到100mm左右,在中间支点附近则稀布焊钉,纵向间距大概为300mm,如图2-2-16a)所示。在预制混凝土桥面板组合梁中,焊钉通常成群布设并埋置于预制混凝土桥面板后浇砂浆孔当中,如图2-2-16b)所示。

a)焊钉连接件均匀布置　　　　　　　　b)焊钉连接件成群布置

图2-2-16　组合梁钢翼缘上焊钉布置

近年来,为了增强钢桥面板的耐久性,钢-混凝土组合桥面板逐渐运用在桥梁施工当中。焊钉是这种组合桥面板的常用连接件之一,图2-2-17所示的组合桥面板中焊钉的直径约为16mm,间距约为250mm,焊钉高约为混凝土板厚度的一半。

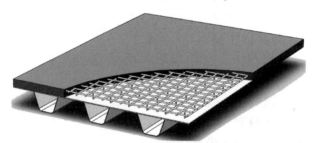

图2-2-17　组合桥面板中的焊钉

在钢梁与桥梁墩台刚接结构中,焊钉连接件通常起到传递钢梁内力至桥梁墩台的作用,刚接部弯矩被转换成力偶作用在横梁焊钉上并传递至下部结构。在一些大型桥梁的钢-混凝土结合段,焊钉也是常用的连接件之一。

2)布置原则

我国《公路钢结构桥梁设计规范》(JTG D64—2015)规定焊钉连接件布置应符合如下原则:

(1)焊钉连接件沿剪力作用方向中心间距不应大于$18t_f\sqrt{345/f_y}$,其中t_f为焊接位置处钢翼缘厚度,f_y为钢翼缘的材料屈服强度。

(2)受压钢翼缘边缘与焊钉连接件边缘的距离不应大于$7t_f\sqrt{345/f_y}$。

(3)焊钉连接件的最大中心间距不宜大于混凝土板厚的3倍且不宜大于300mm。焊钉沿剪力方向中心间距不应小于焊钉直径的5倍且不应小于100mm,沿剪力作用直角方向的焊钉中心间距不宜小于焊钉直径的4倍。此外,焊钉外侧边缘至钢板自由边缘的距离不应小于25mm,焊钉的直径不宜大于焊接处钢板厚度的1.5倍。焊钉长不应小于焊钉直径的4倍,当有直接拉拔力作用时,不宜小于焊钉直径的10倍。

在AASHTO LRFD(2012)、日本复合构造标准示方书(2014)以及Eurocode 4中,焊钉纵向间距的最小值分别为焊钉直径的6倍、焊钉直径的5倍或者100mm,以及焊钉直径的5倍。焊钉的横向间距在这些规范中的最小值分别为焊钉直径的2.5倍、焊钉直径加30mm,以及焊钉直径的4倍。

一般情况下,组合结构桥梁均应设置足够多的抗剪连接件,即按照完全抗剪连接进行设计。但也偶尔存在采用部分抗剪连接进行设计的情况,比如当组合梁桥在施工阶段完全由钢梁来承担施工荷载及湿混凝土的质量,即采用无临时支撑的施工方法时,由于使用阶段组合截面主要承受活荷载,可采用部分抗剪连接。但在任何情况下,合理设计的组合结构桥梁都不允许因为连接件破坏而结构失效,也不允许在正常使用阶段钢梁与混凝土桥面板发生较大的界面滑移。

按照我国现行钢结构桥梁设计规范,应采用弹性方法设计组合梁,即需要验算钢梁、混凝土桥面板和抗剪连接件的应力均不得超过材料的强度指标。为充分发挥抗剪连接件的效能,使得设计更加经济,抗剪连接件的数量和间距应根据界面纵向剪力包络图确定。但按照这种设计方法,不方便施工,因此往往采用分段均匀布设。

当组合梁按照极限状态进行设计时,组合梁在承载力极限状态时的界面纵向剪力分布将趋于均匀,因此可以将全部抗剪连接件均匀布置。但这也不可避免地会导致部分连接件受力较大,往往需要通过连接件的柔性变形来实现内力重分布。

对焊钉而言,疲劳安全往往是控制焊钉数量的关键。试验结果显示混凝土中焊钉的疲劳抗力不仅取决于应力循环次数,还取决于疲劳荷载作用下作用于焊钉的最大剪力值。为了校核焊钉的疲劳安全,需采用弹性计算来确定焊钉的纵向剪力。如果组合截面上的恒载与活载共同作用下引起的焊钉最大剪力小于$0.6P_u$(P_u为单个焊钉的承载力设计值),疲劳安全校核可按照焊钉的疲劳S-N曲线进行。对于按照弹性设计方法布设的焊钉,以上条件容易满足;对于按照塑性设计方法布设的焊钉,以上条件则需确认,否则应增加焊钉数量。

2.3 开孔板连接件

2.3.1 受力机理及破坏模式

开孔板连接件在20世纪80年代由德国人Leonhardt等提出,主要作为钢-混凝土组合结构的连接件。开孔板可根据有无贯通钢筋来进行分类。

在钢梁与混凝土板界面剪力作用下,开孔板的破坏模式比较复杂,开孔直径、钢板厚度、有无贯通钢筋以及混凝土和钢筋的强度都会影响开孔板的破坏模式。一般而言,开孔板的破坏模式大致会出现以下4种情况:

(1)两孔之间钢板发生剪切破坏。
(2)当开孔钢板过薄,圆孔中的混凝土发生割裂破坏。

(3) 当开孔钢板较厚,圆孔中的混凝土发生剪切破坏。
(4) 不论钢板厚薄,当圆孔中的混凝土受到横向约束时,圆孔中的混凝土发生局部受压破坏。

以上4种破坏模式中,两孔之间的钢板发生剪切破坏的可能性较小,只有在圆孔间距较小、板厚较薄时才会发生。在实际连接件设计时,应避免这种破坏模式。图2-3-1为推出试验中极限状态下开孔板破坏模式。

a) 无钢筋试件　　　　　　　　　　b) 有钢筋试件
图 2-3-1　推出试验中极限状态下开孔板破坏模式

如图2-3-2a)所示,当开孔板中无贯通钢筋时,钢与混凝土板之间力的传递就通过开孔板中孔内的混凝土来实现。孔内的混凝土受力后向周边扩散,其向下滑移的趋势受到周边混凝土的约束,从而导致两条沿着钢板两侧表面出现并逐渐发展的裂缝产生。若外荷载持续增加,裂缝在沿着滑移方向继续发展的同时,也有向滑移面的横向扩张的趋势。由于这种横向扩张的趋势受到周边混凝土材料的约束,在混凝土剪切面内的集料咬合等引起的摩擦力可使连接件可以进一步抵抗外荷载,但此时滑移也会同时增加。而随着滑移的进一步增大,集料咬合等将弱化,摩擦力减小,连接件承受外荷载的能力开始下降,最终破坏。

如图2-3-2b)所示,当开孔板中有钢筋穿过时,钢筋将和孔内的混凝土一起抵抗剪力。由于开孔板具有厚度,钢筋将在开孔板两侧提供抗剪能力,因此,其抗剪强度为钢筋断面抗剪强度的2倍。随后孔内混凝土破坏面的横向外扩也将受到钢筋和周边混凝土的共同约束,这对增强连接件抵抗外荷载的能力是有显著效果的。但需要注意的是,由于孔内有贯通钢筋,孔内混凝土的面积将减小,其抵抗剪切作用的能力将降低。

影响开孔板抗剪性能的主要因素大致有以下几个。

(1) 开孔板厚度。

当开孔板较薄时,圆孔中的混凝土受到的应力就比较集中,容易发生割裂破坏。一般而言,开孔板的最小板厚不宜小于12mm。此外,若施工中出现承压情况,还需防止钢板局部屈曲。

(2) 开孔板孔径。

开孔板的圆孔直径对承载力的影响很大,圆孔面积越大,承载力也越大。圆孔直径的最小尺寸要能够满足混凝土中最大粒径集料可以填充的条件。当有贯通钢筋时,圆孔直径要大于最大粗集料粒径与钢筋直径之和。

(3) 开孔间隔。

为避免开孔板连接件的剪力集中,应尽量减小圆孔的间距。一般而言,孔间距以1.6~2.8倍孔径为宜,最大不宜超过500mm。

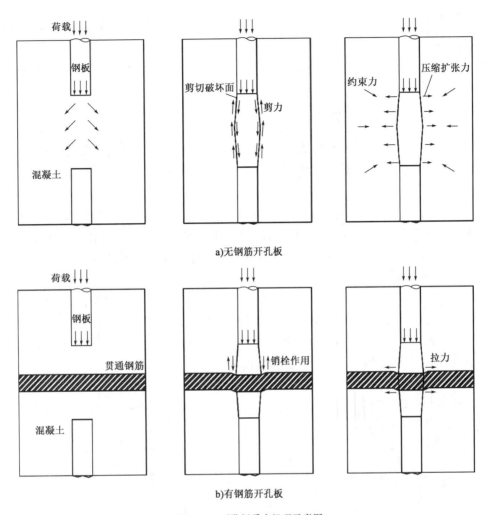

图 2-3-2 开孔板受力机理示意图

(4) 开孔板间距。

关于两块开孔板的间距对每一个孔的抗剪承载力的影响，已有相关的试验研究。试验所用开孔板高度为 90mm，孔径为 55mm，贯通钢筋直径为 19mm。把两块相同开孔板沿构件受力方向平行布置，当间距为 100mm 或 200mm 时，开孔板抗剪承载力比单块设置时低；当间距为 300mm，即为开孔板高度 3 倍以上时，开孔板抗剪承载力与单块设置时相当。

(5) 贯通钢筋。

当设置贯通钢筋时，圆孔中的混凝土处于三维约束状态，不论开孔钢板薄厚，混凝土都不会发生割裂或剪切破坏，最终结果是混凝土发生受压破坏，钢筋屈服。在满足构造要求的前提下，钢筋直径越大，抗剪承载力也越大。但当钢筋直径过大，与圆孔之间的缝隙过小时，孔中混凝土在荷载初期易被挤碎，可能造成抗剪刚度的下降。试验结果表明，在圆孔直径 35mm 的开孔板中增加直径 13mm 的贯通钢筋时，抗剪承载力比无贯通钢筋时增大约 1 倍，且达最大荷载后荷载降低缓慢，表现出良好的抗剪性能。

(6)混凝土保护层厚度。

若开孔板连接件保护层厚度不足,将导致开孔板连接件承载力下降。一般混凝土保护层厚度宜为钢板高度的3倍或者100mm以上。

除以上影响因素以外,还有钢板、钢筋、混凝土强度、贯通钢筋的锚固长度等因素,有待进一步研究。

2.3.2 力学性能测试方法

开孔板的力学性能测试方法与2.2.2节所述相似,主要包含简支梁弯曲试验、推出试验等。本节仅对开孔板力学性能试验方法的不同之处进行介绍,基本的试验方法参见2.2.2节,不再赘述。

图2-3-3a)为开孔板推出试件,总体布置上与图2-2-10所示焊钉标准推出试件相似。在H型钢的两侧翼缘上分别焊接有两块对称于腹板布置的开孔板连接件,开孔板孔中穿有贯通钢筋。为使H型钢受竖向力向下发生滑移以考察开孔板连接件的力学性能,在开孔板的底端下方设有一段泡沫塑料垫块。

开孔板推出试验的破坏形态中,混凝土有沿着开孔板平行开裂的趋势,当裂缝发展到与支承垫板交接处时,界面的约束对裂缝的开合及附近混凝土损伤的发展产生影响,尤其是对无贯通钢筋的开孔板而言,这种影响更为显著。因此开孔板推出试验的边界条件的设置十分重要,若设置不当,将与实际结构中开孔板的受力性能产生较大偏差。

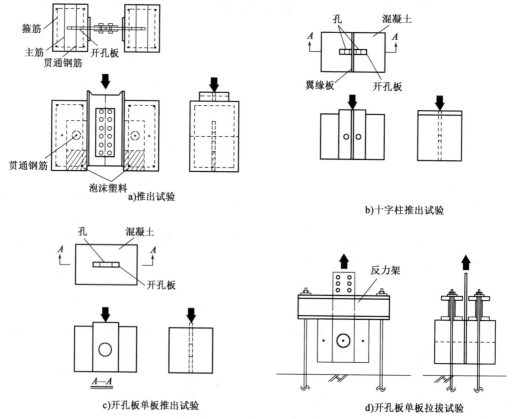

图2-3-3 开孔板推出试验示意图

除了图 2-3-3a)所示利用开孔板推出试件进行加载试验以外,还有其他一些形式的试件被用于测试开孔板的力学性能,图 2-3-3b)为十字柱推出试验;图 2-3-3c)为开孔板单板推出试验;图 2-3-3d)为开孔板单板拉拔试验。

图 2-3-3b)所示十字柱试件是在一块钢板的两侧对称焊接开孔板并埋置于混凝土之中,通过施加竖向力来考察开孔板的力学性能。虽然这种试件无法模拟组合梁中混凝土的浇筑方向,但如果单纯考察开孔板的抗剪承载力,利用这种试件来进行试验还是有意义的,其最大的优点就是制作方便。

图 2-3-3d)所示拉拔试验是将混凝土块的上表面与反力架接触,通过拉拔其中的开孔板来考察其力学性能。与其加载相反的就是开孔板单板推出试验[图 2-3-3c)]。拉拔试验不存在加载偏心的问题,但需要注意反力架应该离开孔板一段距离以避免对混凝土上表面产生约束。

有研究通过加载十字柱试件、开孔板单板推出和拉拔试验发现,开孔板背部保护层厚度及混凝土块的高度对开孔板的承载力将产生影响。保护层增厚有使开孔板承载力增加的趋势,此外还有试验研究表明:当保护层厚度在 100mm 时,增加混凝土块的高度,开孔板的抗剪承载力会增加;当混凝土块的高度超过 400mm(孔径的 6 倍以上)时,增加趋势将变得不明显。在这些试件中,开孔板的孔径为 60mm,开孔数为 1~2 个,开孔板背部保护层厚度为 0~400mm。

2.3.3 承载力计算方法

1)《公路钢结构桥梁设计规范》(JTG D64—2015)

《公路钢结构桥梁设计规范》(JTG D64—2015)中,开孔板的抗剪承载力计算公式可按式(2-3-1)计算。该承载力计算公式是基于国内外 168 个模型试验结果给出的。该公式包含孔中混凝土作用和孔中贯通钢筋及其内混凝土约束作用两部分,适用于有、无孔中贯通钢筋的开孔板连接件抗剪承载力计算。

$$V_{su} = 1.4(d_p^2 - d_s^2)f_{cd} + 1.2d_s^2 f_{sd} \tag{2-3-1}$$

式中:d_p——开孔板的圆孔直径,mm;

d_s——贯通钢筋的直径,mm;

f_{cd}——混凝土轴心抗压强度设计值,MPa;

f_{sd}——贯通钢筋抗拉强度设计值,MPa。

2)《钢-混凝土组合桥梁设计规范》(GB 50917—2013)

《钢-混凝土组合桥梁设计规范》(GB 50917—2013)中,开孔板的抗剪承载力计算公式可按式(2-3-2)计算。该公式是基于本规范编制组已完成的 42 个开孔板连接件推出试验结果及相关分析得到的。该公式主要包含两部分:开孔板中混凝土抗剪承载力和横向贯通钢筋抗剪承载力。

试验结果和破坏模式的分析表明,开孔板连接件抗剪承载力的主要影响因素是混凝土的强度等级、开孔直径、横向贯通钢筋直径和数量。有关研究显示,混凝土的抗剪强度与抗拉强度近似呈线性关系,因此该计算公式中混凝土强度采用抗拉强度计算。此外,考虑到开孔钢板对孔中混凝土存在的侧向约束作用,横向贯通钢筋对混凝土的横向变形也有约束作用,使得孔中混凝土处于三向约束状态。因此考虑三项约束的混凝土抗剪强度提高系数α,对第一项混凝土抗剪承载力进行了修正。

$$N_v^c = 2\alpha\left(\frac{\pi}{4}d_1^2 - \frac{\pi}{4}d_2^2\right)f_{td} + 2\frac{\pi}{4}d_2^2 f_{vd} \tag{2-3-2}$$

式中:N_v^c——开孔板单孔抗剪承载力设计值,N;

  d_1——开孔直径,mm;

  d_2——贯通钢筋直径,mm;

  f_{td}——混凝土轴心抗拉强度设计值,MPa;

  f_{vd}——贯通钢筋的抗剪强度设计值,MPa,可按 $f_{vd} = 0.577 f_{sd}$ 来计算,其中 f_{sd} 为钢筋的抗拉强度设计值;

  α——提高系数,取6.1。

3)日本复合构造标准示方书(2014)

日本复合构造标准示方书(2014)中,开孔板设计承载力可按式(2-3-3)及式(2-3-4)进行计算。该计算方法是根据日本 JSSC 标准推出试验(底部外部边界约束)方法进行试验后总结结果得到的计算公式。当横向压应力较大时,本计算方法的适用性需要考证。

①当开孔板中有贯通钢筋时:

$$V_{psud} = (1.85A - 26.1 \times 10^3)/\gamma_b \tag{2-3-3}$$

其中:$A = \frac{\pi(d^2 - \phi^2)}{4}f'_{cd} + \frac{\pi\phi^2}{4}f_{ud}$,$40.1 \times 10^3 \leq A \leq 383.3 \times 10^3$。

②当开孔板中无贯通钢筋时:

$$V_{psud} = 1.60 d^2 f'_{cd}/\gamma_b \tag{2-3-4}$$

式中:V_{psud}——开孔板中单孔的设计抗剪承载力,N;

  d——孔径,mm;

  ϕ——贯通钢筋直径,mm;

  f'_{cd}——混凝土的设计抗压强度,MPa;

  f_{ud}——钢筋的设计抗拉强度,MPa;

  γ_b——构件安全系数,可取1.3。

以上计算公式须满足:$35\text{mm} \leq d \leq 90\text{mm}$,$12\text{mm} \leq$ 板厚 $t \leq 22\text{mm}$,$24\text{MPa} \leq f'_{cd} \leq 57\text{MPa}$。

此外,开孔板中相邻孔之间钢板的抗剪承载力可按式(2-3-5)进行计算。

$$V_{sud} = A_s \frac{f_{yd}}{\sqrt{3}} \frac{100}{60} \frac{1}{\gamma_b} \geq V_{psud} \tag{2-3-5}$$

式中:V_{sud}——钢板的抗剪承载力,N;

  A_s——相邻孔之间钢板的面积,mm^2;

  f_{yd}——钢板的屈服强度,MPa。

表2-3-1对比了部分开孔板抗剪试验结果和各国规范的承载力计算结果。

表 2-3-1

部分开孔板抗剪试验结果与各国规范的承载力计算结果比较

孔径 d(mm)	贯通钢筋直径 d_s(mm)	混凝土抗拉强度标准值 f_{tk}(MPa)	混凝土抗压强度标准值 f_{ck}(MPa)	板厚 t(mm)	开孔数	贯通钢筋抗拉强度设计值 f_{sd}(MPa)	试验值 V_u(kN)	式(2-3-1) 计算值(kN)	式(2-3-1) 与试验值比值	式(2-3-2) 计算值(kN)	式(2-3-2) 与试验值比值	式(2-3-4)、式(2-3-5) 计算值(kN)	式(2-3-4)、式(2-3-5) 与试验值比值
55	16	2.92	41.1	12	2	361.7	665.20	449.98	0.68	278.52	0.42	363.36	0.55
50	20	2.86	32.9	20	4	373.6	1265.60	1043.86	0.82	706.20	0.56	893.19	0.71
60	20	2.86	32.9	20	4	373.6	1328.40	1138.43	0.86	792.33	0.60	961.82	0.72
75	20	2.86	32.9	20	4	373.6	1431.20	1404.92	0.98	950.88	0.66	1174.57	0.82
60	16	2.86	32.9	20	4	373.6	1158.00	899.15	0.78	608.57	0.53	722.14	0.62
60	20	2.86	32.9	20	4	373.6	1318.40	1138.43	0.86	792.33	0.60	961.82	0.73

2.3.4 工程应用及布置原则

1）工程应用

开孔板在土木结构中的应用也十分广泛。图2-3-4a)为波形钢腹板桥上的开孔板连接件，图2-3-4b)为钢-混凝土组合梁桥中使用的开孔板连接件。这些开孔板除了可抵抗桥梁纵向的水平剪力以外，还可抵抗水平方向弯矩效应引起的拉拔力。钢与混凝土组合桥面板中，开孔板也是常用连接件。

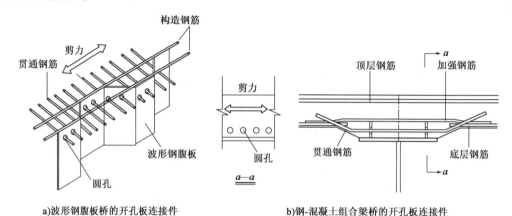

a)波形钢腹板桥的开孔板连接件　　　　b)钢-混凝土组合梁桥的开孔板连接件

图 2-3-4　开孔板在组合桥中的应用

此外，在刚构桥的梁墩刚接处，混合梁的结合部、桥梁伸缩缝等部位，开孔板也是常用连接件之一。图2-3-5所示为开孔板连接件在混合梁结合部中的应用，通过采用开孔钢板代替以往常用焊钉，有利于格室中混凝土的浇筑。

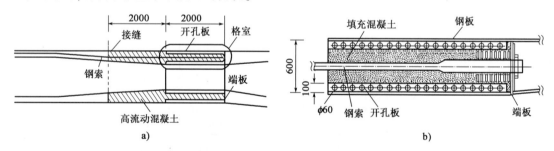

图 2-3-5　开孔板连接件在混合梁结合部中的应用（尺寸单位：mm）

2）布置原则

《公路钢结构桥梁设计规范》(JTG D64—2015)中对开孔板的设置有如下要求：

（1）当开孔板连接件为多列布置时，其横向间距不宜小于开孔板连接件的钢板高度的3倍。

（2）开孔板连接件的钢板厚度不宜小于12mm。

（3）开孔板孔径不宜小于贯通钢筋直径与最大集料粒径之和。

（4）开孔板连接件的贯通钢筋直径不宜小于12mm，应采用螺纹钢筋。

（5）圆孔最小中心间距应符合下列规定：

$$f_{vd}t(l-d_p) \geqslant V_{su}$$

式中:t——开孔板连接件钢板厚度,mm;
   l——相邻圆孔的中心间距,mm;
   d_p——圆孔直径,mm;
   f_{vd}——开孔板抗剪强度设计值,MPa;
   V_{su}——开孔板连接件的单孔抗剪承载力,N。

《钢-混凝土组合桥梁设计规范》(GB 50917—2013)中对开孔板的设置有如下要求:
(1)开孔板间距应大于2.25倍开孔直径。
(2)开孔板间距大于1.25倍开孔板高度时,开孔板连接件的抗剪承载力可按实际开孔数量乘单孔承载力计算。
(3)横向贯通钢筋直径不应大于开孔直径的1/2。
(4)开孔板与钢梁之间的焊接应采用双面角焊缝。

2.4 其他形式连接件

2.4.1 其他形式连接件介绍

1)型钢连接件

除上述焊钉及开孔板连接件以外,型钢也是组合结构中常见的连接件之一。所谓型钢连接件,是指焊接到受力钢构件上的槽钢、角钢等短小节段的型钢块体,依据型钢板面受压承担结合面的剪力作用。型钢块体上可以焊接钢筋,以承担拉拔力并提高变形能力。常见型钢连接件如图2-1-5c)所示。

我国《公路钢混组合桥梁设计与施工规范》(JTG/T D64-01—2015)中指出:型钢连接件最大间距不宜超过500mm,焊接的U形钢筋直径不宜小于16mm。型钢连接件形式多样,抗剪性能差异明显,需要对不同连接件进行试验计算方能得到可靠的承载力。

基于槽钢连接件应用的广泛性,在众多研究的基础上,不少学者和规范都给出了槽钢连接件抗剪承载力的计算公式。

美国标准(AISC 2005)采用式(2-4-1)估算槽钢连接件在普通混凝土试件中的极限抗剪承载力Q_u(N)。

$$Q_u = 0.3(t_f + 0.5t_w)L_c\sqrt{f'_c E_c} \tag{2-4-1}$$

式中:E_c——混凝土的弹性模量,MPa;
   L_c——槽钢连接件的长度,mm;
   t_f——槽钢翼缘的平均厚度,mm;
   t_w——槽钢腹板的厚度,mm;
   f'_c——混凝土圆柱体抗压强度,MPa。

我国《钢结构设计标准》(GB 50017—2017)也给出了槽钢连接件角焊缝的抗剪极限承载力计算公式:

$$Q_u = 0.26(t + 0.5t_w)L_c\sqrt{E_c f_c} \tag{2-4-2}$$

式中:t——槽钢翼缘的平均厚度,mm;

t_w——槽钢腹板的厚度,mm;
f_c——混凝土抗压强度设计值,MPa;
E_c——混凝土的弹性模量,MPa;
L_c——槽钢连接件的长度,mm。

聂建国等人通过49组槽钢连接件的推出试验研究,采用极限平衡法推导出了槽钢连接件的极限承载力计算公式:

$$Q_u = [0.6df_y + (6t + 0.15b)f_c]L_c \qquad (2\text{-}4\text{-}3)$$

式中:d——槽钢腹板厚度,mm;
f_y——钢材抗拉屈服强度,MPa;
t——槽钢翼缘厚度,mm;
b——槽钢翼缘宽度,mm;
f_c——混凝土立方体抗压强度设计值,MPa,当$f_c > 0.12f_y$时,取$f_c = 0.12f_y$;
L_c——槽钢连接件的长度,mm。

2)其他连接件

除此以外,还有其他一些形式的连接件。波折开孔板连接件的形式如图2-4-1a)所示,由直板段和斜板段依次交替相连形成了折线形构件,其中构件的直板段和斜板段上开设圆孔。这种连接件的制作材料是普通钢材,如Q235、Q345钢材等,其制作过程简单,只要在普通钢板上按一定的间距开设圆孔,按照直板段和斜板段的位置进行弯折即可。与普通开孔板连接件加工相比,多了钢板弯折工序,材料用量稍多、焊接难度略大,但混凝土的浇筑方式以及与钢结构的连接和普通开孔板连接件完全相同,此外波折开孔板连接件的板孔中可以设置贯穿钢筋以提高与混凝土的连接效率。由于斜折板与混凝土的挤压作用,波折开孔板连接件中钢板的强度和延性优势得以充分发挥,从而使波折开孔板连接件不论是承载力还是变形能力都比开孔板连接件强。

T形开孔肋连接件如图2-4-1b)所示,总体上是一个T形构件,其中构件的腹板上开设了圆孔,翼缘上依次交替带有缺口。其制作材料是普通的钢材,如Q235、Q345等,这种连接件的制作过程简单,只要在普通钢板上按一定的间距开设圆孔和竖缝,把开缝间的板带交叉弯折,便形成翼缘开口、腹板开孔的T形开孔肋构件。与普通开孔板连接件加工相比,它只多了钢板开缝和弯折两道工序,但混凝土的浇筑方式以及与钢结构的连接和普通开孔板连接件完全相同,此外T形开孔肋腹板孔中可以设置贯穿钢筋以提高与混凝土的连接效率。

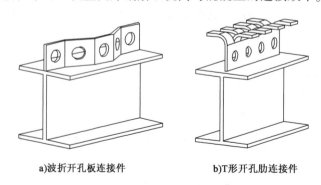

a)波折开孔板连接件　　b)T形开孔肋连接件

图2-4-1　其他形式连接件

2.4.2 其他形式连接件应用

目前焊钉连接件是工程上应用最多的连接件形式,其抗剪传力没有方向性且对混凝土的损伤小,这是其他连接件所不具有的优点。其他形式的连接件的应用一般是与特殊的结构结合,如波形开孔板连接件在波形钢腹板组合梁中使用,直接把波形钢腹板的上部开孔洞伸入混凝土桥面板中。对这些其他形式的连接件力学性能的研究深度还远不及焊钉或普通开孔板连接件,因此这些其他形式的连接件在工程中大规模使用的实例不多。

2.5 本章小结

连接件是确保钢-混凝土组合结构中钢梁与混凝土桥面板组合作用正常工作的关键构件之一。本章首先概括了钢-混凝土组合结构的主要连接形式,分为黏结型、胶结型、摩擦型及连接件型;阐释了连接件的两种分类方法,即按照刚度大小及工作方式分类。按照刚度大小,连接件可以分为刚性连接件、柔性连接件及刚度滞后型连接件;按照工作方式,连接件包括焊钉连接件、开孔板连接件、型钢连接件、钢筋连接件、组合连接件等,其中,焊钉连接件和开孔板连接件是目前最为常见的连接件。本章对这两种连接件的典型受力机理及破坏模式、抗剪及抗拉能力测试方法、标准推出试验及常规拉拔试验方法、国内外相关抗剪及抗拉拔承载力计算方法及适用性、构造设计要点及应用等展开介绍,有助于读者全面而深入地了解钢-混凝土组合结构中连接件的特点。

组合结构连接件的研究和应用始于20世纪50年代左右,目前主要集中在连接件疲劳、复杂荷载作用下的连接件受力、试验方法、精细化数值模拟及机理分析、新型连接构造开发以及环境腐蚀等方面。相比连接件在静力方面的研究,针对连接件疲劳问题的研究则相对较少,尤其在组合结构桥梁中,疲劳问题不可回避。此外,传统连接件受力试验基本为单轴荷载试验。在实际组合结构中,多方向多重荷载同时作用于连接件的情况并不少见,连接件的受力状态与传统单轴试验相比显著不同,因此复杂荷载作用下连接件的静力和疲劳受力性能及破坏机理需深入了解,合理可靠的荷载试验、仿真分析方法及设计标准有待设计开发。另外,针对组合结构的某些特定区域,如负弯矩区等,开发有利于优化结构受力、提高施工质量的新型连接件也十分必要。最后,高性能材料、预制装配等正逐渐成为组合结构的重要发展趋势,各种新型材料、复杂环境等对连接件受力可靠性的影响不容忽视,它将直接影响结构的安全和耐久性。以上这些都是未来针对连接件展开研究的主要方向。

思考题

1. 简述组合结构连接件的分类。
2. 简述焊钉连接件与开孔板连接件的受力机理及破坏模式。
3. 简述连接件抗剪推出试验的流程。

4. 试举例说明除焊钉及开孔板外其他几种连接件的受力特点。
5. 试比较分析国内外规范中有关焊钉及开孔板抗剪承载力的计算差异。

本章参考文献

[1] 聂建国. 钢-混凝土组合结构桥梁[M]. 北京:人民交通出版社,2011.

[2] 邵长宇. 索承式组合结构桥梁[M]. 北京:人民交通出版社股份有限公司,2017.

[3] 刘玉擎. 组合结构桥梁[M]. 北京:人民交通出版社,2005.

[4] OEHELERS D J, COUGHLAN C G. The shear stiffness of stud shear connections in composite beams[J]. Journal of constructional steel research,1986,6:273-284.

[5] XU C, SUGIURA K. FEM analysis on failure development of group studs shear connector under effects of concrete strength and stud dimension[J]. Engineering failure analysis,2013,35(SI):343-354.

[6] 中华人民共和国住房和城乡建设部,中华人民共和国国家质量监督检验检疫总局. 钢-混凝土组合桥梁设计规范:GB 50917—2013[S]. 北京:中国计划出版社,2014.

[7] 中华人民共和国住房和城乡建设部,中华人民共和国国家质量监督检验检疫总局. 钢结构设计标准:GB 50017—2017[S]. 北京:中国建筑工业出版社,2018.

[8] 中华人民共和国交通运输部. 公路钢结构桥梁设计规范:JTG D64—2015[S]. 北京:人民交通出版社股份有限公司,2015.

[9] 中华人民共和国交通运输部. 公路钢混组合桥梁设计与施工规范:JTG/T D64-01—2015[S]. 北京:人民交通出版社股份有限公司,2015.

[10] Design of composite steel and concrete structures. Part 2 General rules and rules for bridges: EN 1994[S]. CEN,2005.

[11] Bridge design specifications:AASHTO-LFRD[S]. 4th ed, American Association of State Highway and Transportation Officials,2012.

[12] 日本土木学会. 复合构造标准示方书[S]. 2015.

[13] 日本鋼構造協会. 頭付きスタッドの押拔き試験方法(案)とスタッドに関する研究の現状[S]. 1996.

[14] PCI Design Handbook. Precast and Prestressed Concrete-6th Edition[S]. Prestressed Concrete Institute, Chicago, Illinois,2004.

第3章
钢-混凝土组合梁桥理论与设计

3.1 钢-混凝土组合梁桥的应用

在20世纪60—70年代,世界上一些主要产钢国家的建筑钢结构得到发展,这使得钢结构的发展与应用水平在各类结构中一直处于领先地位。然而从20世纪70年代开始,当组合结构兴起之后,它的发展逐渐赶上钢结构,而且在一些领域内能取代钢结构和钢筋混凝土结构。钢-混凝土组合结构的发展趋势必然吸引那些有远见的钢结构和钢筋混凝土结构专家联手开展合作研究。早在1960年,美国钢结构协会和钢筋混凝土协会就联合组成AISC-ACI组合梁联合委员会开展工作。最值得注意的是,在国际土木工程师协会联合委员会的主持下,于1971年成立了由欧洲混凝土协会(CEB)、欧洲钢结构协会(ECCS)、国际预应力混凝土联合会(FIP)以及国际桥梁与结构工程协会(IABSE)共同组成的组合结构委员会,该委员会于1981年颁布了《组合结构》规范,对组合结构的发展及应用作出了肯定,并提出了新的努力方向。Eurocode 4 即 BS EN 1994,已将钢-混凝土组合结构单独列出。20世纪80年代之后,在美国、日本及欧洲等发达国家或地区,钢-混凝土组合结构得到了快速的发展。

我国钢-混凝土组合梁的研究工作是从20世纪80年代开始的。国内高校、科研单位结合我国的实际情况对组合梁的性能进行了较为系统的研究,并在此基础上重新修订和编制了

《钢结构设计规范》(GBJ 17—1988)。(原)交通部公路规划设计院在《公路桥涵设计规范》(1975年版)的基础上编写了《公路桥涵钢结构及木结构设计规范》(JTJ 025—1986)等规范。这些规范均将组合梁单独列为一章,并对有关设计和构造要求作出了一些规定。这些工作为我国早期组合梁桥的推广应用奠定了技术基础。

1995年建成的北京航天桥位于西三环中路与阜成路的交叉处,该桥采用了主跨为73m的钢-混凝土变截面连续组合梁桥,是一座跨越城市主干道的大型互通式立交桥,也是当时跨径最大的城市钢-混凝土组合连续梁桥,见图3-1-1。

a)侧视图　　　　　　　　　　　　　　b)仰视图

图3-1-1　北京航天桥主跨

江苏省常州市京杭运河改线工程中的平陵大桥,是当时国内最大跨径钢箱-混凝土组合连续梁桥,主桥长252m,跨径组合为71m+110m+71m,桥梁全长522m,桥宽33.5m。该桥设计荷载为公路-Ⅰ级,跨越京杭大运河,2006年12月建成通车,建成时创下国内该类梁桥最大单孔跨径的纪录。

2009年10月建成通车的上海长江大桥的辅航道桥采用了7跨等高度钢-混凝土组合连续梁桥,跨径90m+5×105m+85m,双向六车道,双幅布置,单幅宽度17.15m,全宽35m,设计荷载为公路-Ⅰ级。该桥采用Q345qD钢材,钢梁分段制作,节段长度10.2m,采用整孔吊装工艺,单片主梁的最大起吊质量为2300t,全部吊装质量近3000t。

2010年的兰州七里河黄河大桥改建工程中,为利用既有的旧桥墩、减轻桥梁上部结构的质量,采用了7孔钢-混凝土组合简支梁桥。其跨径布置为30m+5×40m+30m,桥梁纵断面布置见图3-1-2a)。桥面宽度23m,横向布置为四箱单室,每个单箱底宽3.0m,箱梁间宽度2.5m,单箱的中心距为5.5m,桥梁横断面布置见图3-1-2b)。该桥设计荷载为公路-Ⅰ级,人群荷载为3.5kN/m^2。兰州七里河黄河大桥主体结构为多箱式钢-混凝土组合简支箱梁,钢箱为开口箱体,每个箱体内设钢横隔板,间距4.5~5.0m。箱梁间每7.25~9.75m设钢箱横梁,高度1172mm,宽度300mm。桥面板采用C50微膨胀混凝土(减小其收缩变形),现浇施工[图3-1-3a)];桥面板下为8cm厚钢筋混凝土预制模板,桥面板与钢箱之间主要由剪力钉连成整体。建成后的兰州七里河黄河大桥见图3-1-3b)。

2018年建成通车的港珠澳跨海大桥施工过程中,为加快施工速度采用了整体安装架设、逐孔合龙技术,在浅水区非通航孔部分采用了6×85m和5×85m一联的钢-混凝土组合连续梁桥,其总长度为5440m。其中九洲航道桥以东共53孔,跨径布置为 $5 \times 85m + 8 \times (6 \times 85m) = 4505m$;九洲道航桥以西共11孔,跨径布置为 $6 \times 85m + 5 \times 85m = 935m$。桥梁横截面为分离式双幅钢-混凝土组合箱梁,其总宽度为33.264m,双向6车道。桥梁设计使用寿命为120年。港珠澳大桥的钢-混凝土连续梁桥典型纵、横断面及主要尺寸见图3-1-4。

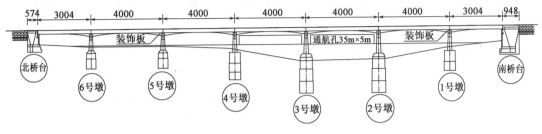

a)黄河大桥纵断面图

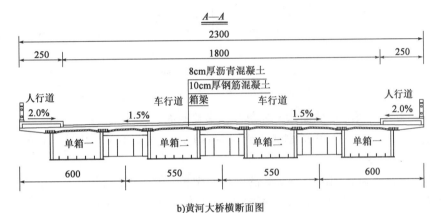

b)黄河大桥横断面图

图3-1-2 兰州七里河黄河大桥纵、横断面图(尺寸单位:cm)

a)组合梁的桥面板施工

b)建成后的桥梁立面

图3-1-3 兰州七里河黄河大桥

钢主梁采用分离式双箱单室截面,Q345qD及Q345C钢材。在钢主梁上翼缘板、小纵梁上翼缘板、永久支点横隔板上翼缘板均布设有栓钉连接件,栓钉直径为22mm,高250mm。栓钉连接件的材质为ML15。剪力钉在钢主梁上翼缘板和小纵梁上翼缘板采用集束式布置,钉群基本间距为1000mm;在永久支点横隔板上翼缘板采用均匀式布置,纵横基本间距为125mm。桥面板采用变厚度混凝土板,其板厚为25~50cm,强度等级为C60。

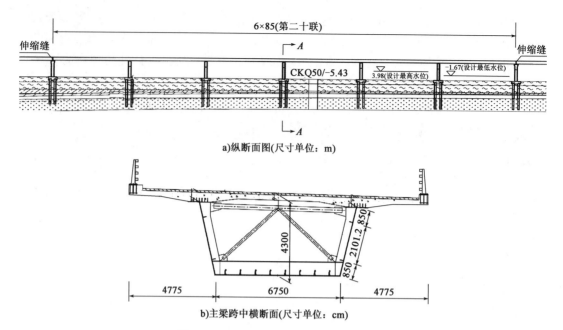

图 3-1-4 港珠澳大桥钢-混凝土组合连续梁桥

钢-混凝土组合梁桥的横截面除上述单箱或多箱截面形式外,也可采用双肋式或多肋式工字形主梁横截面,并以一定间距的钢横梁或钢横隔板连接纵向工字形钢梁。近年来国内在这方面也开始了工程实践。

2017年修建的安徽某地淮河特大桥的引桥高架桥,采用标准跨径 4×35m 的连续组合梁桥,桥面全宽 26.5m,双向四车道,分两幅设计,单幅桥宽 13m,该桥上部主梁结构采用双工字钢-混凝土组合梁断面,钢梁高 1.75m,双主梁的间距 7.3m,横梁间距 5m。钢主梁采用 Q345 钢材,全跨等高度布置,混凝土桥面板在钢梁顶处厚度为 400mm,在钢梁之间厚度为 250mm,混凝土桥面板在横桥向布置了预应力钢束,混凝土桥面板和钢主梁间采用栓钉连接,如图 3-1-5 所示。

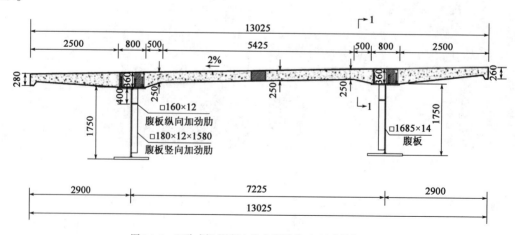

图 3-1-5 双肋式钢-混凝土组合梁桥截面(尺寸单位:mm)

目前,某在建高速公路采用了标准跨径为 30m 的多梁式钢-混凝土组合梁桥,设计荷载为公路-I 级。半幅桥宽 12.75m,采用 4 片主梁,其跨间及端横隔 X 横撑均采用双肢角钢或单肢角钢连接。两片工字型钢主梁以斜撑和横撑焊接后组成一榀吊装结构,钢主梁简支,其材料为 Q345qD。混凝土桥面板连续,其横桥向板厚为 18～28cm,C55 混凝土;中支点预留槽处板厚为 55cm,桥面板混凝土连续段及湿接段为 C55 钢纤维混凝土。该桥的典型截面见图 3-1-6。

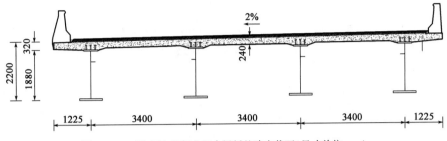

图 3-1-6　4 梁式钢-混凝土组合梁桥的跨中截面(尺寸单位:mm)

此外,在铁路秦沈客运专线 14 桥上采用了 7 种形式的连续钢-混凝土组合梁。这些连续组合梁桥的主跨包括 32m、40m、50m,桥梁线形包括直线线形和曲线线形,钢梁截面包括工字形和箱形两种形式。秦沈客运专线连续钢-混凝土板组合桥梁的应用取得了良好的效果,为钢-混凝土组合梁在后续建设的客运专线和高速铁路上的应用奠定了良好的基础。秦沈客运专线中应用的组合连续梁桥截面形式如图 3-1-7 和图 3-1-8 所示。

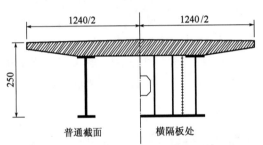

图 3-1-7　(24m+32m+24m)钢-混凝土组合连续梁桥截面示意图(尺寸单位:cm)

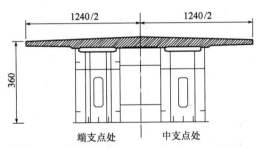

图 3-1-8　(40m+50m+40m)钢-混凝土组合连续梁桥截面示意图(尺寸单位:cm)

从国内外钢-混凝土组合梁桥的发展来看,与混凝土结构和钢结构相比,组合结构虽然相对"年轻",但是发展十分迅速,甚至有取代钢结构及钢筋混凝土结构的趋势。从实际应用情况来看,钢-混凝土组合梁桥主要适用于 30～80m 中等跨径的梁桥。在此跨径范围内,组合结构梁桥具有十分明显的技术优势和经济效益,兼具钢桥和混凝土桥梁的优点。具体包括以下几个方面:

(1)技术优点明显:兼具两种桥梁的技术优势。与钢梁桥相比,组合结构梁桥刚度大,稳定性好,抗震性能好,且避免了正交异性钢桥面系的开裂问题;与混凝土梁桥相比,钢梁位于受拉区,避免了混凝土开裂、跨中长期下挠等预应力混凝土梁桥的常见病害,耐久性好。

(2)施工迅速、便捷:钢梁可以作为施工时的临时模板,不需要搭立支架。跨线桥或立交桥施工时可不中断桥下交通,施工简单;钢梁和混凝土板均可采用预制安装,栓钉连接件采用自动焊接技术,施工快速、设备简单。

(3)经济效益好:钢-混凝土组合梁桥由于其高性能的优点,在某些跨径范围内甚至比预应力混凝土梁桥更具有经济优势。根据法国在 2000 年统计的不同跨径范围内钢-混凝土组合梁桥与预应力混凝土梁桥在上部结构成本方面的对比可以看出,在40~80m的范围内,钢-混凝土组合梁桥更具技术和经济优势。

(4)社会效益好:与钢桥相比,钢-混凝土组合梁桥行车时的噪声明显减小,对城市的环境影响小;与混凝土梁桥相比,组合梁桥在建设阶段以及将来的回收利用方面,符合可持续性发展的要求。

(5)造型美观:与传统的混凝土梁桥相比,钢-混凝土组合梁桥的材料质感不同,造型简洁,刚劲有力,建筑高度较小,结构轻盈,易与周围环境相协调,尤其是连续梁桥可获得线形和质感两方面的美学效果。

据不完全统计,截至2010年,我国在公路及城市道路中建成的钢-混凝土组合梁桥已有数百座。上述工程也为进一步扩大钢-混凝土组合梁桥在公路及城市桥梁工程中的应用积累了宝贵的经验。

此外,在钢-混凝土组合梁桥发展的基础上,其在斜拉桥和悬索桥结构上也得到了广泛的应用。20世纪90年代修建的南浦大桥、杨浦大桥、徐浦大桥、哈尔滨市四方台大桥、东海大桥主桥等(斜拉桥工程)以及武汉鹦鹉洲长江大桥(悬索桥工程)均采用了钢-混凝土组合梁作为桥面系结构。

我国2000年建成通车、公铁两用的芜湖长江大桥是典型的上承式钢箱梁-混凝土板组合梁斜拉桥。该桥跨径布置为180m+312m+180m,为双层,如图3-1-9所示。上层公路桥采用混凝土板与钢箱组合梁桥面系,剪力连接件采用 $\phi 22mm$ 栓钉。这是钢-混凝土组合结构在我国铁路桥梁上第一次大规模的应用。芜湖长江大桥由于采用了这种钢筋混凝土桥面板与钢箱梁共同受力的组合梁结构,与武汉、南京、九江长江大桥相比,减少了公路桥面伸缩缝的数量,提高了行车舒适度,降低了桁高,缩短了引桥长度,取得了很好的经济效益和社会效益。

a)大桥全貌　　　　　　　　　　　b)上层公路桥施工

图3-1-9　芜湖长江大桥

2009年建成通车、公铁两用的武汉天兴洲长江大桥为我国建成的首座客运专线下承式钢箱梁-混凝土板组合梁斜拉桥,如图3-1-10所示。该桥主桥为双塔三索面三主桁斜拉桥,上层为车道公路,下层为铁路客运专线,属两线级铁路干线。下层铁路为下承式钢箱梁-混凝土道砟槽板组合桥面结构。

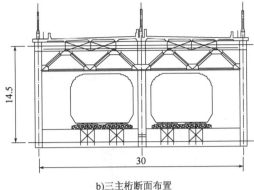

a) 大桥全貌　　　　　　　　　　　b) 三主桁断面布置

图 3-1-10　武汉天兴洲长江大桥(尺寸单位:m)

综上所述,虽然与其他桥型结构相比,钢-混凝土组合梁桥在我国数量仍不算多,但随着科学研究工作的深入开展,设计规范、标准的完善,人们对钢-混凝土组合结构优越性的认识不断提高,再加上我国钢铁产能丰富,钢-混凝土组合梁桥将会在我国的桥梁工程建设中发挥更重要的作用。

3.2　钢-混凝土组合梁桥的受力特点

3.2.1　简支组合梁桥的特点

1)结构的受力特点

图 3-2-1a)所示是非组合的一般钢筋混凝土板和钢梁的结构体系。其中钢筋混凝土板的主要功能是直接承受集中(车轮)荷载并承受横向的弯矩作用,对抵抗截面纵向弯曲的贡献很小;而其下面的钢梁则是作为板的支承结构,承受纵向弯矩作用。叠合梁中的钢梁与钢筋混凝土板之间不连接,钢梁受力后产生弯曲变形,钢筋混凝土板与钢梁之间产生相对滑移和掀起现象。叠合梁的截面上有两个重心轴(或中性轴),即混凝土板和钢梁各自发生弯曲变形,如图 3-2-1b)所示。这时截面上作用的弯矩将等于钢筋混凝土板和钢梁各自承受的弯矩之和,即 $M_c + M_s$,参见图 3-2-1c)。

因为混凝土板绕其自身重心轴的截面刚度 $E_c I_c$ 通常远小于钢梁绕其自身重心轴的截面刚度 $E_s I_s$,若按两部分截面刚度的比例分配弯矩,M_c 与 M_s 相比相对较小,可忽略不计,即可近似认为全部弯矩由钢梁单独承担,于是钢筋混凝土板对钢梁而言只是传递板自身的重量,并支承和传递外部荷载。

在相同的条件下,如果在混凝土板与钢梁之间设置若干个连接件,见图 3-2-1d),以抵抗它们之间的相对滑移和掀起,则在弯矩作用下截面上的应变沿梁高方向的变化将接近于平截面假定,见图 3-2-1e)。于是,钢筋混凝土板和钢梁就组成一个具有公共重心轴(或中性轴)的组合截面。在这个组合截面上,钢筋混凝土板除承受横向弯曲外,可以看作翼板,并作为组合截面的受压区,见图 3-2-1f)。显然,组合截面的几何特性和力学特性相比非组合截面大有改善,因而组合梁的截面抗弯承载能力和抗弯刚度将明显大于叠合梁,即存在组合作用。

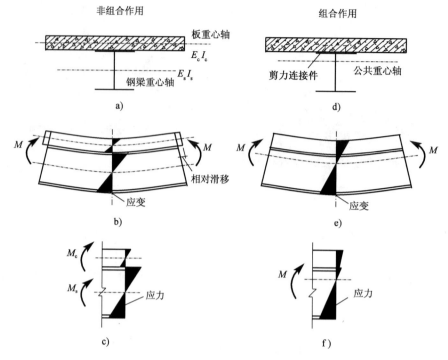

图 3-2-1　梁的组合作用

2) 钢-混凝土组合梁的特点

与钢梁和钢筋混凝土梁相比，钢-混凝土组合梁（或简称组合梁）具有以下特点：

(1) 充分发挥了钢材和混凝土材料各自的材料特性。

(2) 节省材料。由于混凝土板与钢梁共同工作，钢-混凝土组合梁与钢板梁相比可节省钢材用量的 20%~40%。

(3) 增大了梁的截面刚度。由于混凝土翼板参与工作，组合梁的计算截面比钢板梁大，可使主梁刚度增大，其挠度可减小 20% 左右。

(4) 组合梁的混凝土受压翼板增大了梁的横向刚度，防止了主梁在使用荷载下的扭曲失稳。由于混凝土翼板的作用，截面重心升高，钢梁腹板大部分处于受拉区，可避免钢梁腹板发生局部失稳。

(5) 组合梁可以利用安装好的钢梁作为支撑，现场浇混凝土桥面板，节省施工用的材料，并加快施工速度。

(6) 组合梁的自重远小于钢筋混凝土梁或预应力混凝土梁，因此可增强桥梁的跨越能力，而且结构的耐久性明显提高。

(7) 由于车辆行驶在混凝土桥面板上，组合梁桥在活载作用下的噪声相比全钢梁桥明显减小，因而在城市中采用钢-混凝土组合梁桥可以减少噪声污染，有利于环保。

(8) 由于钢梁可以在工厂制造，其加工质量易于保证，现场的钢筋和混凝土工作量小，施工快捷，质量便于控制。

(9) 在钢-混凝土组合梁中，钢梁是主体且可再生。一旦结构使用寿命到期，结构拆除产生的固体垃圾少，废钢资源易于回收。因此，从可持续发展角度看，它与混凝土结构相比也具有明显的优势。

3.2.2 连续组合梁桥的受力特点

由结构力学的知识可知,分跨比较合理的连续梁结构与同跨径的简支梁相比,其跨中截面的正弯矩可以减少50%左右,而在中支点截面的负弯矩增加量一般要大于跨中正弯矩的减少量。对于钢-混凝土组合梁桥而言,如果采用连续结构,中支点截面将承受负弯矩,也就是将钢筋混凝土桥面板置于受拉区,而将钢梁的下翼缘板置于受压区。从理论上讲,这样的布局是不利的,其使钢筋混凝土板承受拉力,而使钢板承受压力,并没有很好地利用混凝土和钢材的力学特性。但工程实践却表明,上述布局上的不利可以通过采取一些技术措施加以克服。综合钢-混凝土组合连续梁结构的利与弊,这种结构形式仍得到广大桥梁工程技术人员的青睐。尤其在城市的桥梁工程中,钢-混凝土组合连续梁桥以其结构质量轻、跨越能力强、施工速度快、造型美观等优点得到了大量的应用。

目前,多个国家的桥梁设计规范中均引入了钢-混凝土组合连续梁结构。虽然我国《公路桥涵钢结构及木结构设计规范》(JTJ 025—86)中没有列入钢-混凝土组合连续梁桥的设计条款,但是截至2019年,我国已经建成了上百座钢-混凝土组合连续梁桥,例如天津的金钢桥、广州的东山口立交桥等。据文献介绍,自20世纪90年代以来,在北京地区就建成了以航天桥、国贸桥、朝阳桥等为代表的十余座大跨径钢-混凝土组合连续梁桥。进入21世纪,钢-混凝土组合连续梁桥的数量和跨径均得到快速的发展。2006年建成的江苏常州的平陵大桥为三跨一联的变高度钢-混凝土组合连续梁桥,其跨径布置为71m+110m+71m。2009年10月建成的上海长江大桥的非航道桥7跨一联的等高度钢-混凝土组合连续梁桥,其5个主跨跨径均为105m。港珠澳跨海大桥的非通航孔也用到了6×85m一联的钢-混凝土组合连续梁桥。

《公路钢混组合桥梁设计与施工规范》(JTG/T D64-01—2015)和《钢-混凝土组合桥梁设计规范》(GB 50917—2013)中均已列入了钢-混凝土组合连续梁桥设计的部分内容和构造要点,其中凝聚着我国桥梁工程师和研究人员的聪明智慧和成功经验。

与钢-混凝土组合简支梁桥相比,组合连续梁桥具有如下受力特点:

(1)中支点负弯矩区段混凝土翼板受拉。

钢梁通过连接件与混凝土翼板形成组合梁后,抗弯能力及截面刚度相比原来的钢梁有显著提高。应特别指出的是,这种提高是对于混凝土翼板受压、承受正弯矩梁段而言的。对于承受负弯矩的连续梁中支点截面,混凝土翼板受拉开裂后将退出工作,仍以钢梁抗弯为主。尽管在混凝土翼板中配置了纵向受力钢筋,对于等高度的组合梁而言,其中支座梁段的抗弯能力及截面刚度仍不及跨中截面,截面承载能力与连续梁中的弯矩分布不相适应。一般来讲,中支点截面是薄弱环节,在跨中截面则强度有余。

(2)中支点截面弯矩、剪力都最大,受力复杂。

简支组合梁受荷时,一般情况下是跨中截面所承受的弯矩大而剪力很小(自重、恒载小或为零),支点截面所承受的剪力大而弯矩为零,故可以分别按纯弯和纯剪情况来计算跨中和支点截面。多跨连续组合梁承受荷载作用时,在边跨的支点和跨中截面仍具有简支组合梁的受力特点,但在中支点截面上作用的负弯矩和剪力均为最大,因而其钢梁和混凝土桥面板均处于一个复杂的受力状态,应该注意它们之间的相关关系。

(3)中支点梁段的钢梁受压存在着稳定问题。

对于简支组合梁,由于混凝土翼板的作用,截面重心升高,钢梁腹板的大部分处于受拉状态,基本上不存在局部稳定问题。而且,因混凝土翼板与钢梁上翼缘通过连接件固结在一起,可以不考虑整体稳定问题。对于多跨连续组合梁,当活载较大且作用在最不利位置时,可能出现某一跨或其一部分承受负弯矩作用,进而导致钢梁部分受压。另外,连续组合梁的中间支座附近的钢梁下翼缘和部分腹板也受到压应力作用。因此钢梁存在整体稳定问题,而受压的下翼缘钢板亦存在局部稳定问题。

(4)中支点预应力钢筋的影响。

在实际工程中,对于中跨跨径大于40m的钢-混凝土组合连续梁桥,为避免桥面板混凝土开裂,通常采取在各中支座的负弯矩区段的混凝土桥面板内设置纵向预应力钢筋(束)的技术措施,亦可采用体外预应力布束的措施。对超静定的连续梁结构,预应力钢筋会对所在截面产生初预矩,同时也会在整体连续结构中产生次内力。预应力产生的次预矩通常与初预矩反号,因此会抵消部分初预矩,降低预应力效率。次内力可以包括预应力引起的次预矩、轴向压力和预剪力。利用目前常用的设计软件,可以分别得到连续梁结构中由预应力钢筋引起的初预矩、次预矩或直接获得总预矩,亦可直接得到由预应力钢筋产生的轴力和预剪力。预应力钢筋(束)的上述作用效应将会对组合梁截面性能计算产生影响。

在钢-混凝土组合连续梁桥的设计计算中,需对上述受力特点给予必要的考虑。

3.2.3 剪力滞效应

根据弹性力学分析可知,组合梁承受荷载产生弯曲变形时,支承于钢梁上的混凝土翼板的纵向压应力沿翼板宽度方向的分布是不均匀的,这种现象被称为剪力滞现象。距钢梁腹板越远,压应力越小,其分布规律主要取决于截面和跨径的相对尺寸。组合梁桥的钢梁间距通常较大,即翼板的宽度较大。考虑到远离钢梁腹板处混凝土翼板的压应力较小,故在设计中把混凝土翼板参与钢梁共同工作的宽度限制在一定的范围,称之为混凝土翼板的有效宽度b_{eff}(图3-2-2),并假定在有效宽度b_{eff}范围内压应力沿横桥向是均匀分布的。在概念上这与钢筋混凝土T形简支梁的有效宽度是一致的。

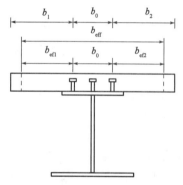

图3-2-2 混凝土板的有效宽度示意图

按照《公路钢混组合桥梁设计与施工规范》(JTG/T D64-01—2015)和《钢-混凝土组合桥梁设计规范》(GB 50917—2013)的相关规定,计算正弯矩产生的弯曲应力时,组合截面应包括钢梁截面和混凝土板的有效宽度的换算截面;计算由负弯矩产生的应力时,组合截面应包括钢梁截面和混凝土板有效宽度内的纵向钢筋截面。

(1)钢-混凝土组合梁桥各跨跨中及中间支座处的翼板有效宽度b_{eff},按下式计算,且不应大于翼板实际宽度,参见图3-2-2。

$$b_{eff} = b_0 + \sum b_{ef,i}, \quad b_{ef,i} = \frac{L_{e,i}}{6} \leqslant b_i \quad (3\text{-}2\text{-}1)$$

式中:b_0——外侧剪力连接件中心间的距离;

$b_{ef,i}$——外侧剪力连接件一侧的混凝土翼板有效宽度;

b_i——外侧剪力连接件中心至相邻钢梁腹板上方的外侧剪力连接件中心的距离的一半,

或外侧剪力连接件中心至混凝土桥面板自由边之间的距离；

$L_{e,i}$——等效跨径，简支梁应取其计算跨径，连续梁应按图 3-2-3 取值。

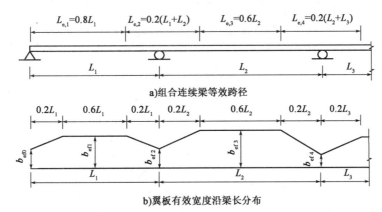

图 3-2-3 组合梁混凝土翼板的等效跨径及翼板宽度示意图

(2) 简支梁支点和连续梁边支点处的混凝土翼板有效宽度 b_{eff}，按下式计算：

$$b_{eff} = b_0 + \sum \beta_i b_{ef,i}, \quad \beta_i = 0.55 + 0.025 \frac{L_{e,i}}{b_i} \leq 1.0 \qquad (3\text{-}2\text{-}2)$$

式中：$L_{e,i}$——边跨的等效跨径，如图 3-2-3a) 所示；

β_i——在端支承处单侧翼板有效宽度折减系数；

其他符号意义同前。

(3) 混凝土翼板有效宽度 b_{eff} 沿梁长的分布可假设为图 3-2-3b) 所示的形式。

(4) 预应力组合梁在计算预加力引起的混凝土应力时，预加力作为轴向力产生的应力可按实际翼板全宽计算；由预加力偏心引起的弯矩产生的应力可按翼板有效宽度计算。

(5) 对超静定结构进行整体分析时，组合梁的翼板有效宽度可取其实际宽度。

3.3 钢-混凝土组合梁桥的一般构造

3.3.1 钢板组合梁桥的一般构造

钢板组合梁桥主要由钢主梁、横向联结系、纵向联结系、连接件和桥面系组成。早期的桥面系直接放置于钢主梁上，二者之间连接较弱，并称之为叠合梁，钢主梁成为整个桥梁承受竖向荷载的关键承重构件；后来随着制造技术的发展和计算方法的进步，在钢梁与混凝土桥面板之间设置连接件，把钢梁与混凝土连接到一起，形成组合梁，组合梁成为整个桥梁承受竖向荷载的关键承重构件。因此现在的钢板组合梁桥均为工字形钢梁与混凝土桥面板形成的组合梁作为主要受力构件的结构形式。根据工字形钢梁的数量，钢板组合梁可分为双主梁和多主梁结构形式，分别如图 3-3-1a) 和图 3-3-1b) 所示。

双主梁形式钢板组合梁是最简单的组合结构桥梁形式，常用于桥面板宽度小于 13m 的桥梁中。双主梁结构构造简单，大大减少了工厂钢结构制造的工作量，同时可以达到提高桥梁施工架设速度和降低桥梁建设成本的目的。由于桥面板的横桥向支承跨度相对较大，往往需要使用加厚的混凝土桥面板或者施加横向预应力才能保证结构受力安全。总体上,这种桥梁的安全储备冗余度较低,在有重车通行的情况下桥面板和钢梁的安全储备和动力响应需要引起重视。多主梁形式的钢板组合梁一般用于桥宽大于8m的桥梁中。多主梁结构比双主梁构造复杂,加工制作及安装时间长,且钢主梁的数量增多,导致其用钢量比双主梁的多一些,但是其混凝土桥面板的厚度可以比双主梁的小,桥面板不容易出现开裂等病害。这种桥梁的安全储备冗余度较高,适用于有重车通行的公路桥梁和一般城市桥梁。

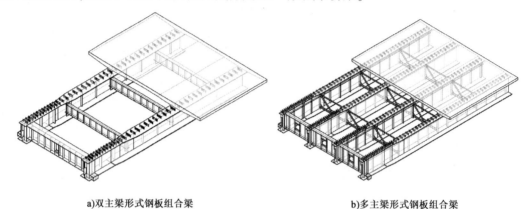

a)双主梁形式钢板组合梁　　　　　b)多主梁形式钢板组合梁

图 3-3-1　钢板组合梁结构形式

在组合结构桥梁中,不同的施工方法下结构的受力性能也不同。比较常用的施工方法是先架设钢主梁,再安装混凝土桥面板。在混凝土桥面板没有与钢梁组合成完整的组合截面时,钢梁承担了结构的自重,这种情况下钢结构的稳定性较差,需要使用横向联结系等构件来加强结构的稳定性。比较完整的钢主梁及其联结系布置如图 3-3-2 所示。

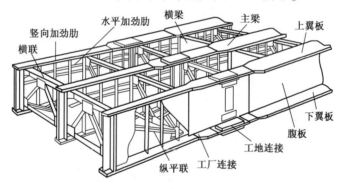

图 3-3-2　钢主梁及其联结系布置示意图

在图 3-3-2 所示的结构体系中,钢主梁是主要的结构受力构件,其中横梁、横联和纵平联均属于联结系的构件,横梁和横联属于横向联结系,纵平联属于纵向联结系。下面分别介绍这些构件的基本结构形式及组成。

1)主梁

主梁有型钢梁(如工字钢、H 型钢)和焊接钢梁等结构形式。其中桥梁中应用最多的是焊接钢梁,钢主梁一般由上翼板、腹板和下翼板焊接而成。上、下翼板承受纵桥向受力产生的拉、压正应力。在受压应力作用时为了防止板件的局部失稳,采用控制宽厚比的方法,不设加劲肋。上、下翼板根据其受力情况沿跨径方向变化,一种方法是变化板件的宽度,另一种方法是变化板件的厚度。腹板在桥梁中的受力较为复杂,在靠近支座位置附近是以承受剪应力为主,在跨中附近位置以承受不均匀的纵桥向正应力为主,在车轮荷载或支座反力作用下还要承受局部竖向力作用。因此,为了防止腹板局部失稳需要设置加劲肋,需要根据受力情况设置横向加劲肋和纵向加劲肋,在支承处设置支承垫板和承受支座反力的竖向加劲肋。另外,在梁端腹板设置检修人员用的过人孔。钢主梁的加劲肋布置如图 3-3-3 所示。

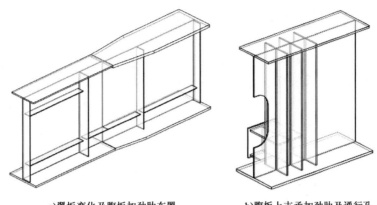

a) 翼板变化及腹板加劲肋布置　　b) 腹板上支承加劲肋及通行孔

图 3-3-3　钢主梁的基本结构

2) 横向联结系

单根钢板梁由于横向抗弯惯矩和抗扭惯矩很小,在面内弯矩、水平力和扭矩作用下,容易出现弯扭失稳。因此,一般情况下,钢板梁单根主梁不能单独承担水平力和扭转作用,主梁与主梁间必须通过横向联结系联结在一起共同受力。

横向联结系的作用主要是:①防止主梁侧倾失稳;②起到荷载分配的作用,使得各主梁受力较均匀,防止主梁间相对变形过大导致桥面板受力不利;③与主梁及纵向联结系构成空间桁架以抵抗水平荷载;④用于桥梁安装架设时主梁的定位;⑤抵抗桥梁的扭矩,将扭矩和水平力传递到支座;⑥在桥面板端部起到横向支承的作用等。对于①~③的作用,横向联结系设置在跨间较为有效;但对于⑤和⑥的作用,横向联结系设置在支承处较为有效。

根据不同的主梁横截面形式、跨径和桥位选择横向联结系类型,常用的横向联结系有桁架式横向联结系(称为横联)和实腹式横向联结系(称为横梁)。

(1) 横联。

横联为桁架式,通常采用 K 形,如图 3-3-4 所示。横联由上下弦杆、斜杆以及组成桁架立柱的主梁腹板竖向加劲肋构成,常用于跨间的横联。桁架联结系可以采用螺栓或者焊接连接的方式,直接或间接通过节点板与主梁加劲肋(通常是板式加劲肋)相连。

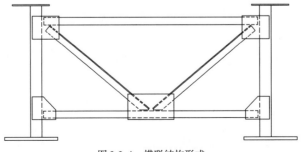

图 3-3-4　横联结构形式

(2)横梁。

不管在支座处还是在跨间,横梁均由一根横梁和两个竖杆组成。竖杆也起横向加劲肋的作用,在支座区域,竖杆作为支承加劲肋将支座处的力传递到主梁腹板。横梁一般采用型钢梁或焊接工字形钢梁。中横梁的结构形式如图 3-3-5a)所示。为了便于施工和养护,跨间横向联结系顶面一般比主梁低 10mm 以上。

图 3-3-5b)所示为支承处实腹式横向联结系结构,称为端横梁。为了支承桥面板,支承处横向联结系顶部一般与主梁同高。由于更换支座和检修等需要,横向联结系下缘与墩台帽之间一般要预留一定的间隙,具体尺寸要根据支座更换时临时支承和千斤顶的设置需要而确定。另外,为了防止桥梁发生落梁事故,在支座处的横梁两侧设置防落梁装置与盖梁上的挡块接触。

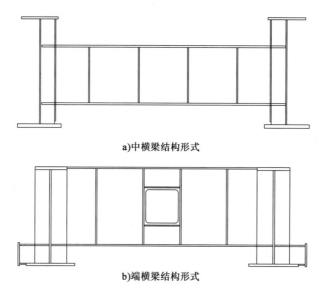

a)中横梁结构形式

b)端横梁结构形式

图 3-3-5 横梁结构形式

3)纵向联结系

纵向联结系的作用主要是:①将地震荷载、风荷载等水平力传递到支座;②防止主梁下翼缘的侧向变形和横向振动;③与主梁及横向联结系构成空间桁架抵抗水平荷载和扭矩;④用于桥梁安装架设时主梁的定位。为了使钢板梁与纵向和横向联结系组成稳定的空间结构,需要两层稳定的平面结构。在成桥与运营阶段,混凝土桥面板与钢梁能够共同工作,桥面板起到上层平面结构的作用,在钢梁下层设置桁架式纵向平联(称为下平联),由下平联与桥面板组成空间结构,当施工阶段钢结构可以满足稳定要求时,可以省略上平联,否则需要设置上平联。平联位于主梁之间,采用桁架式横向联结系时,平联通常位于某个弦杆位置高度上;采用框架式横向联结系时,平联则位于横梁位置高度上。平联中的斜撑通常是交叉形式(X 形),斜撑形成一定的角度。斜撑栓接在节点板上,节点板焊接在横向联结系的竖杆上。典型的平联结构形式及连接如图 3-3-6 所示。

4)连接件

为了使钢筋混凝土桥面板与钢梁共同作用,两者之间必须设置连接件,以确保钢筋混凝土桥面板与钢梁之间不产生相对错动。在组合结构的众多形式连接件中,栓钉具有各向同性、抗剪承载力大、抗掀起能力好、施工快速且方便、焊接质量易得到保证等优点,是目前应用最广泛、综合受力性能最好的抗剪连接件。栓钉连接件在组合梁桥中的使用往往根据桥面板的施工方法分成栓钉均匀布置和群钉布置两种方式。栓钉均匀布置通常适用于混凝土桥面板为现浇或桥面板横桥向分块预制的方法,群钉布置通常适用于混凝土桥面板横桥向整块预制的方法。这两种方式的栓钉连接件在主梁上的布置形式如图 3-3-7 所示。栓钉的数量及规格必须根据结构的受力来确定。

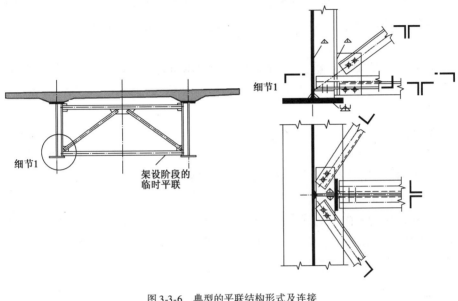

图 3-3-6　典型的平联结构形式及连接

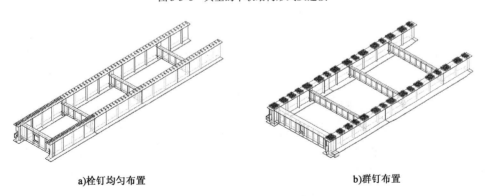

a)栓钉均匀布置　　　　　　　　　b)群钉布置

图 3-3-7　栓钉连接件在主梁上的布置形式

3.3.2　钢箱组合梁桥的一般构造

钢箱组合梁桥是将混凝土桥面板与钢箱梁通过连接件连接形成封闭的箱形截面,在纵桥向按照一定间距设置横隔系。因此,钢箱组合梁桥主要包括钢主梁、横向联结系(横梁与横隔板)、连接件以及桥面板结构。其中钢主梁多为开口截面,每道主梁由两道腹板、两道上翼缘和一道底板组成。在平面曲线半径较小、抗扭刚度要求高、施工阶段承载力开口钢梁不满足条件等情况下可以使用闭口钢箱梁,在混凝土浇筑过程中钢箱梁顶板充当混凝土的支撑模板。箱梁的腹板和底板通常设有加劲肋。

开口钢梁由两道腹板、下翼缘底板、上翼缘板以及按照一定间距设置的横隔系组成,腹板和底板通常设有纵向加劲肋。钢箱梁可以采用单箱、双箱和多箱的结构形式,总体布置比较灵活。在钢箱梁中腹板与底板可以是垂直的,也可以是倾斜的。一般多采用腹板倾斜形成梯形钢梁(也称为槽形钢梁),一个优点在于为了提供合适的宽度来支承混凝土桥面板,桥面板的横向正负弯矩大小相同,另一个优点在于这样的几何外形同时能减小槽形钢梁底板宽度,提高材料的利用率,从而当主梁受负弯矩作用时底板纵向加劲肋数量得以减少。槽形钢梁中腹板与垂直方向的夹角不应超过 $20°\sim25°$,否则在浇筑混凝土桥面板时应采用特殊的措施以保证其几何外形不变。

根据横桥向组合箱梁的数量,钢箱组合梁分为单箱组合梁、双箱组合梁和多箱组合梁(在此不展开介绍),其结构形式由桥梁的宽度决定,具体如下。

1)钢主梁

(1)单箱组合梁。

钢箱组合梁由于抗弯刚度和抗扭刚度较大,箱梁截面尺寸较大时,单梁具有较大的承载力,桥宽较小时可以采用单箱结构。桥梁的跨径和桥宽之比不大(通常跨径是桥宽 10 倍以上)时,采用单箱结构形式较为经济。

为了减小桥面板的横向受力或桥面板厚度,在槽形钢梁的中间设置小纵梁并使之与桥面板结合,形成对桥面板的支撑。或是在箱内设置横肋直接支撑桥面板,箱中间桥面板为纵向承重,以减小桥面板厚度,降低结构自重。一般单箱槽型组合梁结构如图 3-3-8 所示。

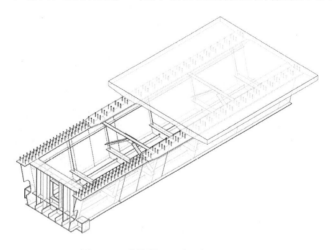

图 3-3-8 单箱槽型组合梁结构示意图

(2)双箱组合梁。

当桥面宽度较大时,或者单箱结构尺寸过大,在制作、运输、安装与架设有困难,或者单箱有效宽度很小、不经济时,采用双箱结构较为合理。根据桥梁的跨度、宽度以及施工方法等情况,桥面板可以采用横肋支承桥面板,也可以不设横肋支承桥面板。双箱组合梁结构如图 3-3-9 所示。

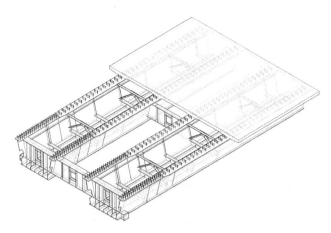

图 3-3-9　双箱组合梁结构示意图

2) 横向联结系

(1) 箱梁内部横向联结系。

对于钢箱组合梁，为了限制主梁的畸变和横向弯曲变形，在箱内设置横向联结系。横向联结系的形式分为实腹式(横隔板式)和空腹式(桁架式)。实腹式适用于尺寸较小的箱梁，制作简单，使用范围广泛；空腹式适用于截面较大的箱梁，可以减轻自重。

实腹式横向联结系一般用于支座处，四边焊接于箱梁内表面上，其上有加劲肋。另外，为了便于制作和维护，需在横隔板上开设人孔。实腹式横隔板结构图如 3-3-10a)所示。

空腹式横向联结系一般用于梁体非支座位置，通常采用 K 形，有的情况下也采用 X 形。空腹式横向联结系由斜杆、水平杆以及连接在箱梁腹板和底板的横肋组成，在箱内这些杆件在横桥向形成框架，斜杆可以在截面顶部相交，也可以在截面底部相交。空腹式横向联结系结构如图 3-3-10b)所示。

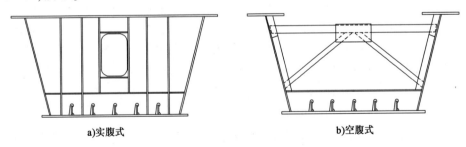

a) 实腹式　　　　　　　　　　　　b) 空腹式

图 3-3-10　箱梁内部横向联结系结构示意图

(2) 箱梁外部横向联结系。

对于双箱(或多箱)截面组合梁，为了使各主梁受力较均匀、支承纵梁和桥面板，往往在箱梁之间设置中间横梁。梁端或中间支承处设置横梁还可以有效提高桥梁整体抗扭能力和分散支点反力。为了保证桥梁的整体受力及抵抗偏心荷载和风荷载等产生的扭矩，除了单箱梁桥或者多幅完全分离式单箱梁桥之外，必须设置端横梁，把各个箱室联结在一起。

由于箱梁的整体刚度较大，通常连接各个箱梁的外部横向联结系采用实腹式结构形式，如图 3-3-11 所示。由于更换支座和检修等需要，横梁一般需设人孔。

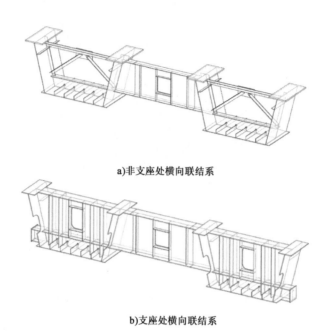

a)非支座处横向联结系

b)支座处横向联结系

图 3-3-11　箱梁间横向联结系示意图

3.3.3　钢桁组合梁桥的一般构造

钢桁组合梁桥是由钢桁架与混凝土桥面板通过连接件连接而成的桥梁。根据桥面板的位置,钢桁组合梁桥可以分为上承式钢桁组合梁桥、下承式钢桁组合梁桥和双层钢桁组合梁桥。钢桁组合梁桥的应用没有钢板组合梁桥和钢箱组合梁桥那么广泛,主要应用于铁路桥梁和公铁两用桥梁中。早期修建的公铁两用桁梁桥通常下层为铁路通行、上层为公路通行,公路的桥面系采用混凝土结构,这种结构的混凝土桥面板与钢桁架之间没有较强的连接件连接,严格意义上讲这种桥梁不能被称为钢桁组合桥梁。近些年在公铁两用的大跨度桥梁中,上层的公路桥面系采用了混凝土桥面板,与主桁结构用不同的方式连接,当混凝土参与结构受力时才被真正称为钢桁组合桥。但是专门用于一般的梁式桥梁中并由混凝土桥面板与钢桁共同受力的桥梁较少。

这里仅给出混凝土桥面板与主桁采用不同方式组合的结构示意图,如图 3-3-12 所示。图 3-3-12a)示出了混凝土桥面板与上层桥面系的梁格构件以及主桁的弦杆采用连接件进行组合的方式,混凝土桥面板直接参与主桁结构的受力。图 3-3-12b)示出了混凝土桥面板仅与上层桥面系的梁格构件采用连接件进行组合的方式,混凝土桥面板不与主桁相连,混凝土桥面板基本不参与结构第一体系的受力,主要参与桥面系第二和第三体系的受力。图 3-3-12c)示出了混凝土桥面板与小纵梁形成行车道并置于横梁上的方式,混凝土桥面板仅参与桥面系第三体系受力。在钢桁组合梁桥中桥面板的受力根据结构的连接方式的不同具有不同的受力特点,要准确得到桥面板的受力,必须考虑不同的桥梁结构体系的具体特点。

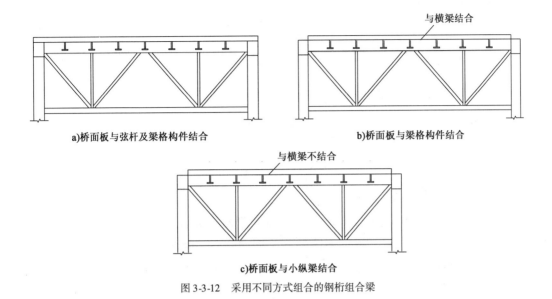

图 3-3-12 采用不同方式组合的钢桁组合梁

3.4 钢-混凝土组合梁桥的截面应力分析与控制

钢-混凝土组合梁的截面应力、变形的计算分析应基于弹性理论的方法,这对于桥梁结构在短暂状况和持久状况的正常使用极限状态验算都是必要的。按弹性理论计算钢-混凝土组合梁基于以下基本假设:

(1)将钢材和混凝土视为均质弹性材料,其截面上应力与应变成正比。
(2)钢梁与混凝土板之间具有可靠的连接,相对滑移很小,可忽略不计。
(3)组合梁的截面变形符合平截面假设。
(4)桥面板截面的受拉混凝土退出工作。

上述基本假设与材料力学中采用的基本假设是一致的,因而原则上可以利用材料力学公式计算组合梁截面的应力和梁体变形。但是材料力学公式原则上只适用于单一材料的均质弹性体且材料各向同性,而钢-混凝土组合梁是由钢材和混凝土两种不同性质的材料组成的。因此,应首先解决截面换算问题,即设法将截面上的两种材料换算为具有相同弹性模量的同一种材料。通常用等效的钢截面代替混凝土截面,并将这种换算后的截面称为换算截面。于是,按换算截面的几何特征值,直接利用材料力学公式即可计算组合梁的截面应力和变形。

3.4.1 弹性阶段的截面几何特性

1)换算截面的基本概念

在组合梁的弹性设计中,通常是将混凝土翼板面积换算为等效的钢截面面积。假想有一弹性模量为 E_c 的混凝土单元,其截面面积为 ΔA_c,在应力 σ_c 作用下,其应变为 $\varepsilon_c = \sigma_c/E_c$。将其换算为等效的弹性模量为 E_s 的钢材单元,假设换算后的钢截面面积为 ΔA_s,应力为 σ_s,相应的应变为 ε_s。所谓等效换算,就是要保持换算前后单元面积承受的合力大小不变,而且其应变相等,即有如下关系式:

$$\sigma_c \Delta A_c = \sigma_s \Delta A_s$$

$$\varepsilon_c = \varepsilon_s, \quad \frac{\sigma_c}{E_c} = \frac{\sigma_s}{E_s} \tag{3-4-1}$$

由式(3-4-1)可得：

$$\sigma_c = \frac{E_c}{E_s}\sigma_s = \frac{1}{n_E}\sigma_s \tag{3-4-2}$$

式中：n_E——钢材与混凝土的弹性模量之比，$n_E = E_s/E_c$。

将式(3-4-1)代入式(3-4-2)中，则有：

$$\Delta A_s = \frac{1}{n_E}\Delta A_c \tag{3-4-3}$$

式(3-4-3)表明，混凝土单元的截面面积 ΔA_c，可用钢截面面积 $\Delta A_c/n_E$ 来代替，而且与单元所在的位置无关。这样，在组合梁计算中，只要将混凝土翼板的面积用 $1/n_E$ 倍的钢截面面积代替，即可将整个截面换算为单一弹性模量 E_s 的钢截面。按换算截面几何性质，直接代入材料力学公式求得的应力是假想的钢截面应力。对混凝土翼板而言，其真实的应力应为同一点假想钢截面应力的 $1/n_E$，即 $\sigma_c = \sigma_s/n_E$。

钢-混凝土组合简支梁桥在正常使用极限状态下处于弹性工作阶段，组合梁全截面参与工作。在相应的应力、变形计算时应考虑钢梁截面和混凝土板的有效宽度的换算截面构成的组合截面几何性质，几何特征值可按以下方法确定。

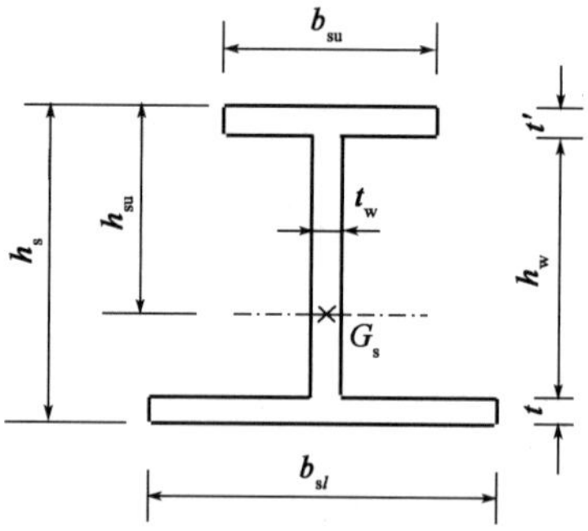

2) 钢梁截面的几何特征值

钢-混凝土组合简支梁桥在正常使用极限状态下处于弹性工作阶段，组合梁全截面参与工作。进行相应的应力、变形计算时应考虑钢梁截面和混凝土板的有效宽度的换算截面构成的组合截面几何性质，可按以下方法确定。

根据组合梁的受力特点，简支组合梁桥的钢梁一般采用上窄下宽的工字形钢梁，见图3-4-1，其截面特征值可按下列公式计算。

图3-4-1 组合梁的钢梁截面

钢梁截面面积：

$$A_s = b_{su}t' + h_w t_w + b_{sl}t \tag{3-4-4}$$

钢梁截面重心轴至钢梁顶面的距离：

$$y_{su} = [0.5b_{su}t'^2 + h_w t_w(0.5h_w + t') + b_{sl}t(t' + h_w + 0.5t)]/A_s \tag{3-4-5}$$

钢梁截面惯性矩：

$$I_s = \frac{1}{12}(b_{su}t'^3 + t_w h_w^3 + b_{sl}t^3) + b_{su}t'(y_{su} - 0.5t')^2 +$$
$$t_w h_w(0.5h_w + t' - y_{su})^2 + b_{sl}t(0.5t + h_w + t' - y_{su})^2 \tag{3-4-6}$$

式中：b_{su}——钢梁上翼缘宽度；

t'——钢梁上翼缘厚度；

h_w——钢梁的腹板高度；

t_w——钢梁的腹板厚度；

b_{sl}——钢梁下翼缘宽度；

t——钢梁下翼缘厚度。

3) 组合梁换算截面的几何特征值

如前所述,在组合梁计算中,通常是将混凝土翼板的面积用 $1/n_E$ 倍的钢截面面积来代替,将整个截面换算为单一弹性模量的钢截面。为保证换算前后混凝土翼板的截面重心不变,换算时混凝土翼板厚度保持不变,而仅用 b_{eff}/n_E 代替翼板的宽度。

组合梁换算截面几何特征值,应按换算截面重心轴位于混凝土翼板下及翼板内两种情况分别计算,参见图3-4-2。

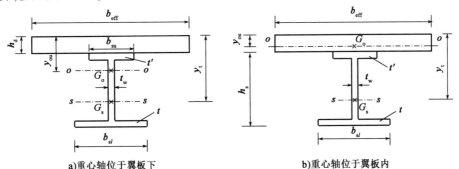

a) 重心轴位于翼板下　　　　b) 重心轴位于翼板内

图3-4-2 组合梁的截面

假设换算截面重心 G_o 至混凝土翼板顶面的距离为 y_{ou},其值可由原梁截面各块面积与换算截面总面积对混凝土翼板上缘静矩相等的条件求得。

(1) 当 $y_{ou} \geqslant h_d$ 时,混凝土翼板的全截面受压,则有:

$$\frac{b_{eff} h_d}{n_E} \cdot \frac{h_d}{2} + A_s y_t = y_{ou} \left(\frac{b_{eff} h_d}{n_E} + A_s \right)$$

所以:

$$y_{ou} = \frac{\dfrac{b_{eff} h_d^2}{2 n_E} + A_s y_t}{\dfrac{b_{eff} h_d}{n_E} + A_s} \geqslant h_d \tag{3-4-7}$$

换算截面面积:

$$A_o = \frac{b_{eff} h_d}{n_E} + A_s = \frac{A_c}{n_E} + A_s \tag{3-4-8}$$

换算截面惯性矩:

$$I_o = \frac{b_{eff} h_d^3}{12 n_E} + \frac{b_{eff}}{n_E} h_d (y_{ou} - 0.5 h_d)^2 + I_s + A_s (y_t - y_{ou})^2 \tag{3-4-9}$$

式中:y_t——钢梁重心到混凝土翼板顶面的距离,$y_t = y_{su} + h_d$,y_{su} 为钢梁重心至钢梁顶面的距离;

y_{ou}——换算截面重心 G_o 至混凝土翼板顶面的距离;

h_d——混凝土翼板的厚度;

A_c——混凝土翼板的截面面积;

A_s——钢梁的截面面积;

y_t——钢梁的截面重心至混凝土翼板顶面的距离,$y_t = y_{su} + h_d$;

I_s——钢梁的截面惯性矩;

b_{eff}——混凝土翼板的有效宽度;

n_E——钢与混凝土的弹性模量之比,$n_E = E_s/E_c$,可直接按表3-4-1查取。

(2)当 $y_{ou} < h_d$[或按(3-4-7)求得的 $y_{ou} < h_d$]时,受拉混凝土退出工作,则有:

$$\frac{b_{eff} y_{ou}}{n_E} \cdot \frac{y_{ou}}{2} + A_s y_t = y_{ou}\left(\frac{b_{eff}}{n_E} y_{ou} + A_s\right)$$

整理得:

$$\frac{b_{eff}}{2n_E} y_{ou}^2 + A_s y_{ou} - A_s y_t = 0 \quad (3\text{-}4\text{-}10)$$

解式(3-4-10)的二次方程可求得 y_{ou},若所得的 $y_{ou} \le h_d$,则 y_{ou} 即为所求。

换算截面面积:

$$A_o = \frac{b_{eff} y_{ou}}{n_E} + A_s \quad (3\text{-}4\text{-}11)$$

换算截面惯性矩:

$$I_o = \frac{b_{eff} y_{ou}^3}{12 n_E} + \frac{b_{eff} y_{ou}}{n_E}\left(\frac{y_{ou}}{2}\right)^2 + I_s + A_s(y_t - y_{ou})^2$$

或

$$I_o = \frac{b_{eff} y_{ou}^3}{3 n_E} + I_s + A_s(y_t - y_{ou})^2 \quad (3\text{-}4\text{-}12)$$

钢与混凝土的弹性模量之比 n_E 表3-4-1

混凝土强度等级	C30	C35	C40	C45	C50	C55	C60
$n_E = E_s/E_c$	6.87	6.54	6.34	6.15	5.97	5.80	5.72

在实际桥梁工程设计中,对于钢-混凝土简支梁桥,为更好地利用混凝土桥面板的受压性能和钢梁的抗拉性能,应尽量使得换算截面重心至混凝土翼板顶面的距离 y_{ou} 大于混凝土翼板厚度 $h_d + h_c$(其中 h_c 为混凝土承托的高度),并位于钢梁的腹板中。为避免钢梁上翼板承受较大的压应力并诱发其局部失稳,换算截面重心至混凝土翼板顶面的距离 y_{ou} 亦不宜过大。

钢-混凝土组合梁桥的混凝土翼板与钢梁顶板间通常设有混凝土承托,其高度一般不大,计算几何参数时应酌情考虑其影响。当承托高度小于翼板厚度的10%时,可忽略其影响;当承托高度小于翼板厚度的25%时,可近似将承托面积折算到混凝土翼板面积中计算几何性质;当承托高度大于或等于翼板厚度的25%时,宜将承托面积折算为矩形面积参与几何性质计算。在上述折算过程中,板的总厚度或组合梁的总高度应保持不变。

3.4.2 简支梁桥跨中截面弹性弯曲应力的分析与控制

在结构的弹性阶段,对于截面尺寸沿跨径方向不变的组合简支梁桥,无论是短暂状况还是持久状况的正常使用阶段,通常只验算跨中截面正应力;对于钢梁翼板尺寸有变化的组合简支梁桥,还应验算纵向尺寸变化截面的正应力。对于等高度的组合连续梁,除上述截面应进行应力验算之外,还须验算各中支点负弯矩截面的应力;对于变高度的组合连续梁,通常须验算更多截面的应力,详见第4章。

对两阶段受力的钢-混凝土组合简支梁,须按两阶段计算截面的应力状态并进行截面应力叠加。简支组合梁桥跨中截面的作用效应取值及其截面应力计算方法如下。

1)第一受力阶段

在短暂状况下,对于施工阶段钢梁下面不设支承的组合梁的钢梁和桥面板的自重荷载均由钢梁承担。作用在钢梁上的永久作用及施工荷载应按《公路桥涵设计通用规范》(JTG D60—2015)规定采用其标准值组合。必要时在施工荷载效应中可考虑动力系数。

目前《公路钢结构桥梁设计规范》(JTG D64—2015)和《公路钢混组合桥梁设计与施工规范》(JTG/T D64-01—2015)中均已取消了钢材的容许应力值。参考原《公路桥涵钢结构及木结构设计规范》(JTJ 025—86)中的材料容许应力取值,并比照《公路钢结构桥梁设计规范》(JTG D64—2015)中的钢材强度设计值,建议取钢材的弯曲应力限值为$[\sigma_w]=0.8f_d$。考虑到在短暂状况下,钢梁处于施工阶段,其应力限值可在此基础上再提高25%,则有:

钢梁的上缘应力:

$$\sigma_{sT}^t = \frac{M_{g1} + M_{g2} + M_{qc}}{I_s} y_{su} \leqslant 1.25[\sigma_w] \quad (3\text{-}4\text{-}13)$$

钢梁的下缘应力:

$$\sigma_{sT}^b = \frac{M_{g1} + M_{g2} + M_{qc}}{I_s} (h_s - y_{su}) \leqslant 1.25[\sigma_w] \quad (3\text{-}4\text{-}14)$$

式中:M_{g1}——钢梁及连接系的重力引起的弯矩标准值;

M_{g2}——钢筋混凝土桥面板的重力引起的弯矩标准值,若为预制安装的混凝土桥面板,还应乘1.2的动力系数;

M_{qc}——施工荷载(模板及施工机具的重力)引起的弯矩标准值,对于模板重力,如无实测资料时,可假定为$1kN/m^2$;

I_s——钢梁的截面惯性矩;

y_{su}——钢梁截面重心轴至钢梁上翼缘板顶面的距离;

h_s——钢梁的全高;

$[\sigma_w]$——钢材的弯曲应力限值,建议取$[\sigma_w]=0.8f_d$;

f_d——钢材的强度设计值,根据钢材种类和厚度按现行《公路钢结构桥梁设计规范》(JTG D64)或《钢-混凝土组合桥梁设计规范》(GB 50917)取值。

2)第二受力阶段

在持久状况下,使用荷载作用阶段桥面板混凝土已经硬化,并与钢梁连为一体,形成组合截面。此后增加的二期恒载,包括桥面铺装及人行道、栏杆等重量和活荷载均由组合截面承受,作为竖向整体截面应按换算的截面几何特征值计算截面弯曲应力。在持久状况的正常使用极限状态下,应分别考虑作用标准组合和作用准永久组合两种情况进行验算。在这两种组合下,所考虑的设计内力不同,截面几何性质不同,材料的应力限值也不同。

在作用效应标准组合下,应考虑各项永久作用效应、汽车荷载效应和人群荷载作用效应产生的跨中截面的弯矩标准值。钢材的弯曲应力限值同前,桥面板混凝土的压应力限值可参考新颁《公路钢筋混凝土及预应力混凝土桥涵设计规范》(JTG 3362—2018)中正常使用阶段的受弯构件正截面的混凝土压应力限值取用。

钢梁上缘应力:

$$\sigma_{sC}^t = \frac{M_{g1} + M_{g2}}{I_s} y_{su} + \frac{M_{g3} + M_q + M_r}{I_o} (y_{ou} - h_d) \leqslant [\sigma_w] \quad (3\text{-}4\text{-}15)$$

钢梁下缘应力:

$$\sigma_{sC}^b = \frac{M_{g1} + M_{g2}}{I_s} (h_s - y_{su}) + \frac{M_{g3} + M_q + M_r}{I_o} (h - y_{ou}) \leqslant [\sigma_w] \quad (3\text{-}4\text{-}16)$$

混凝土翼板顶面应力：

$$\sigma_{cC} = \frac{M_{g3} + M_q + M_r}{n_E I_o} y_{ou} \leq [\sigma_{cw}] \tag{3-4-17}$$

式中：M_{g3}——结构附加重力（包括桥面铺装、栏杆等重力）引起的弯矩标准值；

M_q——由汽车荷载（计入冲击系数）引起的计算截面弯矩标准值；

M_r——由人群荷载引起的计算截面弯矩标准值；

h_d——混凝土翼板厚度；

h——钢-混凝土组合梁的总高度，$h = h_s + h_d + h_c$；

h_c——混凝土桥面板的加腋高度，只计其距离，在换算面积计算时可忽略其面积影响；

$[\sigma_{cw}]$——混凝土的弯曲抗压应力限值，建议参考《公路钢筋混凝土及预应力混凝土桥涵设计规范》（JTG 3362—2018）的规定，取 $[\sigma_{cw}] = 0.5 f_{ck}$；

f_{ck}——混凝土抗压强度标准值，按《公路钢筋混凝土及预应力混凝土桥涵设计规范》（JTG 3362—2018）取值。

上述计算中已考虑组合梁截面上由恒载、活荷载作用引起的各项应力，可以采用应力叠加的方法获得其弹性应力的总和，并将其分别与混凝土和钢材的应力限值进行比较，从而确定钢-混凝土组合梁桥在正常使用阶段的安全性。由混凝土收缩、徐变等其他作用引起的截面应力须按作用长期效应组合计算，并与材料的应力限值进行比较。

混凝土徐变作用可通过其换算截面惯性矩 I_{ol} 加以考虑。钢-混凝土组合梁混凝土收缩作用引起的应力可按本书 7.1 节的计算方法确定。结构温差作用引起的截面应力可与上述应力计算结果相叠加。

上述各项弹性应力的分析方法是在平截面假设的条件下利用换算截面的方法得到的。如果考虑结合面滑移，则会对上述各项应力的计算结果产生一定影响。

理论分析表明，考虑结合面滑移情况下组合梁截面的应力变化情况应介于图 3-2-1c）和 f）之间，且更接近于图 3-2-1f）。由于桥梁工程中连接件用量大，结合面滑移对混凝土桥面板上缘和钢梁下缘的应力计算结果的影响很小，而对结合面附近的混凝土桥面板下缘和钢梁上缘的应力计算结果影响相对大些。通常在实际桥梁工程设计中结合面附近的应力总值较小且不控制设计，而受结合面滑移影响较小的混凝土桥面板上缘应力和钢梁下缘应力的数值较大，而且是设计中的控制因素。此外，工程实践表明，根据锈蚀、疲劳和构造等要求，连接件配置数量较多，在正常使用情况下混凝土桥面板与钢梁间的滑移量极小，因此可以认为结合面滑移问题对组合梁的截面应力计算结果的影响有限，在桥梁工程设计中可以忽略。

对于混凝土桥面板，尚需验算在车辆荷载作用下的局部抗弯承载力，其计算方法可参照"桥梁工程"及"结构设计原理"课程中的相关内容，在此不再赘述。

3.4.3　连续梁桥中支点截面开裂前的弯曲应力分析与控制

如前所述，中支座附近的负弯矩梁段是钢-混凝土组合连续梁设计的关键部位。计算内容包括截面的弯曲正应力的计算。在此就这些计算内容进行介绍，并给出一套可用于工程设计的实用计算方法。

从组合连续梁桥中支点负弯矩截面的工作全过程来看：(1) 当作用荷载很小时，受拉区混凝土和钢筋共同工作,混凝土的拉应力小于混凝土的抗拉极限强度,截面呈弹性工作,应力呈线性分布,一般情况下中性轴位于混凝土承托内,钢梁全部处于受压区;(2)荷载继续增加,混凝土拉应力达到其抗拉极限强度时,混凝土翼板开裂并退出工作,但桥面板内的钢筋仍处于弹性受拉工作状态,截面中性轴下移到钢梁腹板内,压应力由中性轴以下的钢梁承受,此时受拉钢筋和钢梁均未达到屈服强度;(3)在接近破坏阶段,受压区钢梁首先达到屈服强度或失稳而使构件破坏。

1) 截面几何参数计算

在正常使用阶段,当负弯矩区段设有足够的预应力钢筋并使得桥面板混凝土处于不开裂状态时,负弯矩区的截面仍被称为换算截面。换算截面由混凝土桥面板、钢梁、普通钢筋及预应力钢筋组成,参见图 3-4-3。

已知截面面积为 A_s 的钢梁,其重心为 G_s;混凝土翼板内的普通钢筋截面面积为 A_r,其重心至混凝土翼板上缘的距离为 a_r;预应力钢筋截面面积为 A_p,其重心至混凝土翼板上缘的距离为 a_p。由混凝土桥面板、钢梁、普通钢筋及预应力钢筋构成的换算截面的重心为 G_{sro},该重心至钢梁下边缘的距离 y_{sro} 可由下式确定:

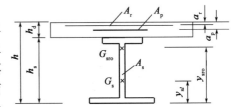

图 3-4-3 负弯矩区换算截面计算图式

$$y_{sro} = \frac{b_{eff}h_d(h - h_d/2)/n_E + A_s y_{sl} + A_r(h - a_r) + A_p(h - a_p)}{b_{eff}h_d/n_E + A_s + A_r + A_p} \quad (3\text{-}4\text{-}18)$$

式中:y_{sro}——混凝土翼板、钢梁和钢筋的换算截面重心到钢梁下边缘的距离;

n_E——混凝土与钢梁材料的弹性模量比,近似认为预应力钢筋及普通钢筋的弹性模量与钢梁材料的弹性模量相等;

y_{sl}——钢梁截面重心到其下边缘的距离;

h——钢-混凝土组合梁的总高度;

h_d——混凝土翼板厚度;

A_s——钢梁的截面面积;

A_r——负弯矩区混凝土桥面板中的纵向普通钢筋截面面积;

a_r——普通钢筋面积重心到混凝土翼板上缘的距离,可近似取顶层钢筋重心至混凝土桥面板顶面的距离;

A_p——混凝土桥面板中预应力钢筋截面面积;

a_p——预应力钢筋截面重心至混凝土翼板上缘的距离;

b_{eff}——混凝土翼板有效宽度,由 3.2 节的方法确定。

换算截面的面积 A_{sro} 应按下式计算:

$$A_{sro} = b_{eff}h_d/n_E + A_s + A_r + A_p \quad (3\text{-}4\text{-}19)$$

换算截面对其重心轴的惯性矩 I_{sro} 可按式(3-4-20)确定:

$$I_{sro} = \frac{b_{eff}h_d^3}{12n_E} + \frac{b_{eff}h_d}{n_E}(h - h_d - y_{sro})^2 + I_s + A_s(y_{sro} - y_{sl})^2 +$$
$$A_r(h - a_r - y_{sro})^2 + A_p(h - a_p - y_{sro})^2 \quad (3\text{-}4\text{-}20)$$

式中:I_s——钢梁对其自身重心轴的惯性矩;

I_{sro}——换算截面对其重心轴的惯性矩；

其他符号意义同前。

2）负弯矩截面正应力计算

在弹性应力计算方法中采用的基本假设同前，但应计入负弯矩区截面桥面板混凝土中钢筋和预应力钢筋的影响。

对于无支架施工的钢-混凝土组合连续梁，在正常使用阶段的桥面板混凝土不开裂的中支点负弯矩截面的应力可按作用效应的标准组合由下式求出。

钢梁上缘的应力：

$$\sigma_s^t = \frac{M_{g1} + M_{g2}}{I_s} y_{su} + \frac{M_{g3} - M_p + M_q + M_r}{I_{sro}} (h_s - y_{sro}) - \frac{N_p}{A_{sro}} \leqslant [\sigma_w] \quad (3\text{-}4\text{-}21)$$

钢梁下缘的应力：

$$\sigma_s^b = \frac{M_{g1} + M_{g2}}{I_s} y_{sl} + \frac{M_{g3} - M_p + M_q + M_r}{I_{sro}} y_{sro} + \frac{N_p}{A_{sro}} \leqslant [\sigma_w] \quad (3\text{-}4\text{-}22)$$

桥面板上缘的混凝土拉应力：

$$\sigma_{cr} = \frac{M_{g3} - M_p + M_q + M_r}{n_E I_{sro}} (h - y_{sro}) - \frac{N_p}{n_E A_{sro}} \leqslant [\sigma_{ct}] \quad (3\text{-}4\text{-}23)$$

桥面板混凝土内上层普通钢筋重心处的拉应力：

$$\sigma_r = \frac{M_{g3} - M_p + M_q + M_r}{I_{sro}} (h - a_r - y_{sro}) - \frac{N_p}{A_{sro}} \leqslant [\sigma_r] \quad (3\text{-}4\text{-}24)$$

桥面板混凝土内（有黏结且混凝土不开裂时）预应力钢筋重心处的应力：

$$\sigma_p = \sigma_{pe} + \frac{M_q + M_r}{I_{sro}} (h - a_p - y_{sro}) \leqslant [\sigma_p] \quad (3\text{-}4\text{-}25)$$

式中：$[\sigma_w]$——钢材的弯曲应力限值，取值方法同前，即取$[\sigma_w] = 0.8 f_d$；

$[\sigma_r]$——钢筋的应力限值，建议取$[\sigma_r] = 0.55 f_{sk}$，f_{sk}为钢筋抗拉强度标准值；

$[\sigma_{ct}]$——桥面板混凝土的拉应力限值，参考《公路钢筋混凝土及预应力混凝土桥涵设计规范》（JTG 3362—2018）；

$[\sigma_p]$——混凝土内有黏结预应力筋的应力限值，参考《公路钢筋混凝土及预应力混凝土桥涵设计规范》（JTG 3362—2018），建议取$[\sigma_p] = 0.65 f_{pk}$，f_{pk}为预应力钢筋抗拉强度标准值；

M_q——由汽车荷载（计入冲击系数）引起的弯矩标准值；

M_r——由人群荷载引起的弯矩标准值；

M_{g3}——对于无支架施工的组合梁，取二期恒载产生的中支点截面的弯矩标准值；

N_p——由有效预应力引起中支点截面的轴向压力，可从有限元计算结果中直接提取；

M_p——由有效预应力引起中支点截面的总预矩，$M_p = N_p y_p \pm M_{p2}$，可从有限元计算结果中直接提取；

y_p——预应力钢筋截面重心至换算截面重心的距离，$y_p = h - y_{sro} - a_{pr}$；

M_{p2}——由有效预应力N_p引起的计算截面的次预矩，其正负号取决于计算截面的位置；

σ_{pe}——在不开裂的前提下，混凝土板内有黏结预应力钢筋的有效预应力；

其他符号意义同前。

对于中支点负弯矩区段既配有普通钢筋又配有足够数量预应力钢筋的情况,可以控制负弯矩区段混凝土不开裂。因此建议桥面板混凝土的拉应力限值取为$[\sigma_{ct}]=0.5f_{tk}$,或不容许消压。

3.4.4 中支点截面开裂的判断条件

如果按预应力混凝土 A 类构件控制桥面板混凝土上缘拉应力,则应满足下列开裂控制条件:

$$\sigma_{cr} = \frac{M_{g3} - M_p + 0.7M_q + M_r}{n_E I_{sro}}(h - y_{sro}) - \frac{N_p}{n_E A_{sro}} \leq 0.7f_{tk} \quad (3\text{-}4\text{-}26)$$

式中,系数 0.7 为汽车荷载频遇系数;f_{tk} 是混凝土抗拉强度标准值;$0.7f_{tk}$ 是《公路钢筋混凝土及预应力混凝土桥涵设计规范》(JTG 3362—2018)中对预应力混凝土 A 类构件的混凝土应力控制条件。如果按全预应力混凝土构件控制桥面板混凝土上缘拉应力,应将上式中的控制应力取为 0。其他符号意义同前。

如果不满足式(3-4-26),可认为桥面板混凝土上缘已经开裂,且桥面板混凝土全部开裂并退出工作,需验算混凝土上缘的裂缝宽度。此时的截面几何参数应按由钢梁和纵向钢筋组成的合成截面考虑。

当负弯矩区段不设预应力钢筋时,在式(3-4-26)中应取 $M_p=0$、$N_p=0$;计算几何参数时应取 $A_p=0$、$a_p=0$,并认为在正常使用极限状态下,中支点截面桥面板混凝土已经开裂并退出工作,而翼板内的纵向钢筋仍然起着抗拉作用。此时的截面应由钢梁和翼板内的纵向钢筋组成,并称之为合成截面。在此情况下,应按合成截面的几何特性计算钢梁上、下边缘的应力和混凝土翼板内钢筋中的拉应力,合成截面计算图式见图 3-4-4。合成截面重心 G_{sr} 至钢梁下边缘的距离 y_{sr} 可简化为如下公式:

$$y_{sr} = \frac{A_s y_{sl} + A_r(h - a_r)}{A_s + A_r} \quad (3\text{-}4\text{-}27)$$

对于负弯矩区不设预应力钢筋的情况,可认为该区段混凝土完全退出工作。因而式(3-4-19)和式(3-4-20)可简化为如下形式:

$$A_{sr} = A_s + A_r \quad (3\text{-}4\text{-}28)$$

$$I_{sr} = I_s + A_s(y_{sr} - y_{sl})^2 + A_r(h - a_r - y_{sr})^2 \quad (3\text{-}4\text{-}29)$$

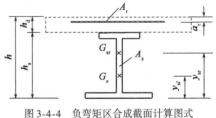

图 3-4-4 负弯矩区合成截面计算图式

当负弯矩区段设预应力钢筋而预应力数量不足,并导致桥面板混凝土开裂时,在合成截面几何性质计算中可将预应力钢筋截面面积 A_p 近似按普通钢筋截面面积考虑。

3.4.5 中支点截面开裂后的弯曲应力分析与控制

在中支点布置预应力钢筋的情况下,对跨中的正弯矩区段的截面应力验算原则上可以采用 3.4.2 节的计算方法。值得注意的是,预应力钢筋通常不会直接布置在正弯矩区段,因此无须考虑初预矩和轴向力的影响。但由于预应力钢筋引起的连续梁中跨跨中区段的次预矩 M_{p2} 通常是负弯矩,需要考虑该区段次预矩 M_{p2} 的不利影响,例如两边跨施加活载时中跨跨中区段混凝土桥面板的抗裂性。

对于桥面板混凝土中只配有普通钢筋的情况,截面几何性质应按式(3-4-18)~式(3-4-20)

计算,且无须验算桥面板上缘的混凝土拉应力。按式(3-4-21)~式(3-4-24)验算截面时应取 N_p 和 M_p 为零,上述公式可简化为如下形式。

钢梁上缘的应力:

$$\sigma_s^t = \frac{M_{g1} + M_{g2}}{I_s}y_{su} + \frac{M_{g3} + M_q + M_r}{I_{sr}}(h_s - y_{sr}) \leqslant [\sigma_w] \quad (3\text{-}4\text{-}30)$$

钢梁下缘的应力:

$$\sigma_s^b = \frac{M_{g1} + M_{g2}}{I_s}y_{sl} + \frac{M_{g3} + M_q + M_r}{I_{sr}}y_{sr} \leqslant [\sigma_w] \quad (3\text{-}4\text{-}31)$$

混凝土翼板内上层普通钢筋重心处的拉应力:

$$\sigma_r = \frac{M_{g3} + M_q + M_r}{I_{sr}}(h - a_r - y_{sr}) \leqslant [\sigma_r] \quad (3\text{-}4\text{-}32)$$

考虑到中支点的负弯矩区的桥面板混凝土具有裂缝宽度的限值要求,因此其普通钢筋的应力限值建议取为 $[\sigma_r] = 0.55f_{sk}$,该取值相对偏低,以利于控制混凝土的裂缝宽度。其他符号意义同前。值得说明的是,式(3-4-30)~式(3-4-32)是建立在混凝土翼板完全退出工作的基础上的。事实上,混凝土翼板上缘虽然开裂,但其对刚度的贡献未必为零。因此由式(3-4-29)求出的合成截面惯性矩 I_{sr} 的计算结果应偏小,进而导致截面应力计算结果可能偏大,但这样做是偏于安全的。

当桥面板混凝土开裂后,应按预应力混凝土 B 类构件验算中支点截面的裂缝宽度,裂缝宽度计算可参照《公路钢筋混凝土及预应力混凝土桥涵设计规范》(JTG 3362—2018)的相应计算方法,计算时混凝土桥面板可视为混凝土中心受拉构件或偏心受拉构件。

3.4.6 弹性剪应力的分析与控制

1)简支梁桥支点剪应力

在组合梁设计中,短暂状况下的钢梁剪应力通常不会控制设计。一般应对持久状况下支点附近活载剪力作用的最不利截面进行弯曲剪应力验算。两阶段受力的组合梁在使用荷载作用阶段的剪应力按作用效应标准组合验算,基本公式如下。

钢梁的剪应力:

$$\tau_{sC} = \frac{V_g S_s}{I_s t_w} + \frac{(V_{g3} + V_q + V_r)S_o}{I_o t_w} \leqslant [\tau] \quad (3\text{-}4\text{-}33)$$

混凝土桥面板的剪应力:

$$\tau_{cC} = \frac{(V_{g3} + V_q + V_r)S_o}{I_o b_{eff}} \leqslant [\sigma_{cl}] \quad (3\text{-}4\text{-}34)$$

式中:V_g——组合梁自重(包括钢梁、联结系及混凝土翼板)引起的剪力作用标准值;

V_{g3}——结构附加重力(包括桥面铺装、栏杆等)引起的剪力作用标准值;

V_q——由汽车荷载(计入冲击系数)引起的计算截面剪力作用标准值;

I_s——钢梁截面惯性矩;

t_w——钢梁的腹板厚度;

I_o——换算截面惯性矩;

b_{eff}——混凝土翼板的有效宽度;

V_r——由人群荷载引起的计算截面剪力作用标准值；

S_s——所求应力之水平纤维以上(或以下)部分钢梁截面面积对钢梁截面重心轴的面积矩；

S_o——所求应力之水平纤维以上(或以下)部分换算截面面积对组合梁换算截面重心轴的面积矩；

$[\tau]$——钢材的剪应力限值，参照《公路钢结构桥梁设计规范》(JTG D64—2015)或《钢-混凝土组合桥梁设计规范》(GB 50917—2013)取值，或建议取$[\tau]=0.8f_{vd}$，f_{vd}为钢材抗剪设计强度；

$[\sigma_{cl}]$——混凝土的主拉应力限值，建议取$[\sigma_{cl}]=0.5f_{tk}$，或参照《公路钢筋混凝土及预应力混凝土桥涵设计规范》(JTG 3362—2018)取值；

f_{tk}——混凝土抗拉强度标准值，参照《公路钢筋混凝土及预应力混凝土桥涵设计规范》(JTG 3362—2018)取值。

2) 连续梁桥中支点剪应力

对于中支点截面只配置普通钢筋A_r的情况，应将换算截面几何特征值改为合成截面的几何特征值，即考虑负弯矩区普通钢筋影响的y_{sc}、A_{sc}和I_{sc}。需说明的是，混凝土翼板受拉并且可能开裂，但仍可以承受剪力。在正常使用极限状态下，负弯矩区段钢梁腹板上的最大弯曲剪应力的位置与截面的构成、预应力钢筋及恒活载的比例有关，有可能出现在钢梁的截面重心处或是合成截面重心处。

为提高正常使用极限状态下负弯矩区的桥面板混凝土的抗裂性，确保混凝土在正常使用极限状态下不开裂甚至不消压，通常在钢-混凝土组合连续梁的负弯矩区段设置体内或体外预应力钢筋A_p。由于有效宽度内的桥面板混凝土参与工作，因此在剪应力计算时仍需采用考虑混凝土桥面板、钢梁、普通钢筋和预应力钢筋构成的换算截面几何特性y_{sco}、A_{sco}和I_{sco}。由于负弯矩区段的体内预应力钢筋通常是水平布置的，因而在中支点截面不产生预剪力V_p，或其数值很小，常可忽略之，但在其他梁段则应酌情考虑。

对于两阶段受力的组合梁负弯矩区在使用荷载作用阶段的剪应力可按作用效应标准组合进行验算，计算公式如下：

钢梁的剪应力：

$$\tau_{sC} = \frac{V_g S_s}{I_s t_w} + \frac{(V_{g3} \pm V_p + V_q + V_r) S_{sro}}{I_{sro} t_w} \leq [\tau] \qquad (3\text{-}4\text{-}35)$$

混凝土翼板的剪应力：

$$\tau_{cC} = \frac{1}{n_E}\left[\frac{(V_{g3} \pm V_p + V_q + V_r) S_{sro}}{I_{sro} b_{eff}/n_E}\right] \leq [\sigma_{cl}] \qquad (3\text{-}4\text{-}36)$$

式中：V_g——组合梁自重(包括钢梁、联结系及混凝土桥面板)引起的剪力作用标准值；

V_{g3}——结构附加重力(包括桥面铺装、栏杆等)引起的剪力作用标准值；

V_p——由预应力引起的计算截面的预剪力，视情况取其正负号，或可忽略；

V_q——由汽车荷载(计入冲击系数)引起的计算截面剪力作用标准值；

V_r——由人群荷载引起的计算截面剪力作用标准值；

S_s——所求应力之水平纤维以上(或以下)部分的钢梁截面面积对钢梁截面重心轴的面积矩；

S_{sro}——所求应力之水平纤维以上部分混凝土截面面积对组合梁换算截面重心轴G_{sro}的面积矩；

I_{sro}——由混凝土桥面板、钢梁、普通钢筋和预应力钢筋组成的换算截面面积对其重心轴G_{sro}的惯性矩;

$[\tau]$——钢材的剪应力限值,建议取$[\tau]=0.8f_{vd}$,f_{vd}为钢材抗剪设计强度;

$[\sigma_{cl}]$——混凝土的主拉应力限值,建议取$[\sigma_{cl}]=0.5f_{tk}$;

f_{tk}——混凝土抗拉强度标准值;

其他符号意义同前。

在上述公式中,对于负弯矩区不设预应力钢筋或无预剪力的情况,应取$V_p=0$,并以普通钢筋和钢梁构成的合成截面的几何性质S_{sr}和I_{sr}取代换算截面的几何性质S_{sro}和I_{sro},即认为在正常使用极限状态下混凝土桥面板已经开裂。

对于一阶段受力的组合梁桥,计算剪应力时式(3-4-35)和式(3-4-36)中V_{g3}应取为V_g,且不计式(3-4-35)中的第一项。

由于截面抗力计算基于弹性分析方法,因而根据第四强度理论以最大折算应力的方式考虑组合梁的钢梁在弯剪共同作用下的应力验算。《钢-混凝土组合桥梁设计规范》(GB 50917—2013)中规定按下式验算钢梁腹板上的最大折算应力:

$$\sigma_{max} = \sqrt{\sigma^2 + 3\tau^2} \leqslant 1.1f_d \tag{3-4-37}$$

式中:σ_{max}——钢梁腹板最大折算应力;

σ、τ——在同一验算截面上由同一作用效应的标准组合下弯矩设计值M_d和剪力设计值V_d分别引起的同一验算点的正应力和剪应力;

f_d——钢材抗拉强度设计值。

3)在弯曲剪应力计算中应注意的问题

(1)关于剪应力的计算点。

剪应力的计算点可按下列不同情况进行计算比较确定:

a. 当恒载剪力较大时(例如混凝土翼板的厚度很大),首先应计算钢梁截面重心处(G_s点)的剪应力。

b. 当换算截面重心轴位于混凝土板下($y_{ou} \geqslant h_d$)时,应计算换算截面重心处(G_o点)的剪应力。

c. 当换算截面重心轴位于混凝土板内($y_{ou} < h_d$)时,应计算钢梁腹板计算高度上边缘处的剪应力。

在实际桥梁工程中,作为截面整体计算时重心轴y_{ou}多在钢梁腹板内,即需要同时验算换算截面重心(G_o点)和钢梁截面重心(G_s点)两点,甚至包括混凝土桥面板下边缘的弯曲剪应力数值τ_{sC}和τ_{cC}。

(2)关于剪应力的组合。

计算钢-混凝土组合梁剪应力时通常应考虑持久状况下钢梁支点截面由恒载、计入冲击系数的汽车荷载及人群荷载作用效应的剪力标准值引起的截面剪应力。在短暂状况下,钢梁截面的剪应力通常不控制设计,可不进行验算。

(3)关于混凝土板的主拉应力(即剪应力)验算。

当换算截面重心轴位于混凝土板内($y_{ou} < h_d$)时,根据钢筋混凝土梁的剪应力和正应力弹性分析的结果可知,混凝土板的剪应力在换算截面重心轴处及整个混凝土受拉区达到并保持最大值,最大剪应力在数值上等于主拉应力σ_{zl},即:

$$\tau_{\max} = \sigma_{zl} = \frac{V}{b_{\mathrm{eff}}Z} \qquad (3\text{-}4\text{-}38)$$

式中:V——由混凝土板承担的竖向剪力,可将剪力标准组合的设计值近似按混凝土板和钢梁的截面抗剪刚度比分配确定;

b_{eff}——混凝土板的有效宽度;

Z——混凝土板的内力臂,通常可取 $Z = 0.87h_0$;

h_0——钢筋混凝土板的有效高度,$h_0 = h_\mathrm{d} - a_s$。

(4)关于混凝土剪应力(或主拉应力)的控制。

翼板中混凝土剪应力分布规律与钢筋混凝土梁相同,混凝土翼板下缘处也存在 $\tau_{\max} = \sigma_{zl}$ 的关系。混凝土的抗拉强度要比其抗剪强度低很多,所以在验算混凝土翼板的剪应力时,其应力限值取混凝土的抗拉应力限值是偏于安全的,故混凝土的主拉应力限值可参考《公路钢筋混凝土及预应力混凝土桥涵设计规范》(JTG 3362—2018)中关于预应力混凝土 B 类构件在短期作用效应组合下的抗裂性控制条件,建议取 $0.5f_{\mathrm{tk}}$。因此,由上述公式求出的混凝土桥面板中的弯曲剪应力 τ_{cC} 应满足:

$$\tau_{\mathrm{cC}} \leqslant 0.5 f_{\mathrm{tk}} \qquad (3\text{-}4\text{-}39)$$

在实际工程中,由于混凝土桥面板的宽度较大,因此计算得到的混凝土剪应力和主拉应力的数值较小,一般不控制设计。

3.5 钢-混凝土组合梁桥的截面承载力计算方法

3.5.1 跨中组合截面抗弯承载力分析

1)组合截面弹性抗弯承载力

(1)截面弹性抗弯强度验算。

《公路钢混组合桥梁设计与施工规范》(JTG/T D64-01—2015)规定:采用弹性方法计算组合梁截面抗弯承载力,以截面上任一点达到材料强度设计值作为标志。这一规定实质上是以弹性方式计算、表述的截面抗弯承载力验算,应属于持久状况下承载能力极限状态的范畴。同时明确要求截面弹性中性轴应位于钢梁截面范围内。该规范中给出的承载能力极限状态下截面强度验算的一般公式如下:

$$\gamma_0 \sigma = \sum_{i=1}^{2} \frac{M_{\mathrm{d},i}}{W_{\mathrm{eff},i}} \leqslant f_{\mathrm{d}} \qquad (3\text{-}5\text{-}1)$$

式中:γ_0——结构重要性系数;

σ——计算截面上各控制点的计算应力;

i——变量,表示不同的应力计算阶段,其中,$i=1$ 表示未形成组合梁截面(即钢梁)的应力计算阶段,$i=2$ 表示形成组合梁截面之后的应力计算阶段;

$M_{\mathrm{d},i}$——对应不同应力计算阶段,作用于钢梁或组合梁截面的弯矩设计值;

$W_{\mathrm{eff},i}$——对应不同应力计算阶段,钢梁或组合梁截面的抗弯模量;

f_{d}——钢筋、钢梁或混凝土的强度设计值。

按式(3-5-1)计算时,符合平截面假设的钢-混凝土组合梁有可能出现3~4种弹性极限状态,即钢梁上、下缘应力达到其抗弯强度设计值f_d或桥面板上缘混凝土应力达到其抗压强度设计值f_{cd},甚至还有混凝土板内的钢筋应力达到其强度设计值f_{sd}(通常不控制设计)。须分别对上述控制截面的关键点进行强度验算,以保证结构的安全。在常遇的荷载作用下,对于两阶段受力的简支组合梁桥,跨中截面在承载能力极限状态下强度验算的具体方法如下。

钢梁上缘强度验算:

$$\sigma_{sC}^t = \gamma_0 \left[\frac{1.2(M_{g1} + M_{g2})}{I_s} y_{su} + \frac{1.2 M_{g3} + 1.4(M_q + \psi_c M_r)}{I_o} (y_{ou} - h_d) \right] \leq f_d' \quad (3-5-2)$$

钢梁下缘强度验算:

$$\sigma_{sC}^b = \gamma_0 \left[\frac{1.2(M_{g1} + M_{g2})}{I_s} (h_s - y_{su}) + \frac{1.2 M_{g3} + 1.4(M_q + \psi_c M_r)}{I_o} (h - y_{ou}) \right] \leq f_d \quad (3-5-3)$$

混凝土翼板顶面强度验算:

$$\sigma_{cC} = \gamma_0 \frac{1.2 M_{g3} + 1.4(M_q + \psi_c M_r)}{n_E I_o} y_{ou} \leq f_{cd} \quad (3-5-4)$$

上述公式中ψ_c为人群荷载组合系数,按《公路桥涵设计通用规范》(JTG D60—2015)规定应取$\psi_c = 0.75$;其他符号意义同前。

对于一阶段受力的组合梁桥,只须将上述前两个公式中第一项取消,将上述公式中的M_{g3}换成全部自重弯矩M_g即可。

(2)截面弹性抗弯承载力验算。

按照上述截面强度控制方法尚不能确定组合截面的极限弹性抗弯承载力。在这三种可能的弹性极限状态下,对应的截面抗弯承载力是不相等的。在设计计算中须分别计算截面的三种可能的弹性抗弯承载力,并以其中最小者应大于或等于按《公路桥涵设计通用规范》(JTG D60—2015)作用效应基本组合的截面弯矩设计值$\gamma_0 M_d$作为组合梁截面弹性抗弯承载力的控制条件。

在弹性承载能力极限状态下,基于前述强度验算式(3-5-2)~式(3-5-4),对于一阶段受力的组合梁,可简化得到下列验算公式。

由钢梁上缘应力达到其强度设计值f_d',即有验算公式:

$$\sigma_{sC}^t = \gamma_0 \frac{1.2 M_g + 1.4(M_q + \psi_c M_r)}{I_o}(y_{ou} - h_d) \leq f_d'$$

可有:

$$M_{st} \leq \frac{f_d' I_o}{y_{ou} - h_d} \quad (3-5-5)$$

由钢梁下缘应力达到其强度设计值f_d,即有验算公式:

$$\sigma_{sC}^b = \gamma_0 \frac{1.2 M_g + 1.4(M_q + \psi_c M_r)}{I_o}(h - y_{ou}) \leq f_d$$

可有:

$$M_{sb} \leq \frac{f_d I_o}{h - y_{ou}} \quad (3-5-6)$$

由混凝土板上缘应力达到其强度设计值f_{cd},即有验算公式:

$$\sigma_{cC} = \gamma_0 \frac{1.2M_g + 1.4(M_q + \psi_c M_r)}{n_E I_o} y_{ou} \leq f_{cd}$$

可有:

$$M_{ct} \leq \frac{n_E f_{cd} I_o}{y_{ou}} \tag{3-5-7}$$

组合截面弹性抗弯承载力极限状态的控制条件应写为

$$\gamma_0 M_d \leq M_{eud} = \min[M_{st}, M_{sb}, M_{ct}] \tag{3-5-8}$$

式中:M_{st}——控制截面钢梁上边缘应力达到钢材强度设计值f_d时的弹性抗弯承载力;
M_{sb}——控制截面钢梁下边缘应力达到钢材强度设计值f_d时的弹性抗弯承载力;
M_{ct}——控制截面混凝土板上边缘应力达到其强度设计值f_{cd}时的弹性抗弯承载力;
y_{ou}——换算截面重心轴到桥面板上缘的距离,按式(3-4-7)计算;
I_o——对换算截面重心轴的换算截面惯性矩,按式(3-4-9)计算;
M_d——承载能力极限状态下作用效应基本组合的截面弯矩设计值;
M_{eud}——按弹性方法计算的组合截面抗弯承载力;
γ_0——结构重要性系数;
其他符号意义同前。

在式(3-5-5)~式(3-5-7)中,荷载作用效应的分项系数和结构重要性系数均可体现在式(3-5-8)的左端。

在上述弹性抗弯承载力计算方法中,对于一阶段受力的钢-混凝土组合简支梁,计算结果是准确的。对于少支架施工的两阶段受力的钢-混凝土组合简支梁,当桥面板厚度不大时,换算截面重心轴位于钢梁腹板内,计算结果会有一定的误差。但对于后一种情况,混凝土桥面板只承受二期自重和活载作用,混凝土上缘应力不会控制设计,将由钢梁下缘应力控制设计。考虑到钢材下缘应力在超过弹性比例极限后仍具有良好的塑性,因此计算结果也是可靠的。

2) 组合截面塑性抗弯承载力

(1) 组合截面塑性抗弯承载力的基本概念。

我们知道,混凝土并非理想的弹性材料,而钢材可被视作理想的弹塑性材料。因此认为组合梁的截面弹性分析只有当混凝土的最大压应力小于轴心抗压强度的50%,且钢材的最大拉应力小于其比例极限或屈服强度时才是正确的。理论上认为,钢-混凝土组合梁的截面抗弯承载力根据其在极限状态下应力图假设,可划分为塑性抗弯承载力和弹性抗弯承载力,以下对截面塑性抗弯承载力加以介绍。

塑性理论与弹性理论同样具有悠久的历史。在20世纪中期,欧洲国家已开始将塑性理论用于钢筋混凝土结构、钢结构以及钢-混凝土组合结构中。英国早在1965年就将塑性理论设计方法引入了钢-混凝土组合结构设计规范中,丹麦等国的钢筋混凝土结构设计规范亦建立在塑性理论的基础上。

我国《钢结构设计规范》(GB 50017—2003)就已采用了基于塑性理论的建筑钢-混凝土组合梁的承载力计算方法,而且2017年发布的《钢结构设计标准》(GB 50017—2017)沿用了该方法。桥梁结构虽然在尺度上大于建筑结构,但可以根据桥梁设计规范中的材料选择、构造形式和相关技术要求,参考其基本原理建立桥梁钢-混凝土组合梁在承载能力极限状态下抗弯承载力计算方法。现行《钢-混凝土组合桥梁设计规范》(GB 50917)中也采用了基于塑性理论的抗弯承载力计算方法。

钢-混凝土组合梁按塑性方法设计的前提是截面能够形成塑性铰。当荷载增大时,组合梁的控制截面产生塑性化并形成塑性铰,使得结构能够充分转动和变形,最终形成破坏机构。构件出现塑性铰时,其截面刚度比弹性阶段的刚度减小很多。特别是当构件的厚度过薄时,很容易产生受压钢板局部屈曲、侧向压屈和弯扭压屈。若出现这种情况,构件的抗弯能力将会降低,以致达不到全塑性状态。因此,按塑性理论分析的组合梁,首先应控制钢梁受压部分不产生局部压屈所需的截面各部分尺寸。为使钢梁的侧向变形和扭转变形不至于过大,还应适当布置侧向支承杆或横隔板。

对于按塑性方法设计的钢梁,其钢材必须要有足够的塑性变形能力,钢材力学性能需满足强屈比 $f_u/f_y \geqslant 1.2$、伸长率 $\delta_s \geqslant 15\%$,相应的钢材抗拉极限强度 f_u 的应变不小于 20 倍屈服点的应变 ε_y,即 $\varepsilon_u \geqslant 20\varepsilon_y$。上述关于钢材性能的要求是按塑性方法计算钢梁截面承载力的基础。

为保证组合梁能形成塑性铰并能够进行截面塑性设计,钢梁计算截面的受压板件的宽厚比必须满足一定的限值,也就是要求组合截面的受压翼板和腹板在全截面进入塑性状态前不出现局部失稳。

参照 Eurocode 4,《钢-混凝土组合桥梁设计规范》(GB 50917—2013)认为组合梁全截面可以达到塑性并可形成塑性铰,全截面可以达到塑性但不能形成塑性铰,且稳定问题先于塑性铰出现的截面,可以采用塑性方法计算截面抗弯承载力,并对上述两种情况规定了板件宽厚比的构造要求,见表 3-5-1,以避免稳定破坏先于抗弯破坏。对于承受正弯矩作用的工形或箱形组合梁,当塑性中性轴位于混凝土桥面板之内时,全部钢梁均处于受拉状态,不存在局部稳定问题。

钢梁板件宽厚比限值(GB 50917—2013)　　　　　表 3-5-1

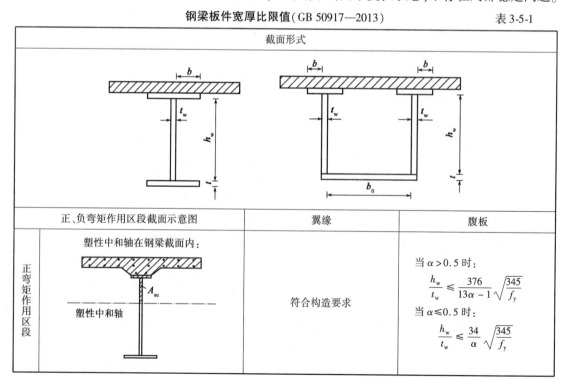

续上表

正、负弯矩作用区段截面示意图	翼缘	腹板
负弯矩作用区段 钢梁下翼缘受压 塑性中和轴　A_{sc}	下翼缘 $\dfrac{b}{t} \leq 8\sqrt{\dfrac{345}{f_y}}$ $\dfrac{b_0}{t} \leq 31\sqrt{\dfrac{345}{f_y}}$	当 $\alpha > 0.5$ 时： $\dfrac{h_w}{t_w} \leq \dfrac{376}{13\alpha - 1}\sqrt{\dfrac{345}{f_y}}$ 当 $\alpha \leq 0.5$ 时： $\dfrac{h_w}{t_w} \leq \dfrac{34}{\alpha}\sqrt{\dfrac{345}{f_y}}$

注：表中 α 为钢梁受压区腹板高度的比例系数，可近似采用下列各式计算。

正弯矩作用区段，塑性中和轴在钢梁截面内时：

$$A_{sc} = \frac{A_s f_d - A_c f_{cd} - A_r f_{sd}}{2 f_d}, \quad \alpha = \frac{A_{sc} - A_{st}}{h_w t_w}$$

负弯矩作用区段：

$$A_{sc} = \frac{A_s f_d + A_r f_{sd}}{2 f_d}, \quad \alpha = \frac{A_{sc} - A_{sb}}{h_w t_w}$$

式中，A_{st}、A_{sb} 分别为钢梁上翼缘、下翼缘面积；A_{sc} 为钢梁受压区的截面面积。

对于钢-混凝土组合简支梁或连续梁的正弯矩区，钢梁上翼板因连接件的构造要求而采用的上翼板宽度较大，其表面通常布置大量的连接件。钢板通过这些连接件与混凝土桥面板的板底面密贴，且共同受压。因此当钢梁上翼板受压时不易发生翘曲变形而局部失稳，其钢材的受压强度是可以充分发挥的，这一点与独立受压的钢梁翼板明显不同。在此情况下，钢梁受压上翼板的宽度往往是由布置栓钉的构造要求决定的。

对于承受负弯矩的连续梁的中支点截面，可在钢梁底板上增加纵向加劲肋以减小受压底板的 b_0 值，或在受压的钢箱梁内（下缘）浇筑混凝土，这两种方式均有助于提高其受压底板抵抗局部失稳的能力；对于位于受拉区的钢梁上翼板则无须考虑 b/t 的限值。

当截面塑性中性轴位于腹板内，但截面尺寸不满足表 3-5-1 的要求时，在达到截面塑性抗弯承载力之前会出现钢梁局部失稳，截面难以达到塑性极限状态。在此情况下应考虑在钢梁腹板受压区增设纵向加劲肋，使其满足表 3-5-1 中钢腹板的宽厚比的要求，或按照弹性方法验算组合的截面强度，参见式(3-5-1)。

(2) 组合截面塑性抗弯承载力的基本表达式和基本假设。

目前在《公路钢结构桥梁设计规范》（JTG D64—2015）和《公路钢混组合桥梁设计与施工规范》（JTG/T D64-01—2015）中均未列入钢-混凝土组合梁桥的极限抗弯承载力的计算方法。建议在抗弯承载力计算中采用公路桥规的荷载组合系数和材料强度指标，荷载作用的基本组合，参考《钢-混凝土组合桥梁设计规范》（GB 50917—2013）的计算方法进行设计验算。其抗弯承载力的基本表达式为

$$\gamma_0 M_d \leq M_{pud} \tag{3-5-9}$$

式中：M_d——承载能力极限状态下作用效应基本组合的截面弯矩设计值；

M_{pud}——按塑性方法计算的组合截面抗弯承载力；

γ_0——结构重要性系数，按《公路桥涵设计通用规范》（JTG D60—2015）的相关规定取值。

在组合梁截面塑性抗弯承载力计算中引入如下基本假设：

①混凝土翼板与钢梁之间有可靠的连接,能够保证钢梁上翼板的抗压强度充分发挥。
②位于塑性中性轴以下的受拉混凝土已开裂,不考虑其参与工作。
③位于塑性中性轴以上受压混凝土取矩形应力图,其应力达到混凝土的抗压强度设计值f_{cd}。
④钢梁的受压区、受拉区均已进入塑性状态,其截面应力分布为矩形,且应力达到钢材的抗拉、抗压和抗弯强度设计值f_d和f_d',对于常用的钢材有$f_d = f_d'$。
⑤当钢筋混凝土面板下设有承托时,忽略其中应力的影响。

按塑性理论计算组合梁抗弯承载力时,不考虑钢梁的初始应力对最终承载力的影响,不考虑分阶段受力的应力叠加问题,也不考虑温度应力和混凝土收缩、徐变作用的影响。混凝土桥面板内通常设有上、下两层纵、横向钢筋网,其中纵向钢筋对截面的承载力是有贡献的。在简支梁桥正弯矩区段截面极限抗弯承载力计算时,通常可不考虑混凝土桥面板中纵向钢筋的影响。桥面板中的纵、横向钢筋仅作为桥面板的受力钢筋或构造钢筋考虑。按上述假设确定的组合梁正弯矩截面塑性抗弯承载力的计算方法简明、方便且偏于安全。

(3)跨中截面的塑性抗弯承载力计算方法。

在计算截面塑性抗弯承载力时,须按组合梁的塑性中性轴x的位置不同分两种类型的截面分别计算,参见图3-5-1b)和图3-5-1c)。

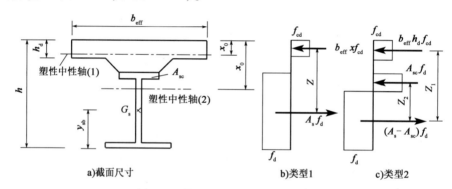

图3-5-1 截面塑性抗弯承载力计算图式

①第一类型截面($x \leq h_d$)。

塑性中性轴x位于混凝土翼板内,钢梁全部处于受拉状态。由于钢板无局部压屈问题,因而截面尺寸可不受表3-5-1的限制。截面应力计算图式见图3-5-1b),其判断条件为

$$A_s f_d \leq b_{eff} h_d f_{cd} \tag{3-5-10}$$

由截面上所有的力水平投影之和为零的平衡条件$\Sigma N = 0$,可得:

$$b_{eff} x f_{cd} = A_s f_d \tag{3-5-11}$$

进而有:

$$x = \frac{A_s f_d}{b_{eff} f_{cd}} \leq h_d \tag{3-5-12}$$

由截面上所有的力对受压区混凝土合力作用点取矩的平衡条件$\Sigma M = 0$,可得:

$$\gamma_0 M_d \leq M_{pud} = A_s f_d Z \tag{3-5-13}$$

式中:f_{cd}——混凝土的抗压强度设计值;

f_d——钢材的抗拉、抗压及抗弯强度设计值;

A_s——钢梁的截面面积;

b_{eff}、h_d——混凝土翼板的有效宽度和高度;

Z——钢梁截面应力合力作用点至混凝土受压区应力合力作用点的距离:

$$Z = h - y_{sb} - \frac{x}{2} \tag{3-5-14}$$

式中:h——组合梁的全高;

y_{sb}——钢梁截面重心至下边缘的距离。

②第二类型截面($x > h_d$)。

塑性中性轴 x 位于钢梁之内,钢梁部分受拉,部分受压。其截面受压部分的尺寸应满足表 3-5-1 的限制条件。截面应力计算图式参见图 3-5-1c),其判断条件为

$$A_s f_d > b_{eff} h_d f_{cd} \tag{3-5-15}$$

令钢梁受压面积为 A_{sc},则钢梁的受拉面积为 $A_{st} = A_s - A_{sc}$。由截面上所有的力水平投影之和为零的平衡条件 $\sum N = 0$,可得:

$$b_{eff} h_d f_{cd} + A_{sc} f_d = (A_s - A_{sc}) f_d \tag{3-5-16}$$

从而得到:

$$A_{sc} = \frac{A_s f_d - b_{eff} h_d f_{cd}}{2 f_d} \tag{3-5-17}$$

应对按上式求出的钢梁受压面积 A_{sc} 作如下判断:若有 $A_{sc} > b_{su} t'$,说明截面塑性中性轴 x 确实在钢梁腹板内。于是,由截面上所有的力对钢梁受拉区合力作用点取矩之和为零的平衡条件 $\sum M = 0$,可得:

$$\gamma_0 M_d \leq M_{pud} = b_{eff} h_d f_{cd} Z_1 + A_{sc} f_d Z_2 \tag{3-5-18}$$

式中:Z_1——钢梁受拉区合力作用点至混凝土翼板合力作用点的距离;

Z_2——钢梁受拉区合力作用点至钢梁受压区合力作用点的距离。

按式(3-5-17)求得钢梁受压区面积 A_{sc} 之后,钢梁的受拉区面积 A_{st} 亦可确定,即 $A_{st} = A_s - A_{sc}$。由于假设钢梁截面是均匀受压和受拉的,其合力作用点即为面积 A_{sc} 和 A_{st} 的重心。若将面积 A_{sc} 和 A_{st} 的重心至其各自截面上、下边缘的距离分别用 y_{sct}、y_{scb} 和 y_{stt}、y_{stb} 表示,参见图 3-5-2,则 Z_1 和 Z_2 可以表示为

$$\begin{cases} Z_1 = h - y_{stb} - h_d/2 \\ Z_2 = y_{scb} + y_{stt} \end{cases} \tag{3-5-19}$$

其中各几何参数可参见图 3-5-2,由下列公式求得:

$$h_{wsc} = \frac{A_{sc} - t' b_{su}}{t_w} > 0, \quad h_{wst} = h_w - h_{wsc} \tag{3-5-20}$$

$$y_{scb} = \frac{b_{su} t'(h_{wsc} + t'/2) + t_w h_{wsc}^2/2}{A_{sc}}, \quad y_{sct} = h_{wsc} - y_{scb} + t' > t' \tag{3-5-21}$$

$$y_{stt} = \frac{b_{sl} t(h_{wst} + t/2) + t_w h_{wst}^2/2}{A_{st}}, \quad y_{stb} = h_{wst} - y_{stt} + t \tag{3-5-22}$$

式中:各符号意义见图 3-5-2。

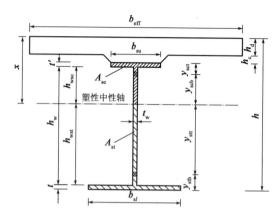

图 3-5-2　钢梁塑性截面几何计算图式

应该指出,以上介绍的截面塑性计算方法是一种理想化的计算方法。因为在计算假设中认为钢梁的受压和受拉区均已达到完全的塑性,其应力沿梁高方向均匀分布,并取矩形应力图计算。事实上,这种假设与实际情况是有差异的,例如靠近钢梁底边缘部分的应变较大,有可能超过屈服应变的终值而进入强化阶段。若不考虑这部分钢材的强化作用,仍按屈服强度计算承载力,其结果是偏于安全的。但是,在中性轴附近的钢梁的应变较小,仍应处于弹性阶段,其应力将小于屈服强度,并呈三角形分布。显然,对于弹性核心部分的钢梁取屈服强度计算其承载力是偏于不安全的。但是因为这部分合力的力臂相对较小,对抗弯承载力的影响很小,工程计算中是可以接受的。

在实际桥梁工程设计中应尽可能采用第二类型截面,即使截面塑性中性轴位置 $x > h_d$,且位于钢梁的腹板中。

3.5.2　中支点组合截面的抗弯承载力分析

1)中支点组合截面的弹性抗弯强度与弹性抗弯承载力计算方法

按照《公路钢混组合桥梁设计与施工规范》(JTG D64-01—2015)第 7.2 条规定,组合梁截面抗弯承载力应采用线弹性方法进行计算,以截面上任意一点的应力达到其材料强度设计值作为抗弯承载力的标志,参见式(3-5-1)。

按此规定,中支点负弯矩作用区段的截面可能出现四种弹性极限状态,即桥面板上缘普通钢筋应力达到其强度设计值 f_{sd},桥面板上缘预应力钢筋应力达到其强度设计值 f_{pd},或钢梁上、下缘应力达到其强度设计值 f_d 或 f'_d。如此,可认为在承载力极限状态计算中中支点桥面板混凝土已经开裂,且不将其混凝土拉应力作为截面弹性抗弯承载力的控制条件。在设计计算中须分别计算截面的上述四种可能的弹性极限抗弯承载力,并以其中较小者大于按《公路桥涵设计通用规范》(JTG D60—2015)作用效应基本组合的截面弯矩设计值 $\gamma_0 M_d$ 作为截面弹性承载力的控制条件。

在分析截面弹性抗弯承载力时,假定中支点区段的桥面板混凝土已开裂并退出工作。因此在确定截面几何参数时,应采用式(3-4-27)~式(3-4-29),即由普通钢筋和钢梁组成的合成截面几何性质,必要时应包括预应力钢筋对上述几何参数的影响,参见式(3-4-18)~式(3-4-20)。

对于一次落架或多支架施工的钢-混凝土组合连续梁桥,参考式(3-4-21)~式(3-4-25),令各项控制应力分别达到其材料强度设计值,可建立下列承载能力极限状态下的强度验算和弹性抗弯承载力计算公式。

(1) 由中支点截面钢梁上缘应力达到其抗拉强度设计值 f_d，可得：

$$\gamma_0 \sigma_s^t = \gamma_0 \left[\frac{1.2M_g + 1.4(M_q + M_r) - 1.0M_p}{I_{sro}}(h_s - y_{sro}) - \frac{1.0N_p}{A_{sro}} \right] \leq f_d \quad (3\text{-}5\text{-}23)$$

由此可以得到：

$$M_{stz} = \frac{\left[f_d + \frac{M_p}{I_{sr}}(h_s - y_{sr}) + \frac{N_p}{A_{sr}} \right] I_{sr}}{h_s - y_{sr}} \quad (3\text{-}5\text{-}24)$$

(2) 由中支点截面钢梁下缘应力达到其抗压强度设计值 f_d'，可得：

$$\gamma_0 \sigma_s^b = \gamma_0 \left[\frac{1.2M_g + 1.4(M_q + M_r) - 1.0M_p}{I_{sro}} y_{sro} + \frac{1.2N_p}{A_{sro}} \right] \leq f_d' \quad (3\text{-}5\text{-}25)$$

由此可以得到：

$$M_{sbz} = \frac{\left(f_d' + \frac{M_p}{I_{sr}} y_{sr} - \frac{1.2N_p}{A_{sr}} \right) I_{sr}}{y_{sr}} \quad (3\text{-}5\text{-}26)$$

(3) 由中支点截面混凝土翼板内上层钢筋应力达到其抗拉强度设计值 f_{sd}，可得：

$$\gamma_0 \sigma_r = \gamma_0 \left[\frac{1.2M_g - 1.0M_p + 1.4(M_q + M_r)}{I_{sro}}(h - a_r - y_{sro}) - \frac{1.0N_p}{A_{sro}} \right] \leq f_{sd} \quad (3\text{-}5\text{-}27)$$

由此可以得到：

$$M_{rz} = \frac{\left[f_{sd} + \frac{M_p(h - a_r - y_{sr})}{I_{sr}} + \frac{N_p}{A_{sr}} \right] I_{sr}}{h - a_r - y_{sr}} \quad (3\text{-}5\text{-}28)$$

(4) 当中支点截面混凝土翼板内预应力钢筋应力达到其抗拉强度设计值 f_{pd}，可得：

$$\gamma_0 \sigma_p = \gamma_0 \left[1.0(\sigma_{pe} + \sigma_{l4}) + \frac{1.2M_g + 1.4(M_q + M_r)}{I_{sro}}(h - a_p - y_{sro}) \right] \leq f_{pd} \quad (3\text{-}5\text{-}29)$$

按照传统的施工方法，当张拉预应力钢筋时，桥面板混凝土已通过栓钉与钢梁组合在一起。在承载能力极限状态下，仍将钢梁和混凝土桥面板质量引起的弯矩 M_{g1} 和 M_{g2} 作为外部恒载效应考虑。

在施加预应力过程中，组合截面将会产生弹性压缩，进而引起预应力钢筋的弹性压缩损失。在计算有效预应力 σ_{pe} 时应将上式中的预应力钢筋弹性压缩损失 σ_{l4} 扣除。于是可以得到：

$$M_{pz} = \frac{(f_{pd} - \sigma_{pe} - \sigma_{l4})I_{sr}}{h - a_r - y_{sr}} \quad (3\text{-}5\text{-}30)$$

式中：M_{stz}——中支点截面钢梁上缘应力达到其抗拉强度设计值 f_d 时的弹性抗弯承载力；

M_{sbz}——中支点截面钢梁下缘应力达到其抗压强度设计值 f_d' 时的弹性抗弯承载力；

M_{rz}——中支点截面混凝土翼板内上层钢筋应力达到其抗拉强度设计值 f_{sd} 时的弹性抗弯承载力；

M_{pz}——中支点截面混凝土翼板内预应力钢筋应力达到其抗拉强度设计值 f_{pd} 时的弹性抗弯承载力；

M_p——由预应力引起的中支点截面的总预矩；

N_p——由预应力引起的中支点截面的轴向压力;

σ_{pe}——混凝土桥面中预应力钢筋的有效预应力,应按后张法计算相关的预应力损失;

σ_{l4}——由预加力(即总预矩)引起的预应力钢筋重心处弹性压缩损失,可按下式估算:

$$\sigma_{l4} = \left[\frac{M_p}{I_{sro}}(h - a_p - y_{sro}) + \frac{N_p}{A_{sro}}\right] \quad (3\text{-}5\text{-}31)$$

其他符号意义同前。

需要强调的是,计算预应力钢筋重心处弹性压缩损失 σ_{l4} 时,因桥面板混凝土尚未开裂,故还应采用全截面的换算截面几何性质 y_{sco}、A_{sco} 和 I_{sco}。

考虑到上述四项弹性抗弯承载力计算阶段,上翼板混凝土均已经开裂,故应采用由钢筋、预应力钢筋及钢梁组成合成截面几何参数进行计算。

分析式(3-5-30)和式(3-5-31)不难发现,预加力 N_p 或有效预应力 σ_{pe} 过大,对负弯矩截面的弹性抗弯承载力 M_{sbz} 和 M_{pz} 的影响都是负面的,而这两项弹性抗力通常是控制设计的。因此,在组合连续桥梁设计中应对 N_p 或 σ_{pe} 有所控制,即张拉控制应力取值不宜过大。

根据上述各项抗力的计算结果,中支点负弯矩作用截面的弹性极限抗弯承载力的控制条件应为

$$\gamma_0 M_d \leq M_{euzd} = \min(M_{stz}, M_{sbz}, M_{rz}, M_{pz}) \quad (3\text{-}5\text{-}32)$$

式中:M_d——承载能力极限状态下作用效应基本组合的截面弯矩设计值;

M_{euzd}——中支点负弯矩作用截面的弹性极限抗弯承载力;

γ_0——桥梁结构重要性系数。

在上述计算方法中,截面控制点强度验算和截面弹性抗弯承载力计算均属持久状况的承载能力极限状态。在上述由弹性强度验算向弹性极限抗弯承载力的转换中,仍须将荷载作用效应分项系数和结构重要性系数包含在式(3-5-32)基本组合中的截面弯矩设计值 $\gamma_0 M_d$ 之中。

若中支点组合截面上只配置普通钢筋,未设置预应力钢筋,则混凝土桥面板极易开裂。此时合成截面仅由钢梁和纵向钢筋组成。因此式(3-5-32)中的各项弹性抗弯承载力可以简化为如下形式:

$$M_{stz} = \frac{f_d I_{sr}}{h_s - y_{sr}}, \quad M_{sbz} = \frac{f'_d I_{sr}}{y_{sr}}, \quad M_{rz} = \frac{f_{sd} I_{sr}}{h - a_r - y_{sr}} \quad (3\text{-}5\text{-}33)$$

式中:y_{sr}、I_{sr}——合成截面的几何性质,应按式(3-4-27)和式(3-4-29)计算;

其他符号意义同前。

在实际工程设计中,混凝土翼板中钢筋的抗拉强度设计值有可能大于钢板的抗拉强度设计值,因此须分别计算两种情况下的弹性抗弯承载力 M_{rz} 和 M_{stz}。反之,若两者的材料强度设计值相等或前者小于后者,则只需计算 M_{rz},不需要计算 M_{stz},而 M_{sbz} 是必须计算并参与对比的。是否计算中支点截面混凝土翼板中预应力钢筋应力控制的弹性抗弯承载力 M_{pz},应视其是否配置预应力钢筋而决定。

在负弯矩截面进入弹性极限状态时,桥面板混凝土已开裂而退出工作,但其中的纵向钢筋仍对截面的抗弯承载力有贡献。可近似地认为因混凝土退出工作,截面上纵向钢筋和钢梁之间将出现内力重分布,重分布的结果会使得纵向钢筋和钢梁上缘的拉应力有所增加。

对于分阶段受力的组合梁,在弹性抗弯极限承载力计算中可忽略组合梁分阶段受力的影响,近似认为截面的自重、恒载和活载作用一次施加到结构的控制截面上。而且,可以认为只

要当负弯矩截面边缘的四个(或三个)控制点中有一个点的材料(钢筋或钢板)达到其强度设计值时,该截面即进入弹性极限状态,即截面达到了弹性抗弯承载力。在此情况下,亦可直接按式(3-5-24)、式(3-5-26)、式(3-5-28)和式(3-5-30)进行承载能力极限状态下中支点截面控制点的强度验算。

对于钢-混凝土组合连续梁桥的跨中正弯矩作用区段,通常不配置预应力钢筋,也无轴向力作用,因此可以参照3.5.1节中简支梁桥跨中截面的计算方法,验算在持久状况正常使用极限状态下的截面应力,在承载能力极限状态下正弯矩截面的弹性和塑性抗弯承载力。但上述计算中应注意的是,中支点负弯矩区段配置的预应力钢筋将会在跨中正弯矩区段产生次预矩 M_{p2},设计中,在计算作用效应基本组合或应力时均应考虑次预矩的影响。

2) 中支点组合截面的塑性承载力计算方法

(1) 负弯矩区仅配有普通钢筋。

组合梁负弯矩区仅配有普通钢筋时,截面塑性抗弯承载力的计算图式参见图3-5-3。

图3-5-3a)是在极限状态下中支点负弯矩截面的几何参数,图3-5-3b)是组合梁负弯矩截面的塑性应力计算图式。假定计算图式中普通钢筋应力达到其抗拉强度设计值 f_{sd},在合成截面中性轴以上的钢梁受拉屈服,以下的钢梁受压屈服。考虑到靠近中性轴的钢材未必屈服,因此钢梁的拉、压应力均取为钢材的强度设计值 f_d 和 f'_d。

将图3-5-3b)的应力图形分解为图3-5-3c)和图3-5-3d)两种情况相叠加,其中图3-5-3c)为钢梁绕其重心轴的塑性弯矩 M_s,在此钢梁的重心轴应与其塑性中性轴相同;图3-5-3d)为混凝土翼板内普通钢筋引起的抵抗弯矩 M_{sr}。图3-5-3c)与图3-5-3d)两者之和应与截面作用的弯矩设计值 $\gamma_0 M_d$ 相平衡,即 $\gamma_0 M_d \leqslant M_{puzd} = M_s + M_{sr}$。

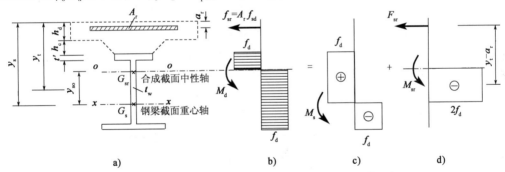

图3-5-3 配有普通钢筋的负弯矩区段塑性抗弯承载力计算图式

由图3-5-3d),取 $\Sigma x = 0$ 的平衡条件则有:

$$F_{sr} = A_r f_{sd} = 2t_w y_{so} f_d$$

由此得出合成截面中性轴到钢梁截面重心轴的距离 y_{so}:

$$y_{so} = \frac{A_r f_{sd}}{2t_w f_d} \tag{3-5-34}$$

式中:y_{so}——合成截面中性轴到钢梁截面重心轴的距离;

A_r——位于混凝土翼板有效宽度内的纵向普通钢筋截面面积;

f_{sd}——普通钢筋的强度设计值;

f_d——钢梁的材料强度设计值;

t_w——钢梁的腹板厚度。

如果求得的 y_{so} 满足条件 $y_{so} \leq y_s - h_d - h_c - t'$，则合成截面中性轴位于钢梁的腹板内，原假定成立，即 y_{so} 的计算结果正确。其中，y_s 为钢梁截面重心至组合梁顶面的距离，h_d 为混凝土翼板厚度，h_c 为混凝土托板高度（可能存在），t' 为钢梁上翼缘板的厚度，于是有：

$$y_t = y_s - \frac{y_{so}}{2} \tag{3-5-35}$$

式中：y_t——图 3-5-3a)、d)中钢梁腹板等效合力重心到桥面板混凝土顶面的距离；

y_s——钢梁截面中性轴到桥面板混凝土顶面的距离；

其他符号意义同前。

于是可以得到混凝土翼板内纵向钢筋提供的截面抵抗弯矩 M_{sr}：

$$M_{sr} = A_r f_{sd}(y_t - a_r) \tag{3-5-36}$$

在图 3-5-3c)中，钢梁截面的塑性抵抗弯矩 M_s 为

$$M_s = W_{px} f_d = \gamma_x W_x f_d \tag{3-5-37}$$

式中：W_{px}——钢梁对其下边缘的塑性截面抵抗矩；

W_x——钢梁对其下边缘的弹性截面抵抗矩；

a_r——普通钢筋的合力 F_{sr} 作用点到桥面板混凝土顶面的距离；

γ_x——截面塑性发展系数，对于工字形和箱形截面的钢梁可取 $\gamma_x = 1.05$。

根据式(3-5-36)和式(3-5-37)即可写出组合梁在负弯矩作用截面的塑性抗弯承载力计算公式：

$$\gamma_0 M_d \leq M_{puzd} = M_s + M_{sr}$$

或

$$\gamma_0 M_d \leq M_{puzd} = \gamma_x W_x f_d + A_r f_{sd}(y_t - a_r) \tag{3-5-38}$$

式中：M_{puzd}——按照全截面进入塑性计算的中支点负弯矩作用截面的塑性极限抗弯承载力；

M_d——承载能力极限状态下作用效应基本组合的截面弯矩设计值；

γ_0——结构重要性系数；

其他符号意义同前。

(2) 负弯矩区配有普通钢筋和预应力钢筋。

当负弯矩区同时配有普通钢筋和预应力钢筋时，由于在极限状态下预应力筋的合力很大，因此图 3-5-3d)的等效图式中的合成截面中性轴到钢梁截面重心轴间的距离 y_{so} 数值骤增，甚至会超过钢梁腹板的高度，这意味着等效图式已不成立。因此对于配有普通钢筋和预应力钢筋的组合梁负弯矩截面应注意控制截面的拉力比在 $\gamma = (A_r f_{sd} + A_p f_{pd})/(A_s f_d) \leq 0.5$ 的合理范围内，可直接由截面平衡方程的方法验算其塑性抗弯承载力，参见图 3-5-3b)。

在合成截面进入塑性状态后，仍假设钢梁的受拉区和受压区均进入塑性状态，其应力均呈矩形分布，应力数值分别达到钢材的抗拉、抗压强度设计值 f_d；普通钢筋和预应力钢筋均达到各自材料的设计强度 f_{sd} 和 f_{pd}，其拉力的合力 F_{srp} 及作用点到桥面板混凝土上缘的距离 a_{rp} 可由下式确定：

$$F_{srp} = A_r f_{sd} + A_p f_{pd} \tag{3-5-39}$$

$$a_{rp} = \frac{A_r f_{sd} a_r + A_p f_{pd} a_p}{A_r f_{sd} + A_p f_{pd}} \tag{3-5-40}$$

式中：F_{srp}——普通钢筋与预应力钢筋的合力；

a_{rp}——合力 F_{srp} 作用点至桥面板混凝土顶面的距离;
A_r——位于混凝土翼板有效宽度内的纵向普通钢筋截面面积;
f_{sd}——普通钢筋的强度设计值;
A_p——位于混凝土翼板有效宽度内的纵向预应力钢筋截面面积;
f_{pd}——预应力钢筋的强度设计值;
a_r——普通钢筋合力作用点至桥面板混凝土顶面的距离;
a_p——预应力钢筋合力作用点至桥面板混凝土顶面的距离。

为保证负弯矩作用的合成截面中性轴在钢梁腹板内,可由截面水平力的平衡方程得到下列判断条件:

$$A_r f_{sd} + A_p f_{pd} + b_{su} t' f_d < (t_w h_w + b_{sl} t) f_d \quad (3\text{-}5\text{-}41)$$

满足上述条件即意味着合成截面的塑性中性轴位置应低于钢梁的上翼板。仍假设钢梁截面塑性受压区的面积为 A_{sc},其塑性受拉区的面积则应为 $A_{st} = A_s - A_{sc}$。值得注意的是,负弯矩区与正弯矩区不同的是钢梁截面塑性受压区在合成截面的最下方,而钢梁截面塑性受拉区则在钢梁截面的上方,参见图 3-5-4。

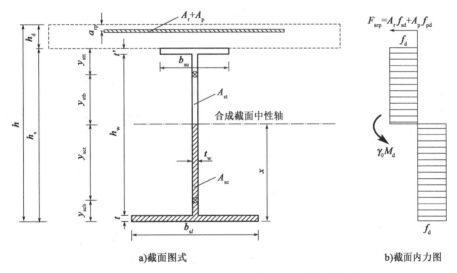

a) 截面图式   b) 截面内力图

图 3-5-4 配有预应力钢筋的负弯矩区段塑性抗弯承载力计算图式

由截面水平力投影为零的条件可得:

$$A_r f_{sd} + A_p f_{pd} + (A_s - A_{sc}) f_d = A_{sc} f_d \quad (3\text{-}5\text{-}42)$$

由上式即可以求出钢梁截面塑性受压区的面积 A_{sc},即有:

$$A_{sc} = \frac{A_r f_{sd} + A_p f_{pd} + A_s f_d}{2 f_d} \geqslant b_{sl} t \quad (3\text{-}5\text{-}43)$$

式中各符号意义同前。

上式中判断条件 $A_{sc} \geqslant b_{sl} t$ 的意义在于判断合成截面的塑性中性轴不在钢梁的底板内,与式(3-5-41)一起可以确保合成截面的塑性中性轴在钢梁的腹板内,以保证图 3-5-4 的计算图式的正确性。

由塑形截面的各项合力对钢筋拉力的合力 F_{srp} 作用点取矩的平衡条件即可验算组合梁负弯矩截面的塑性抗弯承载力:

$$M_{\text{puzd}} = A_{\text{sc}}f_{\text{d}}(h - a_{\text{rp}} - y_{\text{scb}}) - (A_{\text{s}} - A_{\text{sc}})f_{\text{d}}(h_{\text{d}} - a_{\text{rp}} + y_{\text{stt}}) \tag{3-5-44}$$

负弯矩区合成截面受压区位于钢梁下方,塑性受压区高度 x 可由下式确定:

$$x = y_{\text{sct}} + y_{\text{scb}} \tag{3-5-45}$$

式中:x——合成截面的塑性受压区高度;

h_{d}——混凝土桥面板的厚度,当桥面板下设有加腋高度 h_{c} 时,可以 $h_{\text{d}} + h_{\text{c}}$ 代之;

y_{scb}——钢梁塑性受压区 A_{sc} 的重心到其下边缘的距离;

y_{stt}——钢梁塑性受拉区 A_{st} 的重心到其上边缘的距离;

y_{sct}——钢梁塑性受压区 A_{sc} 的重心到其上边缘的距离。

参考图3-5-1、图3-5-4a)和式(3-5-20)~式(3-5-22),塑性面积 A_{sc} 和 A_{st} 的重心至各自截面上、下边缘的距离 y_{sct}、y_{scb} 和 y_{stt}、y_{stb} 可按下式计算:

$$h_{\text{wsc}} = \frac{A_{\text{sc}} - tb_{\text{sl}}}{t_{\text{w}}} > 0, \quad h_{\text{wst}} = h_{\text{w}} - h_{\text{wsc}} \tag{3-5-46}$$

$$\begin{cases} y_{\text{scb}} = \dfrac{b_{\text{sl}}t^2/2 + t_{\text{w}}h_{\text{wsc}}(h_{\text{wsc}}/2 + t)}{A_{\text{sc}}}, & y_{\text{sct}} = h_{\text{wsc}} - y_{\text{scb}} + t > t \\ y_{\text{stt}} = \dfrac{b_{\text{su}}t'^2/2 + t_{\text{w}}h_{\text{wst}}(h_{\text{wst}}/2 + t')}{A_{\text{st}}}, & y_{\text{stb}} = h_{\text{wst}} - y_{\text{stt}} + t' \end{cases} \tag{3-5-47}$$

式中:h_{wsc}——钢梁受压腹板的高度;

h_{wst}——钢梁受拉腹板的高度;

y_{stb}——钢梁塑性受拉区 A_{st} 的重心到其下边缘的距离。

在实际的工程设计中,还有可能出现合成截面的塑性中性轴位于钢梁的上翼板中的情况,这种情况出现的必要条件是:

$$F_{\text{srp}} + b_{\text{su}}t'f_{\text{d}} > (t_{\text{w}}h_{\text{w}} + b_{\text{sl}}t)f_{\text{d}} \quad 且 \quad F_{\text{srp}} < A_{\text{s}}f_{\text{d}} \tag{3-5-48}$$

当同时满足上式两个条件时,塑性中性轴应位于钢梁的上翼板中。在此情况下,可忽略钢梁上翼板中应力,按下式估算中支点截面的塑性抗弯承载力:

$$M_{\text{puzd}} = t_{\text{w}}h_{\text{w}}f_{\text{d}}(h - a_{\text{rp}} - t - 0.5h_{\text{w}}) + b_{\text{sl}}tf_{\text{d}}(h - a_{\text{rp}} - 0.5t) \tag{3-5-49}$$

最终的连续组合梁负弯矩区的合成截面的塑性抗弯承载力按下式进行验算:

$$\gamma_0 M_{\text{d}} \leqslant M_{\text{puzd}} \tag{3-5-50}$$

式中各符号意义同前。

在计算承载能力极限状态下的负弯矩截面塑性抗弯承载力时,若对设有预应力钢筋的中支点截面的弯矩设计值 M_{d} 进行基本组合计算,需考虑由有效预应力引起的计算截面的次预矩 $\gamma_{\text{p}}M_{\text{p2}}$ 的影响。其中,γ_{p} 为预应力分项系数,当预应力效应对计算截面有利时取 $\gamma_{\text{p}} = 1.0$,不利时取 $\gamma_{\text{p}} = 1.2$。

3.5.3 中支点截面的抗剪承载力分析

组合梁的截面抗剪承载力仍可分为弹性抗剪承载力和塑性抗剪承载力,以下将分别介绍。

1)按弹性方法计算的组合梁截面抗剪承载力

根据上述的分析,仍将钢梁腹板作为抵抗截面弯曲剪应力的主体,截面钢腹板上的最大弯曲剪应力 τ 应发生在钢梁腹板截面的重心处。按照《公路钢结构桥梁设计规范》(JTG D64—2015)中弹性承载力的概念,可由下列弹性方法近似确定组合梁截面的抗剪承载力。

抗剪承载能力极限状态下的强度验算应考虑结构重要性系数 γ_0，并按下列公式验算：

$$\tau = \frac{\gamma_0 V_d S_w}{I_w t_w} \leq f_{vd} \tag{3-5-51}$$

式中：V_d——作用效应基本组合的截面剪力设计值；

I_w——钢梁腹板截面对其重心轴的惯性矩，$I_w = t_w h_w^3/12$；

S_w——钢梁腹板截面重心轴以上（或以下）部分的面积对钢梁腹板截面重心轴的面积矩，$S_w = t_w h_w^2/8$；

t_w——钢梁腹板的厚度。

组合梁截面弹性抗剪承载力的计算公式：

$$\gamma_0 V_d \leq V_{eud} = f_{vd} I_w t_w / S_w = \frac{2}{3} h_w t_w f_{vd} \tag{3-5-52}$$

2）按塑性方法计算的组合梁截面抗剪承载力

在承载能力极限状态下，组合梁截面竖向抗剪承载力的极限平衡方程可以写成如下形式：

$$\gamma_0 V_d \leq V_{pud} \tag{3-5-53}$$

式中：γ_0——结构重要性系数；

V_d——承载能力极限状态下作用效应基本组合的截面竖向剪力设计值；

V_{pud}——按塑性方法计算的组合截面抗剪承载力。

根据弹性阶段组合梁截面剪应力分布状况，可认为钢梁腹板承受了截面竖向剪力的绝大部分。在组合梁抗剪极限状态下，假定全部剪力均由钢梁腹板承受，并认为剪应力沿钢梁腹板高度均匀分布且达到钢材的抗剪强度设计值 f_{vd}。因此，组合梁的竖向抗剪承载力可近似按下式确定：

$$\gamma_0 V_d \leq V_{pud} = h_w t_w f_{vd} \tag{3-5-54}$$

式中：h_w、t_w——钢梁腹板高度和厚度；

f_{vd}——钢材的抗剪强度设计值，由《公路钢混组合桥梁设计与施工规范》（JTG/T D64-01—2015）确定。

其他符号意义同前。

上述抗剪承载力是基于塑性理论建立的，尽管认为腹板剪应力全部达到钢材的抗剪强度设计值 f_{vd}，但其计算结果仍是偏于安全的。试验研究发现，混凝土桥面板对钢-混凝土组合梁的截面抗剪承载力是有贡献的，已有的研究认为其贡献量可占 20%~40%。上述抗剪承载力计算方法中偏于安全地忽略混凝土翼板及钢梁上、下翼板对抗剪强度的贡献。计算表明，通常情况下，当钢梁的高度和钢板的厚度布局合理、满足钢梁腹板局部稳定性要求时，钢梁腹板具有足够的抗剪能力，换句话说，钢-混凝土组合梁桥的抗剪承载力通常不控制设计。

比较式（3-5-54）和式（3-5-52）不难发现，两个公式左端的物理意义是一样的，均为作用效应基本组合的截面剪力设计值；公式的右端则有不同的含义。式（3-5-54）右端是指钢梁腹板截面上的剪应力均达到钢材的抗剪强度设计值 f_{vd}，而式（3-5-52）右端则是指只有在钢梁腹板截面重心轴上的一点剪应力达到钢材的抗剪强度设计值。因此可以认为按弹性计算比按塑性计算的结果是更加偏于安全的，这两个公式的共同点是它们只利用了钢梁腹板的抗剪承载力，这种简化本身就是偏于安全的。上述结论与组合梁截面抗弯承载力的分析结论是一致的。

事实上，钢梁的上、下翼板和混凝土桥面板对组合截面的抗剪极限承载力都是有贡献的，而这些贡献因其剪应力水平相对较低且缺少定量的分析方法而被忽略了。在组合梁桥的工程设计中,钢梁腹板的厚度主要根据抗剪承载力及局部稳定条件,并考虑构造要求加以确定。

3.5.4 截面承载力及抗裂性计算示例与对比

【例题 1】 某桥采用 4×30m 钢-混凝土组合简支梁,桥面连续,全长 120m,桥面宽度为 12.75m,主梁中心距的平均值为 3.275m。桥梁的横截面图参见图 3-5-5,该桥设计荷载为公路-I 级,无人群荷载。混凝土桥面板采用 C55 混凝土,其强度设计值为 24.4MPa。钢梁采用 Q345D 钢材,其强度设计值为 270MPa。桥梁安全等级为一级,结构重要性系数 $\gamma_0 = 1.1$。已知用杠杆法求得中梁支点处的荷载横向分布系数为 1.056,用刚接板梁法求得中梁跨中截面的荷载横向分布系数为 0.669,试验算该桥中梁(2 号梁)跨中截面的抗弯承载力和支点截面的抗剪承载力。

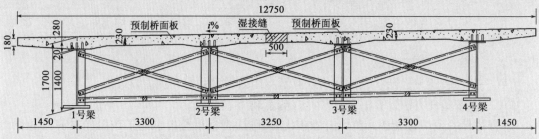

图 3-5-5 例题 1 桥梁横截面图(尺寸单位:mm)

1)抗弯承载力验算

(1)截面弯矩效应组合计算。

该主梁的最大弯矩在跨中。由结构自重引起的跨中弯矩为 $M_{g1} = 2778.6\text{kN} \cdot \text{m}$,由二期恒载引起的弯矩为 $M_{g2} = 860.6\text{kN} \cdot \text{m}$,由汽车荷载引起的跨中弯矩为 $M_q = 3083.7\text{kN} \cdot \text{m}$(计入冲击系数),按《公路桥涵设计通用规范》(JTG D60—2015)持久状况的承载能力极限状态进行弯矩效应组合计算:

$$\gamma_0 M_d = 1.1 \times (1.2 M_{g1} + 1.2 M_{g2} + 1.4 M_q)$$
$$= 1.1 \times (1.2 \times 2778.6 + 1.2 \times 860.6 + 1.4 \times 3083.7)$$
$$= 9552.6 (\text{kN} \cdot \text{m})$$

(2)截面有效宽度计算。

①简支梁跨中截面的翼板有效宽度 b_{eff} 由式(3-2-1)计算,且不应大于翼板实际宽度,即有:

$$b_{\text{eff}} = b_0 + \sum b_{\text{ef},i}, \quad b_{\text{ef},i} = \frac{L_{e,i}}{6} \leq b_i$$

式中:b_0——外侧剪力连接件中心间的距离,根据连接件的布置情况,取 $b_0 = 0.1 \times 2 = 0.2(\text{m})$;

$b_{\text{ef},i}$——外侧剪力连接件一侧的混凝土翼板有效宽度;

b_i——外侧剪力连接件中心至相邻钢梁腹板上方的外侧剪力连接件中心的距离的一半,或外侧剪力连接中心至混凝土桥面板自由边之间的距离,对于中梁,$b_1 = (3.3-0.2)/2 = 1.55(\text{m})$,$b_2 = (3.25-0.2)/2 = 1.525(\text{m})$;

$L_{e,i}$——简支梁的计算跨径,因为 $L_{e,i}/6 = 4.82\text{m} > b_i = 1.55\text{m}$ 和 1.525m,所以跨中截面混凝土桥面板的有效宽度为

$$b_{\text{eff}} = b_0 + \sum b_i = 0.2 + 1.55 + 1.525 = 3.275(\text{m})$$

即取全宽 3.275m 计算。

②简支梁支点处的混凝土翼板有效宽度 b_{eff} 按式(3-2-2)计算,即有:

$$b_{\text{eff}} = b_0 + \sum \beta_i b_{\text{ef},i}, \quad \beta_i = 0.55 + 0.025 \frac{L_{e,i}}{b_i} \leqslant 1.0$$

对于支点截面,有效宽度的折减系数为

$$\beta_1 = 0.55 + 0.025 \times \frac{28.9}{1.55} = 1.016 > 1$$

$$\beta_2 = 0.55 + 0.025 \times \frac{28.9}{1.525} = 1.024 > 1$$

于是可得简支梁支点截面混凝土桥面板的有效宽度为

$$b_{\text{eff}} = 0.2 + 1.0 \times 1.55 + 1.0 \times 1.525 = 3.275(\text{m})$$

即取全宽 3.275m 计算。

(3)跨中截面几何性质计算(参见图3-5-6)。

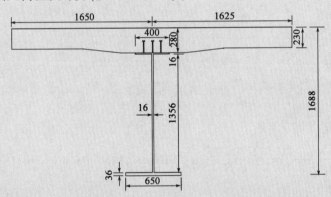

图3-5-6 跨中截面计算图式(尺寸单位:mm)

①钢梁的几何性质。

钢梁截面面积:

$$A_s = b_{su}t' + h_w t_w + b_{sl}t$$
$$= 400 \times 16 + 1356 \times 16 + 650 \times 36 = 51496(\text{mm}^2) = 0.0515(\text{m}^2)$$

钢梁截面重心轴距钢梁顶面的距离:

$$y_{su} = \frac{0.5 b_{su} t'^2 + h_w t_w (0.5 h_w + t') + b_{sl} t (t' + h_w + 0.5t)}{A_s}$$

$$= \frac{0.5 \times 400 \times 16^2 + 1356 \times 16 \times (16 + 1356/2) + 650 \times 36 \times (16 + 1356 + 36/2)}{51496}$$

$$= 925(\text{mm}) = 0.925(\text{m})$$

钢梁截面重心轴至钢梁底面的距离:

$$y_{sl} = h_s - y_{su} = 16 + 1356 + 36 - 925 = 483(\text{mm}) = 0.483(\text{m})$$

钢梁截面绕自身中心轴惯性矩：

$$\begin{aligned}
I_s &= \frac{1}{12}(b_{su}t'^3 + t_w h_w^3 + b_{sl}t^3) + b_{su}t'(y_{su} - 0.5t')^2 + t_w h_w (0.5h_w + t' - y_{su})^2 + \\
&\quad b_{sl}t(0.5t + h_w + t' - y_{su})^2 \\
&= \frac{1}{12} \times (400 \times 16^3 + 16 \times 1356^3 + 650 \times 36^3) + 400 \times 16 \times (925 - 0.5 \times 16)^2 + \\
&\quad 16 \times 1356 \times (0.5 \times 1356 + 16 - 925)^2 + 650 \times 36 \times (16 + 1356 + 36 \times 0.5 - 925)^2 \\
&= 1.4926 \times 10^{10}(\text{mm}^4) = 0.0149(\text{m}^4)
\end{aligned}$$

②组合梁的换算截面性质。

计算中根据 Q345 钢材及 C55 混凝土的弹性模量，取 $n_E = 2.06 \times 10^5 / 3.55 \times 10^4 = 5.8$，将混凝土桥面板换算为钢材的面积。钢梁截面重心轴至组合梁顶面的距离：

$$y_t = y_{su} + h_d + h_c = 925 + 230 + 50 = 1205(\text{mm}) = 1.205(\text{m})$$

换算截面重心至混凝土翼板顶面的距离 y_{ou}：

$$y_{ou} = \frac{\frac{b_{eff}h_d^2}{2n_E} + A_s y_t}{\frac{b_{eff}h_d}{n_E} + A_s} = \frac{\frac{3275 \times 230^2}{2 \times 5.8} + 51496 \times 1205}{\frac{3275 \times 230}{5.8} + 51496} = 424.49(\text{mm}) = 0.424(\text{m})$$

$$> h_d + h_c + t' = 0.23 + 0.05 + 0.016 = 0.296(\text{m})$$

上述结果表明混凝土翼板的等效厚度全部位于受压区内，且换算截面重心轴位于梁腹板内。

换算截面面积：

$$A_0 = \frac{b_{eff}h_d}{n_E} + A_s = \frac{3275 \times 230}{5.8} + 51496 = 181367(\text{mm}^2) = 0.181(\text{m}^2)$$

换算截面惯性矩：

$$\begin{aligned}
I_o &= \frac{b_{eff}h_d^3}{12n_E} + \frac{b_{eff}h_d}{n_E}(y_{ou} - 0.5h_d)^2 + I_s + A_s(y_t - y_{ou})^2 \\
&= \frac{3275 \times 230^3}{12 \times 5.8} + \frac{3275 \times 230}{5.8} \times (424.49 - 0.5 \times 230)^2 + \\
&\quad 1.4926 \times 10^{10} + 51496 \times (1205 - 424.49)^2 \\
&= 5.9309 \times 10^{10}(\text{mm}^4) = 0.0593(\text{m}^4)
\end{aligned}$$

(4)按照《公路钢混组合桥梁设计与施工规范》(JTG D64-01—2015)进行组合梁跨中截面的弹性抗弯承载力验算。

①当钢梁上缘应力达到其强度设计值 f_d 时，有：

$$M_{st} = \frac{f_d I_o}{y_{ou} - h_d - h_c} = \frac{270 \times 10^3 \times 0.0593}{0.424 - 0.23 - 0.05} = 111187.5(\text{kN} \cdot \text{m})$$

②当钢梁下缘应力达到其强度设计值 f_d 时，有：

$$M_{sb} = \frac{f_d I_o}{h - y_{ou}} = \frac{270 \times 10^3 \times 0.0593}{1.688 - 0.424} = 12666.93(\text{kN} \cdot \text{m})$$

③当混凝土桥面板上缘应力达到其强度设计值f_{cd}时,有:

$$M_{ct} = \frac{n_E f_{cd} I_o}{y_{ou}} = \frac{5.8 \times 24.4 \times 0.0593 \times 10^3}{0.424} = 19792.77(\text{kN} \cdot \text{m})$$

所以截面弹性抗弯承载力M_{eud}为

$$M_{eud} = \min(M_{st}, M_{sb}, M_{ct}) = M_{sb} = 12666.93(\text{kN} \cdot \text{m})$$
$$> \gamma_0 M_d = 9552.6(\text{kN} \cdot \text{m})$$

计算结果表明,主跨跨中正弯矩区段由钢梁下缘的应力控制设计,截面弹性抗弯承载力验算通过。

(5)按照《钢-混凝土组合桥梁设计规范》(GB 50917—2013)进行组合梁跨中截面的塑性抗弯承载力验算。

混凝土的抗压强度设计值$f_{cd} = 24.4\text{MPa}$,钢材的抗拉强度设计值$f_d = 270\text{MPa}$。

首先判断中性轴的位置:

$$A_s f_d = 0.0515 \times 270 \times 10^3 = 13905(\text{kN})$$
$$< b_{eff} h_d f_{cd} = 3.275 \times 0.23 \times 24.4 \times 10^3 = 18379.3(\text{kN})$$

故属于第一类截面。跨中截面塑性中性轴位置x:

$$x = \frac{A_s f_d}{b_{eff} f_{cd}} = \frac{0.0515 \times 270}{3.275 \times 24.4} = 0.174(\text{m}) < h_d = 0.23(\text{m})$$

由于跨中正弯矩区段的截面塑性中性轴位于混凝土板内,钢梁完全处于受拉状态,无须满足板件宽厚比的要求。

由式(3-5-13)计算跨中截面塑性抗弯承载力:

$$\gamma_0 M_d \leqslant M_{pud} = A_s f_d Z$$

其中内力臂Z按下式确定:

$$Z = h - y_{sl} - \frac{x}{2} = 1688 - 483 - 174 = 1031(\text{mm}) = 1.031(\text{m})$$

所以有:

$$M_{pud} = A_s f_d Z = 0.0515 \times 270 \times 1.031 \times 10^3 = 14336.06(\text{kN} \cdot \text{m})$$
$$> \gamma_0 M_d = 9552.6(\text{kN} \cdot \text{m})$$

计算结果表明,主梁跨中截面正弯矩区段的塑性抗弯承载力验算满足要求。

对比两者的计算结果可知,虽然两种方法计算得到的截面抗弯承载力均可满足要求,但跨中截面的塑性抗弯承载力要比弹性抗弯承载力大1.13倍。

2)抗剪承载力验算

(1)截面剪力效应组合计算。

该主梁的最大剪力出现在边支点截面,该梁边支点截面由结构自重引起的剪力为$V_{g1} = 379.8\text{kN}$,由二期恒载引起的剪力为$V_{g2} = 114.7\text{kN}$,由汽车荷载引起的剪力为$V_q = 667.5\text{kN}$(计入冲击系数),按《公路桥涵设计通用规范》(JTG D60—2015)持久状况的承载能力极限状态进行剪力效应组合计算：
$$\gamma_0 V_d = 1.1 \times (1.2 V_{g1} + 1.2 V_{g2} + 1.4 V_q)$$
$$= 1.1 \times (1.2 \times 379.8 + 1.2 \times 114.7 + 1.4 \times 667.5)$$
$$= 1680.69 (\text{kN})$$

(2)边支点截面的弹性抗剪承载力验算。

边支点截面的弹性抗剪承载力可按式(3-5-52)确定：
$$\gamma_0 V_d \leq V_{eud} = \frac{f_{vd} I_w t_w}{S_w}$$

式中：I_w——钢梁腹板截面对其截面重心轴的惯性矩，取为
$$I_w = \frac{t_w h_w^3}{12} = \frac{1}{12} \times 0.016 \times 1.356^3 = 0.003324 (\text{m}^4)$$

S_w——刚梁腹板截面重心轴以上（或以下）部分的面积对钢梁腹板截面重心的面积矩，取为
$$S_w = \frac{t_w h_w^2}{8} = \frac{1}{8} \times 0.016 \times 1.356^2 = 0.003677 (\text{m}^3)$$

于是有：
$$V_{eud} = \frac{f_{vd} I_w t_w}{S_w} = \frac{155 \times 10^3 \times 0.003324 \times 0.016}{0.003677}$$
$$= 2241.91 (\text{kN}) > \gamma_0 V_d = 1680.69 (\text{kN})$$

计算结果表明，即使只有钢梁腹板重心点的剪应力达到其抗剪强度设计值 f_{vd}，钢梁提供的弹性抗剪承载力也已满足设计的要求。

(3)边支点截面的塑性抗剪承载力验算。

在有效宽度范围内，支点截面的截面参数同图 3-5-6。

边支点截面的塑性抗剪承载力可按式(3-5-54)确定：
$$\gamma_0 V_d \leq V_{pud} = h_w t_w f_{vd}$$
$$V_{pud} = h_w t_w f_{vd} = 1.356 \times 0.016 \times 155 \times 10^3 = 3362.88 (\text{kN}) > \gamma_0 V_d = 1680.69 (\text{kN})$$

计算结果表明，组合梁边支点截面的塑性抗剪承载力满足要求。

对比两种结果可知，支点截面的塑性抗剪承载力要比弹性抗剪承载力大约 1.50 倍。

【例题2】 某桥采用 4 跨等截面钢-混凝土组合连续梁，全长 120m，跨径布置为 4×30m，桥面宽度为 12.75m。桥梁的横截面图参见图 3-5-7，该桥设计荷载为公路-I 级，无人群荷载。混凝土桥面板采用 C55 混凝土，其强度设计值为 24.4MPa；桥面板混凝土中配有两层直径 16mm 的 HRB400 纵向钢筋，$f_{sd} = 330$MPa，间距 10cm，钢筋总面积为 0.0121m²。钢梁采用 Q345D 钢材，其强度设计值为 270MPa。桥梁安全等级为一级，结构重要性系数 $\gamma_0 = 1.1$。根据通用软件 Midas/Civil 按杠杆法求得中梁支点处的荷载横向分布系数为 1.056，用刚接板梁法求得中梁跨中截面的荷载横向分布系数为 0.669。试验算该组合梁中梁（2 号梁）中支点负弯矩区的抗弯承载力、抗裂性及裂缝宽度。

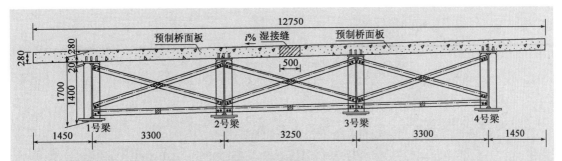

图 3-5-7 例题 2 桥梁横截面图(尺寸单位:mm)

1)中支点截面的抗弯承载力验算

(1)截面弯矩效应组合计算。

该主梁的最大负弯矩出现在中支点截面,中支点截面由结构自重引起的弯矩为 $M_{g1}=1810.5\text{kN}\cdot\text{m}$,由二期恒载引起的弯矩为 $M_{g2}=686.7\text{kN}\cdot\text{m}$,由汽车荷载引起的弯矩为 $M_q=2455.5\text{kN}\cdot\text{m}$(计入冲击系数),按《公路桥涵设计通用规范》(JTG D60—2015)持久状况的承载能力极限状态进行弯矩效应组合计算:

$$\gamma_0 M_d = 1.1 \times (1.2M_{g1} + 1.2M_{g2} + 1.4M_q)$$
$$= 1.1 \times (1.2 \times 1810.5 + 1.2 \times 686.7 + 1.4 \times 2455.5)$$
$$= 7077.8(\text{kN}\cdot\text{m})$$

(2)截面有效宽度计算。

①连续梁跨中及中支点的翼缘板有效宽度 b_{eff} 由式(3-2-1)计算,且不应大于翼板实际宽度,即有:

$$b_{eff} = b_0 + \sum b_{ef,i}, \quad b_{ef,i} = \frac{L_{e,i}}{6} \leq b_i$$

式中:b_0——外侧剪力连接件中心间的距离,根据连接件的布置情况,取 $b_0 = 0.1 \times 2 = 0.2(\text{m})$;

$b_{ef,i}$——外侧剪力连接件一侧的混凝土翼板有效宽度;

b_i——外侧剪力连接件中心至相邻钢梁腹板上方的外侧剪力连接件中心的距离的一半,或外侧剪力连接件中心至混凝土桥面板自由边之间的距离,对于中梁,$b_1 = (3.3-0.2)/2 = 1.55(\text{m})$,$b_2 = (3.25-0.2)/2 = 1.525(\text{m})$;

$L_{e,i}$——等效跨径,参考图 3-2-3,应有中跨为 $L_{e,i} = 30 \times 0.6 = 18(\text{m})$,$18/6 = 3(\text{m}) > 1.55(\text{m})$ 或 $1.525(\text{m})$;边跨为 $L_{e,i} = 30 \times 0.8 = 24(\text{m})$,$24/6 = 4(\text{m}) > 1.55(\text{m})$ 或 $1.525(\text{m})$;中支点为 $L_{e,i} = 0.2 \times (30+30) = 12(\text{m})$,$12/6 = 2(\text{m}) > 1.55(\text{m})$ 或 $1.525(\text{m})$。因为 $L_{e,i}/6 > b_i$,所以跨中截面以及中间支座处的混凝土桥面板的有效宽度为

$$b_{eff} = b_0 + \sum b_i = 0.2 + 1.55 + 1.525 = 3.275(\text{m})$$

即取全宽计算。

②连续梁边支点处的混凝土翼板有效宽度 b_{eff} 按式(3-2-2)计算,即有:

$$b_{eff} = b_0 + \sum \beta_i b_{ef,i}, \quad \beta_i = 0.55 + 0.025 \frac{L_{e,i}}{b_i} \leq 1.0$$

式中:$L_{e,i}$——取为边跨的等效跨径。

对于边支点截面,有效宽度的折减系数为

$$\beta_1 = 0.55 + 0.025 \times \frac{24}{1.55} = 0.937 < 1$$

$$\beta_2 = 0.55 + 0.025 \times \frac{24}{1.525} = 0.943 < 1$$

于是可得连续梁边支点截面混凝土桥面板的有效宽度为

$$b_{eff} = 0.2 + 0.937 \times 1.55 + 0.943 \times 1.525 = 3.090(\text{m})$$

(3) 中支点截面弹性抗弯承载力验算。

① 截面几何参数计算(参见图3-5-8)。

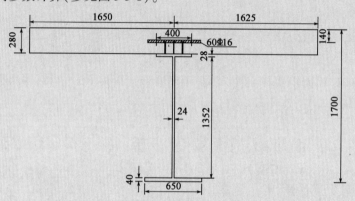

图 3-5-8 组合截面计算图式(尺寸单位:mm)

注:图中阴影部分代表纵向普通钢筋截面面积及钢筋合力作用点位置。

钢梁截面面积:

$$A_s = b_{su}t' + h_w t_w + b_{sl}t$$
$$= 400 \times 28 + 1352 \times 24 + 650 \times 40 = 69648(\text{mm}^2) = 0.0696(\text{m}^2)$$

钢梁截面重心轴至钢梁顶面的距离:

$$y_{su} = \frac{0.5 b_{su} t'^2 + h_w t_w (0.5 h_w + t') + b_{sl} t(t' + h_w + 0.5t)}{A_s}$$

$$= \frac{0.5 \times 400 \times 28^2 + 1352 \times 24 \times (0.5 \times 1352 + 28) + 650 \times 40 \times (28 + 1352 + 0.5 \times 40)}{0.0696} \times 10^{-9}$$

$$= 0.8535(\text{m})$$

钢梁截面重心轴至钢梁底面的距离:

$$y_{sl} = h_s - y_{su} = 28 + 1352 + 40 - 853.5 = 566.5(\text{mm}) = 0.5665(\text{m})$$

钢梁截面绕自身中心轴惯性矩:

$$I_s = \frac{1}{12}(b_{su}t'^3 + t_w h_w^3 + b_{sl}t^3) + b_{su}t'(y_{su} - 0.5t')^2 + t_w h_w (0.5 h_w + t' - y_{su})^2 +$$
$$b_{sl}t(0.5t + h_w + t' - y_{su})^2$$

$$= \frac{1}{12} \times (400 \times 28^3 + 24 \times 1352^3 + 650 \times 40^3) + 400 \times 28 \times (853.5 - 0.5 \times 28)^2 +$$
$$24 \times 1352 \times (0.5 \times 1352 + 28 - 853.5)^2 + 650 \times 40 \times (0.5 \times 40 + 1352 + 28 - 853.5)^2$$

$$= 2.1331 \times 10^{10}(\text{mm}^4) = 0.02133(\text{m})^4$$

当负弯矩区段不设预应力钢筋时,在弹性抗弯极限状态下中支点截面处混凝土翼板已开裂并退出工作,由钢梁、普通钢筋构成的合成截面的重心轴到钢梁下缘的距离 y_{sr} 为

$$y_{sr} = \frac{A_s y_{sl} + A_r(h-a_r)}{A_s + A_r} = \frac{0.0696 \times 0.5665 + 0.0121 \times (1.70-0.14)}{0.0696 + 0.0121} = 0.7136(\text{m})$$

合成截面惯性矩 I_{sr} 按下式计算:

$$\begin{aligned} I_{sr} &= I_s + A_s(y_{sr} - y_{sl})^2 + A_r(h - a_r - y_{sr})^2 \\ &= 0.02133 + 0.0696 \times (0.7136 - 0.5665)^2 + 0.0121 \times (1.70 - 0.14 - 0.7136)^2 \\ &= 0.03150(\text{m}^4) \end{aligned}$$

②当中支点截面钢梁上缘应力达到其抗拉强度设计值 f_d 时,考虑到混凝土翼板已经开裂并退出工作,则有:

$$M_{stz} = \frac{f_d I_{sr}}{h_s - y_{sr}} = \frac{270 \times 10^3 \times 0.03150}{1.420 - 0.7136} = 12039.9(\text{kN} \cdot \text{m})$$

③当中支点截面钢梁下缘应力达到其抗压强度设计值 f'_d 时,则有:

$$M_{sbz} = \frac{f'_d I_{sr}}{y_{sr}} = \frac{270 \times 10^3 \times 0.03150}{0.7136} = 11918.4(\text{kN} \cdot \text{m})$$

④当中支点混凝土翼板上缘普通钢筋应力达到其强度设计值 f_{sd} 时,则有:

$$M_{rz} = \frac{f_{sd} I_{sr}}{h - a_r - y_{sr}} = \frac{330 \times 10^3 \times 0.03150}{1.70 - 0.14 - 0.7136} = 12281.4(\text{kN} \cdot \text{m})$$

所以,中支点截面弹性抗弯承载力 M_{euzd} 应为

$$M_{euzd} = \min(M_{stz}, M_{sbz}, M_{rz}) = M_{sbz} = 11918.4(\text{kN} \cdot \text{m}) > \gamma_0 M_d = 7077.8(\text{kN} \cdot \text{m})$$

计算结果表明,主跨中支点负弯矩区段由钢梁下缘的应力控制设计,截面弹性抗弯承载力验算通过。

(4)中支点截面塑性抗弯承载力验算。

该桥仅设有普通钢筋,中支点截面的截面参数(有效宽度范围内)参见图3-5-8。

则有:

$$A_r = 60 \times \frac{\pi}{4} \times 16^2 = 12063.7(\text{mm}^2) = 0.0121(\text{m}^2)$$

$$a_r = 140(\text{mm}) = 0.14(\text{m})$$

钢梁截面面积:

$$A_s = 400 \times 28 + 1352 \times 24 + 650 \times 40 = 69648(\text{mm}^2) = 0.0696(\text{m}^2)$$

因为:

$$\begin{aligned} A_r f_{sd} + b_{su} t' f_d &= 0.0121 \times 330 \times 10^3 + 0.4 \times 0.028 \times 270 \times 10^3 = 7017(\text{kN}) \\ &< (t_w h_w + b_{sl} t) f_d = (0.024 \times 1.352 + 0.65 \times 0.040) \times 270 \times 10^3 = 15780.96(\text{kN}) \end{aligned}$$

所以合成截面的塑性中性轴在钢梁腹板内。

钢梁塑性受压区的面积：

$$A_{sc} = \frac{A_r f_{sd} + A_s f_d}{2f_d} = \frac{0.0121 \times 330 + 0.0696 \times 270}{2 \times 270} = 0.04219(\text{m}^2)$$

$$> b_{sl}t = 0.65 \times 0.040 = 0.026(\text{m}^2)$$

$$A_{st} = A_s - A_{sc} = 0.0696 - 0.04219 = 0.02741(\text{m}^2)$$

参照式(3-5-44)，组合梁中支点负弯矩截面的塑性抗弯承载力可表示为

$$M_{puzd} = A_{sc}f_d(h - a_{rp} - y_{scb}) - (A_s - A_{sc})f_d(h_d - a_{rp} + y_{stt})$$

y_{scb} 和 y_{stt} 可按下式计算：

$$h_{wsc} = \frac{A_{sc} - tb_{sl}}{t_w} = \frac{0.04219 - 0.040 \times 0.65}{0.024} = 0.675(\text{m})$$

$$h_{wst} = h_w - h_{wsc} = 1.352 - 0.675 = 0.677(\text{m})$$

$$y_{scb} = \frac{b_{sl}t^2/2 + t_w h_{wsc}(h_{wsc}/2 + t)}{A_{sc}}$$

$$= \frac{0.65 \times 0.040^2/2 + 0.024 \times 0.675 \times (0.675/2 + 0.040)}{0.04219} = 0.1573(\text{m})$$

$$y_{stt} = \frac{b_{su}t'^2/2 + t_w h_{wst}(h_{wst}/2 + t')}{A_{st}}$$

$$= \frac{0.40 \times 0.028^2/2 + 0.024 \times 0.677 \times (0.677/2 + 0.028)}{0.02741} = 0.2230(\text{m})$$

所以组合梁中支点负弯矩截面的塑性抗弯承载力为

$$M_{puzd} = A_{sc}f_d(h - a_r - y_{scb}) - (A_s - A_{sc})f_d(h_d - a_r + y_{stt})$$

$$= 0.04219 \times 270 \times (1.70 - 0.14 - 0.1573) \times 10^3 - 0.02741 \times 270 \times$$

$$(0.28 - 0.14 + 0.2230) \times 10^3$$

$$= 13292.1(\text{kN} \cdot \text{m}) > \gamma_0 M_d = 7077.8(\text{kN} \cdot \text{m})$$

计算结果表明，组合梁中支点截面的塑性抗弯承载力满足设计要求。而且，中支点负弯矩截面的塑性抗弯承载力比弹性抗弯承载力高1.12倍。

2) 中支点截面的抗裂性验算。

基于式(3-4-26)，不计预应力钢筋和人群的弯矩效应的影响，对钢-混凝土组合梁桥的抗裂弯矩进行计算时应采用全截面的换算截面几何性质。

由混凝土桥面板、钢梁及普通钢筋构成的换算截面重心至钢梁下缘的距离 y_{sro} 由下式确定：

$$y_{sro} = \frac{b_{eff}h_d(h - h_d/2)/n_E + A_s y_{sl} + A_r(h - a_r)}{b_{eff}h_d/n_E + A_s + A_r}$$

$$= \frac{3.275 \times 0.28 \times (1.70 - 0.28/2)/5.8 + 0.0696 \times 0.5665 + 0.0121 \times (1.70 - 0.14)}{3.275 \times 0.28/5.8 + 0.0696 + 0.0121}$$

$$= 1.2716(\text{m})$$

$$I_{\mathrm{sro}} = \frac{b_{\mathrm{eff}}h_{\mathrm{d}}^3}{12n_{\mathrm{E}}} + \frac{b_{\mathrm{eff}}h_{\mathrm{d}}}{n_{\mathrm{E}}}\left(h - \frac{1}{2}h_{\mathrm{d}} - y_{\mathrm{sro}}\right)^2 + I_{\mathrm{s}} + A_{\mathrm{s}}(y_{\mathrm{sro}} - y_{\mathrm{sl}})^2 + A_{\mathrm{r}}(h - a_{\mathrm{r}} - y_{\mathrm{sro}})^2$$

$$= \frac{3.275 \times 0.28^3}{12 \times 5.8} + \frac{3.275 \times 0.28}{5.8}\left(1.70 - \frac{1}{2} \times 0.28 - 1.2716\right)^2 + 0.02133 +$$

$$0.0696 \times (1.2716 - 0.5665)^2 + 0.0121 \times (1.70 - 0.14 - 1.2716)^2$$

$$= 0.0711(\mathrm{m}^4)$$

参照式(3-4-26),混凝土板上缘拉应力为

$$\sigma_{\mathrm{cr}} = \frac{M_{\mathrm{g2}} + 0.7M_{\mathrm{q}}}{n_{\mathrm{E}}I_{\mathrm{sro}}}(h - y_{\mathrm{sro}})$$

$$= \frac{686.7 + 0.7 \times 2455.5}{5.8 \times 0.0711} \times (1.70 - 1.2716) \times 10^{-3} = 2.472(\mathrm{MPa})$$

$$> [\sigma_{\mathrm{ct}}] = 0.7f_{\mathrm{tk}} = 0.7 \times 2.74 = 1.918(\mathrm{MPa})$$

由此可见,在正常使用极限状态情况下,该桥梁中支点截面混凝土上缘应已开裂,需控制负弯矩区混凝土桥面板顶面的裂缝宽度。

3)中支点截面的混凝土桥面板的裂缝宽度验算。

参照《公路钢筋混凝土及预应力混凝土桥涵设计规范》(JTG 3362—2018),裂缝宽度可按下式计算:

$$W_{\mathrm{cr}} = C_1C_2C_3\frac{\sigma_{\mathrm{ss}}}{E_{\mathrm{s}}}\left(\frac{c+d}{0.36 + 1.7\rho_{\mathrm{te}}}\right)$$

式中:C_1——考虑钢筋表面形状的系数,对于HRB400纵向钢筋,$C_1 = 1.0$;

C_2——长期效应影响系数,近似取$C_2 = 1.15$;

C_3——考虑构件受力特点的系数,偏安全地按受拉构件考虑,取$C_3 = 1.2$;

σ_{ss}——负弯矩区混凝土桥面板内上层纵向钢筋的拉应力,按式(3-4-32)计算;

$$\sigma_{\mathrm{ss}} = \frac{M_{\mathrm{s}}}{I_{\mathrm{sr}}}(h - y_{\mathrm{sr}} - a_{\mathrm{r}}) = \frac{686.7 + 0.7 \times 2455.5}{0.03150} \times (1.70 - 0.7136 - 0.05) \times 10^{-3} = 71.51(\mathrm{MPa})$$

E_{s}——普通钢筋的弹性模量,取$E_{\mathrm{s}} = 2.06 \times 10^5 \mathrm{MPa}$;

c——中支点负弯矩截面混凝土桥面板上层钢筋的净保护层厚度,取$c = 50 - 8 = 42$(mm);

d——纵向受拉钢筋的直径,取$d = 16\mathrm{mm}$;

ρ_{te}——纵向受拉钢筋的有效配筋率,对钢筋混凝土桥面板:

$$\rho_{\mathrm{te}} = \frac{A_{\mathrm{s}}}{b_{\mathrm{eff}}h_{\mathrm{d}}} = \frac{0.0121}{3.275 \times 0.28} = 0.013$$

故负弯矩区的裂缝宽度为

$$W_{\mathrm{cr}} = 1.0 \times 1.15 \times 1.2 \times \frac{71.51}{2.06 \times 10^5} \times \left(\frac{42 + 16}{0.36 + 1.7 \times 0.013}\right) = 0.073(\mathrm{mm})$$

对于负弯矩区的钢筋混凝土桥面板,在Ⅰ类环境下容许裂缝宽度取$[W_{\mathrm{cr}}] = 0.2\mathrm{mm}$,则$W_{\mathrm{cr}} < [W_{\mathrm{cr}}]$,故混凝土桥面板裂缝宽度验算可以通过。

3.6 负弯矩区钢结构的稳定问题

3.6.1 钢梁在负弯矩区的整体稳定问题

连续组合梁在负弯矩区段钢梁下翼板受压,大部分的腹板也处于受压状态,对于一般的箱形组合梁或侧向支撑设置足够强大的工形组合梁通常不会发生整体失稳。但是对于跨度较大,钢梁截面窄而高的连续组合梁,当作用在梁上的荷载达到某个数值时,如果在负弯矩作用区钢梁没有侧向支撑或侧向支撑间距较大,钢梁的受压翼缘和腹板可能扭曲而偏离荷载作用面,从而导致组合梁丧失承载能力。这种现象被称为组合梁的侧向扭转屈曲或丧失整体稳定性。

组合梁侧扭失稳与纯钢梁整体失稳有所不同。纯钢梁整体失稳时受压下翼缘首先出现垂直腹板平面的位移倾向,受拉上翼缘和部分受拉腹板提供了一定的约束作用,从而使截面产生刚体平移和转动;而组合梁中受拉混凝土板和部分受拉腹板也能限制下翼缘出腹板平面的位移,而且混凝土提供的这种约束作用远超钢梁中的上翼缘提供的约束作用,混凝土板几乎不发生位移,因此组合梁中受压下翼缘和部分腹板发生弯曲和扭转。两者间的主要差别可以参见图3-6-1。

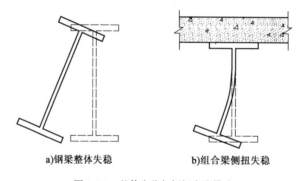

a)钢梁整体失稳　　　　b)组合梁侧扭失稳

图3-6-1 整体失稳与侧扭失稳模式

对于组合梁侧向扭转屈曲计算方法,我国规范未给出具体规定,而是借用了钢梁侧向稳定性相关规定。用纯钢梁的整体计算方法来验算组合梁负弯矩作用下的稳定问题,会偏于保守,原因在于负弯矩区钢梁失稳必然伴随着钢梁的畸变,因此腹板对钢梁受压翼缘具有很强的侧向约束作用,有利于提高其稳定性。再者,连续组合梁负弯矩区通常存在较大的弯矩梯度,离开支座区域后弯矩或下翼缘的压应力沿梁长度方向降低很快,这一点也有利于提高其整体稳定性。

Eurocode 4 在大量研究工作的基础上,给出了考虑混凝土翼缘板侧向支撑和钢梁截面特征的组合梁侧扭失稳临界荷载计算方法。当组合梁采用双轴或单轴对称的轧制或焊接工字形截面钢梁时,如果钢梁上翼缘通过抗剪连接件与混凝土桥面板结合成整体,同时在钢梁支座位置,下翼缘受到侧向约束且腹板已经加劲,而在钢梁其他部分的腹板未加劲,则弹性临界弯矩 M_{cr} 可以按照"连续倒 U 形框架"模型计算(图3-6-2)。这个模型考虑了钢梁下翼缘侧扭屈曲在钢梁腹板内引起的弯曲作用以及上翼缘内产生的转动。计算时应采用构件的毛截面,并考虑荷载条件、弯矩分布以及侧向约束的影响。

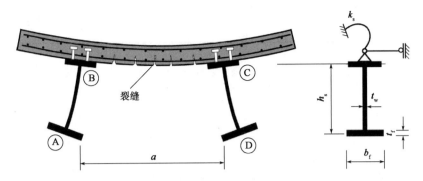

图 3-6-2 Eurocode 4 关于组合梁侧扭屈曲的 U 形框架模型

弹性临界弯矩按下式计算：

$$M_{cr} = \frac{k_c C_4}{L} \left[\left(GI_{at} + \frac{k_s L^2}{\pi^2} \right) E_a I_{afz} \right]^{\frac{1}{2}} \tag{3-6-1}$$

式中：L——钢梁下翼缘侧向支点间的长度；

C_4——与长度 L 内弯矩分布有关的参数，屈曲弯矩在很大程度上受到该跨弯矩图形状的影响，这种影响通过由有限元分析得到的系数 C_4 反映，当全跨为纯弯情况时 C_4 = 6.2，当负弯矩区小于 1/10 跨度时 $C_4 > 40$，取值见表 3-6-1 ~ 表 3-6-3；

k_c——截面特征参数，计算见式（3-6-6）或式（3-6-8）；

E_a、G——钢材的弹性模量和剪切模量；

I_{afz}——钢梁下翼缘关于钢梁 z 轴的惯性矩，$I_{afz} = b_f^3 t_f / 12$；

I_{at}——钢梁的圣维南（St. Venant）扭转常数。

k_s——单位梁长的转动约束刚度（图 3-6-2），按下式计算：

$$k_s = \frac{k_1 k_2}{k_1 + k_2} \tag{3-6-2}$$

k_1——垂直于梁方向的混凝土桥面板在开裂后的弯曲刚度，按下式计算：

$$k_1 = \frac{\alpha E_a I_2}{a} \tag{3-6-3}$$

α——系数，对于边梁 $\alpha = 2$，对于中梁 $\alpha = 3$ 或 4（有 4 根以上钢梁的情况）；

a——平行钢梁的间距；

$E_a I_2$——单位长度混凝土桥面板或组合板的开裂截面弯曲刚度，I_2 取为跨中正弯矩作用下及钢梁上方负弯矩作用下两种情况中的较小值；

k_2——钢梁腹板的弯曲刚度，按下式计算：

$$k_2 = \frac{E_a t_w^3}{4(1 - \nu_a^2) h_s} \tag{3-6-4}$$

t_w——钢梁腹板厚度；

ν_a——钢材的泊松比；

h_s——钢梁翼缘剪力中心间的距离，如图 3-6-2 所示。

有竖向荷载作用梁跨的系数 C_4 取值　　　　　　　　　　表 3-6-1

荷载及支承条件	弯矩图	C_4								
		$\psi=0.50$	$\psi=0.75$	$\psi=1.00$	$\psi=1.25$	$\psi=1.50$	$\psi=1.75$	$\psi=2.00$	$\psi=2.25$	$\psi=2.50$
均布荷载（简支）	ψM_0，M_0	41.5	30.2	24.5	21.1	19.0	17.5	16.5	15.7	15.2
	ψM_0，M_0，$0.50\psi M_0$	33.9	22.7	17.3	14.1	13.0	12.0	11.4	10.9	10.6
均布荷载（两端约束）	ψM_0，M_0，$0.75\psi M_0$	28.2	18.0	13.7	11.7	10.6	10.0	9.5	9.1	8.9
	ψM_0，M_0，ψM_0	21.9	13.9	11.0	9.6	8.8	8.3	8.0	7.8	7.6
集中荷载（简支）	ψM_0，M_0	28.4	21.8	18.6	16.7	15.6	14.8	14.2	13.8	13.5
集中荷载（两端约束）	ψM_0，M_0，ψM_0	12.7	9.8	8.6	8.0	7.7	7.4	7.2	7.1	7.0

无竖向荷载作用梁跨的系数 C_4 取值　　　　　　　　　　表 3-6-2

荷载及支承条件	弯矩图	C_4				
		$\psi=0.00$	$\psi=0.25$	$\psi=0.50$	$\psi=0.75$	$\psi=1.00$
	M，ψM	11.1	9.5	8.2	7.1	5.2
	M，ψM	11.1	12.8	14.6	16.3	18.1

有悬臂端时边跨的系数 C_4 取值　　　　　　　　　　表 3-6-3

荷载及支承条件	弯矩图	$\dfrac{L_c}{L}$	C_4			
			$\psi=0.00$	$\psi=0.50$	$\psi=0.75$	$\psi=1.00$
	ψM_0，M_0	0.25	47.6	33.8	26.6	22.1
		0.50	12.5	11.0	10.2	9.3
		0.75	9.2	8.8	8.6	8.4
		1.00	7.9	7.8	7.7	7.6

式(3-6-1)中 GI_{at} 一项反映了自由扭转所占的比例,与 $k_s L^2/\pi^2$ 相比其数值很小,忽略它影响不大,则临界屈曲弯矩可以表示为

$$M_{cr} \approx \frac{k_c C_4}{\pi} (k_s E_a I_{afz})^{\frac{1}{2}} \tag{3-6-5}$$

式(3-6-5)与跨度 L 无关。所以 C_4 可以适用于各种两跨。

当钢梁为双轴对称截面时,组合截面特征参数 k_c 按下式计算:

$$k_c = \frac{h_s I_y / I_{ay}}{\dfrac{h_s^2/4 + i_x^2}{e} + h_s} \tag{3-6-6}$$

$$e = \frac{A I_{ay}}{A_s z_c (A - A_s)} \tag{3-6-7}$$

$$i_x^2 = \frac{I_{ay} + I_{az}}{A_s}$$

式中:A——组合梁的换算截面面积,其中忽略了混凝土的抗拉作用;
I_y——换算截面 A 关于主轴的惯性矩;
A_s——钢梁的截面面积;
I_{ay}、I_{az}——分别为钢梁截面关于截面中心轴 y 轴、z 轴的惯性矩;
z_c——钢梁形心与翼板形心间的距离。

当钢梁的上、下翼缘不相等时,参数 k_c 按下式计算:

$$k_c = \frac{h_s I_y / I_{ay}}{\dfrac{(z_f - z_s)^2 + i_x^2}{e} + 2(z_f - z_j)} \tag{3-6-8}$$

式中:z_s——钢梁中性轴至其剪力中心的距离,当剪力中心与钢梁受压翼缘在中性轴同侧时为正号;

$z_f = \dfrac{h_s I_{afz}}{I_{az}}$;

$z_j = z_s - \int_A \dfrac{z(y^2 + z^2) \mathrm{d}A}{2 I_{ay}}$,当 $I_{afz} > 0.5 I_{az}$ 时,可取 $z_j = 0.4 h_s \left(\dfrac{2 I_{afz}}{I_{az}} - 1 \right)$。

3.6.2 钢梁在负弯矩区的局部稳定问题

钢梁中的板件在较大压应力作用下将有可能发生局部失稳,钢梁局部失稳将使钢板产生局部波浪形凹凸变形,导致钢材在达到屈服强度之前就因屈曲而丧失承载能力。

组合梁中支点附近受力比较复杂,既有整体的负弯矩和剪力作用,又有局部的支承反力作用。在负弯矩作用下钢梁下翼缘和下部腹板产生弯曲压应力,在剪力作用下钢梁腹板产生剪应力,在局部支承反力作用下腹板局部受到竖向压应力作用。这些应力使得钢梁的下翼缘和腹板有可能发生局部失稳。提高钢梁局部稳定性的方法主要有增加板厚和设置加劲肋两种。其中钢板组合连续梁的受压下翼缘可通过增加板厚的方法保证板件的局部稳定性,而钢箱组合连续梁的受压底板通常通过设置加劲肋或在箱内受压底板上浇筑一定厚度且适当配筋的混凝土的方式保证受压底板的局部稳定。此外,在钢梁的腹板上设置加劲肋的方式保证其稳定性效果较为明显。

有关保证钢梁翼缘和腹板不发生局部失稳的方法在各个国家规范中都有规定,相关内容列举如下:

1) 钢梁下翼板的局部稳定

钢梁下翼板的局部稳定可通过限制宽厚比来保证翼缘局部失稳发生在其强度破坏之后,从而保证翼缘的局部稳定性能。《钢结构设计标准》(GB 50017—2017)中曾规定钢梁受压翼缘自由外伸宽度 b 与其厚度 t 应满足下式要求:

$$\frac{b}{t} \leqslant 13\sqrt{\frac{235}{f_y}} \tag{3-6-9}$$

箱形截面梁受压翼缘板在两腹板之间的无支承宽度 b_0 与其厚度 t 之比应符合下式要求:

$$\frac{b_0}{t} \leqslant 40\sqrt{\frac{235}{f_y}} \tag{3-6-10}$$

在工字形钢板组合梁中容易通过限制板件的宽厚比保证下翼缘的稳定性,但是在箱形组合梁中采用限制底板宽厚比的方法保证底板的局部稳定性往往较难,通常需要在受压底板上设置纵向加劲肋。带加劲肋板件的稳定性计算较为复杂,《公路钢结构桥梁设计规范》(JTG D64—2015)中第5.1.7条和第5.1.8条给出了考虑局部稳定和剪力滞影响的有效截面计算分析方法。

此外,在钢箱组合梁中的负弯矩区底板上浇筑混凝土形成双重组合结构桥梁,充分发挥混凝土材料抗压性能好的优点,显著改善钢梁下翼缘受压稳定性能,避免使用厚钢板或大量使用加劲肋带来的焊接作业量大及条件差等问题。

2) 腹板的局部稳定

钢梁腹板上加劲肋的布置形式主要取决于腹板的高度 h_w 与厚度 t_w 的比值 h_w/t_w。表3-6-4列出了《公路钢结构桥梁设计规范》(JTG D64—2015)根据腹板高厚比来设置加劲肋的要求。

腹板高厚比限值   表3-6-4

构造形式	钢材品种		备注
	Q235	Q345	
不设横向加劲肋及纵向加劲肋	$\dfrac{\eta h_w}{70}$	$\dfrac{\eta h_w}{60}$	
仅设横向加劲肋,但不设纵向加劲肋	$\dfrac{\eta h_w}{160}$	$\dfrac{\eta h_w}{140}$	
设横向加劲肋和一道纵向加劲肋	$\dfrac{\eta h_w}{280}$	$\dfrac{\eta h_w}{240}$	纵向加劲肋位于距受压翼缘 $0.2h_w$ 附近,见《公路钢结构桥梁设计规范》(JTG D64—2015)图5.3.3
设横向加劲肋和两道纵向加劲肋	$\dfrac{\eta h_w}{310}$	$\dfrac{\eta h_w}{310}$	纵向加劲肋位于距受压翼缘 $0.14h_w$ 和 $0.36h_w$ 附近,见《公路钢结构桥梁设计规范》(JTG D64—2015)图5.3.3

注:1. h_w 为腹板计算高度,对焊接梁为腹板的全高,对铆接梁为上、下翼缘角钢内排铆钉线的间距。

2. η 为折减系数,$\eta = \sqrt{\dfrac{\tau}{f_{vd}}}$,但不得小于0.85,其中 τ 为腹板基本组合下的腹板剪应力。

《公路钢结构桥梁设计规范》(JTG D64—2015)关于加劲肋的设置也有相关的规定,具体如下:

(1)腹板横向加劲肋设置。

腹板横向加劲肋的间距 a 不得大于腹板高度 h_w 的 1.5 倍,并且针对纵向加劲肋设置不同的情况横向加劲肋的间距要满足如下规定。

①不设纵向加劲肋时,横向加劲肋的间距 a 应该满足下式要求:

$$\begin{cases} \left(\dfrac{h_w}{100 t_w}\right)^4 \left\{\left(\dfrac{\sigma}{345}\right)^2 + \left[\dfrac{\tau}{77 + 58(h_w/a)^2}\right]^2\right\} \leqslant 1 & \left(\dfrac{a}{h_w} > 1\right) \\ \left(\dfrac{h_w}{100 t_w}\right)^4 \left\{\left(\dfrac{\sigma}{345}\right)^2 + \left[\dfrac{\tau}{58 + 77(h_w/a)^2}\right]^2\right\} \leqslant 1 & \left(\dfrac{a}{h_w} \leqslant 1\right) \end{cases} \quad (3\text{-}6\text{-}11)$$

②设置一道纵向加劲肋时,横向加劲肋的间距 a 应该满足下式要求:

$$\begin{cases} \left(\dfrac{h_w}{100 t_w}\right)^4 \left\{\left(\dfrac{\sigma}{900}\right)^2 + \left[\dfrac{\tau}{120 + 58(h_w/a)^2}\right]^2\right\} \leqslant 1 & \left(\dfrac{a}{h_w} > 0.8\right) \\ \left(\dfrac{h_w}{100 t_w}\right)^4 \left\{\left(\dfrac{\sigma}{900}\right)^2 + \left[\dfrac{\tau}{90 + 77(h_w/a)^2}\right]^2\right\} \leqslant 1 & \left(\dfrac{a}{h_w} \leqslant 0.8\right) \end{cases} \quad (3\text{-}6\text{-}12)$$

③设置两道纵向加劲肋时,横向加劲肋的间距 a 应该满足下式要求:

$$\begin{cases} \left(\dfrac{h_w}{100 t_w}\right)^4 \left\{\left(\dfrac{\sigma}{3000}\right)^2 + \left[\dfrac{\tau}{187 + 58(h_w/a)^2}\right]^2\right\} \leqslant 1 & \left(\dfrac{a}{h_w} > 0.64\right) \\ \left(\dfrac{h_w}{100 t_w}\right)^4 \left\{\left(\dfrac{\sigma}{3000}\right)^2 + \left[\dfrac{\tau}{140 + 77(h_w/a)^2}\right]^2\right\} \leqslant 1 & \left(\dfrac{a}{h_w} \leqslant 0.64\right) \end{cases} \quad (3\text{-}6\text{-}13)$$

式中:t_w——腹板厚度;

h_w——腹板高度;

σ——标准组合下的受压翼缘处腹板正应力;

τ——标准组合下的腹板剪应力。

另外,腹板横向加劲肋惯性矩应满足下式要求:

$$I_t \geqslant 3 h_w t_w^3 \quad (3\text{-}6\text{-}14)$$

式中:I_t——单侧设置横向加劲肋时,为加劲肋对腹板连接线的惯性矩;双侧对称设置横向加劲肋时,为加劲肋对腹板中心线的惯性矩。

(2)腹板纵向加劲肋设置。

腹板纵向加劲肋的设置必须满足自身具有一定刚度的要求,其惯性矩应满足下式要求:

$$I_l \geqslant \max\{\xi_l h_w t_w^3, 1.5 h_w t_w^3\} \quad (3\text{-}6\text{-}15)$$

$$\xi_l = \left(\dfrac{a}{h_w}\right)^2 \left[2.5 - 0.45\left(\dfrac{a}{h_w}\right)\right] \quad (3\text{-}6\text{-}16)$$

式中:I_l——单侧设置纵向加劲肋时,为加劲肋对腹板连接线的惯性矩;双侧对称设置纵向加劲肋时,为加劲肋对腹板中心线的惯性矩。

(3)支座处腹板局部稳定验算。

在支座附近的腹板受到正应力 σ、剪应力 τ 和局部压应力 σ_c 作用,在三种应力共同作用下腹板的局部稳定计算分析复杂。在《钢结构设计标准》(GB 50017—2017)中采用了相关公式的形式给出了受到三种应力作用时的腹板稳定验算方法,根据加劲肋布置方式的不同以及验算被加劲肋分割腹板块位置的不同采用如下两种形式的相关公式:

$$\frac{\sigma}{\sigma_{\text{crl}}} + \left(\frac{\tau}{\tau_{\text{crl}}}\right)^2 + \left(\frac{\sigma}{\sigma_{\text{c,crl}}}\right)^2 \leqslant 1.0 \qquad (3\text{-}6\text{-}17\text{a})$$

$$\left(\frac{\sigma}{\sigma_{\text{crl}}}\right)^2 + \left(\frac{\tau}{\tau_{\text{crl}}}\right)^2 + \frac{\sigma}{\sigma_{\text{c,crl}}} \leqslant 1.0 \qquad (3\text{-}6\text{-}17\text{b})$$

式中:σ_{crl}、τ_{crl}、$\sigma_{\text{c,crl}}$——分别为单块板件在正应力、剪应力和局部压应力单独作用下的失稳临界应力。

由于上述方法计算腹板的稳定相对复杂,《公路钢结构桥梁设计规范》(JTG D64—2015)中给出了一种简单的支座处支承加劲肋腹板在局部压力作用下强度的计算方法及加劲肋和腹板稳定的计算方法。

在支反力 R_v 作用下,假定只有支座范围内的支承加劲肋和一定宽度范围的腹板承受该荷载作用,其中假设支座反力经过支座垫板和下翼缘沿 45°扩散,腹板与下翼缘交界面处的局部压力验算按照下式进行:

$$\gamma_0 \frac{R_v}{A_s + B_{\text{eb}} t_w} \leqslant f_{\text{cd}} \qquad (3\text{-}6\text{-}18)$$

式中:R_v——支座反力设计值;

A_s——支承加劲肋面积之和;

t_w——腹板厚度;

B_{eb}——腹板局部承压有效计算宽度,$B_{\text{eb}} = B + 2(t_f + t_b)$;

B——上支座宽度;

t_f——下翼板厚度;

t_b——支座垫板厚度;

γ_0——结构重要性系数;

f_{cd}——端部承压设计强度。

在支反力 R_v 作用下,腹板和加劲肋受到的竖向压力在支座处最大,在腹板与上翼缘交界处的压力为零,竖向应力在竖向呈三角形分布。在该压力分布形式下,腹板与支承加劲肋的局部稳定计算将该局部视作一承受不均匀压力作用的独立悬臂承压柱,偏保守按照下式进行计算:

$$\gamma_0 \frac{2R_v}{A_s + B_{\text{ev}} t_w} \leqslant f_d \qquad (3\text{-}6\text{-}19)$$

式中:f_d——设计强度;

B_{ev}——如图 3-6-3 所示,按式(3-6-20)计算的腹板有效计算宽度。当设置一对支承加劲肋并且加劲肋距梁端距离不小于 12 倍腹板厚时,腹板有效计算宽度按 24 倍腹板厚计算;当设置多对支承加劲肋时,按每对支承加劲肋求得的腹板有效计算宽度之和计算,但相邻支承加劲肋之间的腹板有效计算宽度不得大于加劲肋间距。

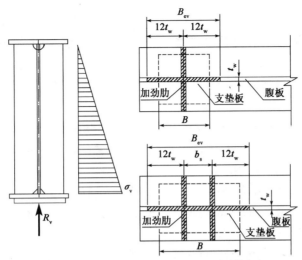

图 3-6-3 设置支承加劲肋时的腹板有效计算宽度

$$\begin{cases} B_{ev} = (n_s - 1)b_s + 24t_w & (b_s < 24t_w) \\ B_{ev} = 24n_s t_w & (b_s \geqslant 24t_w) \end{cases} \quad (3\text{-}6\text{-}20)$$

式中：n_s——支承加劲肋对数；

b_s——支承加劲肋间距。

3.7 本章小结

本章从钢-混凝土组合梁桥的发展过程及应用现状入手，对钢-混组合梁受弯的断面构成、基本性能、分阶段受力、成形及构造形式、结构特点，以及三种常用截面组合的基本形式及其构造要求进行了介绍。基于换算截面法的基本概念，详细介绍了完全结合的钢-混凝土组合梁桥的截面应力分析方法及控制要求。结合《公路钢混组合桥梁设计与施工规范》（JTG/T D64-01—2015）和《钢-混凝土组合桥梁设计规范》（GB 50917—2013）的相关规定，介绍了承载能力极限状态下钢-混凝土组合梁桥的弹性抗弯、抗剪承载力，塑性抗弯、抗剪承载力的计算方法，其中包括正弯矩截面和负弯矩截面的计算方法；介绍了截面抗裂性的计算和控制要点；给出了钢-混凝土连续梁桥的负弯矩区的受力特点及其钢板局部稳定性和结构整体稳定性的验算方法。

思考题

1. 完全连接的钢-混凝土组合梁与叠合梁的中性轴有何区别？
2. 在设计钢-混凝土连续梁桥中支点负弯矩区时有哪些受力特点需要特别注意？
3. 钢板组合梁桥和钢箱组合梁桥在构造上有哪些特点？
4. 钢-混凝土组合梁截面承载力设计有几种计算方法？这些计算方法各有什么特点？
5. 钢-混凝土组合梁桥设计时应如何考虑稳定性问题？

本章参考文献

[1] 黄侨.桥梁钢-混凝土组合结构设计原理[M].2版.北京:人民交通出版社股份有限公司,2017.

[2] 辛学忠,张晔芝.我国铁路钢-混凝土结合梁桥技术发展思考[J].桥梁建设,2007,37(5):12-16.

[3] 叶梅新,江锋.芜湖桥板桁组合结构的研究[J].铁道学报,2001,23(5):65-69.

[4] 叶梅新,侯文崎.芜湖公铁两用长江大桥受压区桁梁结合梁试验研究成果简介[J].工程力学,1999,3(a03):214-219.

[5] 侯文崎.铁路钢-混凝土组合桥及剪力连接件的研究[D].长沙:中南大学,2010.

[6] 中华人民共和国交通运输部.公路钢结构桥梁设计规范:JTG D64—2015[S].北京:人民交通出版社股份有限公司,2015.

[7] 中华人民共和国交通运输部.公路钢混组合桥梁设计与施工规范:JTG/T D64-01—2015[S].北京:人民交通出版社股份有限公司,2015.

[8] 中华人民共和国交通运输部.公路钢筋混凝土及预应力混凝土桥涵设计规范:JTG 3362—2018[S].北京:人民交通出版社股份有限公司,2018.

[9] 中华人民共和国住房和城乡建设部,中华人民共和国国家质量监督检验检疫总局.钢-混凝土组合桥梁设计规范:GB 50917—2013[S].北京:中国计划出版社,2013.

[10] 黄侨,郭赵元,万世成,等.钢-混凝土组合梁桥的截面弹性抗弯承载力计算方法研究[J].中国公路学报,2017,30(3):167-174.

[11] 中华人民共和国交通运输部.公路桥涵设计通用规范:JTG D60—2015[S].北京:人民交通出版社股份有限公司,2015.

[12] 中华人民共和国住房和城乡建设部,中华人民共和国国家质量监督检验检疫总局.钢结构设计标准:GB 50017—2017[S].北京:中国建筑工业出版社,2017.

第4章
波形钢腹板组合梁桥理论与设计

4.1 波形钢腹板组合梁桥的发展与结构体系

4.1.1 波形钢腹板组合梁桥的提出

板梁是由3块板组成的开口截面结构,其抗扭刚度较小,当需要在平面上布置成曲线或要求跨度较大时就会有一定的局限性。箱梁是由至少2块腹板以及顶、底板构成的闭口截面结构,其抗弯、抗剪及抗扭刚度都比较大,适用于跨径较大的桥梁,尤其常用于弯桥。根据使用的建筑材料,其一般分为混凝土箱梁、钢箱梁及钢-混凝土组合结构箱梁。混凝土箱梁具有良好的结构性能,在各种桥梁中得到广泛应用。早期的混凝土箱梁一般都在顶、底板及腹板布置预应力钢筋来提高其抗弯、抗剪承载性能,因而其截面都比较厚,不仅自身的自重很大,同时又加重了下部结构的负担。此外,混凝土箱梁由顶、底板和腹板形成一体,顶、底板的温差及腹板的干燥收缩、徐变等引起的应力集中问题比较突出,会出现各种裂缝,严重影响结构的承载性能和耐久性。

因此,要从根本上解决混凝土箱梁存在的问题,必须采用主动控制的设计方法,即设法解除腹板及顶、底板之间的相互约束,使各部分单独承受截面剪力或者弯矩、轴力。法国的桥梁工程界在这方面做了许多开创性的工作,如通过用预制混凝土腹板或钢腹板使截面分离,达到改善其力学性能及减轻上部结构自重的目的。法国曾建成一座采用预制混凝土腹板的箱梁桥,其每块腹板做成梯形并且互不连接。预制的混凝土腹板通常是在工厂浇筑,施工质量容易确保,在保持良好的抗剪性能的同时,又可以减轻自重,而且在架设时干燥收缩变形基本上已稳定。所以无论从结构性能,还是从施工难易程度来看,采用预制混凝土腹板的箱梁桥相比完全现浇混凝土箱梁桥都具有诸多优点。但是,采用预制混凝土腹板的箱梁桥中腹板与顶、底板的连接比较困难。该桥的腹板与顶、底板的连接是通过在腹板中设置预应力钢筋来实现的。为进一步减轻腹板质量,法国建成一座用平板钢腹板来代替混凝土腹板的简支箱梁桥,并采用体外索施加纵向预应力。钢腹板与混凝土顶、底板之间通过各种连接件结合,但是在施加纵向预应力时,钢腹板损失了部分预应力,并且为防止发生局部屈曲必须焊接纵向加劲肋。因此,最终提出用弯成波折形状的钢板代替混凝土腹板,与混凝土顶、底板形成组合箱梁体系新型结构,由混凝土顶板及底板、波形钢腹板、横隔板、体内外预应力钢筋或钢索等构成,如图4-1-1所示。

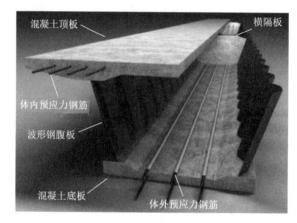

图4-1-1　波形钢腹板组合箱梁结构

波形钢腹板组合箱梁的特点具体表现在:

(1)波形钢板充当腹板,使得箱梁自重大为减轻,可以减轻20%～30%,从而可以增大跨径、减少材料基础用量。波形钢腹板组合箱梁主要利用波形钢腹板较高的抗剪承载性能承担截面剪力,混凝土顶、底板承担截面弯矩;通过波形钢板的自由压缩提高预应力施加效率。波形钢腹板箱梁恰当地将钢、混凝土两种材料结合起来,提高了结构的强度、稳定性以及材料的使用效率。

(2)波形钢腹板纵向刚度较低,因此对混凝土顶、底板的徐变、干燥收缩变形不起约束作用,避免预加力向钢腹板的转移,大幅度提高施加预应力的效率。

(3)波形钢板具有较强的抗剪屈曲能力,因而可以做得很薄,且无须纵横向加劲,但荷载引起的剪切变形挠度突出。

(4)波形腹板箱梁的抗扭刚度同混凝土箱梁相比有所降低,需要设置足够的横向联系控制扭转畸变。

(5)波形钢腹板制作可以实行工厂化,并且伴随着自重减轻,架设施工容易。

(6)波形钢腹板使桥梁具有较强的美感,易与周围的环境相谐调,是山区、风景区较好的桥型选择。

(7) 采用体外预应力钢筋方式,可免除在混凝土腹板内预埋管道的繁杂工序,缩短了工期,使施工更加方便,利用传统的施工设备和方法就能完成桥梁的架设,对于因工期受到制约的地区,施工非常有效。

这种新结构在国外应用推广的初期,因为波形钢腹板的制作需要专门的轧制设备,所以成本较高。但随着波形钢板轧制设备的不断改进和制作工艺的进一步成熟,波形钢腹板制作成本降低。通过对已建成的数座波形钢腹板组合箱梁桥的经济性能进行评价和分析,与相同跨长的预应力混凝土桥相比,波形钢腹板组合箱梁桥成本可降低约30%。

此外,由于波形钢腹板具有纵向刚度低以及剪切变形大的特点,在波形钢腹板的加工、运输、架设、节段施工过程中对变形的控制精度要求更高。波形钢腹板与混凝土顶、底板的结合构造复杂,设计与施工中应采取措施确保作用力能够有效地传递,同时保证组合梁截面各部分完全构成一体承担作用。

虽然波形钢腹板组合箱梁桥在国内起步较晚,但许多关键技术问题通过系统的理论分析和试验验证逐步得以解决,其工程实践的发展突飞猛进。

4.1.2 波形钢腹板组合桥梁的发展与应用

将波形钢板用作桥梁的腹板是法国CB公司的独创。20世纪80年代中期,CB公司经过大量的理论分析和模型试验研究,于1986年在法国建成了世界上第一座波形钢腹板体外预应力组合梁桥——Cognac桥,跨径布置为31m+43m+31m,该桥采用等截面单室箱梁,厚度为8mm的波形钢腹板以35°的倾角通过连接件与顶、底板结合,截面高度与跨径的比为1/19。波形钢腹板在工厂经防锈处理后被运到现场,用支架施工法进行架设,跨径布置及截面形式见图4-1-2。

之后法国又相继建成了Maupre桥、Asterix桥及Dole桥等波形钢腹板组合梁桥。图4-1-3所示为1987年建成的Maupre桥,采用波形钢腹板7跨连续箱梁桥,总长为325m,最大跨度为53.55m,桥面宽度为10.75m。该桥与其他波形钢腹板组合箱梁桥最大的不同是用钢管混凝土杆件来代替混凝土底板,与倾斜45°的两块波形钢腹板及其混凝土顶板形成三角形箱形截面,从而使上部质量得到大幅度减轻。不但技术含量很高(即采用波形钢腹板与钢管混凝土杆件组合使用),而且造型美观、设计新颖。

图4-1-2 Cognac桥

图4-1-3 Maupre桥

日本继法国之后开始对波形钢腹板组合箱梁桥进行比较系统的研究与开发,于1993年、1996年分别建成单跨简支梁的新开桥及5跨连续梁的银山御幸桥后,又于1998年建成了3跨连续刚构式的本谷桥,跨径布置为44m+97.2m+56m,如图4-1-4所示。波形腹板预应力组合桥梁研究委员会于1998年发布设计指南以促进该桥型的应用。

日见矮塔斜拉桥采用单室单箱波形腹板加劲梁,跨径布置为91.75m+180.0m+91.75m;栗东桥为上、下线分离矮塔斜拉桥,最大跨度分别为170m、160m,采用完全体外索的单箱3室波形钢腹板加劲梁,如图4-1-5所示;矢作川桥为一座波形钢腹板箱梁普通斜拉桥,其跨径布置为173.4m+2×235.0m+173.4m。

图4-1-4 本谷桥

图4-1-5 栗东桥

同样,波形钢腹板组合桥梁的设计与施工在瑞典、美国、韩国与德国等国家均有报道。德国于2007年在高速公路A71号线建成一座波形钢腹板3跨连续箱梁桥,其跨径布置为81.47m+115.0m+81.36m。该桥为上、下线双幅分离,采用变截面单室箱梁,通过悬臂施工法架设,体外、体内索并用,同时设置12根横隔梁用于体外索的转向及加强截面刚度。

韩国Ilsun桥位于庆尚北都国道3号线上,在与组合箱梁桥、混凝土箱梁桥从经济、美观、环境、施工等各方面进行比较后,最终采用多室单箱波形钢腹板组合箱梁。该桥跨径布置为50.0m+10×60.0m+50.0m+2×50.5m,梁高3.5m,波形钢板厚度为8~22mm,使用贴角焊缝连接。

2005年,我国先后建成了3座波形钢腹板组合梁桥,分别是江苏省淮安市长征桥、河南光山泼河大桥和重庆大堰河桥。至2017年年底,据不完全统计,建成与在建的波形钢腹板组合桥梁超过100座,如辽宁宽甸互通立交、山东鄄城黄河公路大桥、广东鱼窝头曲线波形腹板匝道桥、深圳南山大桥、郑州桃花峪黄河跨堤大桥、深圳东宝河新安大桥、南昌朝阳大桥、山西运宝黄河大桥等。

波形钢腹板组合桥梁桥跨形式包括简支梁、连续梁、连续刚构和斜拉桥等,截面形式多为箱形,亦有三角形,施工方法包括悬臂拼装与浇筑、顶推和满堂支架,以及该桥型特有的利用波形钢腹板先行架设等。波形钢腹板组合桥梁结构形式与最大跨径的关系如图4-1-6所示。简支梁桥的最大跨径为50m,连续梁桥达到160m,T形刚构桥的最大跨径在95m左右,连续刚构桥达到了150m,斜拉桥达到235m。不论是梁式桥,还是刚构桥,都实现了多跨连续。波形钢腹板组合梁可以应用在多种桥型中,图4-1-7为不同结构形式比例情况,其中连续梁和连续刚构占绝大多数,分别达到38%和41%。而且所建波形钢腹板组合桥梁跨径一般在50~160m之间,这说明波形钢腹板组合梁特别适用于中等或大跨径的多跨连续梁或连续刚构桥,当跨径超过100m后,其经济性更为明显。

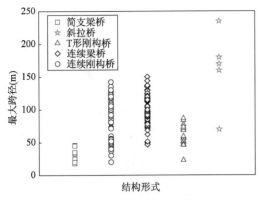

图 4-1-6　波形钢腹板组合桥梁结构形式
与最大跨径的关系

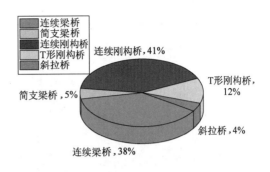

图 4-1-7　结构形式比例

波形钢板不仅局限于替代混凝土腹板应用在组合箱梁结构中,它还具有新的构造形式:

(1)波形钢腹板-钢管或钢管混凝土组合梁、组合拱。

波形钢腹板可与钢管或钢管混凝土翼缘形成组合梁(图4-1-8)或组合拱(图4-1-9)。钢管或钢管混凝土翼缘可提高组合梁抗弯性能、侧扭屈曲强度以及侧向稳定性,且波形钢腹板具有较强的抗剪屈曲能力。波形钢腹板钢管混凝土组合拱,为了避免节点发生破坏,拱呈总体破坏特征,波形钢腹板与钢管混凝土弦杆均能发挥各自的优势,从而使其延性与极限承载能力明显提高。

图 4-1-8　管状翼缘波形钢腹板 I 形组合梁

图 4-1-9　波形钢腹板钢管混凝土组合拱

(2)带波形钢腹板悬臂挑梁的钢-混凝土组合脊骨梁。

带波形钢腹板悬臂挑梁的钢-混凝土组合脊骨梁(图4-1-10),包含中央脊骨小箱梁、两侧横向布置的波形钢腹板悬臂挑梁以及混凝土桥面板。脊骨小箱梁可降低梁高、减小结构自重,波形钢腹板悬臂挑梁可有效施加桥面横向预应力,增大桥宽。该结构适用于大跨、宽幅桥梁,尤其是单索面斜拉桥或拱桥。

(3)波形钢腹板预弯组合梁。

波形钢腹板预弯组合梁(图4-1-11),由波形腹板钢梁、预应力与外包混凝土组成。由于波形钢腹板轴向刚度小,预应力有效地施加于钢梁的上、下翼缘。预应力施加后,波形腹板钢梁周围浇筑混凝土形成类似型钢混凝土组合结构形式,避免波形钢腹板局部屈曲,外包混凝土能够提高构件的抗火性能以及耐久性能。

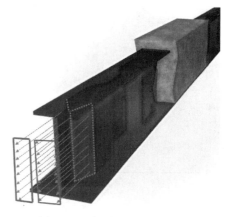

图 4-1-10　带波形钢腹板悬臂挑梁的钢-混凝土组合脊骨梁　　图 4-1-11　波形钢腹板预弯组合梁

（4）波形钢腹板组合槽型梁。

波形钢腹板组合槽型梁（图 4-1-12），由混凝土底板、两片波形钢腹板和两片混凝土上翼缘板三个主要部分组成，是一种新型下承式的钢-混凝土组合梁桥。其具有建筑高度低，隔音减噪，自重较轻，抗裂性能好，混凝土收缩、徐变和温度梯度影响小，施加预应力的效率高等优点。

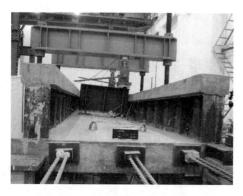
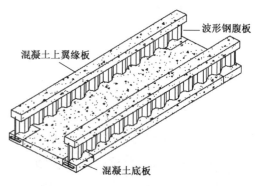

图 4-1-12　波形钢腹板组合槽型梁

综上，随着波形钢腹板组合结构研究的深入和建造技术的成熟，其在桥梁工程中得到愈来愈广泛的应用，且正朝着大跨度、轻质化、装配化、多样性等方向发展：

（1）波形钢腹板的设计及制造标准化与个性化有机结合。

（2）波形钢腹板组合桥梁结构形式由中、小跨径梁桥发展至大跨径拱桥与斜拉桥，桥型大为丰富。

（3）波形钢腹板组合梁截面由单箱单室发展至单箱多室、多箱多室等，满足桥梁宽度要求。

（4）耐候钢、新型耐候性材料等在波形钢腹板组合桥梁中应用以提高结构的耐久性能。

（5）新型装配式波形钢腹板组合结构设计与快速化施工。

（6）BIM 技术、快速精细化 FEA 技术、长期健康监测技术等在波形钢腹板组合桥梁中应用。

4.1.3 波形钢腹板组合桥梁的结构体系

1）立面布置

波形钢腹板组合桥梁在立面布置上与混凝土结构桥梁基本一致，其梁高沿着桥梁纵向有直线(等高截面)、折线及曲线(变高截面)3 种变化形式(图 4-1-13)。

通过比较考察已建波形钢腹板组合桥梁跨中及墩顶的截面高度与最大跨径的变化关系，发现其主梁高跨比有以下特点：

(1) 采用 T 形刚构体系的高跨比大于梁桥或刚构桥。

(2) 与混凝土箱梁桥相比较，波形钢腹板组合桥梁墩顶的高跨比相差不多。

(3) 与混凝土箱梁桥相比较，波形钢腹板组合桥梁跨中的高跨比稍大，以此来提高体外预应力钢筋的偏心量。

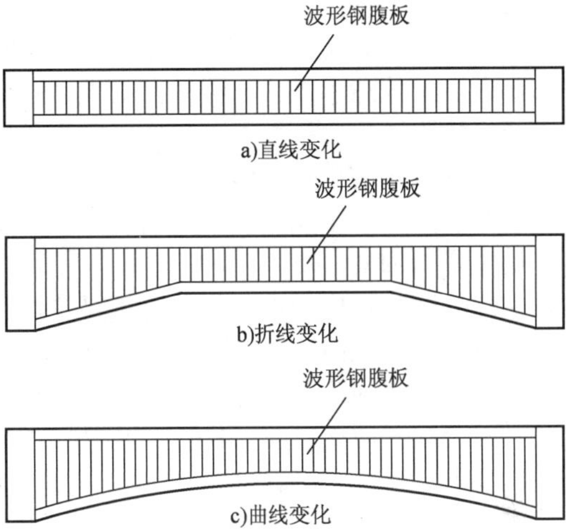

2）横断面布置

波形钢腹板预应力混凝土梁桥的横断面选择，要考虑弯曲、扭转、畸变刚度，并兼顾道路宽度、连接构造、桥面板受力及下部与基础构造等因素，而且应该在考虑经济指标与施工方案之后，确定断面形式。断面总体尺寸可参照常规预应力混凝土箱梁桥设计。可采用图 4-1-14 所示的单箱单室、单箱双室、单箱多室、多箱单室，亦可采用斜腹板做成倒梯形或采用外(内)撑加强顶板和悬挑板。

图 4-1-13 箱梁立面布置形式

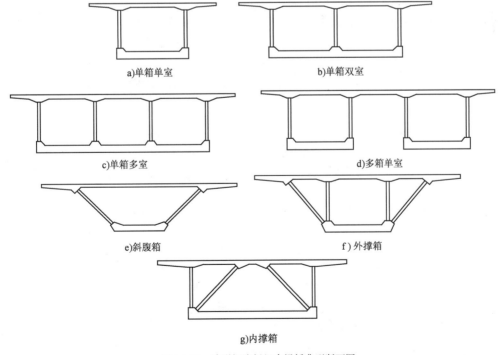

图 4-1-14 波形钢腹板组合梁桥典型断面图

3）预应力及转向块布置

波形钢腹板预应力混凝土组合箱梁桥宜采用体内、体外预应力钢筋共用的预应力体系。通常在受拉区的混凝土底板或顶板内配置体内有黏结的预应力钢筋，在钢腹板内侧配置立面为折线形的体外预应力钢筋。两端锚固于端横隔板上，中间转向点处设置转向块或转向横隔板。可依据恒载由体内预应力、活载由体外预应力承担的原则，配置体内、外预应力钢筋。预应力钢筋的布置数量及形式应根据结构受力、桥梁施工方法确定。

转向块的构造形式应根据结构受力、体外预应力钢筋布置方式、转向器等因素进行选择。应做成将体外预应力钢筋所产生的转向力可靠地向主梁进行传递的结构，且转向块在构造上应能承受其周边构件传来的荷载。设计时宜考虑增加体外预应力钢筋的可能性，预留备用孔，以便在特殊需要时采用。

4）横隔板布置

波形钢腹板预应力混凝土组合箱梁抗扭刚度及抗剪刚度分别降低到预应力混凝土箱梁的约40%和10%，纵向及横向抗弯刚度分别降低到约90%和75%。所以，波形钢腹板箱梁不仅要在支座处设置横隔梁，还要在跨径内适当布置横隔板来增大箱梁的有效抗扭刚度，以利于荷载的横向分布。此外，通过设置一定数量或间距的横向联系钢构件或混凝土横隔板来限制结构畸变变形，使箱梁在偏心荷载作用下的翘曲正应力与恒载和活载正应力之和的比值被限制在一定范围以内（通常为10%以内）。合理的横隔板的设置还应考虑体外预应力筋锚固和转向的要求。

关于横隔板的设置间距需进一步研究，特别是弯桥或斜桥更要慎重考虑。横隔板一般按维持两种箱梁扭转刚度一致的原则设置，除了支点和墩部需设置端横隔梁以外，在已建桥梁中，中横隔板间距为9~29m，其中还要考虑它兼作体外索转向块使用，每跨至少要在2处设置横隔板。

5）连接构造布置

波形钢腹板一般由于加工、运输及施工上的要求被沿纵向分割成节段，被运到现场后再拼装，各块钢腹板间通常采用高强度螺栓连接（图4-1-15）或焊接连接（图4-1-16）。

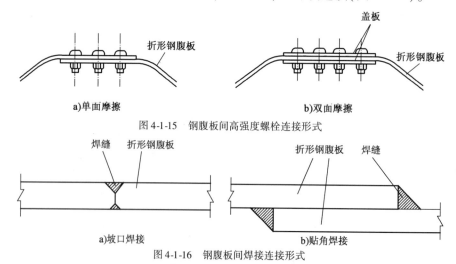

图4-1-15　钢腹板间高强度螺栓连接形式

图4-1-16　钢腹板间焊接连接形式

波形钢腹板与上、下钢翼缘板连接焊缝同平钢腹板与上、下翼缘板连接焊缝相比，在桥轴方向将产生偏心的剪力，但是由于波形钢腹板轴向刚度小，偏心的剪力影响不大。图4-1-17为波形钢腹板与上翼缘板连续贴角焊的连接方式，其性能已得到模型试验以及实际工程的验证。

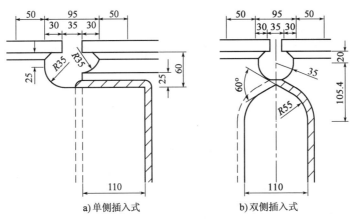

a) 单侧插入式 b) 双侧插入式

图 4-1-17 波形钢腹板与上翼缘板连续贴角焊的连接方式(尺寸单位:mm)

波形钢腹板与混凝土顶、底板的结合部,是波形钢腹板预应力混凝土桥梁中重要的构造部位,不但要能够准确传递作用于结合部的桥轴方向水平剪力,而且应能抵抗因轮载导致的与桥轴成直角方向的桥面板的角隅弯矩,以保证箱梁安全。在选择该结合部连接构造时,应采用已经通过试验确认其安全性的剪力连接构造。

波形钢腹板与混凝土顶板间的结合形式,可分为钢腹板上端焊接翼缘板并配置连接件的翼缘型和钢腹板直接伸入混凝土顶板中的嵌入型。

如图 4-1-18 所示,依据使用的连接件不同,翼缘型结合方式又可以分成焊钉连接件型、开孔板连接件型、型钢连接件型等。

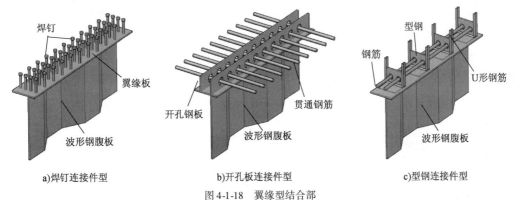

a) 焊钉连接件型　　　　b) 开孔板连接件型　　　　c) 型钢连接件型

图 4-1-18 翼缘型结合部

图 4-1-19 所示嵌入型结合部的最大优点是省去上翼缘板且焊接量较小,但折形钢腹板易于变形,增加加工、运输、架设的难度。因此,伸入混凝土板中的钢腹板两侧,通常需沿纵桥向焊接钢筋或开孔钢板或角钢、槽钢。

波形钢腹板与混凝土底板间的结合形式,可分为钢腹板下端焊接钢翼缘板并配置连接件的翼缘型、把钢腹板直接伸入混凝土板中的嵌入型以及下端钢翼缘板与钢腹板包裹混凝土底板并配置连接件的外包型结合构造,如图 4-1-20 所示,图中①为上翼缘,②为波形钢腹板,③为下翼缘,④为栓钉,⑤为贯穿钢筋,⑥为连接钢筋。

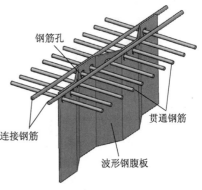

图 4-1-19 嵌入型结合部

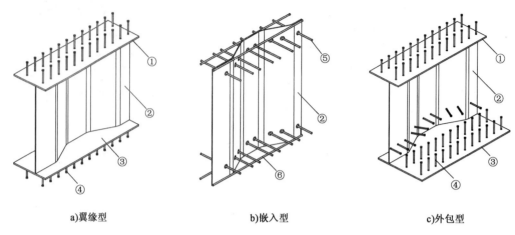

a)翼缘型　　　　　　　b)嵌入型　　　　　　　c)外包型

图 4-1-20　波形钢腹板与混凝土底板结合部

钢腹板与混凝土顶板翼缘型结合方式,钢翼缘板的设置能够保持波形钢腹板的形状,且可提高连接件位置处顶板混凝土的浇筑质量,保证连接件的抗剪承载力。由于钢翼缘板的存在,钢与混凝土结合面水分渗透导致钢筋与钢板腐蚀的可能性降低,且桥面板劣化时进行更换较为便利。为此,建议钢腹板与混凝土顶板结合可优先选取翼缘型结合部构造。

钢腹板与混凝土底板翼缘型结合方式,钢翼缘板下的混凝土逆向浇筑,其性能与质量受到影响。而嵌入型结合方式由于折形钢腹板的纵向变形易出现构造裂缝,在施工及后期维护中需采取防水措施。外包型结合方式,混凝土无须逆向浇筑,结合部位混凝土浇筑质量易得到保证,受力均匀、合理,且方便混凝土底板施工。因此,建议钢腹板与混凝土底板的结合优先选择外包型结合部构造。

4.2　波形钢腹板构造与设计

4.2.1　波形钢腹板的构造

波形钢腹板一般由卷材或板材弯折而成,主要由直板段、斜板段以及圆弧段组成。通常桥梁中所用的波形钢腹板是等波长(l)的。波形钢腹板的几何控制参数主要有:波形钢腹板高度 h、波形钢腹板波高 d、波形钢腹板的厚度 t、直板段宽度 a_1、斜板段投影宽度 a_2、斜板段宽度 a_3、转角半径 r 等。波形钢腹板通用断面图如图 4-2-1 所示。

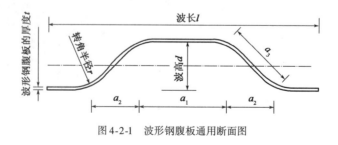

图 4-2-1　波形钢腹板通用断面图

波形钢腹板的波形形状选择,应统筹考虑施工可行性、经济性、景观性等各方面因素。在实际应用中,考虑加工时模具制造等因素,往往给出几种比较常用的波形钢腹板型号,以便加工制作。波形钢腹板分类代号为 BCSW。波形钢腹板型号表示如图 4-2-2 所示。

示例:材质为Q345c的1000型波形钢腹板型号表示为BCSW1000/Q345c。

图 4-2-2　波形钢腹板型号表示

由上述表示方法,可按波形钢腹板波长的大小,将其分为 1000 型波形钢腹板(BCSW1000)、1200 型波形钢腹板(BCSW1200)和 1600 型波形钢腹板(BCSW1600),其尺寸规格如表 4-2-1 所示。其中,1600 型多用于大跨径桥梁,1200 型与 1000 型多用于中、小跨径桥梁。

常用波形钢腹板的几何尺寸(单位:mm)　　　　　表 4-2-1

类型	l	t	a_1	a_2	a_3	d	r
1000 型	1000	8~12	340	160	226	160	$15t$
1200 型	1200	8~20	330	270	332	200	$15t$
1600 型	1600	10~30	430	370	430	220	$15t$

注:波形钢腹板的厚度宜小于40mm,且不宜小于8mm。波形钢腹板的冷弯加工弯曲半径不宜小于15倍的板厚。

通过比较已建波形钢腹板组合梁桥的波形钢腹板的构造,其形状与尺寸有以下几个特点:

(1)波形钢腹板直板段宽度 a_1 与斜板段宽度 a_3 大致相同。

(2)波形钢腹板波高 d 与直板段宽度 a_1、斜板段宽度 a_3 的比值在 0.4~0.6 之间。

(3)波形钢腹板的厚度 t 通常要满足钢腹板最小厚度的要求,一般最小厚度为8mm。

(4)箱梁根部截面高度较大时(>7m),波形钢腹板内侧应内衬混凝土(图 4-2-3),厚度应根据其抗剪承载力和斜截面抗裂计算确定,但最薄处不宜小于20cm。内衬混凝土宜用栓钉与波形钢腹板连接。

图 4-2-3　内衬混凝土组合腹板

4.2.2 波形钢腹板的设计

根据波形钢腹板与混凝土顶、底板的构造、梁高、混凝土板厚度、腹板厚度的不同,波形钢腹板所承受的剪力在全部剪力中的占比在60%~85%之间变化;极限状态时,混凝土顶、底板可能开裂,此时的剪力几乎完全由钢腹板承担,故按波形钢腹板承受全部剪力作为设计是偏于安全的。

波形钢腹板在剪力作用下既有剪切屈服问题,亦有剪切屈曲问题,故应同时进行强度与稳定验算。此外,还需对钢腹板之间的连接进行验算。波形钢腹板的设计,通常按照图4-2-4所示流程进行。

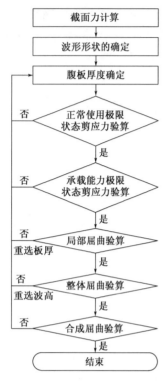

图4-2-4 波形钢腹板设计流程图

1)波形钢腹板抗剪验算

波形钢腹板的剪应力应同时计入剪力、扭矩以及其与预应力的竖向分力产生的效应。其中剪力包括预应力的二次效应,扭矩可取汽车荷载最不利偏载情况下的组合设计值。抗剪强度与剪切稳定验算时预应力效应的分项系数不利时取1.2,有利时取1.0。

波形钢腹板承载能力极限状态抗剪强度与剪切稳定验算应采用《公路桥涵设计通用规范》(JTG D60—2015)规定的作用效应的基本组合。正常使用极限状态剪应力验算同样应采用《公路桥涵设计通用规范》(JTG D60—2015)规定的作用效应的标准组合。

波形钢腹板的承载能力极限状态抗剪强度应符合式(4-2-1)~式(4-2-3)要求:

$$\gamma_0 (\tau_{md} + \tau_{td}) \leqslant f_v \tag{4-2-1}$$

$$\tau_{md} = \frac{V_{d1} - V_{p1}}{h_w t_w} \tag{4-2-2}$$

$$\tau_{td} = \frac{T_d}{2A_m t_w (1 + \alpha)} \tag{4-2-3}$$

式中:γ_0——结构重要性系数;

τ_{md}——作用效应基本组合下,剪力与预应力的竖向分力产生的剪应力,MPa;

τ_{td}——作用效应基本组合下,扭矩产生的剪应力,MPa;

f_v——钢板的抗剪强度设计值,MPa;

V_{d1}——作用效应基本组合下,计算截面单块波形钢腹板的剪力设计值,N;

V_{p1}——作用效应基本组合下,预应力对计算截面单块波形钢腹板产生的竖向分力标准值,N;

T_d——作用效应基本组合下计算截面的扭矩设计值,N·mm;

A_m——箱梁薄壁中心线所围面积,mm^2,$A_m = h_m b_m$,h_m 为顶板与底板中心线之间的距离,mm;$b_m = (b_1 + b_2)/2$,其中 b_1、b_2 分别为顶、底板处波形钢腹板中心线之间的距离,mm,如图4-2-5所示;

h_w——波形钢腹板的高度,mm;

t_w——波形钢腹板的厚度,mm;

α——修正系数,$\alpha = 0.4 h_m/b_m - 0.06 \geqslant 0$,且当 $h_m/b_m < 0.2$ 时,$\alpha = 0$。

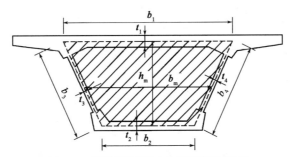

图 4-2-5　波形钢腹板组合梁桥横断面示意图

波形钢腹板正常使用极限状态剪应力应符合式(4-2-4)~式(4-2-6)要求：

$$\tau_{mk} + \tau_{tk} \leq 0.625 f_{vy} \tag{4-2-4}$$

$$\tau_{mk} = \frac{V_{k1} - V_{p1}}{h_w t_w} \tag{4-2-5}$$

$$\tau_{tk} = \frac{T_k}{2 A_m t_w (1 + \alpha)} \tag{4-2-6}$$

式中：τ_{mk}——作用效应标准组合下，剪力与预应力的竖向分力产生的剪应力，MPa；

τ_{tk}——作用效应标准组合下，扭矩产生的剪应力，MPa；

f_{vy}——波形钢腹板剪切屈曲强度标准值，MPa，取屈服强度的 $1/\sqrt{3}$；

V_{k1}——作用效应标准组合下，计算截面单块波形钢腹板的剪力设计值，N；

T_k——作用效应标准组合下，计算截面的扭矩设计值，N·mm；

其他符号意义同前。

2) 波形钢腹板屈曲稳定验算

波形钢腹板的剪应力应控制在容许剪应力(屈服应力)以下，但当其剪应力在容许剪应力之下时，波形钢腹板仍可能发生屈曲，按照其破坏形态可分为局部屈曲、整体屈曲和合成屈曲。波形钢腹板的局部屈曲为其在一个平板条内(折痕与折痕之间)的屈曲[图 4-2-6a)]，波形钢腹板的整体屈曲为整个波形钢腹板如同平板斜向对角屈曲[图 4-2-6b)]，波形钢腹板的组合屈曲为局部屈曲与整体屈曲复合形成的屈曲[图 4-2-6c)]。

a) 局部屈曲模式　　　　b) 整体屈曲模式　　　　c) 组合屈曲模式

图 4-2-6　波形钢腹板屈曲示意图

波形钢腹板的承载能力极限状态组合屈曲应符合式(4-2-7)、式(4-2-8)要求：

$$\gamma_0 (\tau_{md} + \tau_{td}) \leq \tau_{cr} \tag{4-2-7}$$

$$\tau_{cr} = \frac{1}{\left(\frac{1}{\tau_{cr,L}^4 + \tau_{cr,G}^4} \right)^{\frac{1}{4}}} \tag{4-2-8}$$

式中：τ_{cr}——波形钢腹板组合屈曲临界剪应力，MPa；

$\tau_{cr,L}$——波形钢腹板局部屈曲临界剪应力，MPa；

$\tau_{cr,G}$——波形钢腹板整体屈曲临界剪应力，MPa。

波形钢腹板局部(整体)屈曲临界剪应力 $\tau_{cr,L}(\tau_{cr,G})$ 按式(4-2-9)~式(4-2-11)计算:

$$\begin{cases} \tau_{cr,L}(\tau_{cr,G}) = f_{vd} & \lambda_s \leq 0.6 \\ \tau_{cr,L}(\tau_{cr,G}) = [1 - 0.614 \times (\lambda_s - 0.6)]f_{vd} & 0.6 < \lambda_s \leq \sqrt{2} \end{cases} \quad (4\text{-}2\text{-}9)$$

$$\lambda_s = \sqrt{f_{vd}/\tau_{cr,L}^e} \quad (4\text{-}2\text{-}10)$$

或

$$\lambda_s = \sqrt{f_{vd}/\tau_{cr,G}^e} \quad (4\text{-}2\text{-}11)$$

式中:λ_s——局部(整体)屈曲参数,应小于$\sqrt{2}$,计算$\tau_{cr,L}$时按式(4-2-10)计算,计算$\tau_{cr,G}$时按式(4-2-11)计算;

$\tau_{cr,L}^e$——弹性局部屈曲临界剪应力,MPa,按式(4-2-12)、式(4-2-13)计算:

$$\tau_{cr,L}^e = \frac{k\pi^2 E}{12(1-\nu^2)}\left(\frac{t_w}{h_w}\right)^2 \quad (4\text{-}2\text{-}12)$$

$$k = 4 + 5.34(h_w/e_w)^2 \quad (4\text{-}2\text{-}13)$$

$\tau_{cr,G}^e$——弹性整体屈曲临界剪应力,MPa,按式(4-2-14)~式(4-2-16)计算:

$$\tau_{cr,G}^e = \frac{36\beta(EI_y)^{\frac{1}{4}}(EI_x)^{\frac{3}{4}}}{h_w^2 t_w} \quad (4\text{-}2\text{-}14)$$

$$I_x = t_w^3(\delta^2 + 1)/(6\zeta) \quad (4\text{-}2\text{-}15)$$

$$I_y = \frac{t_w^3}{12(1-\nu^2)} \quad (4\text{-}2\text{-}16)$$

f_{vd}——波形钢腹板抗剪强度设计值,MPa;

k——波形钢腹板局部屈曲系数;

E——波形钢腹板的弹性模量,MPa;

h_w——波形钢腹板竖直方向的高度,mm;

e_w——波形钢腹板直幅段长度与斜幅段长度的较大值,mm,应小于h_w;

ν——波形钢腹板的泊松比;

β——波形钢腹板整体嵌固系数,取1.0;

I_y——单位长度波形钢腹板绕高度方向的惯性矩,mm^4/mm;

I_x——单位长度波形钢腹板绕纵桥向的惯性矩,mm^4/mm;

δ——波形钢腹板的波高板厚比,取$\delta = d_w/t_w$,其中d_w为波形钢腹板波高,t_w为波形钢腹板厚度;

ζ——波形钢腹板的形状系数,$\zeta = (a_1 + a_2)/(a_1 + a_3)$。

3) 波形钢腹板之间的连接计算

当波形钢腹板间采用高强度螺栓连接(图4-1-15)时,高强度螺栓的抗剪承载力设计值应按式(4-2-17)计算:

$$N_v^b = 0.9 n_f \mu P \quad (4\text{-}2\text{-}17)$$

式中:N_v^b——螺栓的抗剪承载力设计值,N;

n_f——传力摩擦面数;

P——高强度螺栓的预拉力,N,按《钢结构设计标准》(GB 50017—2017)取用;

μ——摩擦面的抗滑移系数,按《钢结构设计标准》(GB 50017—2017)取用。

连接处使用的螺栓个数应满足式(4-2-18)的要求:

$$N \geqslant \frac{V_{d1}}{N_v^b} \tag{4-2-18}$$

式中:N——螺栓个数;

其他符号意义同前。

波形钢腹板直角角焊缝在剪力作用下,其剪应力按式(4-2-19)计算:

$$\tau_f = \frac{V_f}{0.7h_f \sum l_w} \leqslant f_f^w \tag{4-2-19}$$

式中:τ_f——波形钢腹板直角角焊缝在剪力作用下产生的剪应力,MPa;

V_f——焊缝承受的竖向剪力设计值,N;

h_f——角焊缝的焊脚尺寸,mm;

$\sum l_w$——焊缝的计算长度之和,mm,对每条焊缝取其实际长度减去 $2h_f$;

f_f^w——角焊缝的强度设计值,MPa,按《钢结构设计标准》(GB 50017—2017)取值。

4)波形钢腹板与翼缘板的焊接计算

在承载能力极限状态下,应对焊接连接纵桥向和横桥向的合成应力进行验算。波形钢腹板与翼缘板的角焊缝可按图 4-2-7 进行以下等效。

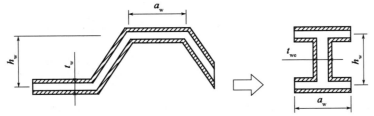

图 4-2-7 角焊缝计算等效图

纵桥向的应力 τ_{fv} 验算按照式(4-2-20)进行:

$$\tau_{fv} = \frac{V_{fd}}{0.7h_f \sum l_f} \leqslant f_f^w \tag{4-2-20}$$

式中:τ_{fv}——水平剪力产生的剪应力,MPa;

V_{fd}——波形钢腹板与顶、底板连接处的单位长度水平剪力设计值,N;

h_f——角焊缝的焊脚尺寸,mm;

l_f——焊缝的计算长度,mm,对每条焊缝取其实际长度减去 $2h_f$。

横桥向的应力 σ_{fM} 验算按照式(4-2-21)进行:

$$\sigma_{fM} = \frac{6M_{fd}}{(0.7h_f)^2 \sum l_f} \leqslant f_f^w \tag{4-2-21}$$

式中:σ_{fM}——由横向弯矩产生的正应力,MPa;

M_{fd}——横向抗弯承载力设计值,N·m;

其他符号意义同前。

合成应力验算应满足式(4-2-22)要求:

$$\left(\frac{\tau_{fv}}{f_f^w}\right)^2 + \left(\frac{\sigma_{fM}}{\beta_f f_f^w}\right)^2 < 1 \tag{4-2-22}$$

式中:f_f^w——角焊缝的强度设计值,MPa;

β_f——正面角焊缝的强度设计值增大系数,对承受静力荷载和间接承受动力荷载的结构 $\beta_f = 1.22$,对直接承受动力荷载的结构 $\beta_f = 1.0$;

其他符号意义同前。

4.3 波形钢腹板组合梁桥的力学性能

波形钢腹板组合梁桥的设计,应考虑其设计寿命期间所要求的安全性、耐久性、施工质量、维护管理、环境协调和经济性。可按照《公路桥涵设计通用规范》(JTG D60—2015)的荷载标准、《公路钢筋混凝土及预应力混凝土桥涵设计规范》(JTG 3362—2018)以及《组合折腹桥梁设计模式指南》的设计过程进行设计,通过满足设计过程中的各种性能计算、验算与构造等环节完成整个结构设计。

图 4-3-1 为波形钢腹板箱梁设计流程,相对于混凝土箱梁桥,其特有的设计问题主要是截面刚度计算,对弯曲、剪切、扭转性能等的验算。

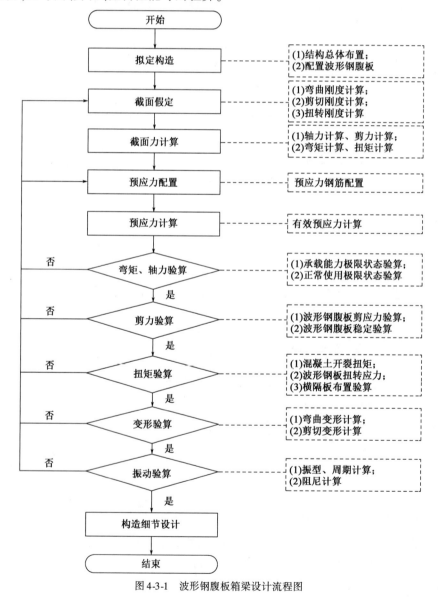

图 4-3-1 波形钢腹板箱梁设计流程图

4.3.1 弯曲性能

波形腹板钢梁弯曲强度通常由翼缘承担,忽略腹板的贡献,并且弯矩与剪力行为互不影响。因此波形腹板钢梁的极限抗弯承载力通过翼缘的屈服强度确定。波形钢腹板组合梁抗弯承载力具有同样的特性,弯曲强度仅由混凝土顶、底板承担。

1) 弯曲及轴向刚度

波形钢腹板纵向能够自由变形,其弯曲及轴向刚度可以忽略不计。计算波形腹板组合梁截面弯曲及轴向刚度时,仅考虑上、下混凝土翼缘板全截面有效(图4-3-2),即:

$$\begin{cases} EA = E_c A_c \\ EI = E_c I_c \end{cases} \quad (4\text{-}3\text{-}1)$$

式中:E_c、A_c、I_c——混凝土的弹性模量、混凝土翼缘板的面积及其惯性矩。

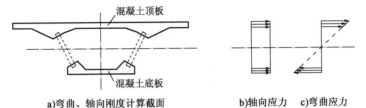

图 4-3-2 波形钢腹板预应力混凝土组合梁弯曲、轴向有效截面及应力

2) 抗弯承载力

波形钢腹板组合梁正截面承载力计算,以其弯矩作用的受力特点为基础,采用下列基本假定:

(1) 组合梁截面正应变分布符合拟平截面假定。
(2) 波形钢腹板与混凝土顶、底板完全结合。
(3) 不考虑混凝土的抗拉作用。
(4) 忽略波形钢腹板的抗弯作用。
(5) 忽略体外预应力钢筋的有效高度变化。

基于波形钢腹板组合梁受力特点,即截面轴力与弯矩由混凝土顶、底板承担,剪力由波形钢腹板承担,且受力符合拟平截面假定,截面抗弯极限承载力计算模式,通常设受拉钢筋或预应力钢筋达到抗拉强度设计值,受压混凝土达到抗压强度设计值。将波形钢腹板组合梁的混凝土顶、底板简化为矩形截面,其截面抗弯极限承载力计算模式如图4-3-3所示。

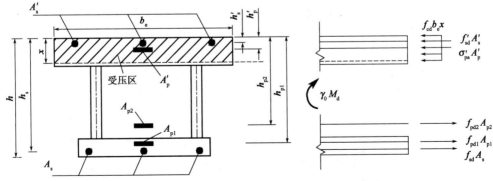

图 4-3-3 波形钢腹板组合梁截面抗弯极限承载力计算模式

波形钢腹板组合梁正截面混凝土矩形受压区高度 x 按下式计算：

$$f_{sd}A_s + f_{pd1}A_{p1} + f_{pd2}A_{p2} = f_{cd}b_e x + f'_{sd}A'_s + \sigma'_{pa}A'_p \tag{4-3-2}$$

对受压区普通钢筋合力作用点取矩，可计算抗弯极限承载力，即：

$$M_{ud} = f_{sd}A_s(h_s - h'_s) + f_{pd1}A_{p1}(h_{p1} - h'_s) + f_{pd2}A_{p2}(h_{p2} - h'_s)$$
$$- \sigma'_{pa}A'_p(h'_p - h'_s) - f_{cd}b_e x \left(\frac{x}{2} - h'_s\right) \tag{4-3-3}$$

适用条件为

$$2h'_s \leq x \leq \xi_b h_0 \text{（且不超过混凝土顶板厚度）} \tag{4-3-4}$$

其中，截面有效高度 h_0 为

$$h_0 = \frac{f_{sd}A_s h_s + f_{pd1}A_{p1}h_{p1} + f_{pd2}A_{p2}h_{p2}}{f_{sd}A_s + f_{pd1}A_{p1} + f_{pd2}A_{p2}} \tag{4-3-5}$$

当适用条件[式(4-3-4)]不满足时，抗弯极限承载力可按下列要求进行计算：

（1）当受压区配有纵向普通钢筋和预应力钢筋，且预应力钢筋受压时：

$$M_{ud} = f_{sd}A_s(h_s - h'_s) + f_{pd1}A_{p1}(h_{p1} - h'_s) + f_{pd2}A_{p2}(h_{p2} - h'_s) \tag{4-3-6}$$

（2）当受压区配有纵向普通钢筋或配有普通钢筋和预应力钢筋，且预应力钢筋受拉时：

$$M_{ud} = f_{sd}A_s(h_s - h'_s) + f_{pd1}A_{p1}(h_{p1} - h'_s) + f_{pd2}A_{p2}(h_{p2} - h'_s) - \sigma'_{pa}A'_p(h'_p - h'_s)$$
$$\tag{4-3-7}$$

式中：A_s、A'_s——受拉区、受压区普通钢筋截面面积；

A'_p——受压区预应力钢筋截面面积；

A_{p1}、A_{p2}——受拉区体内、体外预应力钢筋截面面积；

f_{sd}、f'_{sd}——受拉区、受压区普通钢筋的设计强度；

f_{pd1}——受拉区体内预应力钢筋的设计抗拉强度；

f_{cd}——混凝土轴心设计抗压强度；

f_{pd2}——受拉区体外预应力钢筋的设计抗拉强度；

σ'_{pa}——受压区预应力钢筋的计算应力，$\sigma'_{pa} = f'_{pd} - \sigma'_{p0}$，其中 f'_{pd} 为预应力钢筋设计抗压强度，σ'_{p0} 为受压区预应力钢筋的消压应力，参照《公路钢筋混凝土及预应力混凝土桥涵设计规范》(JTG 3362—2018)第 5.2.2 条计算；

h_s、h'_s——受拉区、受压区普通钢筋形心至梁上缘的距离；

h_{p1}、h_{p2}——受拉区体内、体外预应力钢筋形心至梁上缘的距离；

h'_p——受压区预应力钢筋形心至梁上缘的距离；

b_e——混凝土顶、底板有效分布宽度；

x——等效矩形应力分布的受压区高度；

ξ_b——相对界限受压区高度。

4.3.2 剪切性能

波形钢腹板组合桥梁通过采用波形钢腹板抵抗剪力效应，可以在不增加厚度或使用非纵横加劲腹板的情况下达到足够的强度，其剪切强度由腹板屈曲或者屈服决定。研究表明，稀疏波折形状趋于局部屈曲，而稠密的波折形状趋于整体屈曲。

1)剪切刚度

波形钢腹板组合梁剪力主要由波形钢腹板承受(图4-3-4),因此剪切刚度一般通过波形钢腹板形状系数以及剪力分担率考虑。当平钢板弯折成波形后,其剪切刚度GA将降低,可采用式(4-3-8)计算:

$$GA = \zeta G_s A_w / \beta \tag{4-3-8}$$

式中:G_s——钢材的剪切弹性模量;

A_w——腹板的截面面积;

ζ——波形钢腹板形状系数,为其在桥梁纵向的长度与沿着纵向展平后的长度之比;

β——波形钢腹板剪力分担率,可以通过腹板高度h_s与梁高h之比表示:

$$\beta = h_s / h \tag{4-3-9}$$

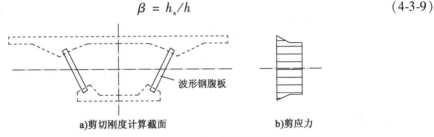

a)剪切刚度计算截面   b)剪应力

图4-3-4 波形钢腹板预应力混凝土组合梁剪切刚度计算截面及剪应力

2)抗剪强度

波形钢腹板组合梁的弯矩与剪力分别由混凝土顶、底板及波形钢腹板承受,两者之间互不影响。波形钢腹板利用弯成波折几何形状的钢板代替加劲肋,具有很高的抗剪强度。波形钢腹板剪切破坏通常具有剪切屈服及剪切屈曲的模式,因几何参数与材料特性而异。波形钢腹板抗剪强度、剪切稳定验算见4.2.2节。

4.3.3 扭转与畸变性能

波形钢腹板代替混凝土腹板使得波形钢腹板箱梁的抗扭刚度同混凝土箱梁相比有所减小,同时,由于钢腹板厚度减小,其面内挠曲刚度与混凝土顶、底板相比小很多,使得限制截面畸变的横向框架作用有所减弱;因此波形腹板钢梁与组合梁扭转与畸变问题相较混凝土梁更为突出。

1)波形钢腹板I形梁侧向弯扭

(1)侧向弯扭相关截面特性。

由于波形腹板折叠效应,弯矩由上、下翼缘承担,相对强轴x轴与弱轴y轴的二阶矩分别为

$$I_{x,co} = \frac{b_f t_f h_w^2}{2}; \quad I_{y,co} = \frac{t_f b_f^3}{6} \tag{4-3-10}$$

式中:b_f、t_f——翼缘的宽度与厚度;

h_w——腹板的高度。

波形钢腹板I形梁纯扭常数J_{co}与平钢腹板梁类似,为单独各板件纯扭常数之和,如式(4-3-11)所示:

$$J_{co} = \frac{1}{3}(2t_f b_f^3 + h_w t_w^3) \tag{4-3-11}$$

式中：t_w——腹板的厚度；

其他符号意义同前。

波形钢腹板 I 形梁非棱柱形构件，其剪切中心 S 和扭转中心 T 不重合。假定剪力流 q_w 沿腹板均匀分布，如图 4-3-5 所示，则 $q_w = V/h_w$；由弯曲正应力变化引起的剪力流由式（4-3-12）确定：

$$q = -\frac{VQ_y}{I_{x,co}}; \quad Q_y = \int_0^x y t_f \mathrm{d}x \tag{4-3-12}$$

式中：Q_y——一阶面积矩，忽略腹板作用；

其他符号意义同前。

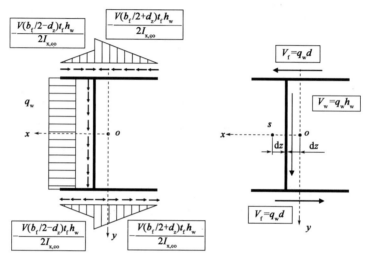

图 4-3-5 波形腹板 I 形梁剪力流分布

波形钢腹板波高引起翼缘不均匀剪力 V_f 由式（4-3-13）确定：

$$V_f = \frac{V b_f t_f h_w}{2 I_{x,co}} d = \frac{V}{h_w} d = q_w d \tag{4-3-13}$$

式（4-3-13）中，V_f 与腹板剪力流 q_w 以及波高 d 成正比，对于平钢腹板梁（$d = 0$），$V_f = 0$。剪力作用于波形钢腹板梁截面，通过弯矩平衡能够得到剪切中心：

$$\hat{X}_0 = \frac{q_w d h_w}{q_w h_w} = d \tag{4-3-14}$$

由此得到剪切中心至截面翼缘中心 O 的横向距离为 $2d$。

翘曲常数 $C_{w,co}$ 通过一系列相互连接的板件确定。任意单元（ij）在 i 点的规一化单位翘曲值 W_{ni} 为

$$W_{ni} = \frac{1}{2A} \sum_0^N (W_{oi} + W_{oj}) t_{ij} L_{ij} - W_{oi} \tag{4-3-15}$$

$$W_{oi} = \rho_{oi} L_{ij}; \quad A = \sum t_{ij} L_{ij}$$

式中：L_{ij}、t_{ij}——单元板件长度和厚度；

ρ_{oi}——单元至剪切中心的距离。

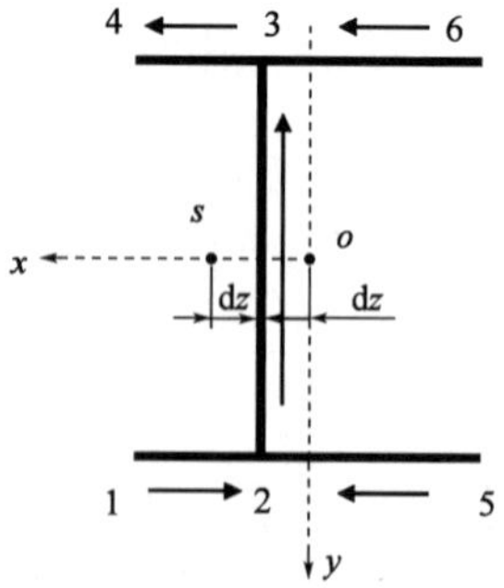

图 4-3-6 波形钢腹板截面计算翘曲中心的积分路径

图 4-3-6 为波形钢腹板截面计算翘曲中心的积分路径，由式（4-3-15）得到 W_{ni} 如下：

$$\begin{cases} W_{n1} = \dfrac{2b_f^2 t_f h_w + t_f h_w^2 t_w}{8b_f t_f + 4h_w t_w}; \quad W_{n2} = \dfrac{2b_f^2 t_f h_w + b_f h_w^2 t_w}{8b_f t_f + 4h_w t_w} - \left(\dfrac{b_f}{4} - \dfrac{d}{2}\right)h_w \\ W_{n3} = \dfrac{2b_f^2 t_f h_w + b_f h_w^2 t_w}{8b_f t_f + 4h_w t_w} - \left(\dfrac{b_f}{4} + \dfrac{d}{2}\right)h_w; \quad W_{n4} = \dfrac{2b_f^2 t_f h_w + b_f h_w^2 t_w}{8b_f t_f + 4h_w t_w} - \dfrac{1}{2}b_f h_w \\ W_{n5} = W_{n4}; \quad W_{n6} = W_{n1} \end{cases} \quad (4\text{-}3\text{-}16)$$

翘曲常数 C_w 通过 W_n 沿整个截面面积分得到：

$$C_w = \dfrac{1}{3}\sum (W_{ni}^2 + W_{ni}W_{nj} + W_{nj}^2)t_{ij}L_{ij} \quad (4\text{-}3\text{-}17)$$

式(4-3-17)为薄板任意截面翘曲常数 C_w 通用公式，联立式(4-3-16)中 W_{ni} 及式(4-3-17)得到 $C_{w,co}$，由于波高 d 沿轴向变化导致 W_{ni} 为变量，因此 $C_{w,co}$ 沿轴向非定值。为了简化计算，采用平均波高 d_{avg}，定义如下：

$$d_{avg} = \dfrac{(2a+b)d_{max}}{2(a+b)} \quad (4\text{-}3\text{-}18)$$

因此，$C_{w,co}$ 计算流程如下：

①采用式(4-3-18)计算平均波高 d_{avg}。

②通过将平均波高 d_{avg} 代入式(4-3-16)得到规一化单位翘曲值 W_{ni}。

③依据得到的规一化单位翘曲值 W_{ni}，通过式(4-3-17)确定波形钢腹板梁的翘曲常数 $C_{w,co}$。

(2)侧向弯扭屈曲强度。

由于波形钢腹板沿中轴线不对称，在弯矩和剪力作用下，发生面外侧向扭曲。通过推导的截面特性以及参照平钢腹板I形梁侧扭屈曲强度公式得到波形钢腹板I形梁弹性弯扭屈曲强度 M_{ocr}：

$$M_{ocr} = C_b \dfrac{\pi}{L}\sqrt{EI_{y,co}G_{co}J_{co}}\sqrt{1+W^2} \quad (4\text{-}3\text{-}19)$$

$$W = \dfrac{\pi}{L}\sqrt{\dfrac{EC_{w,co}}{G_{co}J_{co}}}$$

式中：L——跨径；

$EI_{y,co}$——仅考虑翼缘作用的弯曲刚度；

G_{co}——波形钢腹板剪切模量；

J_{co}——St. Venant 扭转常数；

W——翘曲扭转刚度的影响；

C_b——考虑不同加载情况的系数。

非弹性侧扭屈曲强度，依据已得弹性侧扭屈曲强度以及现行设计规范如 Eurocode 3 计算。对于等级1和等级2截面，非弹性侧扭屈曲强度 M_{cr} 定义如下：

$$M_{cr} = \chi_{LT}M_p \quad (4\text{-}3\text{-}20)$$

$$\chi_{LT} = \dfrac{1}{\phi_{LT}+\sqrt{\phi_{LT}^2-\lambda_{LT}^2}} \leq 1$$

$$\phi_{LT} = 0.5[1+\alpha_{LT}(\lambda_{LT}-\lambda_0)+\lambda_{LT}^2]$$

$$\lambda_{LT} = \sqrt{\dfrac{M_p}{M_{ocr}}}$$

式中:χ_{LT}——侧向扭转屈曲缩减系数;

α_{LT}——侧向扭转屈曲曲线修正系数;

λ_{LT}——侧向扭转屈曲系数;

λ_0——侧向扭转系数界限值,当曲线取平均值,$\lambda_0 = 0.4, \alpha_{LT} = 0.25$;当曲线取下限值,$\lambda_0 = 0.2, \alpha_{LT} = 0.5$;

M_p——截面塑性弯矩,忽略波形钢腹板贡献,定义如下:

$$M_p = f_y b_f t_f h_w \tag{4-3-21}$$

f_y——材料的屈服应力;

其他符号意义同前。

波形钢腹板I形梁弯扭屈曲强度预测可以按照如下流程进行:

①计算截面特性,依据式(4-3-17)得到翘曲常数,通常波形钢腹板梁同平钢腹板梁相比,增加20%以内。

②由屈曲强度公式(4-3-19)得到波形钢腹板弹性侧扭屈曲强度,通常波形钢腹板梁同平钢腹板梁相比,增加10%以内。

③依据已得弹性侧扭屈曲强度,通过式(4-3-20)修正得到非弹性侧扭屈曲强度,设计偏保守,α_{LT}, λ_0取下限值。

2)波形钢腹板组合箱梁扭转性能

(1)截面扭转刚度。

波形钢腹板组合箱梁的扭转刚度是由钢腹板与混凝土翼缘板2种不同性质材料构成的组合截面刚度,有效扭转刚度计算如下:

$$GJ = 4G_c(b_m \cdot h_m)^2 / \left[\frac{h_m}{n_s t_1(1+\alpha)} + \frac{b_m}{t_2(1-\alpha)} + \frac{h_m}{n_s t_3(1+\alpha)} + \frac{b_m}{t_4(1-\alpha)} \right] \tag{4-3-22}$$

式中各参数如图4-2-5所示,n_s为钢材与混凝土的剪切弹性模量的比,即$n_s = G_s/G_c$。α为修正系数,$\alpha = 0.4 h_m/b_m - 0.06 \geq 0$,且当$h_m/b_m < 0.2$时,$\alpha = 0$。

(2)扭转强度验算。

根据波形钢腹板组合箱梁的扭转受力特点,引入如下基本假定:

①波形钢腹板与混凝土顶、底板受扭过程保持协调一致,即扭转角相同。

②混凝土顶、底板与钢腹板完全连接,不发生相对滑移或剪力连接破坏。

③波形钢腹板具有足够的屈曲强度,不会发生任何形式的屈曲破坏。

④混凝土开裂后仅承受压力,忽略其抗拉作用;钢筋只承受轴向力,忽略其暗销作用。

依据扭转受力特点与基本假定,波形钢腹板组合箱梁截面抗扭承载力验算应符合下列规定:

$$\gamma_0 M_{td} \leq M_{tud} \tag{4-3-23}$$

式中:γ_0——结构重要性系数;

M_{td}、M_{tud}——扭矩设计值与抗扭承载力。

波形钢腹板组合梁截面扭转抗力 M_{tud} 计算取 M_{tcud} 与 M_{tyd} 中的较小值，M_{tcud}、M_{tyd} 分别按照顶、底板斜压破坏及截面整体扭转两种模态计算。

①混凝土顶、底板斜压破坏模态：

$$M_{tcud} = K_t f_{wcd} \quad (4\text{-}3\text{-}24)$$

式中：f_{wcd}——$f_{wcd} = 1.25\sqrt{f_{cd}}$，MPa，且 $f_{wcd} \leq 7.8$ MPa；

　　　K_t——扭转相关系数，$K_t = 2A_m t_i$；

　　　A_m——扭转抵抗面积；

　　　t_i——顶、底板厚最小值。

②波形钢腹板组合梁断面整体扭转模态：

$$M_{tyd} = 2A_m (V_{odi})_{min} \quad (4\text{-}3\text{-}25)$$

式中：A_m——扭转抵抗面积；

　　　$(V_{odi})_{min}$——混凝土顶、底板或波形钢腹板单位长度断面内力最小值。

混凝土顶板 V_{od} 的计算，取桥轴方向混凝土板钢筋承载力设计值 T_{xyd}、桥轴垂直方向混凝土板钢筋承载力设计值 T_{yyd} 两者较小值，T_{xyd}、T_{yyd} 的计算公式如下：

$$T_{xyd} = p_x f_{sd} b_c t_c \quad (4\text{-}3\text{-}26)$$
$$T_{yyd} = p_y f_{sd} b_c t_c \quad (4\text{-}3\text{-}27)$$

式中：P_x、P_y——桥轴方向及与桥轴垂直方向混凝土板配筋率，计算公式为 $A_s/(b_c \cdot t_c)$；

　　　f_{sd}——钢筋的强度设计值；

　　　b_c——混凝土板单位宽度；

　　　t_c——混凝土板厚度。

波形钢腹板 V_{od} 的计算：

$$V_{od} = f_{vd} b_s t_w \quad (4\text{-}3\text{-}28)$$

式中：f_{vd}——钢材的设计剪切强度设计值；

　　　b_s——波形钢腹板单位宽度；

　　　t_w——波形钢腹板厚度。

3）波形钢腹板组合箱梁畸变分析

（1）畸变分析理论。

箱梁畸变时，各板件在自身平面内产生翘曲，产生翘曲应变能，同时各板还将发生横向挠曲，产生框架横向挠曲畸变应变能。由于波形钢腹板折叠效应，畸变翘曲引起波形钢腹板产生的面内弯矩很小，假定其为零，但纵向抗弯刚度不为零。结合波形钢腹板箱梁的受力特点，为便于工程应用采用混凝土箱梁畸变分析的基本思路，建立针对波形钢腹板箱梁畸变特点的微分方程，并利用弹性地基梁比拟法求解。

①框架横向挠曲畸变应变能 U_1。

取沿跨径方向单位长度的一段箱梁进行分析，并设角点 4 位置的畸变角为 $\gamma_4(z)$。框架由于畸变角 $\gamma_4(z)$ 所具有的应变能等于梁上板发生 $\gamma_4(z) a_1 \sin\theta$ 的水平位移所产生的应变能，见图 4-3-7，这样可将箱梁视为无侧移的框架（图 4-3-8），采用力法求解可得到各板的横向弯矩分布（图 4-3-9）。

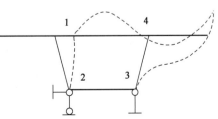

图 4-3-7　横向框架变形

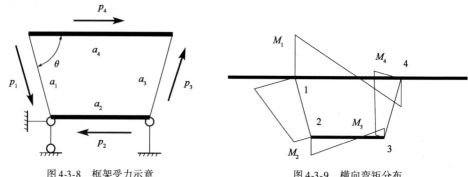

图 4-3-8 框架受力示意 图 4-3-9 横向弯矩分布

框架横向挠曲畸变应变能的推导步骤与混凝土腹板箱梁的畸变分析相同,只是波形钢腹板的单宽横向抗弯惯性矩采用 I_y,计算如下:

$$U_1 = \int_0^l \int_s \frac{M^2 \mathrm{d}s}{2EI} \mathrm{d}z = \int_0^l K_3 \gamma^2 \mathrm{d}z \qquad (4\text{-}3\text{-}29)$$

$$K_3 = \frac{1}{6E} \left(K_1^2 \frac{a_4}{I_4} + K_2^2 \frac{a_2}{I_2} + 2a_1 \frac{K_1^2 + K_2^2 + K_1 K_2}{I_y} \right)$$

$$I_y = \frac{I_y'}{q}, \quad I_y' = 2bt(d/2)^2 + \frac{td^3}{6}\sin\alpha$$

式中:d、t——波形钢板波高与厚度;

q——波形的投影长度;

其余参数取值同前。

②翘曲畸变应变能 U_2。

波形钢腹板箱梁由于畸变而产生的翘曲正应力及面内弯矩分布分别见图 4-3-10 和图 4-3-11。

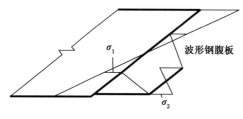 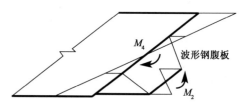

图 4-3-10 翘曲正应力分布   图 4-3-11 翘曲正应力引起的弯矩

设箱梁翘曲时各板沿周向变位为 $v_i(i=1,2,3,4)$,即各板纵向翘曲时在自身平面内的挠度。其中 J_i 为各板在自身平面内的惯性矩,M_i 为各板的面内弯矩。根据波形钢腹板箱梁的假定,$M_1 = M_3 = 0$,且 $E_0'J_1 = E_0'J_3 \neq 0$,则有 $v_1' = v_3' = 0$。根据初等梁理论,可得到畸变翘曲应变能 U_2:

$$U_2 = \int_0^l \Omega(\gamma'')^2 \mathrm{d}z \qquad (4\text{-}3\text{-}30)$$

$$\Omega = \frac{EK_4^2}{6} \left[\beta^2 t_4 (a_4 + d) \left(1 + \frac{d}{a_4} \right) + a_2 t_2 \right]$$

③畸变总势能 U。

波形钢腹板箱梁在畸变荷载作用下的总势能 U 可由框架横向畸变应变能 U_1、翘曲畸变应

变能 U_2 和荷载势能 U_3 三个部分组成,即 $U = U_1 + U_2 + U_3$。

$$U_3 = -\int_0^l \frac{a_2^2}{a_2 + a_4} P(z) \gamma_2 \mathrm{d}z \qquad (4\text{-}3\text{-}31)$$

$$U = U_1 + U_2 + U_3 = \int_0^l K_3 \gamma^2 \mathrm{d}z + \int_0^l \Omega(\gamma'')^2 \mathrm{d}z - \int_0^l \frac{a_2^2}{a_2 + a_4} P(z) \gamma_2 \mathrm{d}z \qquad (4\text{-}3\text{-}32)$$

根据欧拉-拉格朗日(Euler-Lagrange)条件式,可得到波形钢腹板组合箱梁的畸变控制微分方程,微分方程可根据弹性地基梁比拟法求解,得到畸变角 γ_4 和畸变翘曲双力矩 B_A 的影响线,然后根据荷载情况在影响线上加载,最终得到偏心荷载作用下由于畸变产生的翘曲正应力分布。

(2)畸变控制。

同混凝土箱梁腹板相比,波形钢腹板厚度减小,限制断面的横向框架作用有所减弱,波形钢腹板折叠效应纵向刚度低,导致波形钢腹板组合箱梁结构在偏心荷载作用下的畸变效应增强,使得翘曲正应力与弯曲正应力相比,可能达到较大比例,影响结构的正常运营。减小翘曲正应力的有效措施是通过设置一定数量或间距的横向联系(钢构件或混凝土横隔板)来限制畸变变形,使箱梁在偏心荷载作用下的翘曲正应力与恒载和活载正应力之和的比值被限制在一定的比例以内,通常为10%,较小厚度的横隔板即能充分约束箱梁断面的畸变。

此外,表4-3-1所示为图4-3-12的混凝土箱梁与波形钢腹板箱梁的截面刚度比较结果,其混凝土的弹性模量设为 $3.1 \times 10^6 \mathrm{kN/cm^2}$。将混凝土腹板换成波形钢腹板并在底板厚度减小的情况下,抗扭刚度及抗剪刚度分别降低到约40%、10%,纵向及横向抗弯刚度分别降低到约90%、75%。波形钢腹板箱梁与混凝土箱梁相比较,其抗扭刚度及横向抗弯刚度都减小了,所以不仅要在支座处设置横隔梁,也要在跨径内适当布置横隔板。

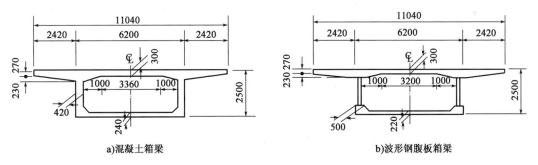

a)混凝土箱梁　　　　　　　　　　b)波形钢腹板箱梁

图4-3-12　混凝土箱梁与波形钢腹板箱梁(尺寸单位:mm)

图4-3-12的混凝土箱梁与波形钢腹板箱梁的截面刚度比较结果　　表4-3-1

截面刚度	单位	波形钢腹板箱梁(S)	混凝土箱梁(C)	S/C
截面面积(A)	$\mathrm{m^2}$	5.80	7.12	0.81
纵向抗弯刚度(EI)	$\mathrm{kN/m^2 \cdot m^4}$	1.74×10^8	1.92×10^8	0.91
横向抗弯刚度(EI)	$\mathrm{kN/m^2 \cdot m^4}$	1.25×10^8	1.67×10^8	0.75
抗剪刚度(GA)	$\mathrm{kN/m^2 \cdot m^2}$	2.08×10^6	2.73×10^7	0.08
抗扭刚度(GJ)	$\mathrm{kN/m^2 \cdot m^4}$	6.57×10^7	1.66×10^8	0.40

横隔梁/板能够提高箱梁的有效扭转刚度,有利于荷载的横向分布。由于体外预应力锚固的要求,通常在箱梁两端均有端横隔梁。而对于跨中横隔板,应在不过多增加自重的前提下,

按合理间距设置。波形钢腹板箱梁通常采用刚性横隔板兼顾体外预应力转向功能,依据已建波形钢腹板组合梁桥的不完全统计数据,对于单箱单室截面,跨中至少应设置不少于2道中间横隔板,间距一般为10~25m不等。而对于单箱多室或多箱多室截面,横隔梁数量较单箱单室截面有所增加,应进一步满足横向整体受力要求。

曲线箱梁桥表现出复杂的扭转与畸变行为,同时存在弯扭耦合作用,即畸变产生的翘曲正应力与横向弯曲正应力。对曲线桥梁,可通过合理设置横隔板将其有效控制在一定的水平。

4.3.4 动力性能

波形钢腹板组合桥梁由于自重减轻,以及矮塔斜拉桥、拱桥等桥型的采用,跨径逐渐增大,其抗震、抗风动力性能得到重视,而大跨桥梁抗震抗风设计,除地震荷载与风荷载的输入外,结构自身的固有振动特性以及衰减系数至关重要。以往研究表明,波形钢腹板组合桥梁动力放大系数大于相同跨径的普通预应力混凝土桥,波形钢腹板厚度增大在一定程度上提高扭转振动频率;折叠角度增大,对竖向振动频率和横向振动频率影响较小,但能较大地提高扭转振动频率。

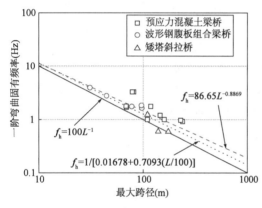

图4-3-13 一阶弯曲固有频率与最大跨径间关系

桥梁结构的基本振动特性为其动力分析的基础。基本振动特性与桥梁的跨径有关,图4-3-13为预应力混凝土梁桥、波形钢腹板组合梁桥以及矮塔斜拉桥一阶弯曲固有频率与最大跨径间关系,并与抗风设计指南、日本复合构造标准示方书(2014)基频近似计算式进行比较。抗风设计指南计算式(4-3-33)偏于安全,日本复合构造标准示方书(2014)计算式(4-3-34)、式(4-3-35)与试验数据较为吻合。

$$f_h = 100L^{-1} \tag{4-3-33}$$

$$f_h = 86.65L^{-0.8869} \tag{4-3-34}$$

$$f_h = 1/[0.01678 + 0.7093(L/100)] \tag{4-3-35}$$

波形钢腹板组合梁振动特性的固有频率,应考虑波形钢腹板剪切变形进行计算。考虑剪力滞及剪切变形影响后振动频率有所降低,且降低程度随着计算频率阶次的增加而迅速增加。通过波形钢腹板组合梁振动试验与计算分析,得到不考虑剪切变形的固有基频高于试验值,二阶对称弯曲模态的固有频率与试验值差异更大。但考虑剪切变形,腹板承受100%剪力时,一阶弯曲模态的固有频率与试验结果基本吻合。因此,考虑腹板剪切变形(腹板承受100%剪力)进行固有频率分析能够满足工程所需精度。

同时,当波形钢腹板组合桥梁设置体外预应力时,应依据固有振动特性考虑设置体外预应力钢筋的减振装置。为避免体外预应力随波形钢腹板组合梁体发生共振,体外预应力减振装置的间距按索段和梁体的竖向自振频率(基频)之比不小于5计算确定,不做振动计算时整体式梁的长度应不大于9m,节段式梁的长度应不大于3个节段的长度,且体外预应力钢筋的减振装置应由定位部件和隔振材料组成。不灌注填充料的非成品索,应在设置减振装置处的钢束和外护套之间填充隔振材料。减振装置的定位部件可采用钢材,隔振材料可采用工程橡胶。减振装置可换部件的使用寿命应不小于设计更换时间。

4.3.5 波形钢腹板与混凝土顶、底板的连接性能

波形钢腹板与混凝土顶、底板结合面的连接设计,应确保结合面能承受纵桥向剪力,同时应能承受结合面横桥向弯矩的作用。

1)连接件抗剪承载力计算

(1)对于单箱单室截面,波形钢腹板与混凝土顶、底板连接处的单位长度水平剪力按照式(4-3-36)计算:

$$Q_\text{d}^\text{e} = \frac{(V_\text{d} - V_\text{p})S}{2I} \tag{4-3-36}$$

式中:Q_d^e——抗剪强度计算时,波形钢腹板与混凝土顶、底板连接处的单位长度水平剪力设计值,N/mm;

V_d——作用效应基本组合下单箱截面波形钢腹板的剪力设计值,N;

V_p——作用效应基本组合下预应力对单箱截面产生的竖向分力标准值,N;

S——混凝土顶板或底板对截面中性轴的面积矩,mm^3;

I——组合梁截面的惯性矩,mm^4。

(2)波形钢腹板与混凝土顶、底板的连接件的抗剪强度应符合式(4-3-37)要求:

$$\gamma_0 Q_\text{d}^\text{e} \leqslant Q_\text{pu}/s \tag{4-3-37}$$

式中:γ_0——结构重要性系数;

Q_pu——连接件的水平抗剪承载力设计值,N,计算详见第2章;

s——连接件纵桥向间距,mm,对于嵌入型连接件取50%的波形钢腹板波长。

2)连接件抗角隅弯矩计算

与组合钢板梁桥相比,波形钢腹板面外方向刚度较大,因此,要对作用于钢腹板与混凝土顶板结合部的横向弯矩进行验算。各种结合构造要确保横向弯矩承载力大于横向弯矩设计值,即:

$$\gamma_0 M_\text{d} \leqslant M_\text{ud} \tag{4-3-38}$$

式中:γ_0——结构重要性系数;

M_d——承载能力极限状态下结合部横向弯矩设计值;

M_ud——横向弯矩承载力设计值。

翼缘型结合部采用栓钉连接件,其横向弯矩承载力取决于栓钉抗拉拔承载力以及最外侧栓钉的横向间距(图4-3-14),单位长度横向弯矩承载力可按下式计算:

$$M_\text{ud} = n_\text{st} e_\text{st} N_\text{st} \tag{4-3-39}$$

式中:M_ud——结合部单位长度横向弯矩承载力设计值;

N_st——栓钉的抗拉拔承载力设计值;

e_st——栓钉的横向间距;

n_st——单位长度受拉侧配置的栓钉数。

翼缘型结合部采用开孔板连接件,其横向弯矩承载力取决于开孔板抗拉拔承载力以及开孔板的横向间距(图4-3-15),单位长度横向弯矩承载力可按下式计算:

$$M_\text{ud} = n_\text{pb} e_\text{pb} N_\text{pb} \tag{4-3-40}$$

式中:N_pb——开孔板连接件在翼缘板垂直方向上的抗拉拔承载力设计值;

e_{pb}——开孔板的间距;
n_{pb}——单位长度受拉侧开孔板的孔数。

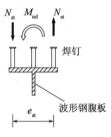

图 4-3-14 翼缘型结合部焊钉横向作用模型

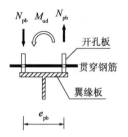

图 4-3-15 翼缘型结合部开孔板横向作用模型

嵌入型结合部在横向弯矩的作用下,还应对开孔波形钢腹板竖向承剪、混凝土横向局部承压及波形钢腹板竖向承压等进行验算,具体见《组合折腹桥梁设计模式指南》。

此外,波形腹板组合桥梁钢腹板与混凝土顶、底板结合的连接件剪力与弯矩作用下的疲劳设计与计算参考《公路钢混组合桥梁设计与施工规范》(JTG/T D64-01—2015)的相关规定。

4.4 本章小结

波形钢腹板组合桥梁利用波形钢腹板较高的抗剪承载性能承担截面剪力,混凝土顶、底板单独承担截面弯矩;通过波形钢腹板的自由压缩提高预应力施加效率。该组合桥梁恰当地将钢、混凝土两种材料结合起来,提高了结构的稳定性、强度及材料的使用效率,具有较强的竞争力。本章针对波形钢腹板组合桥梁,首先对其提出、发展以及应用进行阐述;其次对该桥型特有的波形钢腹板构造及设计要点进行详细介绍;最后给出波形钢腹板组合桥梁设计计算流程,并详细介绍其弯曲、剪切、扭转刚度与强度的计算,以及波形钢腹板与混凝土板连接性能验算等,为波形钢腹板组合桥梁的应用提供理论基础。

随着波形钢腹板组合结构研究的深入和建造技术的成熟,其在桥梁工程中得到愈来愈广泛的应用,正朝着大跨度、轻质化、装配化、多样性等方向发展。

思考题

1. 简述波形钢腹板组合桥梁提出的原因以及结构组成。
2. 简述波形钢腹板组合桥梁的结构优点与不足。
3. 波形钢腹板剪切破坏模式以及控制因素有哪些?
4. 为什么波形钢腹板组合梁正截面承载力计算时采用"拟平截面假定"?
5. 波形钢腹板与混凝土顶、底板连接形式有哪些?各有何优缺点?
6. 波形钢腹板组合桥梁整体结构设计与混凝土桥梁有何不同?

本章参考文献

[1] 刘玉擎.组合结构桥梁[M].北京:人民交通出版社,2005.
[2] 刘玉擎,陈艾荣.组合折腹桥梁设计模式指南[M].北京:人民交通出版社股份有限公司,2015.
[3] 项海帆,等.高等桥梁结构理论[M].北京:人民交通出版社,2001.
[4] 徐强,万水,等.波形钢腹板PC组合箱梁桥设计与应用[M].北京:人民交通出版社,2009.
[5] 陈宜言.波形钢腹板预应力混凝土桥设计与施工[M].北京:人民交通出版社,2009.
[6] 贺君.波折钢腹板组合桥梁力学性能与设计方法研究[D].上海:同济大学,2011.
[7] 李宏江.波形钢腹板箱梁扭转与畸变的试验研究及分析[D].南京:东南大学,2003.
[8] 陈卓异.波形钢腹板组合槽型梁桥的力学性能与试验研究[D].南京:东南大学,2014.
[9] 马磊,万水,蒋正文.单箱双室波形钢腹板箱梁扭转与畸变性能研究[J].中国公路学报,2016,29(10):77-85.
[10] 沈孔健,万水,蒋正文,等.波形钢腹板混凝土组合箱梁纯扭性能全过程分析[J].东南大学学报:自然科学版,2017,47(1):112-117.
[11] 马磊,万水,蒋正文,等.单箱多室波形钢腹板箱梁荷载横向分布[J].东南大学学报:自然科学版,2014,44(1):145-149.
[12] 李明鸿,万水,蒋正文,等.波形钢腹板混凝土组合梁挠度计算的初参数法[J].华南理工大学学报:自然科学版,2015,43(2):66-74.
[13] 杨丙文,黎雅乐,万水,等.波形钢腹板箱梁畸变应力分析[J].东南大学学报:自然科学版,2011,41(5):1065-1069.
[14] 李宏江,叶见曙,万水,等.波形钢腹板预应力混凝土箱梁的试验研究[J].中国公路学报,2004,17(4):31-36.
[15] 陈建兵,尤元宝,万水.钢-混凝土组合梁开孔波折板连接件受剪性能试验研究[J].建筑结构学报,2013,34(4):115-123.
[16] 吴文清,万水,叶见曙,等.波形钢腹板组合箱梁剪力滞效应的空间有限元分析[J].土木工程学报,2004,37(9):31-36.
[17] 吴文清,叶见曙,万水,等.波形钢腹板-混凝土组合箱梁截面变形的拟平截面假定及其应用研究[J].工程力学,2005,22(5):177-180,198.
[18] 李淑琴,陈建兵,万水,等.我国几座波形钢腹板PC组合箱梁桥的设计与建造[J].工程力学,2009,26(sⅠ):115-118.
[19] ABBAS H H. Analysis and design of corrugated web I-girders for bridges using high performance steel[D]. Bethlehem, PA: Lehigh University, 2003.
[20] YU D. The lateral torsional buckling strength of steel I-girders with corrugated webs[D]. Bethlehem, PA: Lehigh University, 2006.
[21] WANG X. Behavior of steel members with trapezoidally corrugated webs and tubular flanges under static loading[D]. Philadelphia, PA: Drexel University, 2003.
[22] JSCE. Design manual for PC bridges with corrugated steel webs[S]. Research committee for

hybrid structures with corrugated steel webs,Japan,1998.

[23] HE J,LIU Y,CHEN A,et al. Mechanical behavior and analysis of composite bridges with corrugated steel webs: state-of-the-art[J]. International journal of steel structures,2012,12(3): 321-338.

[24] HE J,LIU Y,CHEN A,et al. Shear behavior of partially encased composite girder with corrugated steel web: experimental study[J]. Journal of constructional steel research,2012,77: 193-209.

[25] HE J,LIU Y,CHEN A,et al. Bending behavior of concrete-encased composite I-girder with corrugated steel web[J]. Thin-walled structures,2014,74(9): 70-84.

[26] HE J,WANG S,LIU Y,et al. Mechanical behavior of a partially encased composite girder with corrugated steel web: interaction of shear and bending[J]. Engineering,2017,3(6): 806-816.

[27] HE J,LIU Y,WANG S,et al. Experimental study on structural performance of prefabricated composite box girder with corrugated webs and steel tube slab[J]. Journal of bridge engineering.,2019,24(6): 04019047.

[28] NOVÁK B,DENZER G,REICHERT F. Validation of the structural behaviour of the Altwipfergrund Bridge[J]. Bautechnik,2007,84: 289-300.

[29] JUNG K,KIM K,SIM C,et al. Verification of incremental launching construction safety for the Ilsun bridge: the world's longest and widest prestressed concrete box girder with corrugated steel web section[J]. Journal of bridge engineering,ASCE,2011,16(3):453-460.

[30] SHAO X,WANG H,ZHAO H,et al. Experimental study on multi-cantileverprestressed composite beams with corrugated steel webs[J]. Journal of structural engineering,ASCE,2010, 136: 1098-1110.

[31] KIM K S,LEE D H,CHOI S M,et al. Flexural behavior of prestressed composite beams with corrugated web: part I. development and analysis[J]. Composites Part B. engineering, 2011,42B(6):1603-1616.

[32] SAUSE R,BRAXTAN T N. Shear strength of trapezoidal corrugated steel webs[J]. Journal of constructional steel research,2011,67: 223-236.

[33] MO Y L,FAN Y. Torsional design of hybrid concrete box girders[J]. Journal of bridge engineering,ASCE,2006,11: 329-339.

[34] CHEN W F,LUI E M. Structural stability: theory and implementation[M]. New York:Elsevier Science,1987.

[35] SHEN K,WAN S,MO Y L,et al. Behavior of single-box multi-cell box-girders with corrugated steel webs under pure torsion. Part I: experimental and numerical studies[J]. Thin-walled structures,2018,129: 542-557.

第5章
钢管混凝土拱桥理论与设计

5.1 钢管混凝土拱桥的应用

国外最早建造的钢管混凝土拱桥是1937年在苏联列宁格勒(现俄罗斯圣彼得堡)建造的跨涅瓦河的101m跨径的下承式拱桥,采用了小直径集束钢管混凝土断面。1939年在西伯利亚谢季河又建成了140m跨径上承式钢管混凝土铁路拱桥。当时的经济性分析认为,与钢拱桥相比,钢管混凝土拱桥可以节省钢材52%,降低造价20%。

我国最早建造的钢管混凝土拱桥是1990年建成的四川旺苍东河大桥,跨径115m,桥宽13m,矢跨比为1/6,是一座下承式刚架系杆拱桥,拱肋高度为2m,采用了哑铃形断面,其钢管直径×壁厚为800mm×10mm,A3钢,C30混凝土。虽然我国建造钢管混凝土拱桥的时间较晚,但首桥跨径却不小,也意味着钢管混凝土结构在桥梁工程中具有很大应用前景。在20世纪90年代,钢管混凝土拱桥如雨后春笋般在我国各地涌现。但在21世纪之前建造钢管混凝土拱桥的跨径大多在200m之内。进入21世纪后,钢管混凝土拱桥的跨径有了跨越式的发展。

重庆巫山长江大桥位于长江三峡段的巫峡入口处,是一座中承式钢管混凝土拱桥。该桥在2004年建成时是国内外最大跨径的钢管混凝土拱桥,其主跨达到492m,净跨径为460m,桥面净宽19m。设计荷载为汽车-超20级,挂车-120级,人群荷载3.5kN/m²。主桥两条拱肋为钢管混凝土组成的桁架结构,拱顶截面高7.0m,拱脚截面高14.0m,肋宽为4.14m。每根拱肋由上、下各两根 φ1220mm×22(25)mm 的内灌 C60 混凝土的钢管混凝土弦杆组成,弦杆通过 φ711mm×16mm 的横联钢管和 φ610mm×12mm 的竖向钢管连接构成钢管混凝土桁架。吊杆处竖向两根腹杆间设交叉撑,加强拱肋横向连接。拱肋中距为 19.70m,两肋间桥面以上放置"K"形横撑,桥面以下的拱脚段设置"米"形横撑,横撑采用空钢管桁架,全桥共设横撑 20 道。每条拱肋上在立柱处为 1 根 φ920mm×12mm 的立柱钢管。吊杆采用 109 根 φ7mm 镀锌钢丝,两端均采用冷铸镦头锚具,见图 5-1-1。

图 5-1-1　重庆巫山长江大桥

2013 年 6 月建成通车的四川波司登大桥(合江长江一桥),长 841m,宽 28m,桥型布置为 10×20m 简支箱梁 + 530m 钢管混凝土中承式拱桥 + 4×20m 简支箱梁。其主跨桥面梁为"工"形格子梁,桥面板为钢-混凝土组合桥面板。大桥主跨采用无支架缆索吊装、斜拉扣挂法施工,吊装期间用钢管混凝土格构式塔架进行扣挂。扣塔位于两岸拱座上,塔高 131m,塔距 550m,采用 8 根直径 660mm、壁厚 12mm(塔顶段 16mm)的钢管,立柱主钢管内灌注 C50 混凝土,组成钢管混凝土格构柱扣塔。扣塔的安装采用组合式摇臂吊机分解组塔方法,该方法首次应用在公路桥梁施工中。该桥的建成突破了钢管混凝土拱桥 500m 的跨径,见图 5-1-2。大跨径钢管混凝土拱桥在山区桥梁选型时在跨越能力和经济性方面具有强劲的竞争力。

2004 年 8 月建成通车的吉林省吉林市江湾松花江大桥(图 5-1-3),主桥采用飞燕式钢管混凝土系杆拱结构,其桥跨布置为 25m + 100m + 120m + 100m + 25m,主桥全长 370m,桥面为漂浮体系。其中 120m 主跨和 100m 次边跨均采用钢管混凝土空间桁式拱肋,25m 边跨采用钢筋混凝土拱肋,桥面宽度 31m,双向四车道。该桥的设计荷载为城-A 级,人群荷载为每侧 8.5kN/m。

图 5-1-2　四川波司登大桥(合江长江一桥)

图 5-1-3　吉林市江湾松花江大桥

钢管混凝土拱肋的拱轴线系数均为 $m=1.4$ 的悬链线，100m 和 120m 拱跨的矢高分别为 22.22m 和 30m。上、下弦杆为 4 根直径 700mm、壁厚 14mm 的钢管，内灌 C40 微膨胀混凝土。100m 跨拱肋全高 2.2m，全宽 1.8m；120m 跨拱肋全高 2.4m，全宽 1.8m。吊杆间距 5m，采用 PES7-127 平行钢丝成品索，两端采用 OVMLZM7-127 冷铸锚。25m 边拱（飞燕）采用二次抛物线线型，矢跨比为 1/5.3，采用钢筋混凝土矩形断面形式，拱肋高 2m，宽 1.8m，C40 混凝土。设计中在桥面两侧的拱肋下方布置预应力系杆，以平衡较大的次边墩上的水平推力。可更换式系杆长 368m，两端锚于 25m 边拱的端部距伸缩缝 1.5m 的位置。每片拱肋的系杆由 8 束 OVM15-19 环氧涂装无黏结筋组成。

江湾松花江大桥的建成为吉林市增添了一道亮丽的风景线（图 5-1-3）。一时间在国内的大中型城市中兴建起一批"彩虹桥"，这种桥型成为 21 世纪初期城市桥梁建设中具有一定竞争力的桥型之一。

近年来，随着高铁、城铁及城市道路建设，下承式钢管混凝土系杆拱桥受到青睐。该类拱桥为内部高次超静定、外部静定的结构体系，跨径为 100~200m。主梁结构采用体内或体外预应力体系承担拉力和弯矩。由于下承式拱桥的结构高度小、纵坡小，特别适用于平坦地区的中等跨径城市道路桥梁和轨道交通桥梁。例如宁杭客专跨杭州绕城高速公路采用了跨径 140m 斜交 135°的下承式系杆拱桥（图 5-1-4）。该桥拱梁长 144m，矢跨比 $f/l=1/5$，主拱采用哑铃形钢管混凝土截面的提篮拱，截面高度 4m，钢管直径 1.3m。系梁采用单箱三室预应力混凝土整体箱梁，采用柔性交叉吊杆，箱梁桥面宽 17.8m，梁高 3.0m。

尽管我国的钢管混凝土拱桥，尤其是公路、城市道路及高铁线路上的钢管混凝土拱桥的发展速度很快，但是早期的钢管混凝土拱桥的设计、施工并无相应的行业规范作为依据，在结构设计和施工中只能参照相关建筑行业、电力行业的三本规范和交通行业相关的其他桥梁规范进行。

随着我国钢管混凝土拱桥的建设和发展，桥梁工程界已积累了丰富的该类桥型的设计、施工经验。在进一步的理论研究和工程实践的

图 5-1-4 宁杭客专跨杭州绕城高速公路下承式系杆拱桥

基础上，2008 年四川省交通运输厅公路规划勘察设计研究院编制出版了《公路钢管混凝土桥梁设计与施工指南》，这是我国交通行业的第一本针对该桥型的指南。此后，2013 年 11 月，住房和城乡建设部颁布了由福州大学主编的《钢管混凝土拱桥技术规范》（GB 50923—2013）；2015 年 12 月，交通运输部发布了由四川省交通运输厅公路规划勘察设计研究院主编的行业推荐性标准《公路钢管混凝土拱桥设计规范》（JTG/T D65-06—2015）。这些指南、规范和标准的陆续颁布，将为钢管混凝土桥梁的设计、施工提供有力的技术支撑，毫无疑问这将进一步推动我国钢管混凝土拱桥的建设和发展。

鉴于各种不同的行业规范在材料强度取值及结构安全度方面存在差异，本教材从钢管混凝土结构的基本原理出发，结合交通运输部现行《公路桥涵设计通用规范》（JTG D60）、《公路钢筋混凝土及预应力混凝土桥涵设计规范》（JTG 3362）、《公路钢管混凝土拱桥设计规范》

(JTG/T D65-06),以及住房和城乡建设部现行《混凝土结构设计规范》(GB 50010)和《钢结构设计标准》(GB 50017)中的相关内容及符号,以统一理论为基础,对钢管混凝土结构设计的基本原理和要点进行论述和讲解,旨在为读者学习和掌握钢管混凝土拱桥结构设计的基本理论和方法奠定基础。

我国在钢管混凝土拱桥的基础上又发展了具有钢管混凝土劲性骨架的拱桥。由于SRC拱桥在施工阶段仍为钢管混凝土结构,因此常把CFST和SRC拱桥统称为钢管混凝土拱桥。

重庆万州长江大桥(图5-1-5)是已建成的最大跨径SRC拱桥,于1997年建成。该桥全长856.12m,主跨420m,为上承式拱桥,双向四车道,按高速公路四车道设计,桥面宽24m。主拱轴线为悬链线,矢跨比1/5,拱轴系数1.6。该桥单孔跨江,桥面距江面高140m,无水下基础,采用缆索吊装和悬臂扣挂的方法施工,建成时的主跨跨径雄居世界同类桥梁之首。万州长江大桥拱圈采用钢管混凝土劲性骨架外包C60高强混凝土复合结构,其中钢管混凝土劲性骨架先期是施工构架,在拱圈形成后它就成为拱圈内的劲性钢筋。主拱圈为钢管混凝土劲性骨架箱形混凝土结构,单箱三室截面,箱高7m,宽16m,拱箱标准段顶、底板各厚0.4m,腹板厚0.3m,拱脚段顶、底板各厚0.8m,腹板厚0.6m。

图5-1-5 重庆万州长江大桥

5.2 钢管混凝土结构概述

5.2.1 基本定义

钢管混凝土是指在钢管内填充混凝土而形成的构件,有方钢管、圆钢管和多边形钢管混凝土之分。本教材中的钢管混凝土结构是指目前桥梁工程中应用广泛的圆钢管混凝土,且管内浇灌素混凝土,不再配置钢筋,并认为钢管混凝土仅由钢管和混凝土两种材料组成。

在钢筋混凝土螺旋箍筋柱中我们曾有过这样的概念:核心混凝土在密集的螺旋箍筋的作用下处于三向受压状态,因而使得核心混凝土的抗压强度明显提高。为保证核心混凝土在三向受压状态下工作,对螺旋箍筋的配筋率、间距等做出了严格的规定。现在我们设想,将密集的螺旋箍筋用钢管代替,势必可以增强核心混凝土的约束作用,进而使得核心混凝土的抗压能力进一步提高。可以认为,螺旋箍筋柱中螺旋箍筋的密度或配筋率达到一定程度时就形成了钢管混凝土柱。在钢管混凝土中,核心混凝土受到的约束作用比螺旋箍筋柱中混凝土受到的约束作用更为均匀,因此它的力学性能更为理想。

5.2.2 钢管混凝土结构中两种材料的受力状态

1）方向定义

为确定钢管混凝土结构中两种材料的受力状态,建立紧箍力的计算模型和计算方法,规定了如下的方向定义(图5-2-1):

钢管混凝土柱截面的圆周方向为方向1;
钢管混凝土柱截面的半径方向为方向2;
钢管混凝土柱子的轴线方向为方向3。

2）径向位移推导

由图5-2-2可知,当钢管混凝土构件受轴向压力 N 作用时,钢管和混凝土均发生了纵向压应变 ε_3。根据弹性理论,由于材料泊松比的影响,钢管壁截面中心线的伸长量为 $\mu_s \varepsilon_3 2\pi \left(r + \dfrac{t}{2} \right)$。

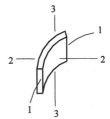

图5-2-1 钢管混凝土应力方向定义

由此引起钢管壁截面中心线半径的增大量 δ_{1r} 为

$$\delta_{1r} = \frac{\mu_s \varepsilon_3 2\pi(r + t/2) + 2\pi(r + t/2)}{2\pi} - (r + t/2)$$

纵向变形引起钢管内表面的半径变化(缩小)量 δ_{2r} 为

$$\delta_{2r} = -\mu_s \varepsilon_3 \frac{t}{2}$$

钢管内表面半径的净变化量 Δ_s 为

$$\Delta_s = \delta_{1r} + \delta_{2r} = \mu_s \varepsilon_3 (r + t/2) - \mu_s \varepsilon_3 t/2$$

即:

$$\Delta_s = \mu_s \varepsilon_3 r \tag{5-2-1}$$

但是,由于纵向压缩变形亦将引起管内混凝土外表面半径的增大,该增大量 Δ_c 为

$$\Delta_c = \mu_c \varepsilon_3 r \tag{5-2-2}$$

式中:r——钢管内混凝土截面半径;
t——钢管的壁厚;
ε_3——钢管混凝土的纵向压缩应变;
$\mu_s \, \mu_c$——钢管和混凝土材料的泊松比。

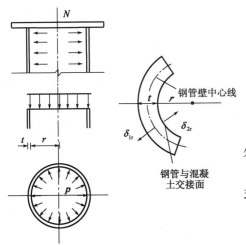

图5-2-2 径向位移计算图

式(5-2-1)、式(5-2-2)中,截面半径的增量 Δ_s 和 Δ_c 的相对变化和材料泊松比 μ_s 和 μ_c 的相对变化决定了管内混凝土外表面是外胀还是内缩。

钢管在弹性工作阶段,其泊松比 μ_s 变动很小,为 0.25~0.3,可近似取其为常数 0.283。而混凝土的泊松比 μ_c 变动较大,由低应力状态下的 0.167 左右逐渐增大到 0.5。当接近破坏阶段,由于混凝土内部纵向微裂缝的发展,μ_c 将超过 0.5。对于钢管混凝土来说,在轴心压力 N 作用下,μ_c 逐渐增大,并且迅速地超过钢管的泊松比 μ_s。

在钢管内混凝土的泊松比的变化过程中,位移增量 Δ_s 和 Δ_c 的相对变化可能出现三种情况:

(1) $\Delta_c < \Delta_s$,即 $\mu_c < \mu_s$。

此时,混凝土应力很小,混凝土表面向外膨胀得很小,而钢管内壁向外胀得相对较大。由于钢管和混凝土之间有黏结力存在,钢管将产生环向压力,而混凝土则受到径向和环向的拉力作用。

(2) $\Delta_c = \Delta_s$,即 $\mu_c = \mu_s$。

此时,混凝土和钢管的径向变形一致,相互间不产生任何作用力(即 $p=0$),但这只能是在某一荷载作用下的特定状态。

(3) $\Delta_c > \Delta_s$,即 $\mu_c > \mu_s$。

此时,钢管混凝土受力较大,混凝土表面外胀要大于钢管内壁的外移量,即钢管对混凝土的径向膨胀产生约束作用。在这种约束作用下,根据变形协调关系钢管将产生环向拉力,而混凝土受到径向和环向的压力作用。在此,我们将钢管由于径向变形而产生的对钢管内混凝土的径向约束作用定义为紧箍力,并以 p 表示。图 5-2-3 给出紧箍力 p 与泊松比 μ 的关系,图中 ε_y 和 ε_0 分别为钢材的屈服应变和混凝土的极限压应变,ε_s 和 ε_c 分别为钢材和混凝土的压应变。

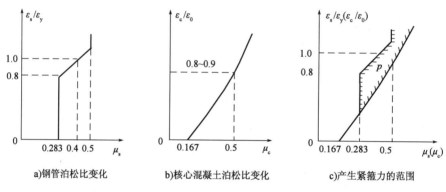

图 5-2-3 紧箍力与泊松比的关系图

a)钢管泊松比变化 b)核心混凝土泊松比变化 c)产生紧箍力的范围

由图 5-2-3 可知,在钢管和混凝土之间,当钢管应力超过其比例极限之后将产生紧箍力。由于紧箍力 p 的存在,核心混凝土处于三向受压(σ_1'、σ_2'、σ_3')状态。而钢管则处于三向异号应力场(σ_1、σ_2、σ_3),即纵向 σ_3 受压、径向 σ_2 受压、圆周向(或环向)σ_1 受拉的应力状态,参见图 5-2-4。

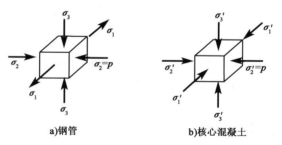

a)钢管 b)核心混凝土

图 5-2-4 钢管及核心混凝土应力状态

5.2.3 钢管混凝土结构的特点

1) 构件承载力大

(1) 由于钢管内混凝土处于三向受压状态,因此不但提高了承载力,而且增大了极限压缩应变,这是钢管混凝土结构承载力大的基本原因。

(2)薄壁钢管在轴心压力作用下,管壁上存在凸凹缺陷,因而由稳定控制的承载力较低。对于钢管混凝土构件,钢管保护了混凝土,使其三向受压,而混凝土又保证了薄壁钢管的局部稳定,相互弥补了彼此的弱点,且充分发挥了彼此的优点,因而承载力提高。

2)具有良好的塑性和韧性

试验表明,当含钢率大于4%时,钢管混凝土柱在破坏阶段,柱长可以压缩到原长的2/3,完全无脆性破坏的性质。由于钢管中混凝土已由脆性破坏转为塑性破坏,因而整个构件的力学特性类似于钢材,呈现出弹性工作、塑性破坏的特征。

3)结构自重和造价均有降低

与钢结构相比,钢管混凝土柱可节约钢材50%左右,造价亦可降低。与钢筋混凝土柱相比,钢管混凝土柱节约木材100%,节约混凝土约80%,减轻自重约70%,而耗钢量和造价基本相等。

4)现场施工简单、缩短工期

(1)与钢结构柱相比,零部件少,焊接少,构造简单。

(2)与传统的拱桥相比,增加了拱圈钢管的加工制作工艺。

(3)与钢筋混凝土柱不同,钢管混凝土的钢管即为模板,免除了支模、绑扎钢筋和拆模等工序。节约大量的临时支撑材料,并可有效缩短现场施工工期。

5)防腐、耐火性能好

(1)由于管内有混凝土存在,钢管的可锈蚀面积减小50%,仅需做外部防锈。可采用刷漆、镀锌或镀铝等方法进行防腐处理,防腐工艺简单。

(2)由于管内混凝土能吸收大量热能,钢管混凝土的耐火能力远高于钢结构。

6)结构造型美观

钢管混凝土结构无论用于桥梁的上部拱圈结构还是下部墩柱结构,均可以带来良好的美学或视觉效果。当桥梁的主拱圈采用钢管混凝土结构时,桥梁上部结构轻盈美观,且易于做色彩上的处理。将钢管混凝土柱用于城市桥梁的桥墩结构时,桥墩的截面尺寸减小,桥梁墩柱显得纤细而强劲有力,同时可以改善桥下的通视效果,进而增加桥梁的美感。

虽然钢管混凝土拱桥有上述的优点,但是我国近30年的工程实践表明,钢管混凝土拱桥也有不尽如人意之处。例如钢管混凝土吊杆下锚点的锈蚀及防护问题、短吊杆的受剪问题、吊杆的短寿命及其更换问题、钢管间相贯线的焊缝疲劳问题、管内灌注混凝土的密实性检验等问题,也是在桥梁设计、施工以及建成后管养中值得注意的,并有待进一步改进。

5.3 钢管混凝土拱桥的结构体系

钢管混凝土拱桥通常采用无铰拱,主拱肋采用钢管混凝土或劲性骨架结构。根据桥面系与拱肋的相对位置,通常可将钢管混凝土拱桥分为上承式、中承式、下承式及飞燕式等几种结构体系。

5.3.1 上承式钢管混凝土拱桥

桥面系在拱肋上方的称为上承式钢管混凝土拱桥,主要用于跨越峡谷或桥面高程较大的桥梁,其上部结构由主拱圈和拱上建筑组成。在主拱圈上设置立柱,在立柱上设置桥面系承受车辆荷载。主拱圈的水平推力主要由基岩承担,立柱可采用钢管混凝土或钢筋混凝土结构。例如重庆万州长江大桥采用的是420m上承式具有钢管混凝土劲性骨架的拱桥。上承式钢管混凝土拱桥的结构示意参见图5-3-1,其矢跨比的范围通常为1/6~1/4。

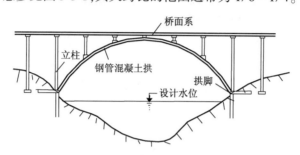

图5-3-1 上承式钢管混凝土拱桥结构示意

5.3.2 中承式钢管混凝土拱桥

中承式钢管混凝土拱桥的桥面系通常设置在拱肋矢高的中部,桥面系的一部分以吊杆悬挂在拱圈的下方,吊杆下端设横梁;另一部分支撑在立柱上,在立柱上设盖梁。在横梁及盖梁上设桥面系承受车辆荷载。由于桥面系缩短了拱圈的自由长度,进而增强了拱圈的稳定性。中承式拱桥常用于跨越较宽的江河,亦可用作高速公路、铁路的跨线桥。广东南海三山西大桥采用的是200m的中承式钢管混凝土拱桥(CFST)跨越平洲水道。中承式钢管混凝土拱桥的结构示意参见图5-3-2,其矢跨比的范围通常为1/5~1/3.5。

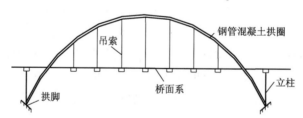

图5-3-2 中承式钢管混凝土拱桥结构示意

5.3.3 下承式钢管混凝土拱桥

桥面系在拱肋下方则称为下承式钢管混凝土拱桥,主要用于跨线桥或桥下通航要求不高的跨河桥梁。下承式钢管混凝土拱桥的桥跨结构通常由拱肋、系杆、吊杆、横梁及桥面板组成,后两者构成了桥面系。系杆用以承担拱脚的水平推力,在拱圈和系杆之间以吊杆相连,两系杆之间设置横梁,在横梁上设置桥面板以承受车辆荷载。系杆内设纵向预应力钢筋,以抵消由荷载引起的系杆上的拉力。在上跨高速公路的高速铁路桥梁也常用下承式钢管混凝土拱桥。下承式钢管混凝土拱桥的结构示意参见图5-3-3,其矢跨比的范围通常为1/5.5~1/4.5。

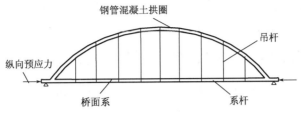

图 5-3-3　下承式钢管混凝土系杆拱桥结构示意

5.3.4　飞燕式钢管混凝土拱桥

飞燕式钢管混凝土拱桥是中承式和上承式钢管混凝土拱桥的结合,纵向可由多跨组成。主跨是中承拱,边跨是两个上承式半波拱。在桥面系拱肋处设置一对柔性预应力系杆,张拉并锚固在桥面系两端,可有效平衡中墩拱脚的恒载水平推力并控制拱脚的纵向水平位移。边跨采用半拱波钢筋混凝土构件承担预应力系杆引起的压力及荷载产生的弯矩,桥面系及吊杆构造与下承式拱桥相似,立柱设置与上承式拱桥相似。飞燕式钢管混凝土拱桥的边、中跨跨径比宜为 0.18~0.30,中跨矢跨比范围通常为 1/4.5~1/3.5。

由于柔性系杆的自平衡作用,飞燕式钢管混凝土拱桥可有效降低平原或软土地区钢管混凝土拱桥下部结构及其基础工程的造价。辽宁朝阳的凌凤大桥采用的就是飞燕式钢管混凝土拱桥,其主桥的跨径组合为 30m + 120m + 30m。飞燕式钢管混凝土拱桥的结构示意参见图 5-3-4。

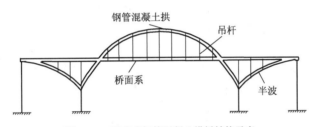

图 5-3-4　飞燕式钢管混凝土拱桥结构示意

5.3.5　钢管混凝土拱肋的常用线形

钢管混凝土拱桥主拱肋的常用线形有圆弧线、抛物线和悬链线三种。圆弧线只用于较小跨径的拱桥,大、中跨径的拱桥多采用抛物线和悬链线,特大跨径钢管混凝土拱桥的拱肋线形通常采用悬链线线形。各种拱肋线形的主要特点如下。

(1)圆弧线:线形简单,全拱曲率相同,便于施工。但与实际的恒载压力线偏离较大,特别是矢跨比较大时,在拱脚截面上偏离较大,而且拱圈高度较大也会影响桥梁的美学效果。因此在大跨径钢管混凝土拱桥中采用圆弧线的情况很少。

(2)抛物线:多采用二次抛物线形式,适用于恒载分布比较均匀的拱桥。但在大跨径拱桥中,为使拱轴线尽量与恒载压力线吻合,也可采用 3 次或 4 次的高次抛物线。中承式、下承式拱桥采用抛物线较多。

(3)悬链线:一般认为悬链线是实腹拱桥的合理拱轴线。而钢管混凝土拱桥常是空腹式拱桥,一般采用悬链线使拱轴线与恒载压力线在拱顶、四分点及拱脚五个截面重合。计算亦表明采用悬链线拱轴对空腹拱拱圈的受力是有利的。因此悬链线是钢管混凝土拱桥最普遍采用的拱轴线形。当采用悬链线拱轴线时,上承式的拱轴系数 m 宜为 $1.2 \sim 2.8$,中承式的拱轴系数不宜大于 1.9,下承式的拱轴系数不宜大于 1.5。

5.3.6 钢管混凝土拱肋的断面形式及适用条件

常用的钢管混凝土拱肋断面形式有如图 5-3-5 所示的几种情况。

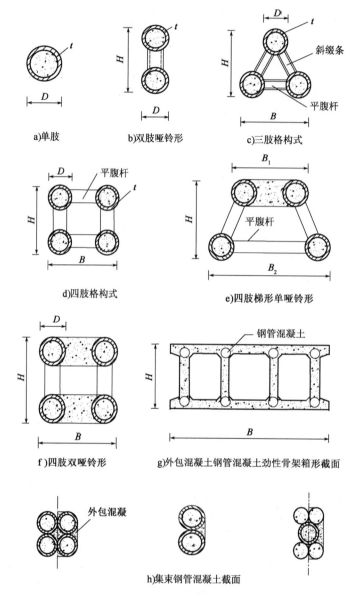

图 5-3-5 钢管混凝土拱肋断面形式

钢管混凝土拱肋断面形式和矢跨比的选用,主要取决于桥梁的跨径、受力状态以及主拱圈对平面内和出平面刚度的要求。

一般情况下,可以按如下方法选择断面形式:

(1) 单肢圆管适用于跨径小于 80m 的钢管混凝土拱桥。例如 1996 年建成的江苏泰州引江河大桥,采用了跨径为 73.92m 的下承式钢管混凝土系杆拱桥。

(2）双肢哑铃形截面通常采用等截面拱肋,常用于 80～150m 的钢管混凝土拱桥,其拱圈的出平面刚度较小。例如 1997 年建成的江西景德镇瓷都大桥,采用了跨径为 150m 的中承式钢管混凝土拱桥。

(3）三肢格构式适用于跨径为 80～180m 的钢管混凝土拱桥,可以考虑取消横向风撑,但需验算其动力性能。例如 2005 年建成的江西吉安赣江大桥,采用了跨径为 138m + 188m + 138m 的飞燕式钢管混凝土拱桥。

(4）四肢格构式、四肢梯形单哑铃形及四肢双哑铃形断面常用于 150～300m 跨径的钢管混凝土拱桥。例如 2006 年建成的浙江象山中门大桥,采用了跨径为 270m 的中承式钢管混凝土拱桥。

(5）对于跨径大于 300m 的拱桥,拱顶和拱脚的内力相差很大,这时采用等截面的桁式主拱已不经济,宜采用变截面桁式主拱。必要时可考虑外包混凝土钢管混凝土劲性骨架结构或钢结构。例如 2005 年建成的湖南南县茅草街大桥,采用了跨径为 80m + 368m + 80m 的飞燕式钢管混凝土拱桥;1997 年建成的重庆万州长江大桥,采用了跨径为 420m 的上承式劲性骨架的钢管混凝土拱桥。

(6）集束钢管混凝土截面的优点是构造简单,施工方便。但由于其截面抗弯刚度相对较小,目前在钢管混凝土拱桥建造中用得不多。例如 1998 年建成的贵州落脚河大桥,采用了跨径为 240m 的中承式钢管混凝土拱桥,采用了集束管变截面形式。

5.4 钢管材料及核心混凝土的基本性能

5.4.1 常用钢材种类及其基本性能

钢管混凝土结构所用钢管可采用直缝焊接管、螺旋缝焊接管和无缝焊接管,钢材常用强度等级为 Q235、Q345 和 Q390,钢材质量等级应根据结构所处环境条件和温度选择 B 级或 B 级以上。在对钢管力学特性或焊接性能有特殊要求的结构中,也可选择其他满足相关国家标准的钢材。钢管混凝土拱桥中钢管的钢材强度设计指标和其他相关参数应按相关国家标准取值:公路工程应按照《公路钢管混凝土拱桥设计规范》(JTG/T D65-06—2015)取值,市政工程应按照《钢管混凝土拱桥技术规范》(GB 50923—2013)取值。

表 5-4-1 和表 5-4-2 将《公路钢管混凝土拱桥设计规范》(JTG/T D65-06—2015)和《钢管混凝土拱桥技术规范》(GB 50923—2013)对钢管基本性能的规定进行了对照。

钢管的强度设计值　　　　　　　表 5-4-1

钢材		抗拉、抗压和抗弯 f_{sd}(MPa)		抗剪 f_{vd}(MPa)	
牌号	厚度(mm)	JTG/T D65-06—2015	GB 50923—2013	JTG/T D65-06—2015	GB 50923—2013
Q235	≤16	215	190	125	110
	16～40	205	180	120	105
	40～100	—	170	—	100

续上表

钢材		抗拉、抗压和抗弯 f_{sd}(MPa)		抗剪 f_{vd}(MPa)	
牌号	厚度(mm)	JTG/T D65-06—2015	GB 50923—2013	JTG/T D65-06—2015	GB 50923—2013
Q345	≤16	310	275	180	160
	16~40	295	270	170	155
	40~63	—	260	—	150
Q390	≤16	350	310	205	180
	16~40	335	295	190	170
	40~63	—	280	—	160

钢材的物理性能指标 表 5-4-2

性能指标	JTG/T D65-06—2015	GB 50923—2013
弹性模量 E_s(MPa)	2.06×10^5	
剪切模量 G_s(MPa)	0.79×10^5	
线膨胀系数 α(1/℃)	1.2×10^{-5}	
密度 ρ(kg/m³)	7.85×10^3	
泊松比	—	0.30

钢管混凝土的钢管连接形式通常采用焊接,焊接时必须采用对接焊缝,焊缝强度须不低于母材强度。

5.4.2 核心混凝土的基本性能

微裂缝的产生和开展是导致混凝土破坏的根本原因。而钢管混凝土中的核心混凝土在三向受压的受力状态下,其横向变形受到约束,延缓了内部微裂缝的产生和开展。因此,核心混凝土受力特性与一般混凝土材料存在明显的差异,主要表现为抗压强度与极限压应变的提高。

研究表明,受侧压力的混凝土的抗压强度与极限压应变随着侧压力的提高而增加。图 5-4-1 给出了受不同侧压力的混凝土柱受压时的应力-应变曲线。图中 P 为侧压力, $P_1 < P_2 < P_3 < P_4$。美国学者 Richart 等人提出可采用式(5-4-1)计算三向受压混凝土的抗压强度。

$$f'_{cc} = f'_c + k\sigma_2 \qquad (5-4-1)$$

式中:f'_{cc}——三轴受压状态混凝土圆柱体沿纵轴的抗压强度;

f'_c——单轴受压混凝土的抗压强度;

σ_2——混凝土的侧压力;

k——由侧压力引起的混凝土抗压强度提高系数, $k = 4 \sim 5$。

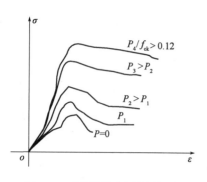

图 5-4-1 受不同侧压力的混凝土柱受压时应力-应变曲线

钢管混凝土中的核心混凝土所受侧压力会随所承受荷载水平的变化而发生变化,与上述等值侧压力试验中混凝土受压柱的受力有所不同。但三向受压的核心混凝土的抗压强度与极限压应变也会明显提高。根据试验研究,其应力-应变关系可由式(5-4-2)确定。

$$\sigma_c = \sigma_0 \left[1.62 \frac{\varepsilon_c}{\varepsilon_0} - 0.62 \left(\frac{\varepsilon_c}{\varepsilon_0} \right)^2 \right] \quad (5\text{-}4\text{-}2)$$

式中:σ_0——混凝土极限压应力,按式(5-4-3)计算;

$$\sigma_0 = f_{ck} + 5.5 f_{ck} \left(\frac{P_0}{f_{ck}} \right)^{0.91} \quad (5\text{-}4\text{-}3)$$

ε_0——混凝土的极限压应变,按式(5-4-4)计算;

$$\varepsilon_0 = \left(2000 + 500 \frac{af_y}{f_{ck}} \right) \times 10^{-6} \quad (5\text{-}4\text{-}4)$$

$\sigma_c 、\varepsilon_c$——混凝土的应力和应变;
f_{ck}——混凝土抗压强度标准值,$f_{ck} = 0.8 f_{cu}$,其中f_{cu}是边长为15cm的混凝土立方体试件强度;
P_0——进入塑性阶段时的紧箍力;
a——含钢率,按式(5-4-5)计算;

$$a = A_s / A_c \quad (5\text{-}4\text{-}5)$$

A_s——钢管截面面积;
A_c——核心混凝土截面面积。

为确保核心混凝土的密实度,钢管混凝土结构中所用的混凝土通常会采用自密实混凝土以提高混凝土的密实度和减小混凝土收缩量。

5.5 钢管混凝土的基本性能

5.5.1 叠加法与合成法

5.4节介绍的确定钢管混凝土轴压强度的方法(或设计准则),无论是求极限承载力N_u还是塑性承载力N_0,都是分别求得钢管的承载力和核心混凝土的承载力,然后进行叠加得到构件的承载力。各种方法的区别是如何估算钢管和混凝土之间的相互约束效应。这种约束的存在,构成了钢管混凝土构件的固有特性,也造成了由此而产生的物理力学性能的复杂性。叠加法虽能得到构件的承载力,但亦有问题存在。

1)叠加法存在的问题

由于对复杂应力状态下的钢管和核心混凝土性能研究不够,两者相互间存在的紧箍力估算不准,因而得到的承载力自然会有出入。而且计算方法显得比较复杂,归结起来,叠加方法存在以下不足:

①对钢管承载力的计算采用理想的弹塑性假设,这一假设对纵向应变达到10%的极限承载力N_u显然不合适,未考虑钢材强化作用。

②混凝土处于三向受压状态下的承载力一般都根据定值侧压力的实验结果得到的纵向力

与侧压力的关系来确定。这与核心混凝土的实际受力状态不符,实际上侧压力是变值,而且是被动的。

③由于钢材和混凝土的承载力分别采用上述假设,只能确定它的承载力而不能得到构件受力全过程的荷载和应变关系,无法掌握构件工作过程中的性能。

鉴于以上分析,原哈尔滨建筑工程学院(现哈尔滨建筑大学)的 钟善桐 教授在1985年首先提出了把钢管混凝土视为一种组合材料来研究其综合性能的新观点,在1988年提出了用合成法确定钢管混凝土基本性能的新方法,为钢管混凝土结构的发展提供了一条新的途径。

2) 合成法的基本思路

合成法的基本思路是分别选定钢材和核心混凝土在复杂受力状态下比较正确的本构关系,运用平衡条件和变形协调条件将两者的本构关系合成构件的组合关系。由此组合关系可以得到钢管混凝土的各种物理力学组合性能指标,从而为计算基本构件创造条件。由于在钢管和混凝土的本构关系中已包含了紧箍力效应,在组合关系中也就会有紧箍效应,因此组合性能指标中自然也就包含了这种效应。直接运用这些组合指标进行承载力的计算,可使概念清晰,公式形式更为简单。在合成法的基础上,1994年 钟善桐 教授提出统一理论雏形,并在其弟子韩林海教授等的共同努力下于2006年形成完整的统一理论,进一步拓宽了钢管混凝土构件及结构的应用范围。

5.5.2 钢材和混凝土的本构关系

1) 钢材的本构关系

在忽略钢管中径向压应力的情况下,当钢管混凝土轴向受压时,钢管处于纵向受压、环向受拉双向异号应力场;当钢管混凝土轴向受拉时,钢管为纵向和环向受拉的双向同号应力场。图5-5-1给出了双向应力场下钢材的应力强度σ_i和应变强度ε_i的关系。对图5-5-1的σ_i-ε_i曲线作以下两点假设:

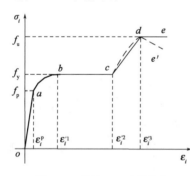

图 5-5-1 钢材 σ_i-ε_i 本构关系

①在钢材强化的 cd 段以直线代替。

②达到强度极限 d 点后,材料进入破坏面,发展塑性变形,即忽略钢材颈缩的影响,认为材料进入二次塑流。

基于统一理论分析钢管混凝土结构时,将双向应力场中的钢材应力-应变全过程划分为五个阶段。对每一个受力阶段给出各自的数学表达式。

(1) 弹性阶段(oa 段):$\sigma_i \leq f_p$,$\varepsilon_i \leq \varepsilon_i^p$。

在此阶段,钢管处于弹性工作状态,其应力应变符合广义胡克定律,即有:

$$\begin{cases} \sigma_3 = \dfrac{E_s}{1-\mu_s^2}(\varepsilon_3 + \mu_s \varepsilon_1) \\ \sigma_1 = \dfrac{E_s}{1-\mu_s^2}(\varepsilon_1 + \mu_s \varepsilon_3) \end{cases} \quad (5\text{-}5\text{-}1)$$

(2) 弹塑性阶段(ab 段):$f_p < \sigma_i \leq f_y$,$\varepsilon_i^p < \varepsilon_i \leq \varepsilon_i'^1$。

此阶段应力-应变已呈非线性变化,故以弹性增量理论表示应力增量和应变增量关系:

$$\begin{cases} \mathrm{d}\sigma_3 = \dfrac{E_s^t}{1-(\mu_s^t)^2}(\mathrm{d}\varepsilon_3 + \mu_s^t \mathrm{d}\varepsilon_1) \\ \mathrm{d}\sigma_1 = \dfrac{E_s^t}{1-(\mu_s^t)^2}(\mathrm{d}\varepsilon_1 + \mu_s^t \mathrm{d}\varepsilon_3) \end{cases} \quad (5\text{-}5\text{-}2)$$

式中:E_s^t——弹塑性阶段钢材的切线模量,按伯拉希公式计算,即

$$E_s^t = \dfrac{(f_y - \sigma_i)\sigma_i}{(f_y - f_p)f_p} E_s \quad (5\text{-}5\text{-}3)$$

μ_s^t——弹塑性阶段钢材的泊松比,按下式计算:

$$\mu_s^t = 0.167 \dfrac{\sigma_i - f_p}{f_y - f_p} + 0.283 \quad (5\text{-}5\text{-}4)$$

在此取钢材的比例极限 $f_p = 0.8 f_y$,其他符号意义同前。

(3) 一次塑流阶段(bc 段)、应变强化阶段(cd 段)及二次塑流阶段(de 段)。

在此三个阶段可用增量理论给出统一的应力-应变增量关系表达式:

$$\mathrm{d}\{\sigma_i\} = [D]_{ep} \mathrm{d}\{\varepsilon_i\} \quad (5\text{-}5\text{-}5)$$

式中:$[D]_{ep}$——弹塑性刚度矩阵,按下式计算:

$$[D]_{ep} = \dfrac{E_s}{(1+\mu_s)(1-2\mu_s)} \begin{bmatrix} 1-\mu_s & \mu_s & \mu_s \\ \mu_s & 1-\mu_s & \mu_s \\ \mu_s & \mu_s & 1-\mu_s \end{bmatrix} - \dfrac{9G^2}{(H'+3G)\sigma_i^2} \begin{bmatrix} s_1^2 & s_1 s_2 & s_1 s_3 \\ s_2 s_1 & s_2^2 & s_2 s_3 \\ s_3 s_1 & s_3 s_2 & s_3^2 \end{bmatrix} \quad (5\text{-}5\text{-}6)$$

上式中第一项为弹性刚度矩阵,第二项为塑性刚度矩阵。其中,μ_s 为弹性阶段钢材的泊松比,取 $\mu_s = 0.283$;$G = E_s/[2(1+\mu_s)]$;s_1、s_2、s_3 分别为三个应力偏量分量,按下式计算:

$$s_1 = \sigma_1 - \sigma_m; \quad s_2 = \sigma_2 - \sigma_m; \quad s_3 = \sigma_3 - \sigma_m \quad (5\text{-}5\text{-}7)$$

式中:σ_m——平均应力,$\sigma_m = \dfrac{1}{3}(\sigma_1 + \sigma_2 + \sigma_3)$;

H'——矩阵参数,与钢材的受力阶段有关。

① 一次塑流阶段(bc 段)。

在一次塑流阶段,取 $H' = 0$,$\sigma_i = f_y$。在此阶段,钢管的纵向应力和环向应力之间满足 Von-Mises 屈服条件。

② 应变强化阶段(cd 段)。

取 $f_u/f_y = 1.6$,$\varepsilon_i'^2 = 10\varepsilon_i'^1$,$\varepsilon_i'^3 = 100\varepsilon_i'^1$,所以有:

$$\begin{cases} H' = E_1/(1 - E_1/E_s) \\ E_1 = (f_u - f_y)/(\varepsilon_i'^3 - \varepsilon_i'^2) \\ \sigma_i = f_y + E_1(\varepsilon_i - \varepsilon_i'^2) \end{cases} \quad (5\text{-}5\text{-}8)$$

③ 二次塑流阶段(de 段)。

在二次塑流阶段,钢材进入破坏面,仍取 $H' = 0$,但取 $\sigma_i = f_u$。

2) 核心混凝土三向受压时的本构关系

根据大量实心圆钢管混凝土轴心受压短柱的试验结果,考虑各项独立或综合参变量的影响,以核心混凝土极限压应变 ε_0 为界的分段核心混凝土本构关系方程由式(5-5-9)给出,其关系曲线见图 5-5-2。

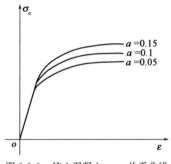

图 5-5-2 核心混凝土 σ_c-ε 关系曲线

$$\begin{cases} \sigma_c = \sigma_u \left[A \dfrac{\varepsilon}{\varepsilon_0} - B \left(\dfrac{\varepsilon}{\varepsilon_0} \right)^2 \right] & \varepsilon \leqslant \varepsilon_0 \\ \sigma_c = \sigma_u (1 - q) + \sigma_u q \left(\dfrac{\varepsilon}{\varepsilon_0} \right)^{(0.2+a)} & \varepsilon > \varepsilon_0 \end{cases} \quad (5\text{-}5\text{-}9)$$

其中,σ_u 为核心混凝土极限压应力,由下式确定:

$$\sigma_u = f_{ck} \left[1 + \left(\dfrac{30}{f_{cu}} \right)^{0.4} (-0.0626\xi^2 + 0.4848\xi) \right]$$

ε_0 为核心混凝土极限压应变,由下式确定:

$$\varepsilon_0 = \varepsilon_c + 3600\sqrt{\alpha} \quad (\mu\varepsilon)$$

$$\varepsilon_c = 1300 + 10 f_{cu} \quad (\mu\varepsilon)$$

其他参数由下式确定:

$$A = 2 - K, \quad B = 1 - K$$

$$K = (-5a^2 + 3a)\left(\dfrac{50 - f_{cu}}{50}\right) + (-2a^2 + 2.15a)\left(\dfrac{f_{cu} - 30}{50}\right)$$

$$q = \dfrac{K}{0.2 + a}, \quad f_{ck} = 0.8 f_{cu}, \quad \xi = \dfrac{af_y}{f_{ck}}, \quad a = A_s / A_c$$

当已知钢材的屈服强度 f_y、混凝土强度 f_{cu} 和含钢率 a 时,以上公式中的各参数就能唯一地确定,即可求出核心混凝土的本构方程。

5.5.3 钢管混凝土轴心受力时 N-ε 关系曲线

1) 轴心受压时 N-ε 关系曲线

钢管混凝土轴心受压时,应力沿截面及杆长方向均为均匀分布。根据已获得的钢管和核心混凝土的本构关系,建立内外力平衡条件[式(5-5-10)]和变形协调条件[式(5-5-11)],由统一理论即可求出内力(或应力)与应变的关系。

$$N = N_s + N_c \quad (5\text{-}5\text{-}10)$$

$$\Delta_{sl} = \Delta_{cl}, \quad \Delta_{sr} = \Delta_{cr} \quad (5\text{-}5\text{-}11)$$

式中:N_s、N_c——分别为钢管和核心混凝土承担的轴向力;

Δ_{sl}、Δ_{sr}——分别为钢管的纵向和径向变形;

Δ_{cl}、Δ_{cr}——分别为核心混凝土的纵向和径向变形。

利用上述条件进行全过程的数值分析,可以得到合成后的轴心压力 N 与纵向应变 ε 之间的关系曲线,见图 5-5-3。值得注意的是,此时我们已把钢管混凝土视为整体或称为一种组合材料。轴向压力 N 用全截面面积 $A_{sc} = \pi r_0^2$ 除,即得到平均应力 $\bar{\sigma}$。因而该曲线也是 $\bar{\sigma}$-ε 关系曲线(r_0 是钢管外半径)。合成后的 N-ε 全曲线具有如下特点:

① a_1 点,开始产生紧箍力,即 $\mu_c = \mu_s$。

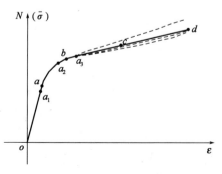

图 5-5-3 N-ε($\bar{\sigma}$-ε)合成曲线

②a 点,钢管折算应力达到比例极限,即有 $\sigma_i = f_p$,此后进入弹塑性阶段。

③a_2 点,核心混凝土的纵向应力达到棱柱体强度标准值,即 $\sigma_c = f_{ck}$。

④b 点,钢管折算应力达到屈服点,进入一次塑流阶段,即 $\sigma_i = f_y$。

⑤a_3 点,核心混凝土进入强度包络线范围。

⑥c 点,进入应变强化阶段,此点斜率开始略有增加。

⑦d 点,钢管折算应力达到强度极限,即 $\sigma_i = f_u$,钢材进入二次塑流阶段或进入破坏面,其纵向应变可达 20%。

利用上述合成曲线对搜集到的 300 多个轴压试验结果进行验算,其参数范围为 $f_{ck} = 13.4 \sim 68.0$ MPa,$f_y = 204 \sim 483$ MPa,$a = 0.033 \sim 0.26$。计算结果与试验结果吻合良好,是令人满意的。

2) 轴心受拉时 N-ε 关系曲线

根据内外力平衡条件和径向变形条件可以建立钢管混凝土轴心受拉时的全过程分析方程。

(1) 平衡条件:
$$N = N_s + N_c$$

忽略核心混凝土的抗拉作用,则有 $N_c = 0$,外部轴向拉力全由钢管承担,因而钢管的纵向应力为

$$\sigma_3 = N/A_s = N/[\pi(r_0^2 - r_{c0}^2)] \tag{5-5-12}$$

式中:r_0、r_{c0}——钢管的外半径和内半径。

(2) 径向变形协调条件:
$$\Delta_{sr} = \Delta_{cr}$$

钢管的径向变形和混凝土的径向变形分别为

$$\begin{cases} \Delta_{sr} = -\left(r_{c0} + \dfrac{t}{2}\right)\varepsilon_1 + \dfrac{t}{2}\varepsilon_2 \\ \Delta_{cr} = r_{c0}\varepsilon_2' \end{cases} \tag{5-5-13}$$

上式中以压为正,以拉为负。利用上述条件引入钢材在双向受拉时 σ_i-ε_i 的本构关系,忽略钢材的强化作用,进行全过程分析即可得到钢管混凝土受拉的 σ_3-ε_3 关系曲线,见图 5-5-4。图中的应力、应变关系基本反映了钢材的性能。但由于内部存在着混凝土,忽略核心混凝土对钢管的径向压力时,钢管壁为双向受拉。因此,其屈服强度要高于单向受拉屈服强度 f_y,塑性台阶稍有提高且并非完全水平。钢管受拉屈服强度的提高主要与含钢率 a 有关,在常用含钢率的情况下可近似按式(5-5-14)计算:

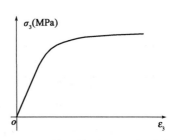

图 5-5-4 轴心受拉时 σ_3-ε_3 关系曲线

$$f_y' = Kf_y = (1.121 - 0.167a)f_y \tag{5-5-14}$$

当含钢率 $a = 0.05$ 时,钢筋受拉屈服强度提高到 $1.11f_y$;当 $a = 0.20$ 时,提高到 $1.09f_y$。在实际工程计算时,可近似取钢管双向受拉时的屈服强度为 $f_y' = Kf_y = 1.1f_y$,即比单向受拉屈服强度高 10%。

5.6 钢管混凝土组合性能指标及组合参数

5.6.1 钢管混凝土组合性能指标

1) 确定的依据

在5.5节中,将钢材和混凝土在复杂受力状态下的本构关系合成为钢管混凝土组合材料的荷载(应力)-应变关系,其中包括受压和受拉两种情况,见图5-5-3和图5-5-4。接下来的问题是如何确定钢管混凝土在轴向受力时的承载能力,或者说确定钢管混凝土轴向受力构件承载力的依据是什么。1994年,钟善桐教授提出了以下两条依据:

(1) 根据《建筑结构设计统一标准》(GBJ 68—1984)的规定,对于塑性破坏的结构或构件,以开始发展塑性作为承载力极限,即将钢管混凝土的设计准则定义为屈服承载力 N_0,也就是合成曲线上的 b 点。

(2) 以统一理论确定的钢管混凝土轴向受力构件的荷载(应力)-应变全过程曲线作为确定组合性能指标的依据。

上述两条依据与《建筑结构可靠性设计统一标准》(GB 50068—2018)和《公路工程结构可靠度设计统一标准》(GB/T 50283—1999)中关于极限状态的定义是吻合的。钢管混凝土柱是典型的塑性破坏,其极限压应变可以达到0.2~0.3。此时的结构变形已难以接受。因此,以开始发展塑性作为承载力极限是合理的。

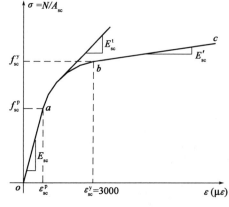

图5-6-1 轴心受压 σ-ε 典型关系曲线

2) 轴心受压构件

由全过程分析确定的钢管混凝土轴压构件的典型工作性能曲线见图5-6-1。根据5.5节的分析,可把全过程曲线分为弹性(oa)、弹塑性(ab)和强化(bc)三个阶段。

(1) 轴心受压组合强度标准值 f_{sc}^y。

以全曲线上纵向应变 $\varepsilon_{sc}^y = 3000\mu\varepsilon$ 对应的 b 点作为组合强度设计指标 f_{sc}^y,亦可称为组合材料的屈服点,并认为:

① 钢管已进入屈服阶段而塑性发展并不大,这时核心混凝土正好进入强度包络线范围。

② b 点是弹塑性阶段的终点,强化阶段的起点。

③ 虽有强化,但强化程度一般不高,因此可认为仍属塑性破坏。

通过大量计算发现 f_{sc}^y/f_{ck} 与套箍系数 $\xi = af_y/f_{ck}$ 呈二次函数关系,即有:

$$f_{sc}^y = (1.212 + B\xi + C\xi^2)f_{ck} \qquad (5\text{-}6\text{-}1)$$

其中:

$$\xi = \frac{af_y}{f_{ck}} = \frac{A_s f_y}{A_c f_{ck}} \qquad (5\text{-}6\text{-}2)$$

$$\begin{cases} B = 0.1759\dfrac{f_y}{235} + 0.974 \\ C = -0.1038\dfrac{f_{ck}}{20} + 0.0309 \end{cases} \quad (5\text{-}6\text{-}3)$$

分别引入钢材和混凝土的分项系数后,可得组合强度的设计值:

$$f_{sc} = (1.212 + B\xi_0 + C\xi_0^2)f_c \quad (5\text{-}6\text{-}4)$$

$$\xi_0 = \dfrac{af}{f_c} \quad (5\text{-}6\text{-}5)$$

式中:f、f_c——建筑结构规范中钢管材料和混凝土的抗压强度设计值,在桥梁结构设计规范中对应于f_{sd}和f_{cd};

ξ——钢管混凝土的约束效应系数(或套箍系数);

ξ_0——钢管混凝土的约束效应系数(或套箍系数)设计值;

B、C——约束效应影响系数;

a——钢管混凝土截面的含钢率,按式(5-4-5)计算。

(2)轴心受压组合比例极限f_{sc}^p。

全曲线上的 a 点是弹性阶段的终点,定义为钢管混凝土轴心受压时的比例极限。此时钢管的折算应力达到钢材的比例极限。经分析,f_{sc}^p/f_{sc}^y 和 ε_{sc}^p 基本上只与钢材的屈服点 f_y 有关,与混凝土强度等级及含钢率关系不大,可有如下简化公式:

$$f_{sc}^p = \left(0.192\dfrac{f_y}{235} + 0.488\right)f_{sc}^y \quad (5\text{-}6\text{-}6)$$

$$\varepsilon_{sc}^p = \dfrac{0.67f_y}{E_s} \quad (5\text{-}6\text{-}7)$$

(3)抗压组合模量 E_{sc}、E_{sc}^t、E_{sc}'。

钢管混凝土的组合弹性模量可以借助图 5-6-1 中 a 点的应力和应变之比得到,即有:

$$E_{sc} = \dfrac{f_{sc}^p}{\varepsilon_{sc}^p} = \left(1.22 \times 10^{-3} + \dfrac{0.728}{f_y}\right)E_s f_{sc}^y \quad (5\text{-}6\text{-}8)$$

弹塑性阶段的切线模量可由下式计算:

$$E_{sc}^t = \dfrac{(A_1 f_{sc}^y - B_1 \overline{\sigma})\overline{\sigma}}{(f_{sc}^y - f_{sc}^p)f_{sc}^p}E_{sc} \quad (5\text{-}6\text{-}9)$$

式中系数:

$$A_1 = 1 - \dfrac{E_{sc}'}{E_{sc}}\left(\dfrac{f_{sc}^p}{f_{sc}^y}\right)^2, \quad B_1 = 1 - \dfrac{E_{sc}'}{E_{sc}}\dfrac{f_{sc}^p}{f_{sc}^y} \quad (5\text{-}6\text{-}10)$$

上式满足 a 点 $E_{sc}^t = E_{sc}$ 和 b 点 $E_{sc}^t = E_{sc}'$ 的边界条件,其中 $\overline{\sigma}$ 是平均应力。在强化阶段组合强化模量 E_{sc}' 基本呈线性变化,其斜率主要取决于含钢率,可近似按下式计算:

$$E_{sc}' = 5000a + 550 \quad (5\text{-}6\text{-}11)$$

3)轴心受拉构件

(1)轴心受拉组合强度标准值f_{sc}^{yt}。

根据钢管混凝土轴心受拉时的全曲线(图 5-5-4),其性能曲线与钢管受拉相同,只是这时的钢材纵向承载力比单向受拉屈服强度提高 10% 左右,参见式(5-6-12)。显然,其设计准则

定义为屈服承载力,并称之为组合拉伸屈服强度,可直接按钢管抗拉强度计算:

$$f_{sc}^{yt} = 1.1 f_y \tag{5-6-12}$$

受拉组合强度设计值则为

$$f_{sc}^t = 1.1 f \tag{5-6-13}$$

(2)轴心受拉组合比例极限 f_{sc}^{pt}。

$$f_{sc}^{pt} = 0.75 f_{sc}^{yt} = 0.825 f_y \tag{5-6-14}$$

相应的应变值为

$$\varepsilon_{sc}^{pt} = 0.825 f_y / E_s \tag{5-6-15}$$

(3)抗拉组合模量 E_{sc}^{pt} 和 E_{sc}^{tt}。

钢管混凝土抗拉弹性模量可以借助其抗拉弹性比例极限及其相应的应变求出:

$$E_{sc}^{pt} = f_{sc}^{pt} / \varepsilon_{sc}^{pt} = E_s \tag{5-6-16}$$

钢管混凝土的抗拉切线模量可由式(5-6-17)得到:

$$E_{sc}^{tt} = \frac{(f_{sc}^{yt} - \overline{\sigma})\overline{\sigma}}{(f_{sc}^{yt} - f_{sc}^{pt}) f_{sc}^{pt}} E_{sc} \tag{5-6-17}$$

上述各公式中符号的意义可以参照图 5-6-1 得到。

有了上列物理力学性能,把钢管混凝土视为一种组合材料的统一体,可以直接应用构件全截面的几何性质和各相关物理量。对于实心钢管混凝土,按截面面积 $A_{sc} = \pi r_0^2$,惯性矩 $I_{sc} = \pi r_0^4 / 4$ 和抗弯模量 $W_{sc} = \pi r_0^3 / 4$ 等进行构件设计。这样做不但概念清晰,而且计算也十分简便。

5.6.2 钢管混凝土的组合参数

1)组合抗压强度设计值 f_{sc}

《公路钢管混凝土拱桥设计规范》(JTG/T D65-06—2015)和《钢管混凝土结构技术规范》(GB 50936—2014)均采用了式(5-6-4)计算钢管混凝土的抗压强度设计值,仅个别参数有所不同。影响组合抗压强度设计值的主要参数为钢材类别、混凝土强度等级和含钢率。

$$f_{sc} = k_3 (1.14 + 1.02 \xi_0) f_{cd} \tag{5-6-18}$$

式中:f_{sc}——钢管混凝土组合轴心抗压强度设计值,MPa;

ξ_0——钢管混凝土的约束效应系数(或套箍系数)设计值,按式(5-6-5)计算;

f_{cd}——核心混凝土的轴心抗压强度设计值;

k_3——修正系数,钢管壁厚 $t \leq 16\mathrm{mm}$ 时,《公路钢管混凝土拱桥设计规范》(JTG/T D65-06—2015)和《钢管混凝土结构技术规范》(GB 50936—2014)均规定 k_3 取 1.0;$t > 16\mathrm{mm}$ 时,《公路钢管混凝土拱桥设计规范》(JTG/T D65-06—2015)规定 k_3 取 0.96,《钢管混凝土结构技术规范》(GB 50936—2014)则规定 Q235 和 Q345 钢管的 k_3 取 0.96,Q390 钢管的 k_3 取 0.94。

钢管混凝土组合轴心抗压强度设计值 f_{sc} 见表 5-6-1。

钢管混凝土组合轴心抗压强度设计值 f_{sc}（单位：MPa）（$t \leqslant 16$mm） 表 5-6-1

钢材牌号	混凝土强度等级	含钢率 a							
		0.04	0.05	0.06	0.07	0.08	0.09	0.10	0.11
Q235	C30	24.50	26.70	28.89	31.08	33.28	35.47	37.66	39.86
	C40	29.75	31.94	34.13	36.33	38.52	40.71	42.91	45.10
Q345	C40	33.62	36.79	39.95	43.11	46.27	49.43	52.60	55.76
	C50	38.18	41.35	44.51	47.67	50.83	53.99	57.16	60.32
	C60	42.86	46.02	49.18	52.34	55.51	58.67	61.83	64.99
	C70	47.42	50.58	53.74	56.90	60.07	63.23	66.39	69.55
	C80	52.09	55.25	58.42	61.58	64.74	67.90	71.06	74.23
Q390	C50	39.82	43.39	46.96	50.53	54.10	57.67	61.24	64.81
	C60	44.49	48.06	51.63	55.20	58.77	62.34	65.91	69.48
	C70	49.05	52.62	56.19	59.76	63.33	66.90	70.47	74.04
	C80	53.72	57.29	60.86	64.43	68.00	71.57	75.14	78.71
钢材牌号	混凝土强度等级	含钢率 a							
		0.12	0.13	0.14	0.15	0.16	0.17	0.18	0.19	0.20
Q235	C30	42.05	44.24	46.43	48.63	50.82	53.01	55.21	57.40	59.59
	C40	47.29	49.49	51.68	53.87	56.06	58.26	60.45	62.64	64.84
Q345	C40	58.92	62.08	65.24	68.41	71.57	74.73	77.89	81.05	84.22
	C50	63.48	66.64	69.80	72.97	76.13	79.29	82.45	85.61	88.78
	C60	68.15	71.32	74.48	77.64	80.80	83.96	87.13	90.29	93.45
	C70	72.71	75.88	79.04	82.20	85.36	88.52	91.69	94.85	98.01
	C80	77.39	80.55	83.71	86.87	90.04	93.20	96.36	99.52	102.68
Q390	C50	68.38	71.95	75.52	79.09	82.66	86.23	89.80	93.37	96.94
	C60	73.05	76.62	80.19	83.76	87.33	90.90	94.47	98.04	101.61
	C70	77.61	81.18	84.75	88.32	91.89	95.46	99.03	102.60	106.17
	C80	82.28	85.85	89.42	92.99	96.56	100.13	103.70	107.27	110.84

注：当含钢率 a 为中间值时，f_{sc} 可采用内插法求得。

《钢管混凝土结构技术规范》（GB 50936—2014）采用了如式（5-6-4）所示的表达形式计算组合抗压强度设计值，但在计算参数 B、C 时，将材料强度标准值换算为强度设计值，并对参数的计算公式进行了调整。《钢管混凝土结构技术规范》（GB 50936—2014）中给出的实心圆形和正十六边形钢管混凝土截面组合抗压强度设计值 f_{sc} 见表 5-6-2。

实心圆形和正十六边形钢管混凝土截面组合抗压强度设计值 f_{sc}（单位：MPa） 表 5-6-2

钢材牌号	混凝土强度等级	含钢率 a								
		0.04	0.06	0.08	0.10	0.12	0.14	0.16	0.18	0.20
Q235	C30	26.2	30.5	34.5	38.4	42.1	45.6	49.0	52.2	55.3
	C40	32.0	36.2	40.2	44.0	47.6	51.0	54.2	57.3	60.2
	C50	36.9	41.0	44.9	48.7	52.3	55.6	58.8	61.8	64.6
	C60	42.2	46.3	50.2	53.9	57.5	60.8	63.9	66.8	69.5
	C70	47.4	51.5	55.4	59.1	62.6	65.9	69.0	71.8	74.5
	C80	52.3	56.4	60.3	64.0	67.5	70.8	73.8	76.7	79.3
Q345	C30	30.2	36.2	41.8	47.1	52.1	56.8	61.2	65.2	69.0
	C40	36.0	41.8	47.4	52.5	57.3	61.8	65.9	69.7	73.1
	C50	40.8	46.6	52.1	57.2	61.9	66.2	70.2	73.8	77.0
	C60	46.1	51.9	57.3	62.3	67.0	71.2	75.1	78.6	81.7
	C70	51.3	57.0	62.4	67.4	72.0	76.2	80.0	83.4	86.4
	C80	56.2	62.0	67.3	72.3	76.8	81.0	84.7	88.1	91.0
Q390	C30	32.6	39.6	46.1	52.2	57.9	63.2	68.1	72.5	76.5
	C40	38.3	45.2	51.6	57.5	62.9	67.9	72.4	76.5	80.0
	C50	43.1	49.9	56.2	62.0	67.4	72.2	76.5	80.4	83.7
	C60	48.4	55.2	61.4	67.1	72.4	77.1	81.3	85.0	88.1
	C70	53.6	60.3	66.5	72.2	77.3	82.0	86.1	89.7	92.7
	C80	58.5	65.2	71.4	77.0	82.1	86.7	90.7	94.2	97.2
Q420	C30	34.1	41.7	48.9	55.5	61.7	67.3	72.4	77.1	81.2
	C40	39.8	47.3	54.3	60.7	66.5	71.8	76.5	80.7	84.3
	C50	44.6	52.0	58.9	65.2	70.8	75.9	80.5	84.4	87.8
	C60	49.9	57.3	64.1	70.2	75.8	80.8	85.1	88.9	92.0
	C70	55.0	62.4	69.1	75.2	80.7	85.6	89.8	93.5	96.5
	C80	60.0	67.3	74.0	80.1	85.5	90.3	94.5	98.0	100.9

虽然《公路钢管混凝土拱桥设计规范》（JTG/T D65-06—2015）和《钢管混凝土结构技术规范》（GB 50936—2014）两本规范在计算组合抗压强度设计值时所用方法和取值均有所差异，但所采用的基本理论均为统一理论。

2）组合弹性模量 E_{sc}

《钢管混凝土拱桥技术规范》（GB 50923—2013）给出了钢管混凝土拱肋截面的整体轴压刚度与弯曲刚度的计算方法。根据式(5-6-19)和式(5-6-20)，可以计算得到轴压组合弹性模量和弯曲组合弹性模量。

$$(EA)_{sc} = E_s A_{sl} + E_c A_{cl} \quad (5\text{-}6\text{-}19)$$

$$(EI)_{sc} = E_s I_{sl} + 0.6 E_c I_{cl} \quad (5\text{-}6\text{-}20)$$

式中：$(EA)_{sc}$——钢管混凝土拱肋截面整体压缩设计刚度，N；

$(EI)_{sc}$——钢管混凝土拱肋截面整体弯曲设计刚度，N·mm²；

E_s——钢材弹性模量;

E_c——混凝土弹性模量;

A_{sl}——拱肋截面钢材面积,mm^2;

A_{cl}——拱肋截面混凝土面积,mm^2;

I_{sl}——拱肋截面钢材惯性矩,mm^4;

I_{cl}——拱肋截面混凝土惯性矩,mm^4。

《公路钢管混凝土拱桥设计规范》(JTG/T D65-06—2015)则直接采用表5-6-3给出的由钢材类别、混凝土强度等级和含钢率确定的钢管混凝土组合轴压弹性模量 E_{sc}。

钢管混凝土组合轴压弹性模量 E_{sc}(单位:$\times 10^4$ MPa)($t \leqslant 16$mm) 表5-6-3

钢材牌号	混凝土强度等级	含钢率 a							
		0.04	0.05	0.06	0.07	0.08	0.09	0.10	0.11
Q235	C30	2.89	3.11	3.32	3.53	3.75	3.96	4.17	4.39
	C40	3.57	3.79	4.00	4.21	4.43	4.64	4.85	5.07
Q345	C40	3.06	3.31	3.55	3.79	4.03	4.27	4.51	4.76
	C50	3.50	3.74	3.99	4.23	4.47	4.71	4.95	5.19
	C60	3.98	4.22	4.46	4.70	4.95	5.19	5.43	5.67
	C70	4.45	4.69	4.93	5.17	5.42	5.66	5.90	6.14
	C80	4.89	5.14	5.38	5.62	5.86	6.10	6.35	6.59
Q390	C50	3.36	3.62	3.87	4.12	4.38	4.63	4.88	5.14
	C60	3.81	4.06	4.31	4.57	4.82	5.07	5.32	5.58
	C70	4.24	4.49	4.75	5.00	5.25	5.51	5.76	6.01
	C80	4.65	4.91	5.16	5.41	5.67	5.92	6.17	6.43
钢材牌号	混凝土强度等级	含钢率 a							
		0.12	0.13	0.14	0.15	0.16	0.17	0.18	0.19	0.20
Q235	C30	4.60	4.81	5.03	5.24	5.45	5.67	5.88	6.10	6.31
	C40	5.28	5.49	5.71	5.92	6.13	6.35	6.56	6.78	6.99
Q345	C40	5.00	5.24	5.48	5.72	5.96	6.20	6.45	6.69	6.93
	C50	5.44	5.68	5.93	6.16	6.40	6.64	6.89	7.13	7.37
	C60	5.91	6.15	6.40	6.64	6.88	7.12	7.36	7.60	7.85
	C70	6.38	6.62	6.87	7.11	7.35	7.59	7.83	8.07	8.32
	C80	6.83	7.07	7.31	7.55	7.80	8.04	8.28	8.52	8.76
Q390	C50	5.39	5.64	5.89	6.15	6.40	6.65	6.91	7.16	7.41
	C60	5.83	6.08	6.34	6.59	6.84	7.10	7.35	7.60	7.86
	C70	6.27	6.52	6.77	7.03	7.28	7.53	7.79	8.04	8.29
	C80	6.68	6.93	7.19	7.44	7.69	7.95	8.20	8.45	8.71

注:当含钢率 a 为中间值时,E_{sc} 可采用内插法求得。

《钢管混凝土结构技术规范》(GB 50936—2014)中组合抗压弹性模量依据式(5-6-8),并取 $f_{sc}^y \approx 1.3 f_{sc}$ 计算,于是组合弹性模量 E_{sc} 可直接由组合抗压强度按下式换算得到:

$$E_{sc} = 1.3 k_E f_{sc} \tag{5-6-21}$$

式中：f_{sc}——钢管混凝土抗压强度设计值；

k_E——钢管混凝土组合轴压弹性模量的换算系数，按下式计算：

$$k_E = \left[\left(0.192 \frac{f_y}{235} + 0.488 \right) / (0.67 f_y) \right] E_s \tag{5-6-22}$$

k_E 值亦可直接根据钢材种类查表5-6-4确定。

钢管混凝土轴压弹性模量换算系数 表5-6-4

钢材牌号	Q235	Q345	Q390	Q420
k_E	918.9	719.6	657.5	626.9

3) 组合抗剪强度设计值 τ_{sc}

对于需要验算抗剪承载力的钢管混凝土构件，《公路钢管混凝土拱桥设计规范》(JTG/T D65-06—2015)给出了组合抗剪强度设计值的计算公式：

当钢管壁厚 $t \leq 16$mm 时：

$$\tau_{sc} = (0.422 + 0.313 a_s^{2.33}) \xi_0^{0.134} f_{sc} \tag{5-6-23}$$

当钢管壁厚 $t > 16$mm 时：

$$\tau_{sc} = 0.96 \times (0.422 + 0.313 a_s^{2.33}) \xi_0^{0.134} f_{sc} \tag{5-6-24}$$

式中：τ_{sc}——钢管混凝土组合抗剪强度设计值，MPa；

a_s——钢管混凝土截面的含钢率，按式(5-4-5)计算；

ξ_0——钢管混凝土的约束效应系数设计值，由式(5-6-5)计算；

f_{sc}——钢管混凝土组合轴心抗压强度设计值，MPa。

4) 组合弹性剪切模量 G_{sc}

对于需要计算剪切变形的钢管混凝土构件，《公路钢管混凝土拱桥设计规范》(JTG/T D65-06—2015)给出了组合剪切弹性模量 G_{sc} 的数据表格，见表5-6-5。需要时，可根据组成钢管混凝土构件的钢材、混凝土和含钢率三个参数查表确定其组合剪切弹性模量 G_{sc}。

钢管混凝土组合剪切弹性模量 G_{sc}（单位：$\times 10^4$ MPa）($t \leq 16$mm) 表5-6-5

钢材牌号	混凝土强度等级	含钢率 a							
		0.04	0.05	0.06	0.07	0.08	0.09	0.10	0.11
Q235	C30	0.86	0.95	1.04	1.13	1.22	1.32	1.41	1.50
	C40	1.01	1.10	1.19	1.28	1.37	1.46	1.55	1.64
Q345	C40	0.91	1.01	1.11	1.21	1.20	1.40	1.50	1.59
	C50	1.01	1.10	1.20	1.30	1.39	1.49	1.58	1.68
	C60	1.11	1.21	1.30	1.40	1.49	1.59	1.68	1.77
	C70	1.20	1.30	1.40	1.50	1.59	1.68	1.78	1.87
	C80	1.29	1.39	1.49	1.59	1.68	1.77	1.87	1.96
Q390	C50	0.97	1.07	1.17	1.26	1.36	1.45	1.54	1.63
	C60	1.07	1.16	1.26	1.35	1.45	1.54	1.63	1.72
	C70	1.16	1.26	1.35	1.44	1.54	1.63	1.72	1.80
	C80	1.24	1.34	1.43	1.53	1.62	1.71	1.80	1.88

续上表

钢材牌号	混凝土强度等级	含钢率 a								
		0.12	0.13	0.14	0.15	0.16	0.17	0.18	0.19	0.20
Q235	C30	1.59	1.69	1.78	1.88	1.97	2.07	2.17	2.27	2.37
	C40	1.73	1.82	1.92	2.01	2.10	2.20	2.29	2.39	2.49
Q345	C40	1.69	1.79	1.89	1.98	2.08	2.18	2.28	2.38	2.48
	C50	1.77	1.87	1.96	2.06	2.16	2.25	2.35	2.45	2.55
	C60	1.87	1.96	2.06	2.16	2.25	2.34	2.43	2.53	2.62
	C70	1.96	2.05	2.15	2.24	2.33	2.42	2.52	2.61	2.71
	C80	2.05	2.14	2.23	2.32	2.41	2.51	2.60	2.69	2.78
Q390	C50	1.73	1.82	1.91	2.00	2.09	2.18	2.27	2.36	2.45
	C60	1.81	1.90	1.99	2.08	2.16	2.25	2.34	2.43	2.51
	C70	1.89	1.98	2.07	2.15	2.24	2.32	2.41	2.49	2.58
	C80	1.97	2.08	2.14	2.23	2.31	2.40	2.48	2.56	2.65

注：当含钢率 a 为中间值时，G_{sc} 可采用内插法求得。

5）钢管混凝土的线膨胀系数 α_{sc}

钢管混凝土由钢管及混凝土两种材料组成，两者的线膨胀系数略有差异。考虑到直接接触大气环境温度的是钢管，且管内混凝土对钢管的轴向约束作用相对较小，《公路钢管混凝土拱桥设计规范》（JTG/T D65-06—2015）中规定可选用钢材的线膨胀系数作为钢管混凝土的线膨胀系数，即取 $\alpha_{sc} = 1.2 \times 10^{-5}$。而《钢管混凝土拱桥技术规范》（GB 50923—2013）中则建议考虑钢管和混凝土截面面积的影响，按下式考虑均匀温度荷载时钢管混凝土轴线方向的线膨胀系数 α_{sc}：

$$\alpha_{sc} = \frac{\alpha_s A_s + \alpha_c A_c}{A_s + A_c} \tag{5-6-25}$$

式中：α_s——钢材的线膨胀系数，取 $\alpha_s = 1.2 \times 10^{-5}$；

α_c——混凝土的线膨胀系数，取 $\alpha_c = 1.0 \times 10^{-5}$；

A_s——钢管的截面面积；

A_c——钢管内混凝土的截面面积。

计算结果表明，《公路钢管混凝土拱桥设计规范》（JTG/T D65-06—2015）和《钢管混凝土拱桥技术规范》（GB 50923—2013）两本规范中关于钢管混凝土线膨胀系数的取值相差不大。

《公路钢管混凝土拱桥设计规范》（JTG/T D65-06—2015）、《钢管混凝土拱桥技术规范》（GB 50923—2013）和《钢管混凝土结构技术规范》（GB 50936—2014）等行业规范在基本材料性能指标、计算理论等方面存在一定差异。因此在进行结构设计时，应根据设计结构的所属行业及范围，选择适当的规范进行结构设计、计算，其他规范可用作参考。

5.7 轴心受压构件的承载力及稳定性

5.7.1 轴心受压构件的承载力

1）轴心受压构件的工作性能

研究表明，钢管混凝土轴心受压构件在含钢率不同的情况下表现出三种不同的力学特性（图5-7-1）。

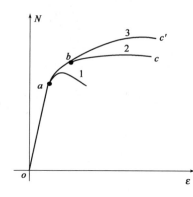

图 5-7-1 组合材料的工作性能曲线

(1) 含钢率过低 ($a < 4\%$)。

如图 5-7-1 中 $N\text{-}\varepsilon$ 关系曲线 1 所示,这时,钢管对核心混凝土的约束作用较小,二者基本都属于单向受压,曲线由上升段和下降段组成。

(2) 含钢率较低 ($a = 5\% \sim 6\%$)。

如图 5-7-1 中 $N\text{-}\varepsilon$ 关系曲线 2 所示,这时曲线由弹性 (oa)、弹塑性 (ab) 及塑性 (bc) 三段组成。

(3) 含钢率较高 ($a > 6\%$)。

如图 5-7-1 中 $N\text{-}\varepsilon$ 关系曲线 3 所示,这时曲线由弹性 (oa)、弹塑性 (ab) 及强化 (bc') 三段组成。

在实际的桥梁工程中,含钢率 a 一般在 $5\% \sim 10\%$ 之间,因此多属于第 2、3 种类型,且以第 3 种类型为多。此时,钢管可以对核心混凝土产生足够的约束作用,核心混凝土在三向受压的受力状态下表现出良好的"弹性工作、塑性破坏"的工作性能,极限强度和极限应变均远大于普通的钢筋混凝土受压构件。

2) 影响轴心受压构件承载力的主要因素

(1) 钢管内混凝土脱空的影响。

目前钢管混凝土拱肋施工时,通常在拱脚部位采用泵送顶升技术灌注钢管内混凝土。由于拱肋钢管在倾斜状态下灌注混凝土,灌注的混凝土流动性大、含水量高且无振捣,加之管内混凝土的纵向和径向凝缩,因此管内混凝土很难保证完全密实;由于泵送混凝土中含有少量空气,在拱肋钢管内,尤其是拱顶部位也会出现气穴,桥梁工程中称上述现象为管内混凝土脱空,并以脱空率表示。钢管混凝土拱桥拱管内常见的脱空形式是球冠型脱空,可分为Ⅰ类、Ⅱ类球冠型脱空,见图 5-7-2。为便于计算,通常均简化为Ⅰ类球冠型脱空计算。

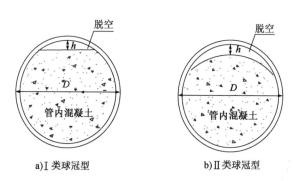

a) Ⅰ类球冠型   b) Ⅱ类球冠型

图 5-7-2 球冠型脱空形式

《公路钢管混凝土桥梁设计与施工指南》(2008) 中根据相关的研究认为脱空率或脱空值对受压构件的极限承载力有一定的影响。当脱空率小于 1.2% 时,其对钢管混凝土的极限承载力和刚度的影响可以忽略不计,此时相应的脱空折减系数为 $K_d = 0.97$;当脱空率大于 1.2% 时,管内混凝土对钢管的支撑作用减弱,同时钢管对管内混凝土的约束作用也会减弱,进而对钢管混凝土受压构件的承载力和刚度均有不利影响,且这种影响不容忽视。

《公路钢管混凝土拱桥设计规范》(JTG/T D65-06—2015) 中规定,计算钢管混凝土极限承载力时应考虑管内混凝土的脱空影响,并以脱空折减系数 $K_d = 0.95$ 加以考虑,同时规定了

0.6%的脱空率和5mm的脱空高度限值。当不满足上述限值时,应对混凝土脱空缺陷进行修补灌注。

(2)钢管中初应力的影响。

通常将形成钢管混凝土结构前,空钢管中已存在的应力称为钢管初始应力或初应力σ_0,并以初应力度ω表示初应力占钢材屈服强度f_y的比例,即有:

$$\omega = \frac{\sigma_0}{f_y} \tag{5-7-1}$$

式中,初应力σ_0应包括钢管的焊接残余应力、钢管的安装应力,浇注混凝土之前钢管内的自重应力和温度应力等也应属于初应力的范畴。

理论研究表明,钢管的初应力(或初应变)缩短了钢管的弹性阶段并使其提前进入弹塑性阶段,参见图5-7-3。虽然钢管提前屈服,但核心混凝土并未达到极限应变,依靠钢管的塑性发展,达到b'点时,核心混凝土才达到其极限应变,因而延长了钢管混凝土的弹塑性阶段,进而改变了组合切线模量,截面变形增大,导致钢管混凝土极限承载力降低。

钢管初应力对钢管混凝土拱桥承载力的影响不但与初应力度有关,还与含钢率、跨度以及拱肋的截面形式有关。对于单肢钢管混

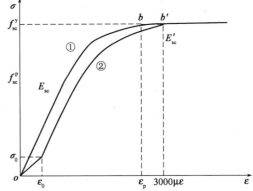

图5-7-3 初应力和初应变对轴压构件受力性能的影响
注:曲线①为无初应力情况,曲线②为有初应力情况。

凝土拱桥,应把初应力度控制在0.3以内;对于哑铃形和四肢格构式拱桥,应控制在0.6以内,由此引起的极限承载力降低可在10%之内。这种影响可按下述试验公式进行定量分析。

①单肢钢管混凝土拱桥:

$$K_p = 1.0 - 0.168\omega - 0.288\omega^2 \tag{5-7-2a}$$

②哑铃形钢管混凝土拱桥:

$$K_p = 1.0 - 0.143\omega \tag{5-7-2b}$$

③四肢格构式钢管混凝土拱桥:

$$K_p = 0.948 - 0.115\omega \tag{5-7-2c}$$

④《公路钢管混凝土拱桥设计规范》(JTG/T D65-06—2015)中采用的公式:

$$K_p = 1.0 - 0.15\omega \tag{5-7-3}$$

上述公式中ω为初应力度,按式(5-7-1)计算。

对比上述钢管初应力计算公式不难发现,公路桥规中采用的计算公式与常用的哑铃形钢管混凝土拱肋的计算式(5-7-2)最为接近。

(3)长细比的影响。

受压构件中,较短粗的不易失稳,而较长细的则容易失稳。长细比是用以描述该影响的具体参数。长细比对稳定性和承载能力的影响将在5.8节中介绍。

3)轴心受压构件的承载力计算

钢管混凝土结构发展的早期,通常采用叠加法计算轴心受压构件的承载能力。采用叠加法计算时,分别计算钢管和混凝土的承载能力并相加。计算混凝土承载能力时,考虑钢管对混

凝土的约束作用提高了其承载能力,会对混凝土承载能力适当予以提高。我国一些设计规范的早期版本采用了该方法,如《钢管混凝土结构设计与施工规程》(JCJ 01—89);美国和欧洲的一些规范也采用了这种方法,如美国的 ACI 规范、欧洲的 Eurocode 4 规范和英国的 BS 5400 规范。承载力通常采用式(5-7-4)的形式。

$$N_u = f_s A_s + k f_c A_c \tag{5-7-4}$$

式中:N_u——钢管混凝土轴心受压构件的抗压承载力;

f_s——钢管钢材的抗压强度设计值;

A_s——钢管的截面面积;

f_c——混凝土的抗压强度设计值;

A_c——核心混凝土的截面面积;

k——核心混凝土轴心抗压强度提高系数。

随着统一理论的出现和发展,将钢管混凝土视作一种组合材料,计算其短柱承载力时,直接以组合强度指标乘截面面积来计算,如式(5-7-5)所示。《公路钢管混凝土拱桥设计规范》(JTG/T D65-06—2015)和《钢管混凝土结构技术规范》(GB 50936—2014)均采用了此方法。《钢管混凝土拱桥技术规范》(GB 50923—2013)采用的方法与之类似。

$$N_u = k f_{sc} A_{sc} \tag{5-7-5}$$

式中:k——需要计入的折减系数(如初应力折减、脱空折减及长细比折减等);

f_{sc}——钢管混凝土组合轴心抗压强度设计值;

A_{sc}——钢管混凝土组合截面面积。

(1)《公路钢管混凝土拱桥设计规范》(JTG/T D65-06—2015)中的轴心受压构件承载能力。

$$\gamma N_d \leq N_{ud} = \varphi_l K_p K_d f_{sc} A_{sc} \tag{5-7-6}$$

式中:γ——桥梁结构重要性系数,对于持久、短暂和偶然状况,取 $\gamma = 1.1$,考虑地震状况时,应按表 5-7-1 取值;

N_d——轴心受压构件轴向力设计值,10^3 kN;

N_{ud}——轴心受压构件抗压承载力设计值,10^3 kN;

φ_l——长细比折减系数,按表 5-7-3 取值;

K_p——钢管初应力折减系数,按式(5-7-2)计算;

K_d——混凝土脱空折减系数,取 $K_d = 0.95$,但应满足钢管混凝土脱空率≤0.6%,或脱空高度≤5mm 的要求;

f_{sc}——单管钢管混凝土组合轴心抗压强度设计值,MPa,按式(5-6-18)计算,或根据钢板厚度由表 5-6-1 查取;

A_{sc}——单钢管混凝土组合截面面积,m^2。

地震状况时桥梁结构重要性系数 γ 表 5-7-1

构件名称	主拱	立柱、横撑	节点连接
γ	0.75	0.8	0.85

注:当只计算竖向地震作用时,地震状况桥梁结构重要性系数取 1.0。

(2)《钢管混凝土拱桥技术规范》(GB 50923—2013)中的轴心受压构件承载能力。

$$\gamma_0 N_s \leq N_0 \tag{5-7-7a}$$

$$N_0 = k_3(1.14 + 1.02\xi_0)(1 + \rho_c)f_{cd}A_c \tag{5-7-7b}$$

式中：N_s——轴向压力组合设计值，N；

N_0——钢管混凝土单圆管截面轴心抗压强度设计值，N；

ξ_0——钢管混凝土的约束效应系数设计值，按式（5-6-5）计算；

ρ_c——钢管混凝土截面含钢率，按式（5-4-5）计算；

f_{cd}——混凝土轴心抗压强度设计值，N/mm²；

k_3——轴心抗压强度设计值换算系数，当钢管壁厚 $t \leq 16$mm 时，$k_3 = 1.0$，当钢管壁厚 $t > 16$mm 时，对于 Q235 钢和 Q345 钢取 $k_3 = 0.96$，对于 Q390 钢取 $k_3 = 0.94$。

(3)《钢管混凝土结构设计规范》（GB 50936—2014）中的轴心受压构件承载能力。

$$N_0 = A_{sc}f_{sc} \tag{5-7-8a}$$

$$f_{sc} = (1.212 + B\theta + C\theta^2)f_c \tag{5-7-8b}$$

$$a_{sc} = \frac{A_s}{A_c} \tag{5-7-8c}$$

式中：N_0——钢管混凝土短柱的轴心受压强度承载力设计值，N；

A_{sc}——实心或空心钢管混凝土构件的截面面积，等于钢管和管内混凝土面积之和，mm²；

f_{sc}——实心或空心钢管混凝土抗压强度设计值，MPa；

A_s、A_c——钢管、管内混凝土的截面面积，mm²；

a_{sc}——实心或空心钢管混凝土构件的含钢率；

θ——实心或空心钢管混凝土构件的套箍系数（或约束效应系数），按式（5-6-5）计算；

f——钢材的抗压强度设计值，MPa；

f_c——混凝土的抗压强度设计值，MPa，对于空心构件 f_c 均应乘 1.1；

B、C——截面形状对套箍效应的影响系数，实心圆形截面按表 5-7-2 取值，其他截面形状取值可参考《钢管混凝土结构技术规范》（GB 50936—2014）表 5.1.2。

截面形状对套箍效应的影响系数取值表　　　　　　　　　　表 5-7-2

参数	B	C
计算公式	$0.176f/213 + 0.974$	$-0.104f_c/14.4 + 0.031$

注：矩形截面应换算成等效正方形截面进行计算，等效正方形的边长为矩形截面的长短边边长的乘积的平方根。

5.7.2　轴心受压构件的稳定性

1）钢管混凝土的长细比及其界限值

对于承受轴心压力的构件，短粗构件在承受荷载时不易失稳，而长细构件则较易失稳。构件的长细比可以作为衡量结构稳定性的重要参数。实心钢管混凝土构件的长细比定义为

$$\lambda_{sc} = \frac{4l}{D} \tag{5-7-9}$$

式中：l——构件的计算长度；

D——钢管的外径。

基于统一理论方法，将钢管混凝土视作一种组合材料，可以方便地采用欧拉公式计算出受压构件的临界荷载和临界应力。

$$N_{cr} = \frac{\pi^2 E_{sc}}{l^2} I_{sc} \quad 或 \quad \frac{\pi^2 E_{sc}^t}{l^2} I_{sc} \qquad (5\text{-}7\text{-}10)$$

$$\overline{\sigma}_{cr} = \frac{N_{cr}}{A_{sc}} = \frac{\pi^2 E_{sc}}{\lambda_{sc}^2} \quad 或 \quad \frac{\pi^2 E_{sc}^t}{\lambda_{sc}^2} \qquad (5\text{-}7\text{-}11)$$

式中：I_{sc}、l、λ_{sc}——构件的惯性矩、计算长度和长细比；

E_{sc}、E_{sc}^t——钢管混凝土组合弹性模量和组合切线模量，可参照相应规范取值或根据统一理论进行计算。

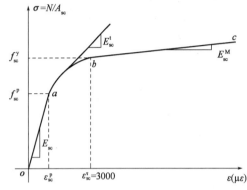

图 5-7-4 钢管混凝土构件的界限长细比

如果受压的钢管混凝土构件破坏，临界应力等于其组合强度（图 5-7-4 中 b 点），即构件在达到强度破坏前不会先发生失稳，则：

$$\overline{\sigma}_{cr} = \frac{\pi^2 E_{sc}'}{\lambda_0^2} = f_{sc}^y \qquad (5\text{-}7\text{-}12)$$

钢管混凝土强度破坏和稳定破坏的长细比界限为

$$\lambda_0 = \pi \sqrt{E_{sc}'/f_{sc}^y} \qquad (5\text{-}7\text{-}13)$$

与之类似，弹性和弹塑性失稳的长细比界限（图 5-7-4 中 a 点）为

$$\lambda_p = \pi \sqrt{E_{sc}^M/f_{sc}^p} \qquad (5\text{-}7\text{-}14)$$

显然，当构件长细比大于 λ_p 时，构件破坏时的应力小于 f_{sc}^p。

(1) 当 $\lambda_{sc} \leq \lambda_0$ 时，组合材料处于 bc 段，构件发生强度破坏。

(2) 当 $\lambda_0 < \lambda_{sc} < \lambda_p$ 时，组合材料处于 ab 段，构件发生弹塑性失稳。

(3) 当 $\lambda_{sc} \geq \lambda_p$ 时，组合材料处于 oa 段，构件发生弹性失稳。

大量计算表明，λ_0 在 9～15 之间，而 λ_p 则通常大于 80。

2) 钢管混凝土单肢柱的稳定性计算

综合考虑经济性和稳定性，在实际工程中，钢管混凝土柱和钢管混凝土拱圈常常设计为中长柱，甚至是长柱。多数情况下，在计算钢管混凝土轴心受压构件的承载力时应考虑稳定性的影响。可以基于统一理论，采用欧拉公式对钢管混凝土结构的承载能力进行计算。需要注意的是，应根据失稳时结构所处阶段选择对应的组合弹性模量。

为保证钢管混凝土柱发生失稳前具有足够的抗压能力，需在临界力的基础上考虑足够的安全储备。基于"统一理论"的组合强度指标可定义临界应力 $\overline{\sigma}_{cr}$ 与钢管混凝土轴心受压组合强度标准值 f_{sc}^y 之比为稳定安全系数 φ'，即

$$\varphi' = \overline{\sigma}_{cr}/f_{sc}^y \qquad (5\text{-}7\text{-}15)$$

稳定安全系数 φ' 的影响因素多而复杂，尤其是钢管混凝土的组合截面。早期的研究认为稳定安全系数主要与构件长细比和钢材种类有关。

钢管混凝土构件中不可避免地存在初弯曲或荷载初始偏心等初始缺陷，也就是说，绝对的轴心受压构件是不存在的。因此，为合理确定轴心受压构件的稳定承载力，可设附加安全系数 k_{cr} 用于考虑钢管混凝土构件的初弯曲或荷载初始偏心。假定不同初始偏心或缺陷分布函数可有不同的附加安全系数 k_{cr} 表达式，再定义钢管混凝土轴心受压稳定系数 φ：

$$\varphi = \varphi'/k_{cr} = \bar{\sigma}_{cr}/(k_{cr}f_{sc}^y) \qquad (5\text{-}7\text{-}16)$$

于是,钢管混凝土轴压构件的稳定承载力的设计公式可表示为

$$N_{ud} = \frac{\varphi'f_{sc}A_{sc}}{k_{cr}} = \varphi f_{sc}A_{sc} = \varphi N_u \qquad (5\text{-}7\text{-}17)$$

式中:N_{ud}——钢管混凝土轴心受压柱的稳定承载力;

φ——钢管混凝土轴心受压稳定系数,简称稳定系数;

其他符号意义同前。

《公路钢管混凝土拱桥设计规范》(JTG/T D65-06—2015)、《钢管混凝土拱桥技术规范》(GB 50923—2013)和《钢管混凝土结构技术规范》(GB 50936—2014)均采用了与上式类似的方法计算钢管混凝土单肢柱的稳定承载力。计算时,首先计算构件的长细比,然后查表(或计算)确定构件的稳定系数(长细比折减系数)。在长细比计算中涉及的构件计算长度取值需考虑构件两端的约束条件。

在工程设计时,应根据工程实际及规范的适用范围,正确选择相应的行业规范进行计算,其他规范可用作参考或校核。在拱桥设计中,拱圈的计算长度可由等效换算系数 K 乘拱肋长度 S 得到,即有 $l_0 = KS$。主拱圈两端的约束条件通常有三种情况,对应于不同的拱圈等效换算系数:三铰拱,$K = 0.58$;双铰拱,$K = 0.54$;无铰拱,$K = 0.36$。

下面分别介绍上述规范中的稳定系数及其取值方法。

(1)《公路钢管混凝土拱桥设计规范》(JTG/T D65-06—2015)中的长细比折减系数。

《公路钢管混凝土拱桥设计规范》(JTG/T D65-06—2015)中给出的长细比折减系数 φ_l 与上述稳定系数 φ 具有相近的物理意义,两者均考虑了长细比和钢材种类对轴压构件承载力的折减,但《公路钢管混凝土拱桥设计规范》(JTG/T D65-06—2015)中同时考虑了混凝土强度等级和截面含钢率的影响,见表5-7-3。该表中给出的长细比 λ 的取值范围为 20～100,明显小于《钢管混凝土结构技术规范》(GB 50936—2014)中的取值范围,这也意味着钢管混凝土拱桥设计中对拱肋结构的稳定性要求更高。当设计的拱肋构件的长细比 $\lambda > 100$ 时,应采用组合构件,或考虑加大组合构件的截面尺寸;当构件的长细比 $\lambda < 20$ 时,构件的承载力由材料强度控制,通常不会出现失稳破坏。

基于规范 JTG/T D65-06—2015 的长细比折减系数 $\varphi_l(\varphi_l')$ 表5-7-3

钢材牌号	混凝土强度等级	截面含钢率 α	长细比 λ								
			20	30	40	50	60	70	80	90	100
Q235	C30	0.04	0.972	0.923	0.875	0.828	0.783	0.739	0.696	0.654	0.614
		0.08	0.975	0.930	0.886	0.843	0.800	0.758	0.716	0.675	0.635
		0.12	0.977	0.935	0.893	0.852	0.810	0.769	0.729	0.688	0.648
		0.16	0.978	0.938	0.898	0.858	0.818	0.778	0.738	0.697	0.657
		0.20	0.980	0.941	0.902	0.863	0.824	0.784	0.745	0.704	0.664
	C40	0.04	0.957	0.901	0.847	0.795	0.746	0.699	0.655	0.613	0.573
		0.08	0.960	0.908	0.858	0.809	0.762	0.717	0.674	0.632	0.593
		0.12	0.962	0.913	0.864	0.818	0.772	0.728	0.685	0.644	0.604
		0.16	0.964	0.916	0.869	0.824	0.779	0.736	0.694	0.653	0.613
		0.20	0.966	0.919	0.874	0.829	0.785	0.742	0.700	0.660	0.620

续上表

钢材牌号	混凝土强度等级	截面含钢率 a	长细比 λ								
			20	30	40	50	60	70	80	90	100
Q345	C40	0.04	0.961	0.911	0.860	0.811	0.762	0.713	0.666	0.618	0.547
		0.08	0.966	0.921	0.875	0.829	0.782	0.736	0.688	0.640	0.566
		0.12	0.969	0.927	0.884	0.840	0.795	0.749	0.702	0.653	0.578
		0.16	0.972	0.932	0.891	0.848	0.804	0.759	0.711	0.663	0.586
		0.20	0.974	0.936	0.896	0.855	0.811	0.766	0.719	0.670	0.593
	C50	0.04	0.950	0.893	0.837	0.784	0.733	0.683	0.635	0.589	0.521
		0.08	0.954	0.903	0.852	0.802	0.753	0.704	0.657	0.610	0.539
		0.12	0.958	0.909	0.861	0.812	0.765	0.717	0.669	0.622	0.550
		0.16	0.961	0.914	0.867	0.820	0.773	0.726	0.679	0.631	0.558
		0.20	0.963	0.918	0.873	0.827	0.780	0.733	0.686	0.638	0.564
	C60	0.04	0.938	0.876	0.817	0.760	0.707	0.656	0.608	0.563	0.498
		0.08	0.943	0.886	0.831	0.777	0.726	0.676	0.629	0.583	0.515
		0.12	0.947	0.892	0.839	0.788	0.737	0.688	0.641	0.595	0.526
		0.16	0.950	0.897	0.846	0.795	0.746	0.697	0.650	0.603	0.533
		0.20	0.952	0.901	0.851	0.801	0.752	0.704	0.657	0.610	0.539
	C70	0.04	0.928	0.862	0.799	0.740	0.685	0.634	0.586	0.542	0.479
		0.08	0.934	0.872	0.813	0.757	0.704	0.653	0.606	0.561	0.496
		0.12	0.937	0.878	0.821	0.767	0.715	0.665	0.617	0.572	0.506
		0.16	0.940	0.883	0.828	0.774	0.723	0.674	0.626	0.581	0.513
		0.20	0.943	0.887	0.833	0.780	0.729	0.680	0.633	0.587	0.519
	C80	0.04	0.920	0.850	0.785	0.724	0.668	0.616	0.568	0.524	0.463
		0.08	0.926	0.860	0.799	0.740	0.686	0.634	0.587	0.543	0.480
		0.12	0.929	0.866	0.807	0.750	0.696	0.646	0.598	0.554	0.490
		0.16	0.932	0.871	0.813	0.757	0.704	0.654	0.607	0.562	0.497
		0.20	0.935	0.875	0.818	0.763	0.711	0.661	0.613	0.568	0.502
Q390	C50	0.04	0.950	0.895	0.840	0.786	0.734	0.683	0.633	0.576	0.494
		0.08	0.956	0.906	0.855	0.805	0.755	0.705	0.655	0.597	0.512
		0.12	0.960	0.913	0.865	0.817	0.768	0.718	0.668	0.609	0.522
		0.16	0.963	0.918	0.872	0.825	0.777	0.728	0.678	0.618	0.530
		0.20	0.965	0.922	0.878	0.832	0.785	0.736	0.685	0.625	0.536
	C60	0.04	0.939	0.877	0.818	0.761	0.707	0.655	0.606	0.551	0.472
		0.08	0.944	0.888	0.833	0.779	0.727	0.676	0.627	0.570	0.489
		0.12	0.948	0.895	0.842	0.790	0.739	0.689	0.639	0.582	0.499
		0.16	0.951	0.900	0.849	0.798	0.748	0.698	0.648	0.590	0.506
		0.20	0.954	0.905	0.855	0.805	0.755	0.705	0.656	0.597	0.512

续上表

钢材牌号	混凝土强度等级	截面含钢率 a	长细比 λ								
			20	30	40	50	60	70	80	90	100
Q390	C70	0.04	0.928	0.862	0.799	0.740	0.684	0.632	0.583	0.530	0.454
		0.08	0.934	0.873	0.814	0.758	0.704	0.652	0.603	0.549	0.470
		0.12	0.938	0.880	0.823	0.768	0.716	0.665	0.615	0.560	0.480
		0.16	0.942	0.885	0.830	0.776	0.724	0.673	0.624	0.568	0.487
		0.20	0.945	0.890	0.836	0.783	0.731	0.680	0.631	0.574	0.492
	C80	0.04	0.920	0.850	0.784	0.723	0.666	0.613	0.565	0.513	0.440
		0.08	0.926	0.860	0.799	0.740	0.685	0.633	0.584	0.531	0.455
		0.12	0.930	0.867	0.808	0.751	0.696	0.645	0.596	0.542	0.465
		0.16	0.933	0.872	0.814	0.758	0.705	0.653	0.604	0.550	0.471
		0.20	0.936	0.877	0.820	0.764	0.711	0.660	0.611	0.556	0.477

注:1. 当长细比位于中间值时,$\varphi_l(\varphi'_l)$可采用插入法求得;
 2. 对于组合构件的换算长细比折减系数 φ'_l,应根据钢管内混凝土强度等级、长细比和组合构件平均含钢率查表求得。

(2)《钢管混凝土拱桥技术规范》(GB 50923—2013)中的稳定系数。

当 $\lambda_n \leq 1.5$ 时:

$$\varphi = 0.658^{\lambda_n^2} \tag{5-7-18a}$$

当 $\lambda_n > 1.5$ 时:

$$\varphi = 0.877/\lambda_n^2 \tag{5-7-18b}$$

式中:λ_n——相对长细比,按式(5-7-19)计算。

$$\lambda_n = \frac{\lambda}{\pi}\sqrt{\frac{f_y A_s + f_{ck} A_c + A_c \sqrt{\rho_c f_y f_{ck}}}{E_s A_s + E_c A_c}} \tag{5-7-19}$$

式中:λ——钢管混凝土单圆管柱的名义长细比,$\lambda = 4l_0/D$。

(3)《钢管混凝土结构技术规范》(GB 50936—2014)中的稳定系数。

《钢管混凝土结构技术规范》(GB 50936—2014)中,根据统一理论将钢管混凝土视为单一材料,因而可参考《钢结构设计标准》(GB 50017—2017)中的稳定系数计算方法,将稳定系数的公式扩展到具有单一材料属性的钢管混凝土受压构件上,考虑初始偏心后得到实心钢管混凝土构件的稳定系数 φ 的计算公式如下:

$$\varphi = \frac{1}{2\overline{\lambda}_{sc}^2}\left\{\overline{\lambda}_{sc}^2 + (1 + 0.25\overline{\lambda}_{sc}) - \sqrt{[\overline{\lambda}_{sc}^2 + (1 + 0.25\overline{\lambda}_{sc})]^2 - 4\overline{\lambda}_{sc}^2}\right\} \tag{5-7-20}$$

式中:$\overline{\lambda}_{sc}$——正则长细比,按下式计算:

$$\overline{\lambda}_{sc} = \frac{\lambda_{sc}}{\pi}\sqrt{\frac{f_{sc}}{E_{sc}}} \tag{5-7-21}$$

λ_{sc}——钢管混凝土柱的长细比,按式(5-7-9)计算;
E_{sc}——钢管混凝土的弹性模量。

式(5-7-20)表明,钢管混凝土构件的稳定系数 φ 仅与正则长细比 $\overline{\lambda}_{sc} = \frac{\lambda_{sc}}{\pi}\sqrt{\frac{f_{sc}}{E_{sc}}}$ 有关。虽

然计算 λ_{sc} 方便,但计算圆形钢管混凝土弹性模量 E_{sc} 并不方便,故应设法将其转换为按照确定的钢材强度和弹性模量来查稳定系数。由式(5-6-8)得：

$$E_{sc} = \frac{f_{sc}^p}{\varepsilon_{sc}^p} = \left(1.22 \times 10^{-3} + \frac{0.728}{f_y}\right) E_s f_{sc}^y = k_E f_{sc}^y \qquad (5\text{-}7\text{-}22)$$

由上式可得到转化系数 k_E,将其代入正则长细比的定义,即式(5-7-21)中则有：

$$\overline{\lambda}_{sc} = \frac{\lambda_{sc}}{\pi}\sqrt{\frac{f_{sc}^y}{E_{sc}}} = \frac{\lambda_{sc}}{\pi}\sqrt{\frac{1}{k_E}} \approx 0.01(0.001f_y + 0.781)\lambda_{sc} \qquad (5\text{-}7\text{-}23)$$

因此,稳定系数 φ 可由正则长细比 $\overline{\lambda}_{sc}$ 的近似值计算确定。将上述方法的计算结果与80个试验结果对比分析可知,试验值与计算值之比的平均值为1.124,均方差为0.02,两者吻合良好且偏于安全。

分析式(5-7-20)不难发现,虽然稳定系数 φ 在形式上仅与正则长细比 $\overline{\lambda}_{sc}$ 有关,但实际上包含着构件长细比 λ_{sc}、钢材的屈服强度 f_y 的影响。若按正则长细比 $\overline{\lambda}_{sc}$ 的准确值计算,其中还包括了混凝土强度等级 C 和截面含钢率 α 的影响。

《钢管混凝土结构技术规范》(GB 50936—2014)中的轴压构件的稳定系数 φ 按上述方法计算确定,并以 $\lambda_{sc}(0.001f_y + 0.781)$ 为变量预先制表,可查表5-7-4确定稳定系数 φ 值。值得说明的是,按该方法确定稳定系数已包括了构件初始偏心的影响,而且对非圆形截面的钢管混凝土构件也是有效的。

轴压构件稳定系数 φ 表5-7-4

$\lambda_{sc}(0.001f_y + 0.781)$	φ	$\lambda_{sc}(0.001f_y + 0.781)$	φ
0	1.000	130	0.440
10	0.975	140	0.394
20	0.951	150	0.353
30	0.924	160	0.318
40	0.896	170	0.287
50	0.863	180	0.260
60	0.824	190	0.236
70	0.779	200	0.216
80	0.728	210	0.198
90	0.670	220	0.181
100	0.610	230	0.167
110	0.549	240	0.155
120	0.492	250	0.143

5.8 偏心受压构件的承载力及稳定性

5.8.1 钢管混凝土偏心受压构件的承载力和稳定性

由于加工误差等初始缺陷的存在以及荷载的不确定性等因素,实际工程中不存在完全理想的轴心受压构件。而偏心受压构件的 P-Δ 效应将对结构的稳定性和承载力产生影响。作为拱肋的钢管混凝土构件在使用荷载作用下,通常都处于偏心受压的受力状态。下面我们先研究一下钢管混凝土偏心受压构件的受力特点。

1) 偏压构件的破坏特征

偏压(压弯)构件的破坏主要与构件的长细比和偏心率有关。对于长细比 $\lambda_{sc} < 20$ 的短柱,通常发生强度破坏。图 5-8-1 给出了构件轴向力和最大纤维应变的关系曲线。

图 5-8-1 中 oa 段为弹性阶段,在 a 点时,钢管最大的压应力达到屈服点 f_y。过 a 点后,截面发展塑性,受压区产生紧箍力,ab 段为弹塑性阶段。到 b 点时截面趋近塑性铰,变形将无限增加,压区紧箍力仍有所增长。破坏时拉、压区的钢管应力均可达到其屈服强度。

对长细比 $\lambda_{sc} \geq 20$ 的钢管混凝土柱,会发生稳定破坏。图 5-8-2 中给出了轴向力与柱中点挠度的关系曲线。曲线上 oa 段为弹性阶段,过 a 点后,截面受压区不断发展塑性,钢管和受压区混凝土之间产生了非均匀紧箍力,工作呈弹塑性。随着荷载的继续增加,塑性区继续深入。当轴力(应力)达到曲线最高点时,内外力不再保持平衡,构件失去承载力,受压区混凝土不退出工作,曲线开始下降,构件失稳破坏。偏压构件失稳破坏时,随着构件长细比和荷载相对偏心率不同,破坏截面的应力分布亦有三种情况:①全截面受压;②受压区单侧发展塑性变形;③压、拉区均发展塑性变形。

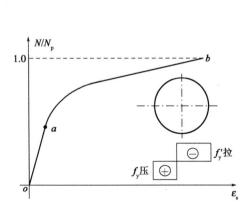

图 5-8-1 强度破坏形态

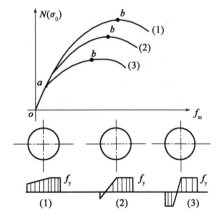

图 5-8-2 稳定破坏形态

钢管混凝土偏压构件的工作特点可以归纳为如下几点:
(1) 构件强度破坏时,截面全部发展塑性,受拉区混凝土退出工作。
(2) 构件稳定破坏时,危险截面上的应力分布既有塑性区也有弹性区,受拉区混凝土未必全部退出工作。

(3)由于危险截面上压应力分布不均匀,因而钢管和核心混凝土间的紧箍力分布也不均匀。

(4)两种材料变形模量不但在截面上是变化的,而且在沿构件长度方向上也不相同。

2)偏压构件相关曲线

根据5.5节给出的钢材和混凝土在三向应力状态下的本构关系,利用合成法的全过程分析方法或有限元方法,可以求出图5-8-1的 N/N_p-ε_s 的强度破坏曲线,亦可求出图5-8-2的 $N(\sigma_0)$-f_m 稳定破坏曲线。同时利用全过程分析法还可求出图5-8-3所示的强度和稳定的 N-M 相关曲线。

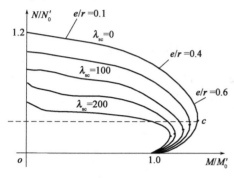

图5-8-3 钢管混凝土偏压相关曲线
e-偏心距;γ-钢管外径

在图5-8-3中,当 $\lambda_{sc}=0$ 时为强度破坏;当 $\lambda_{sc}=20\sim200$ 时则为失稳破坏。图中 $N'_0=f^y_{sc}A_{sc}$,$M'_0=W_{sc}f^y_{sc}$,c 点称为平衡点,与含钢率 α 有关。平衡点以上的曲线部分通常以受压破坏为主;平衡点以下的曲线部分通常为大偏心受压构件,以弯曲破坏为主。

5.8.2 钢管混凝土偏心受压构件的承载力计算

钢管混凝土偏心受压构件承载力计算可以轴心受压构件稳定承载能力为基础,通过乘偏心距影响系数考虑弯矩对构件承载力的影响,可用下式表示。

$$N_{ud,e} = \varphi_e N_{ud} \tag{5-8-1}$$

式中:$N_{ud,e}$——考虑稳定折减系数和偏心折减系数后,钢管混凝土单管柱偏心抗压承载能力设计值;

φ_e——偏心(弯矩)折减系数;

N_{ud}——钢管混凝土轴压构件的稳定承载力,可按式(5-7-17)计算。

现行钢管混凝土拱桥及结构设计规范《公路钢管混凝土拱桥设计规范》(JTG/T D65-06)、《钢管混凝土结构技术规范》(GB 50936)和《钢管混凝土拱桥技术规范》(GB 50923)均采用了类似式(5-8-1)的方法计算钢管混凝土单管偏心受压构件的承载力,其偏心或弯矩折减系数分别按下述方法进行计算。

1)《公路钢管混凝土拱桥设计规范》(JTG/T D65-06—2015)中的弯矩折减系数

$$\varphi_e = \frac{1}{1 + \dfrac{1.85\eta e_0}{r}} \tag{5-8-2}$$

式中:r——钢管混凝土截面半径,m;

η——偏心距增大系数,按式(5-8-3)计算;

$$\eta = \frac{1}{1 - 0.4\dfrac{N}{N_E}} \tag{5-8-3}$$

N_E——欧拉临界力,10^{-3} kN,按式(5-8-4)计算;

$$N_E = \frac{\pi^2 E_{sc} A_{sc}}{\lambda_{sc}^2} \tag{5-8-4}$$

e_0——构件截面偏心距,m,应按式(5-8-5)计算,并满足式(5-8-6)的条件;

$$e_0 = M_d/N_d \tag{5-8-5}$$

$$e_0/r \leq 1.55 \tag{5-8-6}$$

M_d——构件计算截面最大弯矩设计值;

N_d——同截面与最大弯矩相应的截面轴力设计值。

式(5-8-6)相当于规定了截面偏心率的限值。

2)《钢管混凝土结构技术规范》(GB 50936—2014)中的偏心率影响系数

当 $\dfrac{e_0}{r_c} \leq 1.55$ 时,

$$\varphi_e = \dfrac{1}{1 + 1.85\dfrac{e_0}{r_c}} \tag{5-8-7a}$$

$$e_0 = \dfrac{M_2}{N} \tag{5-8-7b}$$

当 $\dfrac{e_0}{r_c} > 1.55$ 时,

$$\varphi_e = \dfrac{1}{3.92 - 5.16\varphi_l + \varphi_l\dfrac{e_0}{0.3r_c}} \tag{5-8-7c}$$

式中:e_0——柱端轴心压力偏心距的较大者,mm;

r_c——钢管内的核心混凝土横截面的半径,mm;

M_2——柱端弯矩设计值的较大者,N·mm;

N——轴心压力设计值,N。

3)《钢管混凝土拱桥技术规范》(GB 50923—2013)中的偏心率折减系数

当 $\dfrac{e_0}{r_c} \leq 1.55$ 时,

$$\varphi_e = \dfrac{1}{1 + 1.85\dfrac{e_0}{r_c}} \tag{5-8-8a}$$

当 $\dfrac{e_0}{r_c} > 1.55$ 时,

$$\varphi_e = \dfrac{1}{2.50\dfrac{e_0}{r_c}} \tag{5-8-8b}$$

式中:e_0——截面偏心距,mm;

r_c——钢管内混凝土横截面的半径,mm。

5.8.3 钢管混凝土格构式构件偏心受压承载力和稳定性计算

对于长度较大的轴心受压构件或荷载偏心较大的压弯构件,为了节约材料,可采用格构式截面。常用格构式构件截面形式如图5-8-4所示,通过缀材将钢管混凝土柱肢连接起来。格构式截面,一方面可以将柱肢布置得更加远离中性轴位置,增大结构截面的惯性矩,进而减小构件的长细比;另一方面也可以将弯矩转化为轴向力,避免较大的弯矩导致柱肢内混凝土的开裂。常用的格构式截面有双肢[图5-8-4a)]、三肢[图5-8-4b)]和四肢[图5-8-4c)]等几种。图5-8-4中,穿过柱肢的主轴称为实轴,穿过缀材的称为虚轴。

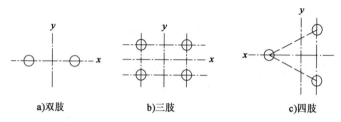

图5-8-4　常用格构式截面形式

拱桥的拱圈(或拱肋)是一种以受压为主的构件。但荷载的不确定性使得拱圈在受轴压的同时总是需要承受一部分弯矩,即受到偏心压力。同时拱桥的拱圈通常长度也较大。因此,钢管混凝土拱桥的拱圈通常应采用格构式截面。

承受轴向压力的格构式构件的承载力可以视作组成各柱肢的钢管混凝土截面承载力之和,因此可有下式:

$$N_{u0} = f_{sc} \sum A_{sc,i} \tag{5-8-9}$$

式中:N_{u0}——钢管混凝土格构式构件轴心受压承载力;

　　　f_{sc}——钢管混凝土组合轴心抗压强度设计值;

　　　$A_{sc,i}$——单个钢管混凝土柱肢的截面面积。

与式(5-8-1)类似,承受偏心压力且需要考虑稳定影响的格构式构件的承载力可以轴心受压承载能力乘偏心折减系数和稳定系数计算,故有如下公式:

$$N_{ul} = \varphi_l \varphi_e N_{u0} \tag{5-8-10}$$

式中:N_{ul}——钢管混凝土格构式构件偏心受压承载力。

需要注意的是,由于格构式构件的缀材在受力过程中有可能会发生较大的变形,而该变形对构件的稳定性具有负面的影响。因此,在计算格构式构件换算长细比时,应考虑该部分影响,并对构件的长细比加以折减。计算时,对虚轴的换算长细比计算应考虑缀材变形的影响,对实轴的换算长细比计算则无须考虑该影响。

下面以双肢平腹杆的格构式构件(图5-8-5)为例,介绍钢管混凝土拱肋的换算长细比计算方法。

对于双肢平腹杆柱,x轴为实轴,y轴为虚轴,见图5-8-4。沿y轴方向(绕x轴转动)的稳定计算可以忽略平腹杆的影响。以两肢的截面几何性质计算对x轴的长细比$\lambda_{0x} = \lambda_x$。

沿x轴方向(绕y轴转动)的稳定计算须考虑平腹杆与剪切变形的影响,用力法求解多层框架体系,可有如下结果:

换算系数:

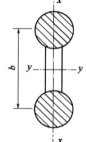

图5-8-5　双肢平腹杆格构式
　　　　　构件断面

$$\mu = \sqrt{1 + \frac{\pi^2}{\lambda_y^2}\left(\frac{\lambda_1^2}{12} + \frac{\lambda_0^2 l_1 E_{sc} A_{sc}}{6 E_s A_0 b}\right)} \tag{5-8-11}$$

换算长细比:

$$\lambda_{0y} = \mu\lambda_y = \sqrt{\lambda_y^2 + \pi^2\left(\frac{\lambda_1^2}{12} + \frac{\lambda_0^2 l_1 E_{sc}A_{sc}}{6 E_s A_0 b}\right)} \tag{5-8-12}$$

在上式中进行如下简化:

① $E_{sc}A_{sc} = E_s A_s + E_c A_c = E_s A_s \left(1 + \frac{1}{\alpha n}\right)$,并取 $1 + \frac{1}{\alpha n} = 2.5$。

② 平腹杆间距 l_1 不大于两肢中心距 b 的 4 倍,即 $l_1 \leqslant 4b$。

③ 平腹杆空钢管面积 A_0 不小于两柱肢钢管面积的 1/8,即 $A_0 \geqslant A_s/4$。

④ 平腹杆空钢管长细比 λ_0 不大于钢管混凝土单肢长细比 λ_1 的一半,即 $\lambda_0 \leqslant 0.5\lambda_1$。

于是式(5-8-12)可以简化为如下形式:

$$\lambda_{0y} = \sqrt{\lambda_y^2 + 17\lambda_1^2} \tag{5-8-13}$$

式中: $E_{sc}I_{sc}$ ——一根钢管混凝土柱肢的组合刚度;

$E_s A_0$ ——一根平腹杆(即空钢管)的刚度;

λ_1 ——钢管混凝土单肢长细比;

$$\lambda_1 = \frac{l_1}{r_0/2} = \frac{l_1}{\sqrt{I_{sc}/A_{sc}}} \tag{5-8-14}$$

l_1 ——平腹杆间距;

r_0 ——单肢钢管外半径;

λ_0 ——平腹杆空钢管的长细比,按下式计算:

$$\lambda_0 = b/\sqrt{I_0/A_0} \tag{5-8-15}$$

I_0、A_0 ——一根平腹杆的惯性矩和截面面积;

b ——两肢钢管混凝土柱的中心距。

按上述公式求出换算长细比 λ_{0y} 或 λ_{0x} 后,由表 5-7-3 或表 5-7-4 查取长细比折减系数 φ_l,即可按下式计算组合轴压构件的稳定承载力设计值 N_{ud},并验算其稳定性。

以下分别给出《公路钢管混凝土拱桥设计规范》(JTG/T D65-06—2015)、《钢管混凝土结构技术规范》(GB 50936—2014)和《钢管混凝土拱桥技术规范》(GB 50923—2013)规定的双肢平腹杆的格构式拱肋承载力计算方法。三肢和四肢格构式构件的承载力计算可参照前述相应规范或其他教材中规定的计算方法。

1)《公路钢管混凝土拱桥设计规范》(JTG/T D65-06—2015)中的承载力计算方法

$$\gamma N_d \leqslant N_{ud} = \varphi_l' \sum_1^m K_p^i K_d f_{sc} A_{sc} \tag{5-8-16}$$

式中: N_d ——钢管混凝土组合受压构件的最大轴向压力设计值,10^3 kN;

γ ——桥梁结构重要性系数,对于持久、短暂和偶然状况,取 $\gamma = 1.1$;考虑地震状况时,应按表 5-7-1 取值;

N_{ud} ——钢管混凝土组合受压构件的稳定承载力设计值,10^3 kN;

φ_l' ——组合构件换算长细比折减系数,根据组合受压构件换算长细比 λ_{0y} 或 λ_{0x},按表 5-7-3 取值;

K_p^i ——单肢钢管的最大钢管初应力折减系数,按式(5-7-2)计算;

K_d——混凝土脱空折减系数,取 $K_d = 0.95$,但应满足钢管混凝土脱空率和脱空高度的要求;

f_{sc}——单管钢管混凝土组合轴心抗压强度设计值,MPa,按式(5-6-18)计算,或根据钢板厚度由表 5-6-1 查取;

A_{sc}——单肢钢管混凝土组合截面面积,m^2;

m——组合式构件的肢数。

2)《钢管混凝土结构技术规范》(GB 50936—2014)中的承载力计算方法

$$N_u = \varphi_e \varphi_l N_0 \tag{5-8-17}$$

$$N_0 = \sum_{i=1}^{n} N_{0i} \tag{5-8-18}$$

式中:N_{0i}——格构柱各单肢柱的轴心受压短柱承载力设计值,N,按下式计算;

①当 $\theta \leq 1/(\alpha-1)^2$ 时,

$$N_{0i} = 0.9 A_c f_c (1 + \alpha\theta) \tag{5-8-19}$$

②当 $\theta > 1/(\alpha-1)^2$ 时,

$$N_{0i} = 0.9 A_c f_c (1 + \sqrt{\theta} + \theta) \tag{5-8-20}$$

θ——钢管混凝土构件的套箍系数设计值,按式(5-6-5)计算;

α——与混凝土强度等级有关的系数,应按表 5-8-1 取值;

系数 α 表 5-8-1

混凝土强度等级	≤C50	C55~C80
α	2.00	1.8

A_c——钢管内核心混凝土横截面面积,mm;

f_c——钢管内核心混凝土的抗压强度设计值,MPa;

φ_e——格构柱考虑偏心率影响的整体承载力折减系数,按照下式计算;

①当偏心距 $\dfrac{e_0}{a_c} \leq 2$ 时,

$$\varphi_e = \dfrac{1}{1 + \dfrac{e_0}{a_t}} \tag{5-8-21}$$

②当偏心距 $\dfrac{e_0}{a_c} > 2$ 时,

$$\varphi_e = \dfrac{1}{3(e_0/a_c - 1)} \tag{5-8-22}$$

e_0——柱两端轴心压力偏心距的较大者,mm,$e_0 = \dfrac{M_2}{N}$;

M_2——柱端弯矩设计值的较大者,N·mm;

N——轴心压力设计值,N;

a_c——弯矩单独作用下的受压区柱肢重心至格构式压力重心的距离,mm,按照下式计算;

$$a_c = \dfrac{N_0^t}{N_0^c + N_0^t} \cdot h$$

a_t——弯矩单独作用下的受拉区柱肢重心至格构式压力重心的距离,mm,按照下式计算;

$$a_t = \frac{N_0^c}{N_0^c + N_0^t} \cdot h$$

h——在弯矩作用平面内的柱肢重心之间的距离,mm;
N_0^c——弯矩单独作用下的受压区各柱肢短柱轴心受压承载力设计值的总和,N;
N_0^t——弯矩单独作用下的受拉区各柱肢短柱轴心受压承载力设计值的总和,N;
φ_l——格构柱考虑长细比影响的整体承载力折减系数(与单肢柱偏心影响系数不同),$\lambda^* \leq 16$ 时,$\varphi_l = 1$,$\lambda^* > 16$ 时,$\varphi_l = 1 - 0.058\sqrt{\lambda^* - 16}$,其中 λ^* 为双肢格构柱的换算长细比,应按下式计算;

①当缀件为缀板时,

$$\lambda^* = \sqrt{\lambda_y^2 + 16\left(\frac{L_1}{D}\right)^2} \tag{5-8-23}$$

②当缀件为缀条时,

$$\lambda^* = \sqrt{\lambda_y^2 + 27A_0/A_{1y}} \tag{5-8-24}$$

$$\lambda_y = \frac{L_e}{r_y} \tag{5-8-25}$$

A_{1y}——格构柱横截面中垂直于 y 轴的各斜缀条毛截面面积之和,mm²;
L_e——格构式拱肋的等效计算长度,mm,$L_e = \mu S$;
μ——拱的计算长度系数,应按表5-8-2取值;

拱的计算长度系数 μ 表 5-8-2

拱型	μ
三铰拱	1.20
双铰拱	1.10
无铰拱	0.75

S——拱轴长度之半,mm;
L_1——格构柱节间长度,mm;
D——钢管外直径,mm;
r_y——格构柱截面换算面积对 y 轴的回转半径,mm;
A_0——格构柱横截面所截各分肢换算截面面积之和,mm²,按下式计算;

$$A_0 = \sum_{i=1}^n A_{ai} + \frac{E_c}{E_a}\sum_{i=1}^n A_{ci} \tag{5-8-26}$$

A_{ai}、A_{ci}——第 i 分肢的钢管横截面面积和钢管内混凝土横截面面积。

3)《钢管混凝土拱桥技术规范》(GB 50923—2013)中的承载力计算方法

$$\gamma_0 N_s \leq N_{D2} \tag{5-8-27}$$

$$N_{D2} = \varphi\varphi_e N_D \tag{5-8-28}$$

$$N_D = \sum(N_0^i + N_f^i) \tag{5-8-29}$$

式中:N_{D2}——钢管混凝土哑铃形构件和格构柱偏心受压构件稳定承载力设计值,N;
N_D——钢管混凝土哑铃形构件和格构柱构件截面轴心抗压强度设计值,N;

N_0^i——计入徐变折减系数和初应力度影响系数的拱肋截面各肢钢管混凝土截面轴心抗压强度设计值,N,按下列公式计算;

$$N_0^i = K_c K_p N_0 \tag{5-8-30}$$

N_0——钢管混凝土单圆管截面轴心抗压强度设计值,N,按式(5-7-7-2)计算;

K_c——混凝土徐变折减系数,对钢管混凝土偏心率 $\rho \leq 0.3$ 的偏压柱,其承受永久荷载引起的轴压力占全部轴压力的30%及以上时,截面轴心抗压强度设计值应乘混凝土徐变折减系数 K_c,按表(5-8-3)进行取值,偏心率 ρ 按下式计算:

徐变折减系数 K_c 表5-8-3

名义长细比 λ	永久荷载所占比例(%)		
	30	50	≥70
$40 \leq \lambda \leq 70$	0.90	0.85	0.80
$70 < \lambda \leq 120$	0.85	0.80	0.75

$$\rho = \frac{e_0}{r} \tag{5-8-31}$$

r——截面计算半径,单圆管、哑铃形柱 $r = 2i - t$,格构柱 $r = 2i$;

i——钢管混凝土拱肋截面回转半径,mm,按下式计算:

$$i = \sqrt{(EI)_{scl} / (EA)_{scl}} \tag{5-8-32}$$

$$(EI)_{scl} = E_s I_{sl} + E_c I_{cl} \tag{5-8-33}$$

$$(EA)_{scl} = E_s A_{sl} + E_c A_{cl} \tag{5-8-34}$$

I_{sl}——钢材截面惯性矩,mm^4;

I_{cl}——混凝土截面惯性矩,mm^4;

$(EI)_{scl}$——钢管混凝土毛截面抗弯设计刚度,$N \cdot mm^2$;

$(EA)_{scl}$——钢管混凝土毛截面抗拉设计刚度,$N \cdot mm^2$;

A_{sl}——拱肋截面钢材面积,mm^2;

A_{cl}——钢管内混凝土的面积,mm^2;

t——钢管壁厚;

E_s——钢材弹性模量,MPa;

E_c——混凝土弹性模量,MPa;

K_p——初应力度影响系数,应按下列公式进行计算:

$$K_p = 1 - 0.24 a m \beta \tag{5-8-35}$$

$$a = \frac{\lambda}{80} \tag{5-8-36}$$

$$m = 0.2\rho + 0.98 \tag{5-8-37}$$

β——钢管初应力度,取 $\beta = 0.25$;

m——考虑偏心率影响的系数;

λ——名义长细比,对哑铃形桩,$\lambda = \frac{l_0}{i}$,其中,l_0 为柱的计算长度;

N_f^i——与钢管混凝土主肢共同承担荷载的连接钢板的极限承载力设计值,N,按下列公式计算:

$$N_\mathrm{f}^i = A_\mathrm{fs} f_\mathrm{s} \tag{5-8-38}$$

A_fs——连接钢板的截面面积,mm;

f_s——钢材的抗拉、抗压和抗弯强度设计值,MPa;

φ——稳定系数,当$\lambda_\mathrm{n} \leqslant 1.5$时,$\varphi = 0.658^{\lambda_\mathrm{n}^2}$,当$\lambda_\mathrm{n} > 1.5$时,$\varphi = \dfrac{0.877}{\lambda_\mathrm{n}^2}$;

λ_n——钢管混凝土柱的相对长细比,应按下列公式计算;

对单圆管和哑铃形柱:

$$\lambda_\mathrm{n} = \frac{\lambda}{\pi}\sqrt{\frac{f_\mathrm{y}A_\mathrm{s} + f_\mathrm{ck}A_\mathrm{c} + A_\mathrm{c}\sqrt{\rho_\mathrm{c}f_\mathrm{y}f_\mathrm{ck}}}{E_\mathrm{s}A_\mathrm{s} + E_\mathrm{c}A_\mathrm{c}}} \tag{5-8-39}$$

f_y——钢材强度标准值,MPa;

f_ck——混凝土轴心抗压强度标准值,MPa;

φ_e——偏心率折减系数,按下式计算;

对哑铃形构件:

当$\dfrac{e_0}{2i} \leqslant 0.85$时,

$$\varphi_\mathrm{e} = \frac{1}{1 + \dfrac{2.82e_0}{2i}}$$

当$\dfrac{e_0}{2i} > 0.85$时,

$$\varphi_\mathrm{e} = \frac{0.25}{\dfrac{e_0}{2i}}$$

e_0——哑铃形构件截面的偏心率,mm。

钢管混凝土组合轴压柱除按换算长细比验算整体稳定性时,通常不再进行单肢稳定性验算,但应满足下列构造条件:

平腹杆构件:$\lambda_1 \leqslant 40$ 且 $\lambda_1 \leqslant 0.5\lambda_\mathrm{max}$;

斜腹杆构件:$\lambda_1 \leqslant 0.7\lambda_\mathrm{max}$。

其中λ_max是指构件在x轴和y轴方向上长细比的较大值,即:

$$\lambda_\mathrm{max} = \max(\lambda_{0x}, \lambda_{0y}) \tag{5-8-40}$$

下面通过一个双肢平腹杆的格构式构件稳定承载力计算示例,分别按《公路钢管混凝土拱桥设计规范》(JTG/T D65-06—2015)、《钢管混凝土拱桥技术规范》(GB 50923—2013)和《钢管混凝土结构技术规范》(GB 50936—2014)对格构式构件承载力进行计算,并对比其计算结果的异同。

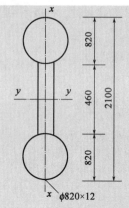

图 5-8-6 双肢平腹杆柱断面
（尺寸单位：mm）

【例题】 已知一双肢平腹杆钢管混凝土无铰拱桥，其拱轴线长度为110m，控制截面内力的最大轴向力设计值为 $N_d = 20041$ kN，相应 $M_d = 2349.6$ kN·m。结构重要性系数 $\gamma_0 = 1.1$。采用 Q345 钢管（$\phi 820\text{mm} \times 12\text{mm}$），内填 C50 混凝土，哑铃形截面如图 5-8-6 所示，腹杆间距 $l_1 = 4\text{m}$。平腹杆采用 $\phi 300\text{mm} \times 10\text{mm}$ 规格的 Q345 钢管。试按照《公路钢管混凝土拱桥设计规范》（JTG/T D65-06—2015）、《钢管混凝土拱桥技术规范》（GB 50923—2013）、《钢管混凝土结构技术规范》（GB 50936—2014）计算该组合截面拱肋的稳定承载力。

解：(1) 按照《公路钢管混凝土拱桥设计规范》（JTG/T D65-06—2015）的方法计算。

本规范中，钢材的抗拉、抗压和抗弯强度设计值 $f_{sd} = 310$ MPa，钢材的弹性模量 $E_s = 2.06 \times 10^5$ MPa，混凝土的轴心抗压强度设计值 $f_{cd} = 22.4$ MPa，混凝土的弹性模量 $E_c = 3.45 \times 10^4$ MPa。

① 单肢截面几何性质。

$$r_0 = \frac{D}{2} = \frac{820}{2} = 410 \text{ (mm)}$$

$$r_{c0} = \frac{D}{2} - t = \frac{820}{2} - 12 = 398 \text{ (mm)}$$

$$A_s = \pi(r_0^2 - r_{c0}^2) = 3.142 \times (410^2 - 398^2) = 30464.832 \text{ (mm}^2)$$

$$A_c = \pi r_{c0}^2 = 3.142 \times 398^2 = 497705.368 \text{ (mm}^2)$$

$$a = \frac{A_s}{A_c} = \frac{30464.832}{497705.368} = 0.061$$

$$A_{sc} = \pi r_0^2 = 3.142 \times 410^2 = 5.282 \times 10^5 \text{ (mm}^2)$$

$$I_{sc} = \frac{\pi r_0^4}{4} = \frac{3.142 \times 410^4}{4} = 2.220 \times 10^{10} \text{ (mm}^4)$$

② 组合截面几何性质。

$$I_{scy} = 2(I_{sc} + A_{sc} \times 640^2) = 2 \times (2.220 \times 10^{10} + 5.282 \times 10^5 \times 640^2) = 4.771 \times 10^{11} \text{ (mm}^4)$$

$$W_{scy} = \frac{I_{scy}}{\frac{h}{2}} = \frac{4.771 \times 10^{11}}{\frac{2100}{2}} = 4.544 \times 10^8 \text{ (mm}^3)$$

$$i_{scy} = \sqrt{\frac{I_{scy}}{2A_{sc}}} = \sqrt{\frac{4.771 \times 10^{11}}{2 \times 5.282 \times 10^5}} = 672.033 \text{ (mm)}$$

③ 计算整体截面偏心距。

$$e_0 = \frac{M_d}{N_d} = \frac{2349.6}{20041} = 117.240 \text{ (mm)}$$

④ 计算材料组合参数。

钢管混凝土的约束效应系数设计值 ξ_0：

$$\xi_0 = \frac{A_s f_{sd}}{A_c f_{cd}} = \frac{30464.832 \times 310}{497705.368 \times 22.4} = 0.847$$

组合强度设计值 f_{sc}：
$$f_{sc} = (1.14 + 1.02\xi_0)f_{cd} = (1.14 + 1.02 \times 0.847) \times 22.4 = 44.888(\text{MPa})$$

⑤计算构件长细比得到稳定系数。

钢管混凝土单肢长细比：
$$\lambda_1 = \frac{l_1}{\dfrac{r_0}{2}} = \frac{4000}{\dfrac{410}{2}} = 19.512$$

拱肋的计算长度取等效换算系数 K 乘拱肋长度。对于无铰拱,取 $K=0.36$。则拱肋计算长度：
$$l_0 = KS = 0.36 \times 110 = 39.6(\text{m})$$

组合截面对 y 轴的长细比：
$$\lambda_y = \frac{l_0}{i_{scy}} = \frac{39600}{672.033} = 58.926$$

平腹杆采用 $\phi 300\text{mm} \times 10\text{mm}$ 规格的 Q345 钢管,有：
$$A_0 = 3.142 \times 300 \times 10 = 9426(\text{mm}^2) > \frac{A_s}{4} = 7615(\text{mm}^2)$$

$$I_0 = \frac{\pi(300^4 - 280^4)}{64} = 9.589 \times 10^7 (\text{mm}^4)$$

所以平腹杆空钢管的长细比：
$$\lambda_0 = \frac{b}{\sqrt{\dfrac{I_0}{A_0}}} = \frac{460}{\sqrt{\dfrac{9.589 \times 10^7}{9426}}} = 4.561 < 0.5\lambda_1 = 0.5 \times 19.512 = 9.756$$

因此,可用简化式计算换算长细比：
$$\lambda_{0y} = \sqrt{\lambda_y^2 + 17\lambda_1^2} = \sqrt{58.926^2 + 17 \times 19.512^2} = 99.722$$

查表5-7-3 内插得组合构件长细比折减系数 $\varphi'_l = 0.532$。

⑥拱肋面整体稳定承载力验算。

利用前面计算及查表结果,求偏压稳定承载力 N_{ud}。计算中假定各管的初应力度 $\omega = 0.25$,按式(5-7-3)计算初应力折减系数 K_p：
$$K_p = 1 - 0.15\omega = 0.963$$

按照式(5-7-6)取脱空折减系数 $K_d = 0.95$。

跨径 $<300\text{m}$,且 $\dfrac{e_0}{i_{scy}} = \dfrac{117.240}{672.033} = 0.174 < 1.7$,计算弯矩折减系数 φ'_e：
$$\varphi'_e = \frac{1}{1 + 1.41\dfrac{e_0}{i_{scy}}} = \frac{1}{1 + 1.41 \times 0.174} = 0.803$$

$$\begin{aligned}
N_{ud} &= \varphi'_e \varphi'_l \sum_{L}^{M} K_p K_d f_{sc} A_{sc} \\
&= 0.803 \times 0.532 \times 0.963 \times 0.95 \times 44.888 \times 2 \times 5.282 \times 10^5 \\
&= 18532.573(\text{kN})
\end{aligned}$$

(2)按照《钢管混凝土拱桥技术规范》(GB 50923—2013)的方法计算。

本规范中钢材的抗拉、抗压和抗弯强度设计值 $f_s = 275\text{MPa}$,钢材强度标准值 $f_y = 345\text{MPa}$,钢材的弹性模量 $E_s = 2.06 \times 10^5 \text{MPa}$,混凝土轴心抗压强度设计值 $f_{cd} = 23.1\text{MPa}$,混凝土轴心抗压强度标准值 $f_{ck} = 32.4\text{MPa}$,混凝土的弹性模量 $E_c = 3.45 \times 10^4 \text{MPa}$。

①单肢截面几何性质。

$$r_0 = \frac{D}{2} = \frac{820}{2} = 410(\text{mm})$$

$$r_{c0} = \frac{D}{2} - t = \frac{820}{2} - 12 = 398(\text{mm})$$

$$A_s = \pi(r_0^2 - r_{c0}^2) = 3.142 \times (410^2 - 398^2) = 30464.832(\text{mm}^2)$$

$$A_c = \pi r_{c0}^2 = 3.142 \times 398^2 = 497705.368(\text{mm}^2)$$

$$a = \frac{A_s}{A_c} = \frac{\pi(r_0^2 - r_{c0}^2)}{\pi r_{c0}^2} = 0.061$$

②组合截面几何性质。

$$A_{sl} = 2\pi(r_0^2 - r_{c0}^2) = 2 \times 3.142 \times (410^2 - 398^2) = 60929.664(\text{mm}^2)$$

$$A_{cl} = 2\pi r_{c0}^2 = 2 \times 3.142 \times 398^2 = 995410.736(\text{mm}^2)$$

$$(EA)_{scl} = E_s A_{sl} + E_c A_{cl} = 2.06 \times 10^5 \times 60929.664 + 3.45 \times 10^4 \times 995410.736 = 4.689 \times 10^{10}(\text{N})$$

$$I_{sl} = 2 \times \left[\frac{3.142 \times (820^4 - 796^4)}{64} + (820^2 - 796^2) \times \frac{3.142}{4} \times 2 \times 640^2\right] = 5.489 \times 10^{10}(\text{mm}^4)$$

$$I_{cl} = 2 \times \left(\frac{3.142 \times 820^4}{64} + \frac{3.142 \times 820^2}{4} \times 640^2\right) = 4.471 \times 10^{11}(\text{mm}^4)$$

$$(EI)_{scl} = E_s I_{sl} + E_c I_{cl} = 2.06 \times 10^5 \times 5.489 \times 10^{10} + 3.45 \times 10^4 \times 4.471 \times 10^{11} = 2.673 \times 10^{16}(\text{N} \cdot \text{mm}^2)$$

$$i = \sqrt{\frac{(EI)_{scl}}{(EA)_{scl}}} = \sqrt{\frac{2.673 \times 10^{16}}{4.689 \times 10^{10}}} = 755.039(\text{mm})$$

③计算整体截面偏心距。

$$e_0 = \frac{M_d}{N_d} = \frac{2349.6}{20041} = 117.240(\text{mm})$$

④计算偏心率折减系数 φ_e。

$$\frac{e_0}{2i} = \frac{117.240}{2 \times 755.039} = 0.0776 < 0.85$$

$$\varphi_e = \frac{1}{1 + \frac{2.82 e_0}{2i}} = \frac{1}{1 + 2.82 \times 0.0776} = 0.820$$

⑤计算稳定系数 φ。

因为是无铰拱,等效计算长度 L_0:

$$L_0 = 0.36 S_g = 0.36 \times 110 = 39.6(\text{m})$$

名义长细比 $\lambda = \frac{L_0}{i} = \frac{39600}{755.039} = 52.448$,相对长细比 λ_n:

$$\lambda_n = \frac{\lambda}{\pi}\sqrt{\frac{f_y A_s + f_{ck} A_c + A_c \sqrt{\rho_c f_y f_{ck}}}{E_s A_s + E_c A_c}}$$

$$= \frac{52.448}{3.142} \times \sqrt{\frac{345 \times 30464.832 + 32.4 \times 497705.368 + 497705.368 \times \sqrt{0.061 \times 345 \times 32.4}}{2.06 \times 10^5 \times 30464.832 + 3.45 \times 10^4 \times 497705.368}}$$

$$= 0.686 < 1.5$$

$$\varphi = 0.658^{\lambda_n^2} = 0.658^{0.686^2} = 0.821$$

⑥计算徐变折减系数。

对钢管混凝土偏心率 $\rho \leq 0.3$ 的偏压柱,其承受永久荷载引起的轴压力占全部轴压力的30%及以上时,截面轴心抗压强度设计值应乘混凝土徐变折减系数 K_c。故

$$r = 2i - t = 2 \times 755.039 - 12 = 1498.078 (\text{mm})$$

$$\rho = \frac{e_0}{r} = \frac{117.240}{1498.078} = 0.0783 < 0.3$$

假设其永久荷载引起的轴压力占全部轴压力的70%,查《钢管混凝土拱桥技术规范》(GB 50923—2013)表 5.3.11,得 $K_c = 0.8$。

⑦计算初应力度影响系数 K_p。

考虑长细比的影响系数:

$$a = \frac{\lambda}{80} = \frac{52.448}{80} = 0.656$$

考虑偏心率的影响系数:

$$m = 0.2\rho + 0.98 = 0.2 \times 0.0783 + 0.98 = 0.996$$

假定钢管初应力度为 $\beta = 0.25$。

$$K_p = 1 - 0.24am\beta = 1 - 0.24 \times 0.656 \times 0.996 \times 0.25 = 0.961$$

⑧轴心抗压强度设计值 N_D。

钢管混凝土约束效应系数设计值 ξ_0:

$$\xi_0 = \frac{A_s f_s}{A_c f_{cd}} = \frac{30464.832 \times 275}{497705.368 \times 23.1} = 0.729$$

各肢钢管混凝土截面轴心抗压强度设计值 N_0^i:

$$N_0^i = k_3 K_c K_p (1.14 + 1.02\xi_0)(1 + \rho_c) f_{cd} A_c$$
$$= 1 \times 0.8 \times 0.961 \times (1.14 + 1.02 \times 0.729) \times (1 + 0.061) \times 23.1 \times 497705.368$$
$$= 17664.329 (\text{kN})$$

双肢平腹杆钢管混凝土无铰拱桥无连接钢板,故不考虑连接钢板的承载能力极限设计值 N_f^i。

$$N_D = \sum(N_0^i + N_f^i) = 2 \times 17664.329 = 35328.658 (\text{kN})$$

⑨偏心受压稳定承载力设计值 N_{D2}。

$$N_{D2} = \varphi \varphi_e N_D$$
$$= 0.821 \times 0.820 \times 35328.658$$
$$= 23783.959 (\text{kN})$$

(3)按照《钢管混凝土结构技术规范》(GB 50936—2014)的方法计算。

本规范中钢材的抗拉、抗压和抗弯强度设计值 $f = 305\text{MPa}$，钢材的弹性模量 $E = 2.06 \times 10^5 \text{MPa}$，混凝土的抗压强度设计值 $f_c = 23.1\text{MPa}$，混凝土的弹性模量 $E_c = 3.45 \times 10^4 \text{MPa}$。

①格构柱各单肢柱的轴心受压短柱承载力设计值 N_{0i} 的计算：

$$\text{套箍系数 } \theta = \frac{A_s f}{A_c f_c} = \frac{30464.832 \times 305}{497705.368 \times 23.1} = 0.808$$

查规范表 6.1.2，与混凝土有关的系数 $\alpha = 2.0$，$\theta \leq \frac{1}{(\alpha-1)^2}$，故：

$$N_{0i} = 0.9 A_c f_c (1 + \alpha\theta) = 0.9 \times 497705.368 \times 23.1 \times (1 + 2 \times 0.808) = 2.707 \times 10^7 (\text{N})$$

$$N_0 = 2N_{0i} = 2 \times 2.707 \times 10^7 = 5.414 \times 10^7 (\text{N})$$

②格构柱考虑偏心率影响的整体承载力折减系数 φ_e 的计算：

$$e_0 = \frac{M_d}{N_d} = \frac{2349.6}{20041} = 117.240 (\text{mm}), \quad a_c = a_t = 640 (\text{mm})$$

$$\frac{e_0}{a_c} = \frac{117.240}{640} = 0.183 < 2$$

$$\varphi_e = \frac{1}{1 + \frac{e_0}{a_c}} = \frac{1}{1 + 0.183} = 0.845$$

③格构柱考虑长细比影响的整体承载力折减系数 φ_l 的计算：

格构式拱肋的等效计算长度：

$$L_e = \mu S = 0.75 \times \frac{110}{2} = 41.250 (\text{m})$$

上式中 μ 为无铰拱的计算长度系数，取 0.75。S 为拱轴长度的一半。

$$\lambda_y = \frac{L_e}{r_y} = \frac{41.250}{0.64} = 64.453$$

格构柱横截面所截各分肢换算截面面积之和：

$$A_0 = \sum A_{ai} + \frac{E_c}{E_a} \sum A_{ci} = 2 \times \frac{3.45 \times 10^4}{2.06 \times 10^5} \times 497705.368 = 227636.802 \ (\text{mm}^2)$$

缀条的尺寸为 $\phi 300\text{mm} \times 10\text{mm}$，缀条毛截面面积为

$$A_{1y} = 3.142 \times (150^2 - 140^2) = 9111.800 \ (\text{mm}^2)$$

格构柱的换算长细比为

$$\lambda = \sqrt{\lambda_y^2 + 27\frac{A_0}{A_{1y}}} = \sqrt{64.453^2 + 27 \times \frac{227636.802}{9111.800}} = 69.489$$

因为 $\lambda > 16$，格构柱考虑长细比影响的整体承载力折减系数为

$$\varphi_l = 1 - 0.058\sqrt{\lambda - 16} = 1 - 0.058 \times \sqrt{69.489 - 16} = 0.576$$

④由式(5-8-17)计算整体承载力：

$$N_u = \varphi_e \varphi_l N_0 = 0.845 \times 0.576 \times 5.414 \times 10^7 = 26351.021 (\text{kN})$$

(4)小结。

将三种规范考虑偏心率和长细比的折减系数以及整体承载力计算结果汇总在表5-8-4中。

例题计算结果汇总表　　　　　　　　表5-8-4

规范	偏心折减系数 φ_e	长细比折减系数 φ_l	整体承载力 N_{ud}(kN)
JTG/T D65-06—2015	0.803	0.532	18532.573
GB 50923—2013	0.820	0.821	23783.959
GB 50936—2014	0.845	0.576	26351.021

表5-8-4中的计算结果表明：按照JTG/T D65-06—2015、GB 50923—2013和GB 50936—2014规范计算的该组合截面稳定承载力分别为18532.573kN、23783.959kN和26351.021kN，而 $\gamma_0 N_d = 1.1 \times 20041 = 22045.1(kN)$。由此可知，本例题中哑铃形钢管混凝土组合拱肋的平面内稳定承载力可以满足GB 50923—2013和GB 50936—2014规范的设计要求，但不满足JTG/T D65-06—2015的设计要求。三本规范在承载能力计算时，均采用了类似的在轴心受压构件承载能力基础上分别乘偏心折减系数和长细比折减系数的方法计算格构式构件的稳定承载力。但计算偏心折减系数和长细比折减系数的方法具有一定的差别，计算结果也不尽相同。将GB 50923—2013和GB 50936—2014规范计算结果与JTG/T D65-06—2015规范计算结果对比发现：

①GB 50923—2013规范计算所得长细比折减系数(0.821)比JTG/T D65-06—2015规范计算所得长细比折减系数(0.532)大了约54%。这使得按GB 50923—2013规范计算得到的承载力明显大于按JTG/T D65-06—2015规范计算的结果。

②与JTG/T D65-06—2015和GB 50923—2013规范相比，GB 50936—2014规范进行承载力计算时没有考虑初应力折减系数、脱空折减系数和徐变折减系数等的影响。因此其计算得到的单肢短柱承载力较大，也最终使得按照GB 50936—2014规范计算所得承载力大于按照JTG/T D65-06—2015和GB 50923—2013规范计算的结果。而初应力折减和脱空率恰恰是钢管混凝土拱圈构件的特点之一。

在编制专门指导桥梁结构设计的规范JTG/T D65-06—2015和GB 50923—2013时，更有针对性地考虑了桥梁结构的受力特点，并在计算公式中通过相应系数予以体现。而计算结果表明，桥梁规范JTG/T D65-06—2015对拱肋压弯稳定性的要求相较GB 50923—2013和GB 50936—2014规范更为严格，即更偏于安全。

5.9　钢管混凝土拱桥的拱上立柱及吊杆分析

立柱和吊杆是拱桥中连接桥面系与拱圈的重要构造，其中上承式拱桥通过立柱连接桥面系与拱圈，下承式拱桥通过吊杆连接，而中承式拱桥二者兼而有之。

拱桥属于典型的内部多次超静定体系。其立柱和吊杆的受力计算可采用有限元软件进行计算。常规工程设计时，为提高设计、计算效率，通常可采用基于杆系有限元的专业有限元设计软件进行辅助设计。建模计算时，吊杆可采用桁架单元进行模拟，忽略其抗弯刚度。通过对吊杆单元进行降温作用,模拟其初始张拉力。立柱应采用梁单元进行模拟。由于立柱是受压为主的构件,对于较高的立柱,计算时尚应特别注意其受压稳定问题。拱桥的成桥内力受其施工过程(如是否有支架施工)影响明显。在建模分析时,必须正确模拟其施工过程,方可正确计算其成桥内力。

5.9.1 拱上立柱的构造与受力

拱桥中,当拱圈位于桥面系以下时(如上承式拱桥、中承式拱桥和飞燕式边跨中),要通过立柱支承桥面系。立柱可采用钢筋混凝土立柱或钢管混凝土立柱。在立柱设计中应考虑最不利受力工况对其进行配筋设计,并满足钢筋混凝土柱的构造要求。

钢筋混凝土立柱的柱脚通常是一个焊在拱肋上的钢板箱,箱内灌有混凝土,立柱钢筋焊在钢板箱上。而短立柱也可直接采用钢板焊接成柱的箱形钢柱。对于大跨度或大矢跨比的拱桥,靠近拱脚处的立柱高度较高,则可采用钢管混凝土立柱,与拱肋一致,也可加快施工速度。长细比较大的立柱在计算其承载能力时应考虑稳定性带来的影响。

拱上立柱设计时的构造要点如下:

(1)拱上立柱可采用钢管混凝土构件、钢构件或钢筋混凝土构件。钢管混凝土立柱宜采用单管或桁式组合柱。盖梁可采用钢筋混凝土、预应力钢筋混凝土或钢结构。

(2)钢管混凝土拱上立柱与混凝土盖梁连接时,其伸入盖梁长度应大于1.5倍立柱主管外径,且不应小于1.0m。可采用开孔钢板和预埋锚筋等形式的钢-混凝土构造连接。当采用预制盖梁时,可将盖梁底部预埋钢板与钢管混凝土立柱通过焊接连接。

(3)钢管混凝土拱上立柱的柱脚可分为有垫梁柱脚和无垫梁柱脚。有垫梁柱脚通过垫梁上的预埋钢板与立柱焊接连接,无垫梁柱脚应采用与主拱相贯焊的方式连接。钢管混凝土立柱的节段连接宜采用对焊接头;当立柱为小偏心受压时,可采用凸缘连接。

(4)钢管混凝土墩柱与基础的连接宜采用埋入式,其埋入深度应大于2倍立柱钢管直径,且不应小于1.5m,在预埋段应设置分布环向钢筋、焊钉或开孔钢板等锚固构造。承压板直径(或边长)宜为1.5~2.0倍立柱钢管直径,厚度不宜小于25mm。

5.9.2 吊杆的构造与受力

钢管混凝土拱桥中的吊索(吊杆)是钢质受拉构件,主要功能是联结拱肋与桥面系,并传递两者间的荷载与内力。

吊索通常采用平行钢丝成品索配专用的冷铸镦头锚具,或钢绞线成品索配夹片锚具。索体应采用环氧喷涂、环氧填充或镀锌等防腐处理。吊索应设置耐候性的防护外套。吊索的锚具形式应视拱、梁及索体的构造形式而定,上下锚固端应露出梁体之外,以便检查和更换。吊索的锚具应有防腐能力,并满足设计使用年限的要求。锚具的防护罩构造应便于锚具及索体的后期检修。

《公路钢管混凝土拱桥设计规范》(JTG/T D65-06—2015)中规定采用下式对吊索的承载能力进行计算。

$$N \leqslant \frac{1}{\gamma_s} f_{pk} A_s \tag{5-9-1}$$

式中:N——吊索受拉轴向力设计值,10^3kN;

γ_s——吊索的综合系数,不应小于表 5-9-1 的规定值;
f_{pk}——吊索抗拉强度标准值,MPa;
A_s——吊索钢丝的截面面积,m^2。

吊索的综合系数 γ_s 表 5-9-1

材料类别		持久状况	短暂状况	偶然状况、地震状况
吊索	钢丝、钢绞线	2.5	2.0	1.5
	钢丝绳	3.0	2.4	1.8

吊索设计时应考虑其最不利的受力工况。吊索受力中活载占比较大,因此要求吊索(特别是短索)应具有良好的抗疲劳能力。根据我国近年来的工程经验,吊索设计中常常采用 3.0 的安全系数,略高于斜拉桥拉索 2.5 的安全系数。

5.10 钢管混凝土拱桥的施工方法和技术要点

5.10.1 钢管混凝土拱桥拱圈钢管的制作与施工方法

1) 钢管混凝土拱桥拱圈钢管的制作

钢管混凝土拱桥的拱圈由于其受力特点的要求,通常会采用格构式截面形式。而圆钢管与圆形缀材的连接部位是空间的相贯线,复杂的空间曲线在施工现场较难切割和焊接。为了兼顾施工便捷与加工精度,通常会在钢结构加工场中将拱圈钢管与缀材焊接成方便运输的节段。将节段运输至施工现场后,通过焊接(通常是对接焊缝)的方式连接成整体。节段的焊接质量应参照相关规范加以控制。

一般研究认为,钢管的焊接残余应力和残余变形对钢管混凝土构件的承载能力和稳定性影响不明显。但过高的温度将对钢管混凝土构件的承载能力产生较大的负面影响。因此,应尽量避免在混凝土灌注后采用较大的电流焊接或进行大面积的焊接操作。

2) 钢管混凝土拱桥拱圈钢管的现场拼接成拱施工

钢管混凝土拱桥拱圈钢管可根据工程特点和实际情况,选择斜拉扣挂、转体施工或大节段提升等施工方法。无论采用哪种施工方法,都必须对结构本身和施工临时构件在施工过程中的刚度、强度、稳定性和抗风性能进行验算。

斜拉扣挂法施工是我国目前应用较多的一种施工方法,具有灵活可靠、适用性广等优点。该施工方法采用施工塔架,通过固定于锚定体系的扣索将钢管节段提吊至设计位置拼接成拱,如图 5-10-1 所示。

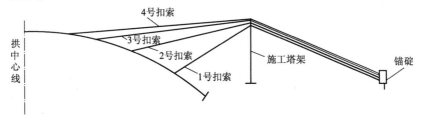

图 5-10-1 斜拉扣挂法施工

转体施工法过去较多地应用于中、小跨径的桥梁工程中。但随着近年来施工设施和技术的进步,也逐渐推广至大跨径桥梁施工中。由于钢管混凝土拱桥转体施工时仅需要转体钢管,因此转体质量需远轻于同跨径的梁桥或钢筋混凝土拱桥。因此,转体施工法非常适用于钢管混凝土拱桥的成拱施工。拱桥的转体施工法传统上可分为竖向转体施工法和平面转体施工法两类。竖向转体施工法的拱圈绕拱座做竖向平面内转体;平面转体施工法的拱圈绕拱座做水平转体。施工时,先分别拼接形成两个半拱。之后,转体施工令两半拱合龙,并最终完成拱圈钢管的拼接成拱。除平、竖转两类以外,近年来又发展出了一种平竖转组合式施工方法。

大节段提升施工方法适用于桥下水文条件较好、场地具备架设大吨位浮吊能力的钢管混凝土拱桥工程。采用大节段提升施工方法可以将高空作业量减到最少,而设置临时系杆可以减小拱圈的施工应力,对钢管混凝土拱桥的受力是有益的。由于浮吊可以轻易吊起数千吨的重载,因此采用大节段提升施工方法几乎可以无障碍地吊起重数千吨、长度200~400m的节段。此工法是目前架设特大跨径钢管拱桥拱圈的一种优选方案。

梁桥施工中常用的支架施工法在钢管混凝土拱桥施工中较少使用。对于钢管混凝土拱桥,采用支架施工法将不可避免地存在大量的高空作业,对工人的人身安全和结构的施工质量均存在不利影响。另外,支架施工也未能发挥钢管作为劲性骨架的优势,因此目前已较少使用,在现行规范中也未加以推荐。

5.10.2 管内混凝土的灌注与养护

1)管内混凝土的灌注

由于管内混凝土的密实度直接影响紧箍力的产生,进而对钢管混凝土结构的力学性能产生影响,因此,钢管混凝土拱圈中管内混凝土的灌注质量应在工程施工过程中重点加以关注。

目前较为常用的管内混凝土灌注工法是泵送压力顶升法。该工法将拱圈钢管在两侧拱脚处开孔作为混凝土施工灌注口。为了减小管内空气压力,在钢管上每隔一段距离再开设排气孔。灌注时同时从两个拱脚开孔处通过泵送顶升均匀地将混凝土注入管内。待混凝土灌注完成后,应尽快将各开孔焊接封闭。

近年来,在传统泵送压力顶升法的基础上又发展出了一种真空辅助压力顶升法。该工法在将钢管内抽真空至负压 -0.09MPa ~ -0.07MPa 条件下再进行混凝土泵送顶升灌注。对比实验表明,采用该工法施工的管内混凝土密实度明显大于传统的泵送压力顶升法管内混凝土密实度。2013年建成的世界最大跨径钢管混凝土拱桥——主跨530m的合江长江一桥——就采用了该方法施工。

2)管内混凝土的养护

钢管内混凝土处于密封状态,其养护条件与标准养护及自然养护均有差异。为控制管内混凝土的强度标准,原中国建筑第三工程局(现中国建筑第三工程局有限公司)在20世纪80年代中期进行了相关性试验,结论如下:

(1)密封养护混凝土的龄期强度较低于标准养护的强度。

(2)密封养护混凝土的龄期强度与同龄期自然养护的强度相近。

(3)三种养护方式的混凝土强度都随龄期的增加而增加,强度发展规律一致。

根据上述相关性试验的结论,可以认为管内混凝土抗压强度的关系如下:

(1)管内核心混凝土28d强度与标准养护28d试块强度的关系为:$f_{cu,k\ 28}^{核} = 0.9 f_{cu\ 28}^{标}$。

(2)管内核心混凝土 28d 强度与自然养护 28d 试块强度的关系为:$f_{cu,k\ 28}^{核} = f_{cu,k\ 28}^{自}$。

由上述研究结论可以认为,管内核心混凝土的施工质量可以按照自然养护 28d 的立方体试块强度进行检验。因此,可以按《公路工程质量检验评定标准 第一册 土建工程》(JTG F80/1—2017)或《混凝土强度检验评定标准》(GB/T 50107—2010)中混凝土质量检查的有关规定进行取样、养护、试验和评定。钢管内混凝土应密实且与管壁结合紧密,其质量检验可以按照建筑行业标准《超声法检测混凝土缺陷技术规程》(CECS 21—2000)的规定进行。

5.11 本章小结

本章首先介绍了钢管混凝土拱桥在我国的发展过程及应用现状,介绍了这种结构的优越性能。然后从钢管混凝土结构的基本原理出发,介绍了常用的钢管混凝土拱桥的结构体系、断面形状及其使用条件。分析了钢管混凝土中钢管及核心混凝土在三向受力状态下的受力特性。基于《公路钢管混凝土拱桥设计规范》(JTG/T D65-06—2015)和《钢管混凝土结构技术规范》(GB 50936—2014),介绍了基于统一理论确定钢管混凝土三向受力状况下组合强度指标及参数,列出了钢管混凝土轴心受压、偏心受压构件、格构及钢管混凝土拱圈的承载力和稳定承载力的计算方法及相关的计算示例。分析了钢管混凝土拱桥吊杆以及拱上立柱的受力特点。最后简要介绍了钢管混凝土拱圈的施工要点以及管内混凝土施工质量的控制方法。本章的内容可为钢管混凝土拱桥设计奠定良好的理论基础。

思考题

1. 在极限状态下,钢管混凝土结构的钢管及混凝土中的受力状态有何特点?
2. 钢管混凝土拱桥主要有哪几种结构体系?
3. 试说明钢管混凝土结构的统一理论或合成法的主要内涵与特点。
4. 钢管混凝土构件的主要组合性能指标、组合参数有哪些?
5. 钢管混凝土受压构件的稳定计算、承载力计算有何区别?各自有何特点?
6. 简述钢管混凝土拱桥的吊杆与拱上立柱的受力特点。钢管混凝土拱桥的安全性如何控制?

本章参考文献

[1] 钟善桐.钢管混凝土结构(修订版)[M].哈尔滨:黑龙江科学技术出版社,1994.
[2] 哈尔滨工业大学,中国建筑科学研究院.钢管混凝土结构技术规程:CECS 28—2012[S]. 北京:中国计划出版社,2012.

[3] 蒋家奋,汤关祚.三向应力混凝土[M].北京:中国铁道出版社,1988.

[4] 蔡绍怀.现代钢管混凝土结构(修订版)[M].北京:人民交通出版社,2007.

[5] 陈宝春.钢管混凝土拱桥设计与施工[M].北京:人民交通出版社,1999.

[6] 韩林海,钟善桐.钢管混凝土力学[M].大连:大连理工大学出版社,1996.

[7] 潘友光.钢管混凝土中核心混凝土本构关系的确定[J].工业建筑,1989,22(1):37-47.

[8] ZHONG S T, TAN S J, GI J L. Experimental research of effect of concrete creep on the load carrying capacity of CFST members under compression [C] // Harbin, China: Proceedings of The International Speciality Conference of CFST Structures, 1988.

[9] WANG X Y, ZHOU G K. Apply of the CFST columns for the preheater tower of cement plant [C] // Harbin, China: Proceedings of The International Speciality Conference of CFST Structures, 1988.

[10] 项海帆,刘光栋.拱结构的稳定与振动[M].北京:人民交通出版社,1991.

[11] 钟善桐.钢管混凝土统一理论——研究与应用[M].北京:清华大学出版社,2006.

[12] 韩林海.钢管混凝土结构[M].北京:科学出版社,2000.

[13] 四川省交通运输厅公路规划勘察设计研究院.公路钢管混凝土桥梁设计与施工指南[M].北京:人民交通出版社,2008.

[14] 中华人民共和国住房和城乡建设部,中华人民共和国国家质量监督检验检疫总局.钢管混凝土拱桥技术规范:GB 50923—2013[S].北京:中国计划出版社,2014.

[15] 中华人民共和国交通运输部.公路钢管混凝土拱桥设计规范:JTG/T D65-06—2015[S].北京:人民交通出版社股份有限公司,2015.

[16] 中华人民共和国住房和城乡建设部,中华人民共和国国家质量监督检验检疫总局.钢管混凝土结构技术规范:GB 50936—2014[S].北京:中国建筑工业出版社,2014.

[17] 黄侨.桥梁钢-混凝土组合结构设计原理[M].2版.北京:人民交通出版社股份有限公司,2017.

第 6 章
钢-混凝土结合段结构与设计

6.1 钢-混凝土结合段的应用

为了充分发挥钢和混凝土各自的材料优势，除了在一个构件的同一横截面上采用这两种材料使其形成组合构件外，还可以在同一个构件沿长度方向的不同部位采用两材料使其形成混合构件。目前桥梁中用到的混合构件是由钢构件和混凝土构件组成的，在混合构件中的钢构件和混凝土构件的交界处需要设置一定长度的过渡段，其不仅能够承受外荷载作用，更重要的是使得钢构件和混凝土构件之间能够传递各种力。把混合构件中钢构件和混凝土构件之间的过渡段称为钢-混凝土结合段，简称钢-混结合段。钢-混凝土结合段可以应用于主梁、桥塔、拱肋和其他结构构件中。

6.1.1 钢-混凝土结合段在主梁中的应用

钢-混凝土结合段在主梁中的应用是最广泛的，不仅在连续梁桥和刚构桥的主梁结构中有所应用，在斜拉桥和悬索桥的主梁结构中也有应用。在梁式桥中，当主跨跨径较大时，若全桥采用混凝土结构，由于自重大，桥梁的梁高会较大；若采用全钢结构，由于钢材贵，桥梁的造价会偏高；可以在主跨跨中部位采用钢结构而在其他部位采用混凝土结构，从而既降低了中墩处主梁的梁高又降低了桥梁的总体造价。例如预应力混凝土梁桥，当跨径超过 200m 后，主梁质量将很大,其跨越能力将受到限制,而主梁采用全钢结构则造价又偏高,为解决采用单一材料在结构力学性能和经济性之间难以找到平衡点的问题,20 世纪 70 年代出现了主跨为钢构件、边跨为混凝土构件的钢-混凝土混合梁结构,充分发挥混凝土梁的压重作用和钢梁跨越能力大的特点,如图 6-1-1 所示。由图 6-1-1 可以看到,由于边跨的压重作用,弯矩的分布更为合理,且边跨边支座不会出现负反力。

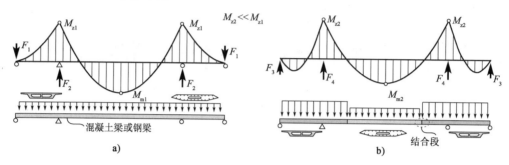

图 6-1-1 混合梁桥弯矩示意图

日本于 2000 年建成了新川桥,为一联 5 跨连续梁桥,跨径为 39.2m + 40.0m + 118.0m + 40.0m + 39.2m,如图 6-1-2 所示。该桥的钢-混凝土结合段设置在两个次边跨的跨中。

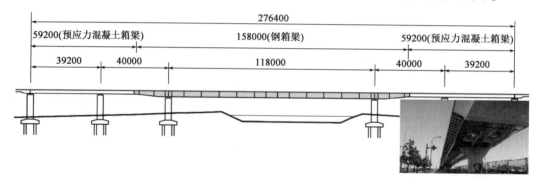

图 6-1-2 新川桥结构布置图(尺寸单位:mm)

建成于 2006 年的重庆石板坡长江大桥复线桥,其跨径组合为 86.5m + 4 × 138m + 330m + 132.5m = 1101m,如图 6-1-3 所示。其中,主跨中间部分采用钢梁(长 108m),端部采用混凝土梁(长均为 111m)。利用钢梁自重轻、强度大的特点,大幅度减小了墩梁结合段位的负弯矩,大大提高了连续刚构桥的跨越能力。

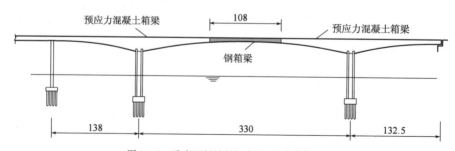

图 6-1-3 重庆石板坡长江大桥(尺寸单位:m)

当斜拉桥主梁采用混合梁结构形式时,边跨采用混凝土主梁可起到平衡主跨质量的作用,主跨采用钢梁使主跨跨度进一步增大。设计时边主跨比可以取到更小(0.2 ~ 0.4),混合梁的设计理念最早出现在斜拉桥结构之中,1972 年,德国建成了世界上第一座混合梁斜拉桥——库尔特-舒马赫桥,为独塔双索面公路、铁路两用斜拉桥,跨径布置为 287.04m + 146.41m。随着人们对混合梁斜拉桥的认识逐渐深入,多个欧美国家建成了多座混合梁斜拉桥,如法国著名的诺曼底大桥(主跨跨径 856m)、瑞典的特基翁新桥(主跨跨径 366m)等。日本也较早开展混合梁桥的建设,建成了多座混合梁斜拉桥,如 1985 年建成的秩父桥,主跨跨径为 153m;1985 年建成的十胜中央桥,主跨跨径为 250m;1991 年建成的生口桥,主跨跨径为 490m;1999 年建成的多多罗大桥,主跨跨径则达到 890m,是当时世界上跨度最大的斜拉桥。

混合梁斜拉桥的设计理念从 20 世纪 90 年代传入中国,很快就得到桥梁工程师的认可,并在多座大跨度桥梁中得到应用,如上海徐浦大桥(主跨跨径 590m)、武汉白沙洲长江大桥(主跨跨径 618m)、天津塘沽海河大桥(主跨跨径 310m)、舟山桃夭门大桥(主跨跨径 580m)、鄂东长江公路大桥(主跨跨径 926m,图 6-1-4)、香港汲水门大桥(主跨跨径 430m)、香港昂船洲大桥(主跨跨径 1018m)等。可以说,钢-混凝土混合梁始于斜拉桥,也繁荣于斜拉桥。斜拉桥是目前应用混合梁最为广泛的一种桥型。

图 6-1-4 鄂东长江公路大桥

混合梁在斜拉桥和梁式桥中取得显著的综合效益后,桥梁工程师们开始积极探索混合梁在自锚式悬索桥和系杆拱桥中的应用。在自锚式悬索桥中,在主跨采用钢结构主梁可以大大减轻结构的重量,由于在边跨的端部需要锚固主缆,主缆的水平分力使得主梁承受非常大的轴向压力,因此在边跨采用混凝土主梁能够很好地锚固主缆,并利用混凝土梁自重大的特点平衡主缆的竖向分力,从而显著降低桥梁的造价。广东佛山平胜大桥(主跨跨径 350m)是世界上第一座采用混合梁的自锚式悬索桥,主跨采用钢箱梁,边跨(锚跨)采用混凝土梁,如图 6-1-5 所示。这样做的优点是能够充分适应桥位地形,减小边跨跨径,有效节省投资,减小了主缆内力和边跨端支点的负反力,从而增强悬索桥的跨越能力。随后建成的主跨 280m 的宁波甬江庆丰桥(图 6-1-6)也使用了混合梁的结构形式。

6.1.2 钢-混凝土结合段在桥塔中的应用

对于大跨径的悬索桥和斜拉桥,桥塔是传递结构竖向力的关键构件。目前桥塔主要采用混凝土桥塔形式,近些年也有采用钢桥塔的。相比于混凝土桥塔,钢桥塔结构自重轻、抗震性能好、斜拉索锚固构造较为简单、施工精度高、建设速度快,同时钢材可再生利用,符合可持续发展的要求。美国和日本的大跨悬索桥和斜拉桥中,钢桥塔的应用较多,如日本明石海峡大桥、美国金门大桥和韦拉扎诺海峡大桥就采用了钢桥塔。我国已建成的悬索桥和斜拉桥多采用混凝土桥塔,钢桥塔的使用数量不多,2005年建成的南京长江三桥(图6-1-7),是国内首次采用上塔柱为钢结构、下塔柱为混凝土结构的混合桥塔;2012年建成的泰州长江大桥(2×1080m 三塔连跨悬索桥,图6-1-8),其整个中塔采用了钢桥塔;2013年建成的杭州之江大桥(主跨248m 拱塔斜拉桥),其整个拱形桥塔采用钢桥塔;港珠澳大桥九洲航道桥和江海直达船航道桥也采用了钢桥塔结构形式。在这些钢桥塔中,当塔柱与混凝土承台连接时会存在钢-混凝土结合段的锚固区,如泰州长江大桥;当塔柱采用钢结构和混凝土结构时也存在钢-混凝土结合段,如南京长江三桥。

图 6-1-5　广东佛山平胜大桥

图 6-1-6　宁波甬江庆丰桥

图 6-1-7　南京长江三桥

图 6-1-8　泰州长江大桥

此外,在斜拉桥桥塔采用较多的是混凝土桥塔形式,为了把斜拉索锚固在混凝土上,在混凝土桥塔内部设置钢锚箱或钢锚梁,使斜拉桥桥塔塔柱成为混凝土塔柱和组合塔柱的混合结构。如上海南浦大桥、东海大桥、闵浦大桥和荆岳长江大桥等采用钢锚梁形式,苏通长江公路大桥、鄂东长江公路大桥、上海长江大桥、济南黄河大桥等采用钢锚箱形式。

6.1.3　钢-混凝土结合段在拱肋中的应用

在拱桥中拱肋是主要的受力构件,为了减轻拱肋的重量和方便施工常采用钢拱肋结构。早期的钢拱肋多为桁架拱肋,拱肋由多个杆件组成,近些年出现了单一构件的拱肋,如建成于2007年的重庆菜园坝长江大桥,其拱肋采用了钢箱拱肋和混凝土拱肋的混合形式(主跨420m,图6-1-9);建成于2009年的广西南宁大桥,其分离的单个外倾式拱肋采用了钢箱拱肋和混凝土拱肋的混合形式(主跨300m,图6-1-10)等,这两座桥的混凝土拱肋与钢拱肋连接的钢-混凝土结合段位于桥面附近。

图6-1-9　重庆菜园坝长江大桥

图6-1-10　广西南宁大桥

6.1.4　钢-混凝土结合段在其他结构中的应用

除了在各种桥梁的主梁、索承式桥梁的桥塔和拱桥的拱肋中采用钢构件与混凝土构件混合外,在桥梁的基本结构构件中也有采用钢构件与组合构件相混合的形式。如钢桁架梁桥中支点附近的下弦杆件由于受到压力作用,杆件与板件容易失稳,可以在部分构件中填充混凝土形成组合构件;在钢箱组合梁桥中为了改善负弯矩区钢底板的受力性能,可在中支点附近的底板上浇筑混凝土,使箱梁底板成为钢构件与组合构件的混合。此外,在波形钢腹板组合梁的中支点附近,为了提高钢腹板的稳定性和抗剪承载力,可在钢腹板内表面内衬一层混凝土形成波形组合板,从而使箱梁腹板成为钢构件与组合构件的混合。

6.2　钢-混凝土结合段的结构形式

6.2.1　钢-混凝土结合段在主梁中的结构形式

钢-混凝土结合段在主梁中的构造形式多种多样,主要是根据主梁的结构形式和结合段的传力需要而设定。一般将钢-混凝土结合段的主梁设置为箱形截面形式,可以是单箱单室截面、单箱多室截面或多箱单室截面。结合段处除了有钢梁和混凝土梁结构外,还有二者间的连接件及承压端板和预应力钢束。其中连接件的主要作用是保证钢梁和混凝土梁的连接部位传力,承压端板的作用是分散钢板作用到混凝土实体上的局部作用力,预应力钢束的作用是保证钢与混凝土不分离且混凝土不开裂。为了保证不同梁段在结合段附近的截面形心在同一高度,同时保证刚度不发生剧烈变化及传力的平顺,延伸到结合段的钢梁和混凝土梁的截面会有变化,其中混凝土梁会与横隔梁结合形成实体部分,而钢梁通常在结合段处增加加劲肋的数量和尺寸。

钢梁与混凝土梁在结合段处的连接根据连接范围的大小分为全截面连接和部分截面连接两种。其中全截面连接是将钢梁的壁板、加劲肋及腹板连接到承压板整个面积范围上,承压板的尺寸与混凝土梁体的外轮廓相同。部分截面连接的一种方式是将钢梁的壁板、加劲肋及腹板连接到承压板部分面积范围上,承压板的尺寸与混凝土梁体的外轮廓相同;另一种方式是将钢梁的壁板和加劲肋全部与承压板相连,承压板的尺寸与混凝土梁壁板的厚度相同。

钢梁与混凝土梁在结合段的轴向力传递可以依靠承压板传递,也可以依靠设置的连接件传递。仅靠承压板传递轴向力的连接方式被称为完全承压连接,还要依靠连接件来传递部分轴向力的连接方式被称为承压传剪式连接。

因此钢-混凝土混合梁典型连接形式可分为全截面连接完全承压式[图6-2-1a)]、全截面连接承压传剪式[图6-2-1b)]、部分截面连接完全承压式[图6-2-1c)]和部分截面连接承压传剪式[图6-2-1d)]。

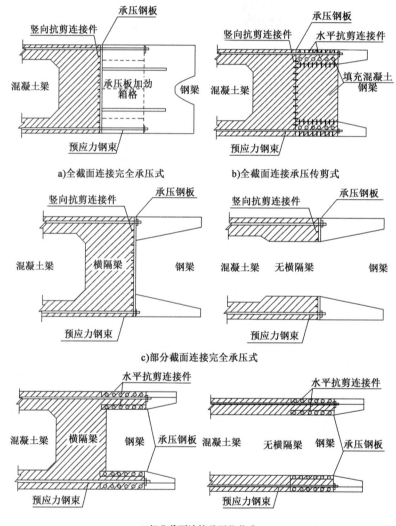

图6-2-1　钢-混凝土混合梁连接形式

图6-2-1a)所示的全截面连接完全承压式的混合连接形式,钢梁与混凝土之间的轴向压力完全依靠承压钢板传递。在承压钢板一侧的钢梁设置箱格结构的加劲,所有加劲和箱梁壁板

通过焊接与承压钢板相连使承压钢板直接承压,由于加劲肋的集中力较大,需要设置较厚实的承压板扩散集中力,避免混凝土局部压坏。在承压钢板与混凝土相连的一侧面上焊接连接件,该连接件能够传递钢梁与混凝土梁之间的竖向剪力。采用该方式连接的结合段结构总体尺寸较大,连接处结构的应力较小,但钢箱一侧的结构构造复杂。

图6-2-1b)所示的全截面连接承压传剪式的混合连接形式,钢梁与混凝土之间的轴向压力依靠承压钢板以承压的方式和水平抗剪连接件以水平剪力的方式共同传递。其钢梁侧整个箱梁断面的顶部和底部位置设置小的钢箱室,钢箱室四周壁板上焊接连接件,整个钢梁截面范围内需要填充混凝土,通过连接件把混凝土与钢箱室连为一体。由于钢梁的部分轴力通过水平抗剪连接件传至填充混凝土,使承压钢板的应力分布更加均匀,承压钢板厚度较小。竖向剪力由连接于承压钢板的竖向抗剪连接件传递。该方式构造较复杂,特别是上下两层钢箱的钢结构加工空间狭小、构件数量多,混凝土要填充到钢箱的每一个部位较为困难。

图6-2-1c)所示的部分截面连接完全承压式的混合连接形式,钢梁与混凝土之间的轴向压力完全依靠承压钢板传递。由于受到钢梁壁板和加劲肋传来的集中力作用,通常需要把承压板设置得较为厚实才可以避免混凝土局部破坏。另外承压钢板以承压的方式传递梁的轴力主要集中在整个截面的周边,而中间较大范围的承压板没有发挥承压的作用,因此可以把不与加劲板相连的承压板省掉,变成仅有顶部和底部相连的结合段。竖向剪力由连接于承压钢板的竖向抗剪连接件传递。该方式应力传递直接,但需要较厚的承压钢板,与全截面高度范围设置承压板的方式相比,结合段截面的刚度明显比钢梁和混凝土梁的大很多,截面刚度变化剧烈。

图6-2-1d)采用部分截面连接承压传剪式的混合连接形式,依靠承压钢板以承压的方式和水平抗剪连接件以水平剪力的方式共同传递梁的轴向压力。仅在钢梁侧对应混凝土梁的顶板、底板、腹板截面范围的箱格内填充混凝土。竖向剪力由混凝土断面和连接于承压钢板的竖向抗剪连接件传递。该方式刚度过渡均匀,应力扩散好。

混合梁的结合段在弯矩作用下,可能会出现上缘或下缘受拉,为了防止混凝土开裂而失去混凝土与钢结构的有效连接,结合部需设置一定的预应力来保证顶板、底板、腹板截面的混凝土均受压。因此,截面的连接仍以传递压力为主,典型连接构造如图6-2-2所示。连接构造为部分截面连接承压传剪式。

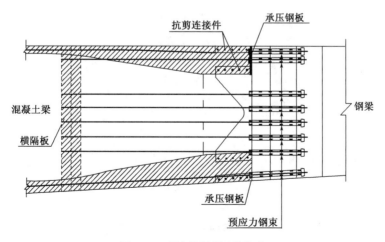

图6-2-2 混合梁钢-混连接构造

部分截面连接承压传剪式根据承压板设置的不同又可分为前后面承压板式(图6-2-3)和后面承压板式[图6-2-1d)]两种方式。

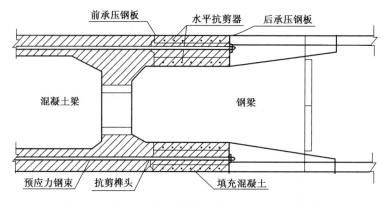

图 6-2-3 部分截面连接承压传剪式——前后面承压板式

图 6-2-4 所示为福建泉州安海湾大桥钢-混结合段结构,该桥为混合梁连续刚构桥,跨径布置为 135m + 300m + 135m,其中跨 300m 由两段 93.5m 的混凝土箱梁、一段 103m 的钢箱梁和两段 5m 长的钢-混结合段组成。安海湾大桥的钢-混结合段两端分别设置了混凝土梁刚度过渡段和钢箱梁刚度过渡段[图 6-2-4a)]。在构造上,该钢-混凝土结合段顶、底板采用格室形式、后面承压板式,从传力机理上属于承压传剪型钢-混凝土结合段,以承压板及刚度较大的开孔板连接件(或称 PBL 连接件)作为主要传力机制,以焊钉增强钢结构与混凝土结构间的连接,确保钢结构、混凝土结构在工作中变形协调,设置隔仓板大幅增加了焊钉数量,以增强传递轴力和弯矩的性能,顶板共设有 14 个格室(含翼缘)、底板共设有 8 个格室[图 6-2-4b)]。腹板主要传递剪力,也采用格室形式,在腹板格室内设有 4 道 PBL 剪力板,在剪力板上设有 PBL 剪力孔,以 PBL 剪力连接件作为主要传力元件,在钢格室内壁还设有焊钉连接件。

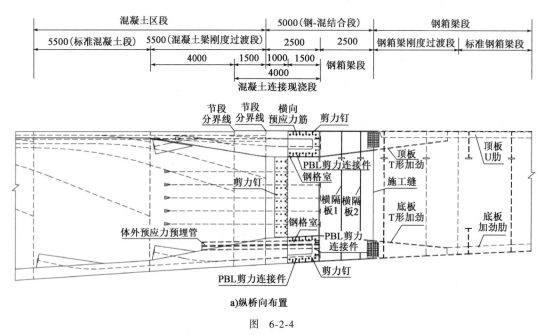

a) 纵桥向布置

图 6-2-4

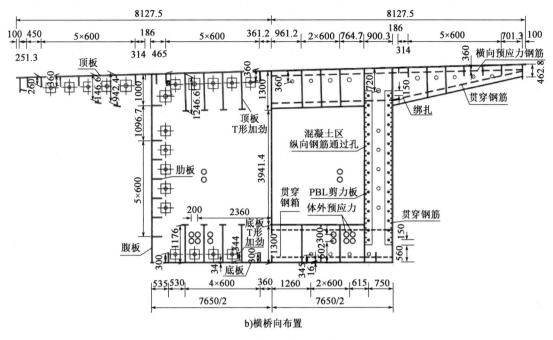

图 6-2-4　安海湾大桥混合梁钢-混连接结构(尺寸单位:mm)

图 6-2-5 所示为鄂东长江公路大桥的边梁处混合梁钢-混结合段结构,该桥跨径布置为 3m × 67.5m + 72.5m + 926m + 72.5m + 3×67.5m,是 9 跨连续半漂浮体系双塔双索面混合梁斜拉桥。该桥为首次在近千米级的斜拉桥中采用混合梁,混合梁的钢-混凝土结合段采用钢格室与混凝土结合的形式,钢格室内设置了开孔板连接件和焊钉连接件。钢格室与钢梁之间设置 3.25m 长的刚度过渡段。为了保证钢箱梁与混凝土箱梁紧密结合,保证结合段混凝土在纵向弯矩和横向弯矩作用下均不出现拉应力,在结合段设置了纵向预应力钢束。

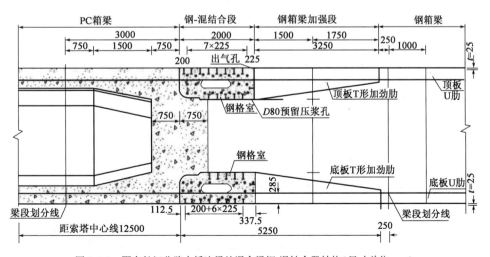

图 6-2-5　鄂东长江公路大桥边梁处混合梁钢-混结合段结构(尺寸单位:mm)

6.2.2　钢-混凝土结合段在桥塔和拱肋中的结构形式

在斜拉桥的混合桥塔中通常主梁以上的部分塔柱采用钢结构,主梁以下的部分采用混凝土结构。钢塔柱和混凝土塔柱之间的连接通常采用如下两种连接方式:完全承压式和承压传剪式。

完全承压式塔柱混合连接的结构形式如图6-2-6a)所示。在这种结构中,在钢塔柱的底部设置一块厚实的承压板,使钢塔柱的压力通过承压板直接作用到混凝土塔柱上。为了防止承压板与混凝土端部分离,通常需要设置预应力钢束把二者压紧,预应力钢束的锚固端预埋在混凝土塔柱中、张拉端设置在钢塔内。为了防止预应力钢束局部强大集中力使混凝土产生破坏,通常在钢塔柱锚固钢束的位置设置加劲肋。

承压传剪式塔柱混合连接的结构形式如图6-2-6b)所示。在这种结构中,钢塔柱要延伸到混凝土塔柱内,同时在延伸部位的钢结构上设置开孔板或焊接焊钉以确保混凝土与塔柱钢结构的有效连接,这些连接件承受的剪力即为钢塔柱与混凝土塔柱之间的部分轴向力。此外,在钢塔柱伸入混凝土塔柱的部分设置一道承压板,该承压板可以设置在靠近混凝土的顶部位置(称为后承压板),也可以设置在钢塔柱的底部位置(称为前承压板),不论是前承压板还是后承压板均能传递钢塔柱和混凝土塔柱之间的部分轴力。

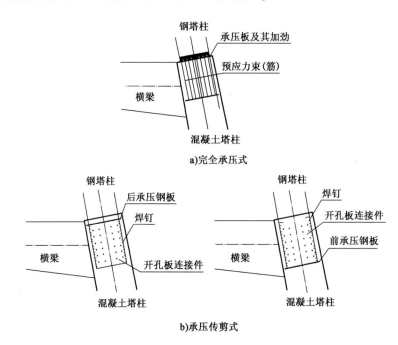

图6-2-6 混合塔柱钢-混连接构造示意图

另外,当整个桥塔塔柱采用钢结构时,塔柱与混凝土承台之间的连接可以采用完全承压式连接形式和承压传剪式连接形式。同样,主钢拱桥的拱肋采用了钢结构时,钢拱肋与混凝土基座之间的连接也可以采用完全承压式连接形式和承压传剪式连接形式,如图6-2-7所示。

另外,在斜拉桥的桥塔中存在着锚固斜拉索的锚固区,该锚固区中经常会采用钢锚箱(或钢锚梁)来锚固斜拉索,钢锚箱(或钢锚梁)再与混凝土塔壁相连,把斜拉索强大的集中力通过钢锚箱(或钢锚梁)分散传递到混凝土桥塔中。桥塔中锚固钢锚箱(或钢锚梁)的锚固区存在钢-混结合段结构。目前斜拉桥桥塔的钢-混锚固结构形式可分为内置式钢锚箱[图6-2-8a)]、外露式钢锚箱[图6-2-8b)]和钢锚梁[图6-2-8c)]。

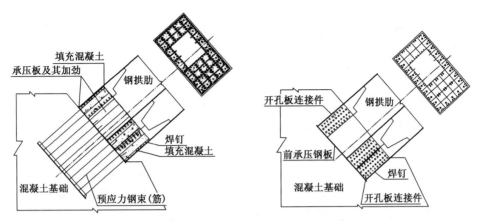

图 6-2-7 钢拱肋与混凝土基座的钢-混连接构造示意图

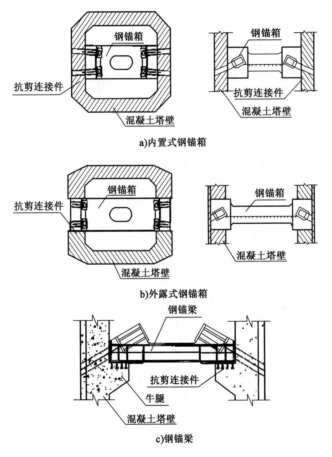

图 6-2-8 斜拉桥桥塔锚固区的连接构造示意图

内置式钢锚箱桥塔结构中钢锚箱封闭在混凝土塔壁内侧,混凝土塔柱仍是完整的箱形结构。钢锚箱主要由下列板件组成:从斜拉索一侧锚头到一侧混凝土塔壁有锚垫板、承压板、支承板、端板,垂直于支承板和承压板的是两块竖向的侧板,连接两块竖向侧板的是一道横隔板;钢锚箱的端板上焊接焊钉与混凝土塔壁相连。另外,支承板受到强大的压应力作用容易失稳,因此必须在外表面设置加劲肋。在内置式钢锚箱索塔中,两侧斜拉索的水平分力70%以上由钢锚箱的侧板和横隔板承受,其他小部分的水平分力由混凝土塔壁承受;斜拉索的竖向分力由钢锚箱两端的端板上的剪力钉承受。塔柱整体性好,抗扭刚度较大,吊装重量较小,钢结构便于养护,但张拉空间较小。日本仁川大桥,中国香港昂船洲大桥、苏通长江公路大桥、鄂东长江公路大桥、上海长江大桥、济南黄河大桥等采用内置式钢锚箱。

外露式钢锚箱桥塔结构中钢锚箱夹在混凝土塔壁之间,钢锚箱的两端端板裸露在外侧,混凝土塔壁在水平向被钢锚箱分割成两部分。外露式钢锚箱结构与内置式钢锚箱结构相似,但是仅在与混凝土塔壁厚度范围的钢侧板上焊接焊钉,实现钢锚箱与塔柱的连接。斜拉索的竖向分力由锚箱两侧板的焊钉承受,通过塔壁增设预应力增强抗剪效果及减少索塔拉应力。钢锚箱内张拉空间较大,上塔柱被分离,抗扭性能不如内置式钢锚箱,吊装重量较大,部分钢结构在塔外侧,养护有一定难度。法国诺曼底大桥、希腊里翁-安蒂里翁大桥、中国杭州湾大桥采用外露式钢锚箱。

钢锚梁式索塔锚固结构中钢锚梁是独立的拉索锚固构件,支承于塔柱内侧牛腿上,由钢锚梁自身平衡两侧拉索的水平分力,拉索的竖向分力由塔柱内侧牛腿传至塔柱。钢锚梁自重较轻,起吊安装方便,便于维修养护,且可以精准确定锚垫板位置和角度,但锚区有很多牛腿结构,施工装模拆模烦琐。加拿大安娜西斯桥,中国南浦大桥、东海大桥、闵浦大桥和荆岳长江大桥等采用钢锚梁。根据钢锚梁两端与塔柱连接形式的不同可分为两端固结、两端活动和一端固结一端活动等形式,只有固结情况才存在钢-混结合段。若牛腿也采用钢结构,则钢牛腿与混凝土塔壁的连接又成为一种混合结构。

6.2.3 钢-混凝土结合段在其他结构中的结构形式

钢-混凝土结合段除了在主梁、拱肋、桥塔中有应用外,在桥梁的局部位置或单个构件中也有使用。图6-2-9所示的混合桥面连接构造就是把混凝土桥面板和钢桥面板结合成混合结构的示例。为了在纵桥向把混凝土桥面与钢桥面结合到一起,需要在横桥向设置一道横隔结构连接混凝土板和钢桥面板,横隔结构上设置竖向和水平焊钉与混凝土相连,钢桥面板需要设置刚度过渡段与横隔板相连,同时在混凝土桥面板和钢桥面板之间设置纵桥向预应力钢束。图6-2-10所示的桁架结构中的受压弦杆采用了混合连接的结构构造。其中钢结构和混凝土结构的连接形式可以采用完全承压式,也可以采用承压传剪式。

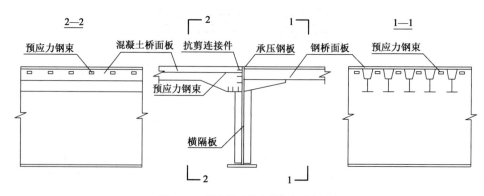

图6-2-9 混合桥面的连接构造示意图

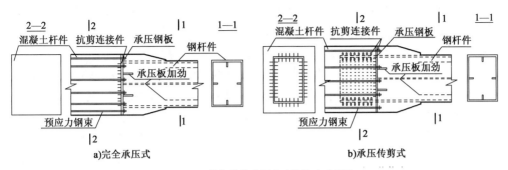

图 6-2-10 桁架构件的混合连接构造示意图

6.3 钢-混凝土结合段的受力特点

钢-混凝土结合段自身结构比较复杂,在不同的荷载作用下表现出不同的受力特性,在不同的受力情况下混合结构中各个部分构件的应力分布情况各不相同,因此要清楚表示各部分构件的具体受力情况是较为困难的。这里仅从钢-混凝土结合段在轴力、弯矩和剪力作用下的结构受力性能方面进行阐述。

6.3.1 钢-混凝土结合段在轴力作用下的受力特点

钢-混凝土结合段完全受到轴力作用的情况是很少存在的,但是很多情况是以受轴向力为主,如桥塔塔柱、拱桥拱肋及桁架桥的构件等。在以受轴向压力为主的钢-混凝土结合段通常采用完全承压式连接形式和承压传剪式连接形式。

在承压式连接结构中轴力从钢结构传递到混凝土结构是比较明确的,其轴力传递示意如图 6-3-1 所示。首先,钢结构部分在轴力 F_s 作用下全截面都受压、构件长度方向上的压应力比较均匀;其次,压应力传递到承压板上,承压板产生局部的压应力;最后,承压板的局部压应力再传递到混凝土中,使得混凝土的压应力从局部向整个截面扩散。当结构的轴向力不是很大时,构件的尺寸较小,可以直接从钢结构经过承压板再扩散到混凝土中;当结构的轴向力很大,钢结构传递到混凝土的局部压力较大时,通常在钢结构段还要增设一段过渡段,使得应力传递得比较平缓。另外,在以承受轴向力作用的完全承压式结构中还会配置沿构件长度方向的预应力钢束,该钢束并不会承受总体的轴向压力,其作用主要是防止在极端情况下钢结构和混凝土之间发生分离。

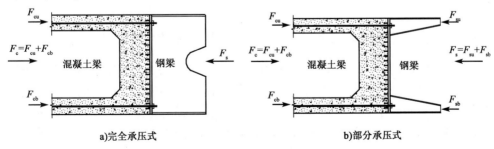

图 6-3-1 承压式钢-混连接结构轴力传递示意图

在承压传剪式连接结构中轴向力从钢结构传递到混凝土中的过程相对复杂一些,其轴力传递示意如图6-3-2所示。首先,轴向力在钢结构部分中使得各个部位受压,压应力比较均匀;当轴向力经过钢结构传递到结合段时,轴向力就会在埋入混凝土中的钢结构和混凝土中传递,其中钢结构的应力从大到小变化(靠近钢-混交界面处大、远离钢-混交界面处小),由于连接件的传力使得混凝土的应力由小到大变化(靠近钢-混交界面处小、远离钢-混交界面处大);最后在结合段部分混凝土的应力向混凝土梁体传递,由于截面的变化导致混凝土的应力由小变大,最终在混凝土梁体处的压应力最大。在这种结构中埋入混凝土中的钢结构与混凝土之间的轴向力传递是依靠二者间的连接件实现的,因此连接件的设置非常重要,可以采用焊钉连接件,也可以采用开孔板连接件,也有二者都使用的情况。

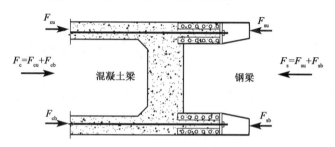

图6-3-2 承压传剪式钢-混连接结构轴力传递示意图

6.3.2 钢-混凝土结合段在弯矩作用下的受力特点

钢-混凝土结合段仅受到弯矩作用的情况是很少存在的,通常是伴有剪力作用和轴力作用,但在混合梁中结合段往往是以受到弯矩作用为主。在弯矩作用下结合段的顶板或底板出现受拉和受压的受力特点。

在结合段受拉一侧的部分必须考虑设置合适的结构构造以防止钢结构梁段和混凝土梁段产生分离,同时还要防止混凝土受拉开裂,因此在受拉部分需要设置大量的预应力钢束。此外把钢结构的顶板和底板适当延伸到混凝土中一定长度,同时在钢板和混凝土之间设置连接件,使得结合段部分钢结构和混凝土协同受力也可以防止混凝土开裂带来的不利影响。

在结合段受压一侧的部分必须设置合适的结构防止局部应力集中压坏混凝土。因此通常在钢与混凝土的交界面上设置承压板,把钢顶、底板及加劲肋的强大压应力通过承压板扩散,使得混凝土上应力降低。另外,也可以把钢顶、底板及加劲肋延伸一定长度到混凝土中,通过连接件的剪力传递,混凝土的应力分布更加均匀。理论上结合段受压时钢结构和混凝土之间是不会发生分离的,但是为了防止在极端情况下二者发生分离,在该受压范围的结合段也要设置少量的预应力钢束。

6.3.3 钢-混凝土结合段在剪力作用下的受力特点

钢-混凝土结合段受弯作用还会伴有剪力作用,结合段在剪力作用下在钢与混凝土的交界面产生竖向的受力状态。在结合段的钢-混凝土结合面上能够传递竖向力的有焊接在承压板上的连接件、交界面上钢与混凝土之间的黏结力以及钢与混凝土之间的摩擦力。由于有预应力钢束的作用保证了钢板与混凝土在结合段始终结合在一起,钢与混凝土之间几乎是没有相对滑动的,因此钢与混凝土之间的静摩擦力几乎没有发挥承受剪力的作用,但是钢与混凝土之间的黏结力是始终存在的,该黏结力能够传递很大的竖向力,只是计算该黏结力的作用比较复杂,目前还没有合适的计算方法计算具体的黏结力分布。另外,一旦由于极端情况钢与混凝土之间发生了分离,钢与混凝土之间的黏结力就消失了,而且是不可恢复的,因此在组合结构中都忽略了黏结力的存在而将其作为一种安全储备保留。最终在结合段上钢与混凝土之间的剪力依靠连接件传递。虽然在不同的连接形式中,钢-混凝土结合段上连接件有不同的布置方式,但是承压板上的连接件在传递竖向剪力时是最主要的受力构件,必须详细计算该部位的连接件承受的竖向剪力并确定连接件的形式和布置数量。

6.4 钢-混凝土结合段的计算分析方法

6.4.1 钢-混凝土结合段结构构件内力的计算

结合段的整体受力通常是在桥梁的整体计算中得到的,由于钢-混凝土结合段的结构构造复杂、形式多样,要准确得到结合段中各部分构件的内力就比较困难。在完全承压式的结合段中,由于混凝土和钢结构两部分相对独立,各部分的内力也可近似从整体计算的结果中直接获得。而在承压传剪式的结合段中,钢与混凝土相互混杂,得到钢结构和混凝土准确的内力就更加复杂了,通常借助板壳实体有限元模型直接得到结合段中各部分构件的应力。但是对结合段部分建立板壳实体模型是十分烦琐的,特别是在方案设计阶段还不知道结合段的具体结构布置形式时,无法建立较为详细的板壳实体有限元模型,因此只能借助于简化的方法预估结合段中钢与混凝土的内力。根据对斜拉桥主梁结合段上承压传剪式结构的板壳实体有限元计算分析,总结出一种计算结合段中混凝土和钢结构的内力简化计算方法。

对于图 6-4-1 所示的钢-混凝土结合段结构,结合面承压板处截面承担的总体弯矩和轴力分别为 M 和 N,则在顶部位置和底部位置的钢板和混凝土承担轴力按下式计算:

$$N_{\text{eff}} = \left(\pm \frac{M y_{\text{a}}}{I} + \frac{N}{A_{\text{cb}}} \right) t_{\text{c}}$$

$$F_{\text{c}} = 0.68 \phi N_{\text{eff}}$$

$$F_{\text{s}} = N_{\text{eff}} - F_{\text{c}} \tag{6-4-1}$$

式中:M、N——分别为钢-混凝土结合部承压板钢梁侧截面承担的弯矩及轴力,M 以上缘受压为正,N 以截面受压为正;

y_{a}——所取单位宽度计算区域形心与截面形心的间距;

I、A_{cb}——分别为混凝土梁截面抗弯惯性矩及截面面积;

t_{c}——混凝土梁顶(底)板厚度;

N_{eff}——结合部截面钢梁顶、底板区域的单位宽度等效轴力,对顶板区域,式(6-4-1)取正号,对底板区域,式(6-4-1)取负号;

F_{c}——承压板与混凝土接触面位置混凝土结构所承担作用效应;

F_{s}——承压板与混凝土接触面位置钢结构所承担作用效应,对有钢格室的构造,$F_{\text{s}} = F_{\text{s0}} + F_{\text{s1}}$;

ϕ——作用力分配系数,采用开孔板连接件时 $\phi=1.0$,采用焊钉连接件时 $\phi=1.05$,采用焊钉与开孔板混合连接件时 $\phi=0.95$;

F_{s0}、F_{s1}——承压板与混凝土接触面位置钢格室顶、底板所承担作用效应。

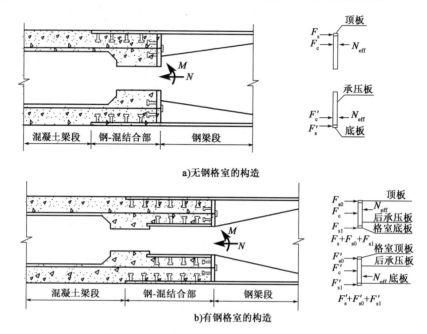

图 6-4-1 钢-混凝土结合段作用力分配计算示意图

采用上述简化计算方法可以初步得到混合梁结合部顶板、底板、混凝土承担的轴力。

6.4.2 钢-混凝土结合段抗剪连接件剪力的计算

钢-混凝土结合段中的连接件通过轴向的拉压和横截面的抗剪实现钢与混凝土之间的传力,通常连接件沿轴向的拉压力较小,很少发生拉断的情况,更没有发生压坏的情况,但是连接件的抗剪往往更不利,因此要详细计算连接件的剪力。由于结合段的结构构造复杂、连接件的布置众多,很难像组合梁中的连接件那样清楚计算连接件的剪力。特别是在钢与混凝土的连接界面上还存在黏结力,准确计算结合段中的连接件的剪力是十分困难的。目前的结合段设计计算时通常忽略了钢与混凝土界面的黏结力,仅考虑连接件的抗剪作用。

在不同形式的结合段中连接件的抗剪计算方法有所不同。在完全承压式的钢-混凝土结合段中钢承压板侧面上的连接件直接承担了该截面上的所有竖向剪力,因此剪力连接件布置的数量可以根据总剪力和单个连接件抗剪承载力计算得到。在承压传剪式结合段中连接件有两种,一种布置在竖向承压板的侧面上,另一种布置在水平钢板的侧面上。其中布置在竖向钢板侧面上的连接件承担了该截面上的竖向剪力,连接件的数量可以由剪力和单个连接件抗剪承载力计算得到。布置在水平钢板侧面上的连接件传递的是钢与混凝土之间的水平剪力,该部分连接件的数量可以初步根据连接件受力均匀的假定,由钢板的轴向力和单个连接件抗剪承载力计算得到。但是实际结构中连接件的受力是不均匀的,在两端连接件产生的剪力大、中间的连接件产生的剪力小,这种不均匀性与混凝土的强度、连接件的间距及结构的配筋等因素有关,更为详细的连接件布置应结合更为先进的数值计算或试验进行确定。

6.4.3 钢-混凝土结合段结构构件应力的有限元计算分析方法

目前有限元数值计算分析方法能够较好地计算钢-混凝土结合段这样复杂结构的受力情况。这里结合某桥的钢-混凝土结合段结构,对其采用有限元计算的过程进行介绍。

图6-4-2是某钢-混凝土结合段的纵桥向结构布置示意图,该结构中的钢-混凝土结合段的长度为5m。在进行有限元计算时,首先要选取合适的范围进行建模计算分析,主要是确定纵桥向长度,根据圣维南原理一般选取离开计算截面2倍梁高的位置范围进行计算分析。

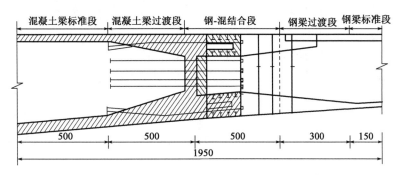

图6-4-2 某桥的钢-混凝土结合段布置示意图(尺寸单位:cm)

在确定了钢-混凝土结合段计算分析范围后,需要对结构中的构件进行模拟。在结合段中有混凝土、钢板、预应力钢束和钢筋、连接件等基本构件。一般的结构中混凝土采用实体单元模拟、钢板采用板壳单元模拟、预应力钢束和钢筋采用杆单元模拟、连接件采用弹簧单元模拟。通常根据计算不同的需求采用不同的模拟方法。当仅为了研究结合段中整体的结构弹性受力性能时,在有限元模型中可以只模拟结构中的混凝土、钢板和预应力钢束,忽略结构中的钢筋和连接件;当还需要研究连接件的布置及受力性能时,则在有限元模型中还要把连接件模拟加进来;当为了研究结合段的破坏模式和极限承载力时,则还需要在模型中模拟钢筋,同时还要考虑不同材料的非线性本构关系。

在对钢-混凝土结合段进行详细有限元单元模拟时,混凝土和钢板的模拟相对比较容易,直接根据实际结构的几何形状进行建模并对其进行单元划分。对预应力钢束的建模相对复杂,主要是由于钢束的线形变化多样,在有限元模型中可以采用实体切分法、节点耦合法和约束方程法。实体切分法的基本思路是切分混凝土实体来确定受力钢筋的精确位置。该方法处理后的预应力钢束位置准确,求解的结果也更为准确,但是考虑结合段混凝土以及混凝土标准段中的预应力钢束数目较多,切分复杂,最后可能会影响实体单元的网格划分。节点耦合法的基本思路是分别建立预应力钢束和混凝土模型后各自进行网格划分,然后让程序自动搜寻预应力钢束节点周围的混凝土单元节点来进行自由度耦合。当混凝土单元划分不够密集时,预应力钢束节点位置的偏差将引起一定的误差。约束方程法的基本思路是预应力钢束和混凝土模型各自独立划分网格后,通过程序在混凝土单元的数个节点与预应力钢束的一个节点建立约束方程。该方法不要求很高的网格密度,分析准确,运算效率高。对于钢与混凝土之间的连接效应的模拟,一种方法是采用完全刚性连接,认为钢与混凝土之间没有任何滑移;另一种方法是计入钢与混凝土之间的滑移、不计钢板与混凝土之间的黏结效应,对钢板与混凝土之间的连接件通过弹簧单元进行模拟。由于结合段中连接件的数量众多,把所有的连接件一一进行模拟会导致计算模型建模复杂、计算节点的自由度过大,因此通常把若干个连接件合并成一个连接件进行模拟。

在对钢-混凝土结合段进行不同种类单元的离散模拟之后,需要对模型的施加荷载和位移约束条件进行计算分析。通常情况下,先对整个桥梁结构进行不同荷载工况及组合计算,得到结构的内力和变形,提取所计算的钢-混凝土结合段两端对应整体结构的内力,把该内力施加到有限元板壳-实体模型上。根据结构小变形假设,可以把结合段的一端固结,把结构整体计算的内力施加到结合段的另一端上。由于结构整体计算得到的是轴力、剪力、弯矩和扭矩等内力,而在板壳-实体模型中的加载端上有众多节点,需要仔细把结构整体内力施加到端面的众多节点上。一种方法是根据节点的数量和位置按照一定的原则把内力分散到每个节点上,这种操作比较烦琐,通常只能分解对结构起控制作用的主要内力,并且计算结果的精度较差;另一种方法是采用刚性域进行处理,即首先在加载端的截面形心处沿纵桥向建立一段新的梁单元,在加载端平面内的梁单元节点与整个加载端上的节点上建立刚性域,在该截面上结构假设满足平截面假定,在梁单元的另一端节点上施加结构整体计算的内力。采用刚性域方法施加结构荷载相当方便,但是会导致结合段模型中加载端计算结果精度较差,一种解决方法是增加计算模型的长度,忽略加载端的应力计算结果。

在对结构进行计算之后,即可进行结构应力的读取与显示,并与相对的材料设计强度进行对比以判断结构的安全性。另外,对计算结果评判时需要注意,采用板壳-实体有限元模型计算分析时会经常发现局部应力较大情况(如应力集中等),需要仔细分析这种情况产生的原因。一方面确实是因为结构设计产生的,这一部分需要引起重视;另一方面是因为有限元建模时的不当简化产生的,这一部分需要判断其重要性来加以取舍。

6.5 本章小结

通过前文的描述可以发现目前的钢-混凝土结合段主要是由目前工程中常用的钢材和混凝土材料组成,可以想象在未来随着新型材料在工程中的应用,结合段将会由更多种类的材料结合,如纤维聚合物材料(FRP)与混凝土的结合、钢材与超高性能混凝土的结合等。这些新型的材料之间的结合会使得结合段的结构形式与常规钢-混凝土结合段形式有较大的不同,同时这些结合段中的连接件也会有不同的形式,因此对这些新型的结合段形式的研究将是未来一个重要的发展方向。

尽管目前钢-混凝土结合段的形式多种多样,在桥梁中的应用也十分广泛,总体而言目前的钢-混凝土结合段结构是十分强健的。一方面,由于钢-混凝土结合段是结构中关键部位,需要有较大的安全储备;另一方面,由于目前的计算分析方法还不能像计算钢结构或混凝土结构那样有比较精确的钢-混凝土结合段计算模型。因此,在未来对钢-混凝土结合段的受力性能计算还有待进一步完善,得到更便捷或更准确的计算分析方法是未来研究钢-混凝土结合段受力性能需要解决的一个难题。

思考题

1. 举例说明钢-混凝土结合段在工程中的应用情况。
2. 钢-混凝土结合段在主梁中的结构形式有哪些?各有哪些结构特点?
3. 轴力在部分截面连接承压传剪式钢-混凝土结合段中的传力途径是什么?
4. 预应力钢束在钢-混凝土结合段中的作用及配置原则是什么?

本章参考文献

[1] 邵长宇.索承式组合结构桥梁[M].北京:人民交通出版社股份有限公司,2017.

[2] 刘玉擎.组合结构桥梁[M].北京:人民交通出版社,2005.

[3] 聂建国.钢-混凝土组合结构桥梁[M].北京:人民交通出版社,2011.

[4] 中华人民共和国交通运输部.公路钢结构桥梁设计规范:JTG D64—2015[S].北京:人民交通出版社股份有限公司,2015.

[5] 中华人民共和国交通运输部.公路钢混组合桥梁设计与施工规范:JTG/T D64-01—2015[S].北京:人民交通出版社股份有限公司,2015.

[6] 高鹏飞.小榄水道桥钢混结合段局部应力分析及设计构造研究[D].北京:北京交通大学,2012.

[7] 刘玉擎.混合梁接合部设计技术的发展[J].世界桥梁,2005(4):9-12.

[8] 唐建华,向中富,冯强,等.特大跨连续刚构桥研究与实践:重庆长江大桥复线桥[M].北京:人民交通出版社,2008.

[9] 伍彦斌,黄方林.红水河特大桥主梁钢-混结合段传力机理分析[J].桥梁建设,2018,48(4):56-61.

[10] 钟芮.钢混结合梁斜拉桥结合段局部构造力学行为研究[D].重庆:重庆交通大学,2017.

[11] 黄天贵.混合梁斜拉桥钢-混凝土结合段受力性能研究[D].北京:清华大学,2016.

[12] 肖勇波.大跨度混合梁斜拉桥主梁钢混结合段受力性能分析[D].广州:华南理工大学,2016.

[13] 邓勇灵.梁-拱组合桥拱脚钢混结合区域力学行为研究[D].成都:西南交通大学,2015.

[14] 贾韶丽.自锚式悬索桥混合梁结合段的受力机理[J].公路,2015,60(2):60-65.

第7章

钢-混凝土组合桥梁的长期性能

7.1 基于模量换算的组合梁长期性能计算方法

7.1.1 组合梁长期性能的基本概念

钢-混凝土组合梁主要由钢和混凝土两种材料组成。从结构的内因来看,其长期性能主要与混凝土的徐变、收缩及钢材的松弛等时效因素有关。

理论研究和工程实践表明,组合结构钢梁采用的强度等级不高,实际使用的应力水平也不高,故钢材的松弛很小,可以忽略不计。

混凝土的收缩是指混凝土在凝结阶段或由水泥集料逐渐硬化过程中体积缩小、水分蒸发流失的现象,一般认为与应力状态无关。徐变与收缩的本质不尽相同,它是指在混凝土中应力保持不变的情况下混凝土的应变随时间增长的现象。对于徐变作用来说,其产生与发展都在很大程度上取决于混凝土的应力状态。但在实际结构中,混凝土的收缩和徐变交织、伴随在一起相互作用,且二者都与时间密切相关。

混凝土的收缩、徐变会引起组合梁的截面内力重分布,将会引起在恒载下的截面应力状态发生变化,进而影响结构的适用性和安全性。当桥面混凝土选用无收缩或少收缩混凝土时,可有效减少混凝土收缩量;当采用预制拼装方法施工时,可通过将预制桥面板的存放时间控制在

2～6个月来减小混凝土收缩、徐变的影响。

对无支架施工的简支组合梁桥的理论分析表明,仅受桥面板混凝土的徐变作用,会使得钢梁上缘受压、下缘受拉。由于钢梁对桥面板混凝土徐变的牵制作用,混凝土桥面板的上、下缘均产生拉应力,这实质上是为桥面板混凝土减压;钢梁的上、下缘应力均有所增加。由二期恒载引起的混凝土桥面板下缘压应力要小于其上缘的压应力,且二期恒载占桥梁结构全部恒载的比重不大,故其引起的压应力有限,这决定了混凝土徐变对钢-混凝土组合梁的长期性能的影响也是有限的。

当采用有支架施工,即一次落架时,桥面板混凝土的压应力将明显增加。由于徐变作用的结果与混凝土的初始应力直接相关,混凝土压应力增加,故徐变对混凝土桥面板的影响也将明显增加。

由于混凝土的收缩、徐变需要在长达20年的时间内才能完成,故在工程计算中仍需考虑桥面板混凝土的收缩,尤其是徐变对组合梁长期性能的影响。

在永久作用下混凝土将发生收缩、徐变,并产生很大的塑性变形。根据杨氏模量法的基本原理,计算作用的长期效应组合下的换算截面几何特征时,混凝土的弹性模量 E_c 可以用割线模量 E_{cl} 代替,E_{cl} 亦称为混凝土的等效弹性模量。按照等效弹性模量 E_{cl} 与弹性模量 E_c 的关系则有:

$$E_{cl} = \frac{\varepsilon_e}{\varepsilon_e + \varepsilon_p} E_c = kE_c \tag{7-1-1}$$

式中:ε_e——混凝土的弹性变形;

ε_p——混凝土的塑性变形,混凝土徐变引起的塑性变形可以通过徐变系数表示:

$$\varepsilon_p = \varphi(t_\infty, t_0)\varepsilon_e$$

所以,

$$k = \frac{\varepsilon_e}{\varepsilon_e + \varepsilon_p} = \frac{\varepsilon_e}{\varepsilon_e + \varphi(t_\infty, t_0)\varepsilon_e} = \frac{1}{1 + \varphi(t_\infty, t_0)} \tag{7-1-2}$$

若按《公路钢筋混凝土及预应力混凝土桥涵设计规范》(JTG 3362—2018)推荐的徐变系数终值为 $\varphi(t_\infty, t_0) = 1.28 \sim 3.90$,由其计算得 $k = 0.465 \sim 0.204$。考虑混凝土翼板中钢筋的存在,会阻碍混凝土徐变的发展和造成原始弹性模量 E_c 本身取值的误差,原有规范《公路桥涵钢结构及木结构设计规范》(JTJ 025—86)中的系数 k 取值为 $0.4 \sim 0.5$,并规定:

在计算结构重力对徐变影响时,取 $k = 0.4$,即取 $E_{cl} = 0.4E_c$;

在计算混凝土收缩对徐变影响时,取 $k = 0.5$,即取 $E_{cl} = 0.5E_c$。

显然,若取 $k = 0.4$,即取混凝土的等效弹性模量 $E_{cl} = 0.4E_c$,这相当于在计算截面几何特征值时,可以考虑混凝土徐变作用的钢与混凝土长期弹性模量的比值。参见式(3-4-2)的弹性模量比值 n_E,可以得到考虑混凝土收缩、徐变影响的弹性模量比值 n_L,并以 $n_L = 2.5n_E$ 取代 n_E。也有研究者建议在计算精度要求不高时可近似取 $n_L = 2.0n_E$。

《公路钢混组合桥梁设计与施工规范》(JTG/T D64-01—2015)和《钢-混凝土组合桥梁设计规范》(GB 50917—2013)中均规定,在进行组合梁桥整体分析时,可采用调整钢材与混凝土弹性模量比的方法考虑混凝土收缩、徐变的综合影响。但可不按定值考虑,而是按照计算时间点的混凝土收缩、徐变和考虑荷载性质修正后的长期模量比 n_L 加以考虑。n_L 按如下方法计算确定:

$$n_L = E_s/E_{cl} = E_s/(kE_c) = n_E[1 + \psi_L \varphi(t,t_0)] \tag{7-1-3}$$

式中：n_E——钢与混凝土的弹性模量比，由表 3-4-1 确定；

n_L——考虑收缩、徐变影响的钢与混凝土的长期弹性模量比；

E_s——钢材弹性模量，按《公路钢结构桥梁设计规范》（JTG D64—2015）取用；

E_c——混凝土弹性模量，按《公路钢筋混凝土及预应力混凝土桥涵设计规范》（JTG 3362—2018）取用；

$\varphi(t,t_0)$——加载龄期为 t_0，计算龄期为 t 时的混凝土徐变系数，应按《公路钢筋混凝土及预应力混凝土桥涵设计规范》（JTG 3362—2018）的相关规定计算；

ψ_L——根据作用（或荷载）类型确定的徐变因子，《公路钢混组合桥梁设计与施工规范》（JTG/T D64-01—2015）中规定：永久作用取 1.1，混凝土收缩作用取 0.55，由强迫变形引起的预应力作用取 1.5。

上述方法在进行钢-混凝土组合简支梁桥的徐变效应或作用效应准永久组合下的应力计算时是可以满足精度要求的。但对于超静定结构中混凝土收缩、徐变引起的内力可采用等效降温计算，或采用其他更为精确的有限元分析方法计算。

7.1.2 考虑时效影响的截面几何特性

在计算组合梁长期应力和变形时，可采用钢与混凝土的长期弹性模量比值 n_L 代替弹性模量比值 n_E，进而得到考虑混凝土徐变或收缩作用的换算截面几何特征值。跨中截面几何特征值计算如下。

换算截面重心轴至混凝土翼板顶面的距离为

$$y_{oul} = \frac{\dfrac{b_{eff}h_d^2}{2n_L} + A_s y_t}{\dfrac{b_{eff}h_d}{n_L} + A_s} \geq h_d \tag{7-1-4}$$

对于这种情况，由于采用的混凝土换算截面面积较小，一般均能满足 $y_{oul} \geq h_d$ 的条件。因此，换算截面面积为

$$A_{ol} = \frac{b_{eff}h_d}{n_L} + A_s = \frac{A_c}{n_L} + A_s \tag{7-1-5}$$

考虑混凝土收缩、徐变作用的换算截面惯性矩为

$$I_{ol} = \frac{b_{eff}h_d^3}{12n_L} + \frac{b_{eff}}{n_L}h_d(y_{oul} - 0.5h_d)^2 + I_s + A_s(y_t - y_{oul})^2 \tag{7-1-6}$$

式中：n_L——考虑荷载性质和徐变因子修正后的长期弹性模量比，按式（7-1-3）计算确定，或可近似取 $n_L = (2.0 \sim 2.5)n_E$；

b_{eff}——钢-混凝土组合梁跨中截面的翼板有效宽度；

h_d——混凝土翼板的厚度；

A_c——混凝土翼板的截面面积；

A_s——钢梁的截面面积；

y_{oul}——换算截面重心 G_0 距混凝土翼板顶面的距离;

y_t——钢梁的截面重心至混凝土翼板顶面的距离;

I_s——钢梁的截面惯性矩。

7.1.3 长期作用组合及应力控制

对于分阶段受力的钢-混凝土组合梁桥,在持久状况的使用荷载作用阶段,建议考虑永久作用效应的标准值、桥面板混凝土收缩和徐变的影响与汽车荷载准永久组合,对于人群荷载效应仍取其标准值。在此,混凝土的徐变作用可通过等效弹性模量 I_{ol} 和 n_L 表示。

钢梁上缘应力为

$$\sigma_{sl}^t = \frac{M_{g1} + M_{g2}}{I_s} y_{su} + \frac{M_{g3} + 0.4M_q + 0.4M_r}{I_{ol}} (y_{oul} - h_d) \leq [\sigma_w] \qquad (7\text{-}1\text{-}7)$$

钢梁下缘应力为

$$\sigma_{sl}^b = \frac{M_{g1} + M_{g2}}{I_s} (h_s - y_{su}) + \frac{M_{g3} + 0.4M_q + 0.4M_r}{I_{ol}} (h - y_{oul}) \leq [\sigma_w] \qquad (7\text{-}1\text{-}8)$$

混凝土翼板顶面应力为

$$\sigma_{cl} = \frac{M_{g3} + 0.4M_q + 0.4M_r}{n_L I_{ol}} y_{oul} \leq [\sigma_{cw}] \qquad (7\text{-}1\text{-}9)$$

式中:M_{g1}——钢梁及连接系的重力引起的弯矩标准值;

M_{g2}——钢筋混凝土桥面板的重力引起的弯矩标准值;

M_{g3}——结构附加重力(包括桥面铺装、栏杆等重力)引起的弯矩标准值;

M_q——由汽车荷载(计入冲击系数)引起的计算截面弯矩标准值;

M_r——由人群荷载引起的计算截面弯矩标准值;

h_s——钢梁的高度;

y_{su}——钢梁截面重心轴至钢梁顶面的距离,按式(3-4-5)计算;

I_s——钢梁截面惯性矩,按式(3-4-6)计算;

h——组合截面高度;

y_{oul}——考虑混凝土的徐变影响换算截面重心轴至混凝土翼板顶面的距离,由式(7-1-4)确定;

n_L——考虑混凝土的徐变、收缩等综合影响的长期模量比,由式(7-1-3)确定;

I_{ol}——考虑混凝土徐变作用的换算截面惯性矩,由式(7-1-6)确定;

$[\sigma_w]$——钢材的弯曲应力限值,建议取 $[\sigma_w] = 0.8f_d$;

f_d——钢材的强度设计值,根据钢材种类和厚度按《公路钢结构桥梁设计规范》(JTG D64—2015)取值;

$[\sigma_{cw}]$——混凝土的弯曲抗压容许应力,建议参考《公路钢筋混凝土及预应力混凝土桥涵设计规范》(JTG 3362—2018)的规定,取 $[\sigma_{cw}] = 0.5f_{ck}$;

f_{ck}——混凝土抗压强度标准值,按《公路钢筋混凝土及预应力混凝土桥涵设计规范》(JTG 3362—2018)取值。

上述计算中已考虑组合梁的截面上由恒载、活荷载作用引起的各项应力,可以采用应力叠加的方法获得其弹性应力的总和,并将其分别与混凝土和钢材的容许应力值进行比较以确定钢-混凝土组合梁桥在正常使用阶段的安全性。由混凝土收缩、徐变等其他作用引起的截面应力须按作用准永久组合计算,即汽车荷载和人群荷载的准永久系数取0.4计算,并与材料的容许值进行比较。

对于一次受力的钢-混凝土组合梁桥,式(7-1-7)~式(7-1-9)应改写为如下形式:
钢梁上缘应力:

$$\sigma_{sl}^{t} = \frac{M_g + 0.4M_q + 0.4M_r}{I_{ol}}(y_{oul} - h_d) \leq [\sigma_w] \qquad (7\text{-}1\text{-}10)$$

钢梁下缘应力:

$$\sigma_{sl}^{b} = \frac{M_g + 0.4M_q + 0.4M_r}{I_{ol}}(h - y_{oul}) \leq [\sigma_w] \qquad (7\text{-}1\text{-}11)$$

混凝土翼板顶面应力:

$$\sigma_{cl} = \frac{M_g + 0.4M_q + 0.4M_r}{n_L I_{ol}} y_{oul} \leq [\sigma_{cw}] \qquad (7\text{-}1\text{-}12)$$

式中:M_g——组合梁自重、恒载引起的弯矩标准值;
其他符号意义同前。

7.2 基于迭代分析的组合梁长期性能计算方法

7.2.1 混凝土徐变效应的计算方法

关于混凝土徐变分析的方法目前已有一定的研究基础,可分为简化分析方法和精确分析方法。对于大规模的复杂超静定结构,则主要借助于有限元方法分析。Bazant于2001年总结了三种较为常用的混凝土徐变分析方法:①按龄期调整有效弹性模量法(AAEM法);②基于叠加原理的积分型徐变规律逐步计算方法;③基于Maxwell或者Kelvin流变模型的逐步计算方法。

按龄期调整有效弹性模量法是目前认可程度较高的一种简化分析方法。除此之外,其他徐变简化分析方法还包括有效弹性模量法(EM法)、老化理论(Dischinger法)、弹性徐变理论(叠加法)、弹性老化理论、改进Dischinger法等。下面对上述部分徐变分析方法进行简单介绍。

1)有效弹性模量法(EM法)

有效弹性模量法是一种近似方法,它将徐变行为视为一种弹性行为,将混凝土徐变问题等效为弹性问题来处理。有效弹性模量定义为

$$E_e = \frac{1}{J(t,\tau)} = \frac{E(\tau)}{1 + \varphi(t,\tau)} \qquad (7\text{-}2\text{-}1)$$

式中:$J(t,\tau)$——混凝土的徐变函数;

$E(\tau)$——混凝土在加载时刻的弹性模量;

$\varphi(t,\tau)$——徐变系数;

E_e——考虑徐变影响的有效弹性模量。

一方面,由于有效弹性模量法不能考虑加载龄期对混凝土收缩徐变的影响,因而对短龄期加载的混凝土收缩徐变效应的预测存在较大误差;另一方面,有效弹性模量法在混凝土应力递增时会高估徐变变形,反之在应力递减时会低估徐变变形。

2)老化理论

老化理论又称为 Dischinger 法,该方法认为混凝土徐变发展曲线具有与变形轴"平行"的性质,即假定早期加载的混凝土和晚期加载的混凝土徐变速率完全相同,并且与加载龄期无关。然而实际上混凝土徐变随加载龄期的增长将很快减小。此外,老化理论认为混凝土可恢复的徐变变形为零,认为卸载后混凝土的徐变变形不可恢复,因而这种理论不能正确反映混凝土早期加载时徐变变形迅速发展的特点。

3)按龄期调整有效弹性模量法(AAEM 法)

Trost 教授于 1967 年提出了按龄期调整有效弹性模量法(Age-Adjusted Effective Modulus Method),Bazant 等人于 1972 年对其进行了严密论证,并从徐变函数和松弛函数的基本概念出发,推导出老化系数的具体计算公式。

依据线性徐变理论,混凝土应变 $\varepsilon(t)$ 为

$$\varepsilon(t) = \sigma(\tau)J(t,\tau) + \int_{\tau}^{t} J(t,\tau)\mathrm{d}\sigma(\tau) + \varepsilon^{ts}(t) \tag{7-2-2}$$

式中:$\sigma(\tau)$——混凝土在时刻 τ 的应力;

$\varepsilon(t)$——混凝土在时刻 t 的总应变;

$\varepsilon^{ts}(t)$——与应力无关的混凝土应变(包括收缩应变和温度应变等)。

将徐变系数 $\varphi(t,\tau) = E(\tau)J(t,\tau) - 1$ 代入式(7-2-2)中,并将 $E(\tau)$ 值写为 E,得

$$\varepsilon(t) = \frac{\sigma(\tau)}{E}[1 + \varphi(t,\tau)] + \frac{1}{E}\int_{\tau}^{t} \frac{\mathrm{d}\sigma(\tau)}{\mathrm{d}\tau}[1 + \varphi(t,\tau)]\mathrm{d}\tau + \varepsilon^{ts}(t) \tag{7-2-3}$$

取出式(7-2-3)中的徐变应变部分,得

$$\varepsilon^c(t) = \frac{\sigma(\tau)}{E}\varphi(t,\tau) + \frac{\sigma_c(t)}{E} + \frac{1}{E}\int_{\tau}^{t} \frac{\mathrm{d}\sigma_c(\tau)}{\mathrm{d}\tau}\varphi(t,\tau)\mathrm{d}\tau$$

$$= \frac{\sigma(\tau)}{E}\varphi(t,\tau) + \frac{\sigma_c(t)}{E} + \frac{1}{E}\int_{0}^{\sigma_c(t)} \varphi(t,\tau)\mathrm{d}\sigma(\tau) \tag{7-2-4}$$

根据积分中值定理,式(7-2-4)可转换为

$$\varepsilon(t) = \frac{\sigma(\tau)}{E}\varphi(t,\tau) + \frac{\sigma_c(t)}{E}[1 + \chi(t,\tau)\varphi(t,\tau)] = \frac{\sigma(\tau)}{E}\varphi(t,\tau) + \frac{\sigma_c(t)}{E_\varphi} \tag{7-2-5}$$

式中:E_φ——按龄期调整的有效弹性模量,计算方法为 $E_\varphi = \dfrac{E(\tau)}{1 + \chi(t,\tau)\varphi(t,\tau)}$;

$\chi(t,\tau)$——老化系数,可以根据所采用的徐变系数曲线计算得到。

如果采用 Dischinger 法的表达式,则老化系数可以表示为

$$\chi(t,\tau) = \frac{1}{1-\mathrm{e}^{-\varphi(t,\tau)}} - \frac{1}{\varphi(t,\tau)} \tag{7-2-6}$$

按龄期调整有效弹性模量法的准确性取决于老化系数 $\chi(t,\tau)$ 的取值。Trost 教授根据松弛条件(应变保持不变,应力随时间增长而逐渐衰减)近似确定了 $\chi(t,\tau)$ 的取值,$\chi = 0.5 \sim 1$,Trost 教授建议老化系数取 $\chi = 0.8$;需要注意的是,混凝土收缩引起的附加变形与当前龄期的弹性模量有关,并非按龄期调整的有效模量。例如《欧洲规范 2》中对恒载作用和收缩作用引起的混凝土有效弹性模量老化系数作出区别规定,建议恒载作用取 $\chi = 1.1$,收缩作用取 $\chi = 0.55$。

4) 逐步计算方法

目前随着有限元方法广泛应用,在所有混凝土徐变分析方法中应用最为广泛的是逐步计算方法。逐步计算方法的基本思路是把整个徐变分析过程划分为多个子时间步,在每个子时间步建立一个平衡方程组,分别计算各个子时间步内混凝土的收缩和徐变变形增量,并将每个子时间步计算得到的收缩和徐变变形增量进行叠加。7.2.2 节将会具体介绍如何采用逐步计算方法计算求解简支组合梁的长期行为。

7.2.2 组合梁的迭代计算方法

图 7-2-1 为一个受均布荷载 p_y 的简支组合梁,考虑其钢筋混凝土板和钢梁的界面滑移。本节具体介绍如何采用逐步计算方法求解简支梁在均布荷载作用下的考虑收缩、徐变效应发展后的位移和内力。

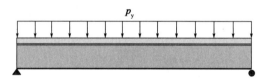

图 7-2-1 受均布荷载作用的简支组合梁

1) 位移和应变

该简支组合梁的几何尺寸标记如图 7-2-2 所示。钢筋混凝土板和钢梁采用 Euler-Bernoulli 模型,其符合平截面假定。为了考虑组合梁界面的滑移行为,对混凝土板和钢梁分别赋予独立的轴向自由度,但二者保持相同的竖向位移,即二者的曲率相等。

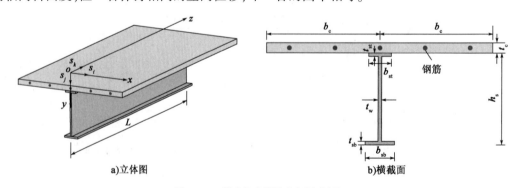

图 7-2-2 简支组合梁的几何尺寸标记

基于图 7-2-2 中标注的笛卡儿坐标系,混凝土板和钢梁的位移向量:

$$u(x,y,z,t) = \begin{cases} v(z,t)\mathbf{s}_j + [w_c(z,t) - (y-y_c)v'(z,t)]\mathbf{s}_k & \forall (x,y) \in \bar{A}_c, z \in [0,L] \\ v(z,t)\mathbf{s}_j + [w_s(z,t) - (y-y_s)v'(z,t)]\mathbf{s}_k & \forall (x,y) \in \bar{A}_s, z \in [0,L] \end{cases}$$
(7-2-7)

式中： $\mathbf{s}_i$、$\mathbf{s}_j$、$\mathbf{s}_k$——3个坐标轴的单位向量，如图7-2-2所示；

$\bar{A}_c$、$\bar{A}_s$——钢筋混凝土板和钢梁的在 x-y 平面内的区域；

y_c、y_s——钢筋混凝土板形心和钢梁形心的 y 向坐标；

$v(z,t)$——组合梁在 t 时刻的竖向位移；

$w_c(z,t)$、$w_s(z,t)$——钢筋混凝土板和钢梁在 t 时刻的轴向位移。

式(7-2-7)中的"'"代表对 z 向的导数。

组合梁在 t 时刻的滑移：

$$\Delta(z,t) = w_s(z,t) - w_c(z,t) + v'(z,t)h \tag{7-2-8}$$

式中：h——钢筋混凝土板和钢梁形心的距离；

其他符号意义同前。

2) 控制微分方程组

组合梁在受力时在各个时刻需满足3个基本方程：协调方程、平衡方程和本构方程。

(1) 协调方程。

对式(7-2-7)取一阶导数，可得钢筋混凝土板和钢梁的纵向应变。

混凝土板：

$$\varepsilon_c(x,y,z,t) = w'_c - (y-y_c)v'' \quad \forall (x,y) \in \bar{A}_c, z \in [0,L] \tag{7-2-9}$$

钢梁：

$$\varepsilon_s(x,y,z,t) = w'_s - (y-y_s)v'' \quad \forall (x,y) \in \bar{A}_s, z \in [0,L] \tag{7-2-10}$$

式中：$\varepsilon_c(x,y,z,t)$——钢筋混凝土板在 t 时刻的 z 向应变；

$\varepsilon_s(x,y,z,t)$——钢梁在 t 时刻的 z 向应变。

(2) 平衡方程。

以图7-2-3所示的微元体 dz 为研究对象分析其力学平衡条件，任意时刻都满足以下条件：

$$\begin{cases} N'_c(z,t) + q(z,t) = 0 \\ N'_s(z,t) - q(z,t) = 0 \\ T(z,t) = M'(z,t) + N'_s(z,t)h \\ -M''(z,t) - q'(z,t)h = p_y(t) \end{cases} \tag{7-2-11}$$

式中： $N_c(z,t)$——混凝土板在 t 时刻的轴力；

$N_s(z,t)$——钢梁在 t 时刻的轴力；

$T(z,t)$——组合梁在 t 时刻的剪力，$T(z,t) = T_c(z,t) + T_s(z,t)$；

$T_c(z,t)$、$T_s(z,t)$——混凝土板和钢梁在 t 时刻的剪力；

$M(z,t)$——组合梁在 t 时刻的弯矩，$M(z,t) = M_c(z,t) + M_s(z,t)$；

$M_c(z,t)$、$M_s(z,t)$——混凝土板和钢梁在 t 时刻的弯矩；

h——组合梁高；

$q(z,t)$——t 时刻沿纵向的界面均布剪力。

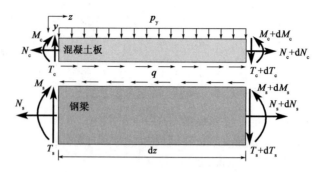

图 7-2-3　组合梁微元体的内力平衡分析

(3)本构方程。

在正常使用状态,组合梁中的混凝土板、板内钢筋和钢梁均处于弹性受力范围内,故钢筋和钢梁的本构关系采用线弹性关系,而混凝土在考虑徐变后基于黏弹性理论计算。

①钢筋混凝土板。

基于混凝土的黏弹性本构关系,混凝土 t 时刻的应变等于弹性应变、收缩应变和徐变应变三者之和:

$$\varepsilon_c(t) = \varepsilon_{c,el}(t) + \varepsilon_{c,sh}(t) + \varepsilon_{c,cr}(t) \tag{7-2-12}$$

式中:　$\varepsilon_{c,el}(t)$ ——混凝土 t 时刻的瞬时弹性应变,该应变发生于荷载施加于结构的瞬间;

$\varepsilon_{c,sh}(t)$、$\varepsilon_{c,cr}(t)$ ——分别为混凝土 t 时刻的收缩应变和徐变应变,这两部分应变随时间变化不断发展。

考虑混凝土的应力历史,基于线弹性徐变理论,徐变应变可由应力得到:

$$\varepsilon_c(t) = \varepsilon_{c,sh}(t) + \sigma_c(t_0)J(t,t_0) + \int_{t_0}^{t} J(t,\tau)\mathrm{d}\sigma_c(\tau) \tag{7-2-13}$$

式中:$\sigma_c(t)$ ——混凝土在 t 时刻的应力;

t_0 ——混凝土的加载龄期;

$J(t,\tau)$ ——混凝土的徐变函数,定义为由加载龄期为 τ 的单位荷载于 t 时刻在混凝土中产生的应变;

其他符号意义同前。

逐步计算方法要求将时间域 $t_0 \sim t_n$ 分成 n 个子时间步,各子时间步长不一定相等,其关系为 $t_0 < t_1 < \cdots < t_i < t_{i+1} < \cdots < t_n$。采用梯形积分准则,混凝土在子时间步 t_n 的应变近似为

$$\varepsilon_c^{(n)} \approx \varepsilon_{c,sh}^{(n)} + \sigma_c^{(0)} J_{n,0} + \frac{1}{2}\sum_{i=0}^{n-1}(J_{n,i+1} + J_{n,i})[\sigma_c^{(i+1)} - \sigma_c^{(i)}] \tag{7-2-14}$$

式中:$\varepsilon_c^{(i)} = \varepsilon_c(t_i)$;$\varepsilon_{c,sh}^{(i)} = \varepsilon_{c,sh}(t_i)$;$\sigma_c^{(i)} = \sigma_c(t_i)$;$J_{i,j} = J(t_i,t_j)$。

将式(7-2-14)进行移项推导,可得混凝土在时间步 t_n 的正应力 $\sigma_c^{(n)}$ 近似为

$$\sigma_c^{(n)} \approx E_c^{(n)}[\varepsilon_c^{(n)} - \varepsilon_{c,sh}^{(n)}] + \sum_{i=0}^{n-1} R_{n,i}\sigma_c^{(i)} \tag{7-2-15}$$

式中:

$$E_c^{(n)} \approx \begin{cases} \dfrac{2}{J_{n,n} + J_{n,n-1}}, & n > 0 \\ \dfrac{1}{J_{n,n}}, & n = 0 \end{cases} \tag{7-2-16}$$

$$R_{n,i} \approx \begin{cases} \dfrac{J_{n,i+1} - J_{n,i}}{J_{n,n} + J_{n,n-1}}, i = 0 \\ \dfrac{J_{n,i+1} - J_{n,i-1}}{J_{n,n} + J_{n,n-1}}, i > 0 \end{cases} \quad (7\text{-}2\text{-}17)$$

式(7-2-15)表明,子时间步 t_n 的应力与之前各个子时间步的应力是相关的。

对于钢筋,忽略混凝土和钢筋之间的滑移,认为混凝土和钢筋具有相同的位移关系,且钢筋处于线弹性受力状态,因此有钢筋的应力-应变关系为

$$\sigma_p^{(n)} = E_p \varepsilon_c^{(n)} \quad (7\text{-}2\text{-}18)$$

式中:E_p——钢筋的弹性模量。

基于式(7-2-15)和式(7-2-18),可以得到钢筋混凝土板在子时间步 t_n 的轴力 $N_c^{(n)}$、弯矩 $M_c^{(n)}$:

$$N_c(z)^{(n)} = \int_{\bar{A}_c} \sigma_c^{(n)} da + \sum_{k=1}^{n_p} \sigma_{p,k}^{(n)} a_{p,k} = H_c^{(n)} [w_c'^{(n)} - \varepsilon_{c,sh}^{(n)}] + \sum_{i=0}^{n-1} R_{n,i} N_{c0}^{(i)} \quad (7\text{-}2\text{-}19)$$

$$M_c(z)^{(n)} = \int_{\bar{A}_c} \sigma_c^{(n)} (y - y_c) da + \sum_{k=1}^{n_p} \sigma_{p,k}^{(n)} (y_{p,k} - y_c) a_{p,k} = -J_c^{(n)} v''^{(n)} + \sum_{i=0}^{n-1} R_{n,i} M_{c0}^{(i)}$$

$$(7\text{-}2\text{-}20)$$

式中:a_p——每根钢筋的面积;

n_p——钢筋的数量。

并且钢筋混凝土板内素混凝土的轴力 $N_{c0}^{(n)}$ 和弯矩 $M_{c0}^{(n)}$ 为

$$N_{c0}(z)^{(n)} = \int_{\bar{A}_c} \sigma_c^{(n)} da = H_{c0}^{(n)} [w_c'^{(n)} - \varepsilon_{c,sh}^{(n)}] + \sum_{i=0}^{n-1} R_{n,i} N_{c0}^{(i)} \quad (7\text{-}2\text{-}21)$$

$$M_{c0}(z)^{(n)} = \int_{\bar{A}_c} \sigma_c^{(n)} (y - y_c) da = -J_{c0}^{(n)} v''^{(n)} + \sum_{i=0}^{n-1} R_{n,i} M_{c0}^{(i)} \quad (7\text{-}2\text{-}22)$$

为了方便和简化,以下字母标记被引入:

$$H_c^{(n)} = E_c^{(n)} A_c + E_p A_p, \quad H_{c0}^{(n)} = E_c^{(n)} A_c \quad (7\text{-}2\text{-}23)$$

$$J_c^{(n)} = E_c^{(n)} I_c + E_p I_p, \quad J_{c0}^{(n)} = E_c^{(n)} I_c \quad (7\text{-}2\text{-}24)$$

式中:A_c——混凝土板的截面面积;

I_c——混凝土板截面的抗弯惯性矩;

A_p——钢筋总的截面面积;

I_p——钢筋总的截面抗弯惯性矩。

②钢梁和界面滑移。

组合梁正常使用阶段时钢梁处于线弹性受力阶段,故钢梁 t_n 时间步的应力为

$$\sigma_s(z)^{(n)} = E_s \varepsilon_s^{(n)} \quad (7\text{-}2\text{-}25)$$

式中:E_s——钢材的弹性模量。

钢梁在子时间步 t_n 的轴力 $N_s^{(n)}$ 和弯矩 $M_s^{(n)}$ 进一步表达为

$$N_s(z)^{(n)} = \int_{\bar{A}_s} \sigma_s^{(n)} da = H_s w_s'^{(n)} \quad (7\text{-}2\text{-}26)$$

$$M_s(z)^{(n)} = \int_{\bar{A}_s} \sigma_s^{(n)} (y - y_s) da = -J_s v''^{(n)} \quad (7\text{-}2\text{-}27)$$

其中:

$$H_s = E_s A_s \tag{7-2-28}$$

$$J_s = E_s I_s \tag{7-2-29}$$

式中：A_s——钢梁的截面面积；

I_s——钢梁的截面抗弯惯性矩。

钢筋混凝土板-钢梁界面假定为线弹性关系，故子时间步 t_n 的界面均布剪力 $q^{(n)}$ 为

$$q(z)^{(n)} = \rho \Delta^{(n)} = \rho [w_s^{(n)} - w_c^{(n)} + v'^{(n)} h] \tag{7-2-30}$$

式中：ρ——单位长度的剪力连接刚度，假定为沿梁长均匀分布。

联立协调方程、平衡方程和本构方程，组合梁在子时间步 t_n 的控制微分方程组为

$$\begin{cases} -H_c^{(n)} w_c''^{(n)} - \rho [w_s^{(n)} - w_c^{(n)} + v'^{(n)} h] = \sum_{i=0}^{n-1} R_{n,i} N_{c0}'^{(i)} \\ -H_s w_s''^{(n)} + \rho [w_s^{(n)} - w_c^{(n)} + v'^{(n)} h] = 0 \\ [J_c^{(n)} + J_s] v''''^{(n)} - \rho h [w_s'^{(n)} - w_c'^{(n)} + v''^{(n)} h] = p_y^{(n)} + \sum_{i=0}^{n-1} R_{n,i} M_{c0}''^{(i)} \end{cases} \tag{7-2-31}$$

3）模型求解

通过逐步计算法可将组合梁的时间域离散成各个子时间步，而组合梁每个子时间步内的力学状态都与之前的各个子时间步内的力学状态相关。根据式（7-2-8）可将 $w_c^{(n)}$、$w_s^{(n)}$ 和 $v^{(n)}$ 都通过 $\Delta^{(n)}$ 表示：

$$w_c''^{(n)} = -\frac{\rho}{H_c^{(n)}} \Delta^{(n)} - \frac{1}{H_c^{(n)}} \sum_{i=0}^{n-1} R_{n,i} N_{c0}'^{(i)} \tag{7-2-32}$$

$$w_s''^{(n)} = \frac{\rho}{H_s} \Delta^{(n)} \tag{7-2-33}$$

$$v''''^{(n)} = \frac{\rho h}{J_c^{(n)} + J_s} \Delta'^{(n)} + \frac{p_y^{(n)}}{J_c^{(n)} + J_s} + \frac{1}{J_c^{(n)} + J_s} \sum_{i=0}^{n-1} R_{n,i} M_{c0}''^{(i)} \tag{7-2-34}$$

将式（7-2-8）对 z 3 次求导，得

$$\Delta'''^{(n)} = (w_s'')'^{(n)} - (w_c'')'^{(n)} + (v'''')^{(n)} h \tag{7-2-35}$$

将式（7-2-32）~式（7-2-34）代入式（7-2-35），可得

$$\Delta'''^{(n)} - \rho \left[\frac{1}{H_c^{(n)}} + \frac{1}{H_s} + \frac{h^2}{J_c^{(n)} + J_s} \right] \Delta'^{(n)} = \frac{p_y^{(n)} h}{J_c^{(n)} + J_s} + \sum_{i=0}^{n-1} R_{n,i} \left[\frac{N_{c0}''^{(i)}}{H_c^{(n)}} + \frac{h}{J_c^{(n)} + J_s} M_{c0}''^{(i)} \right]$$

$$\tag{7-2-36}$$

式（7-2-36）等号右边包括之前（$n-1$）个子时间步的 $N_{c0}^{(i)}$ 和 $M_{c0}^{(i)}$，可采用递归法求解该微分方程。假定 $N_{c0}^{(i)}$ 和 $M_{c0}^{(i)}$ 的表达式为以下形式：

$$N_{c0}^{(i)} = \alpha_{0N}^{(i)} + \alpha_{1N}^{(i)} z + \alpha_{2N}^{(i)} z^2 + \sum_{j=0}^{i} [\beta_{1N}^{(i,j)} \cosh(r^{(i)} z) + \beta_{2N}^{(i,j)} \sinh(r^{(i)} z)] \tag{7-2-37}$$

$$M_{c0}^{(i)} = \alpha_{0M}^{(i)} + \alpha_{1M}^{(i)} z + \alpha_{2M}^{(i)} z^2 + \sum_{j=0}^{i} [\beta_{1M}^{(i,j)} \cosh(r^{(i)} z) + \beta_{2M}^{(i,j)} \sinh(r^{(i)} z)] \tag{7-2-38}$$

对于初始子时间步($i=0$),根据以往研究,式(7-2-37)和式(7-2-38)是精确的,之后我们将证明对于其他子时间步$t_i(0<i\leqslant n)$,式(7-2-38)也是精确的,即通过递归法证明我们的假定是正确的。需要说明的是,系数$\alpha_{0,1,2N}^{(i)}$、$\alpha_{0,1,2M}^{(i)}$、$\beta_{1,2N}^{(i)}$、$\beta_{1,2M}^{(i)}$和$r^{(i)}$在每个子时间步t_i内是常数,并在不同子时间步间更新。

基于 Nguyena 等的推导:

$$\begin{cases} \sum_{i=0}^{n-1} R_{n,i} \Big[\sum_{j=0}^{i} \beta_1^{(i,j)} \cosh(r^{(j)}z) \Big] = \sum_{i=0}^{n-1} \Big[\sum_{j=i}^{n-1} R_{n,j} \beta_1^{(j,i)} \Big] \cosh(r^{(i)}z) = \sum_{i=0}^{n-1} \eta_1^{(n,i)} \cosh(r^{(i)}z) \\ \sum_{i=0}^{n-1} R_{n,i} \Big[\sum_{j=0}^{i} \beta_2^{(i,j)} \sinh(r^{(j)}z) \Big] = \sum_{i=0}^{n-1} \Big[\sum_{j=i}^{n-1} R_{n,j} \beta_2^{(j,i)} \Big] \sinh(r^{(i)}z) = \sum_{i=0}^{n-1} \eta_2^{(n,i)} \sinh(r^{(i)}z) \end{cases}$$

(7-2-39)

进一步可以得到:

$$\sum_{i=0}^{n-1} R_{n,i} N_{c0}^{(i)} = \lambda_{0N}^{(n)} + \lambda_{1N}^{(n)} z + \lambda_{2N}^{(n)} z^2 + \sum_{i=0}^{n-1} \Big[\eta_{1N}^{(n,i)} \cosh(r^{(i)}z) + \eta_{2N}^{(n,i)} \sinh(r^{(i)}z) \Big] \quad (7\text{-}2\text{-}40)$$

$$\sum_{i=0}^{n-1} R_{n,i}^{(i)} M_{c0} = \lambda_{0M}^{(n)} + \lambda_{1M}^{(n)} z + \lambda_{2M}^{(n)} z^2 + \sum_{i=0}^{n-1} \Big[\eta_{1M}^{(n,i)} \cosh(r^{(i)}z) + \eta_{2M}^{(n,i)} \sinh(r^{(i)}z) \Big] \quad (7\text{-}2\text{-}41)$$

其中常系数$\lambda_{0,1,2N}^{(n)}$、$\lambda_{0,1,2M}^{(n)}$和$\eta_{1,2N}^{(n,i)}$、$\eta_{1,2M}^{(n,i)}$为

$$\lambda_{0N}^{(n)} = \sum_{i=0}^{n-1} \alpha_{0N}^{(i)}, \quad \lambda_{1N}^{(n)} = \sum_{i=0}^{n-1} \alpha_{1N}^{(i)}, \quad \lambda_{2N}^{(n)} = \sum_{i=0}^{n-1} \alpha_{2N}^{(i)}$$

$$\lambda_{0M}^{(n)} = \sum_{i=0}^{n-1} \alpha_{0M}^{(i)}, \quad \lambda_{1M}^{(n)} = \sum_{i=0}^{n-1} \alpha_{1M}^{(i)}, \quad \lambda_{2M}^{(n)} = \sum_{i=0}^{n-1} \alpha_{2M}^{(i)}$$

(7-2-42)

$$\eta_{1M}^{(n,i)} = \eta_{1N}^{(n,i)} = \sum_{j=i}^{n-1} R_{n,j} \beta_1^{(j,i)}, \quad \eta_{2M}^{(n,i)} = \eta_{2N}^{(n,i)} = \sum_{j=i}^{n-1} R_{n,j} \beta_2^{(j,i)} \quad (7\text{-}2\text{-}43)$$

将式(7-2-40)和式(7-2-41)代入式(7-2-36)中可得

$$\Delta'''^{(n)} - \rho \Big[\frac{1}{H_c^{(n)}} + \frac{1}{H_s} + \frac{h^2}{J_c^{(n)} + J_s} \Big] \Delta'^{(n)} = \frac{p_y^{(n)} h}{J_c^{(n)} + J_s} + 2 \Big[\frac{\lambda_{2N}^{(n)}}{H_c^{(n)}} + \frac{\lambda_{2M}^{(n)} h}{J_c^{(n)} + J_s} \Big] +$$

$$\sum_{i=0}^{n-1} \Big[g_1^{(n,i)} \cosh(r^{(i)}z) + g_2^{(n,i)} \sinh(r^{(i)}z) \Big] \quad (7\text{-}2\text{-}44)$$

其中常系数$g_{1,2}^{(n,i)}$为

$$\begin{cases} g_1^{(n,i)} = \Big[\dfrac{\eta_{1N}^{(n,i)}}{H_c^{(n)}} + \dfrac{\eta_{1M}^{(n,i)} h}{J_c^{(n)} + J_s} \Big] r^{(i)2} \\ g_2^{(n,i)} = \Big[\dfrac{\eta_{2N}^{(n,i)}}{H_c^{(n)}} + \dfrac{\eta_{2M}^{(n,i)} h}{J_c^{(n)} + J_s} \Big] r^{(i)2} \end{cases}$$

(7-2-45)

求得式(7-2-44)中$\Delta^{(n)}$的解析解为

$$\Delta^{(n)} = \xi^{(n)} z + C_3^{(n)} + \sum_{i=0}^{n} \Big[a_{1\Delta}^{(n,i)} \sinh(r^{(i)}z) + a_{2\Delta}^{(n,i)} \cosh(r^{(i)}z) \Big] \quad (7\text{-}2\text{-}46)$$

其中

$$r^{(n)} = \sqrt{\rho\left[\frac{1}{H_c^{(n)}} + \frac{1}{H_s} + \frac{h^2}{J_c^{(n)} + J_s}\right]} \tag{7-2-47}$$

$$\xi^{(n)} = -\frac{r^{(n)2}}{\rho\left[\frac{1}{H_c^{(n)}} + \frac{1}{H_s} + \frac{h^2}{J_c^{(n)} + J_s}\right]} \tag{7-2-48}$$

在子时间步 t_n 内的常系数 $a_{1,2\Delta}^{(n,i)}$ 为

$$\begin{cases} a_{1\Delta}^{(n,i)} = \begin{cases} \dfrac{g_1^{(n,i)}}{r^{(i)}\left[r^{(i)2} - r^{(n)2}\right]}, i < n \\ C_1^{(n)}, i = n \end{cases} \\ a_{2\Delta}^{(n,i)} = \begin{cases} \dfrac{g_2^{(n,i)}}{r^{(i)}\left[r^{(i)2} - r^{(n)2}\right]}, i < n \\ C_2^{(n)}, i = n \end{cases} \end{cases} \tag{7-2-49}$$

其中，$C_{1,2,3}^{(n)}$ 是待定系数，$C_1^{(n)}$、$C_2^{(n)}$ 被写于式(7-2-49)中。

将式(7-2-46)代入式(7-2-32)中，可得到 $w_c^{(n)}$：

$$w_c^{(n)} = -\frac{\rho}{6H_c^{(n)}}\xi^{(n)}z^3 - \frac{\rho}{2H_c^{(n)}}C_3^{(n)}z^2 + C_4^{(n)}z + C_5^{(n)} + \sum_{i=0}^{n}\left[a_{1wc}^{(n,i)}\sinh(r^{(i)}z) + a_{2wc}^{(n,i)}\cosh(r^{(i)}z)\right] \tag{7-2-50}$$

其中，常系数 $a_{1,2wc}^{(n,i)}$ 为

$$\begin{cases} a_{1wc}^{(n,i)} = \begin{cases} -\dfrac{\rho}{H_c^{(n)}r^{(i)2}}a_{1\Delta}^{(n,i)} - \dfrac{\eta_{1N}^{(n,i)}}{H_c^{(n)}r_1^{(i)}}, i < n \\ -\dfrac{\rho}{H_c^{(n)}r^{(i)2}}C_1^{(n)}, i = n \end{cases} \\ a_{2wc}^{(n,i)} = \begin{cases} -\dfrac{\rho}{H_c^{(n)}r^{(i)2}}a_{2\Delta}^{(n,i)} - \dfrac{\eta_{2N}^{(n,i)}}{H_c^{(n)}r_1^{(i)}}, i < n \\ -\dfrac{\rho}{H_c^{(n)}r^{(i)2}}C_2^{(n)}, i = n \end{cases} \end{cases} \tag{7-2-51}$$

其中，$C_{4,5}^{(n)}$ 是待定系数。

将式(7-2-46)代入式(7-2-33)中，可得到 $w_s^{(n)}$：

$$w_s^{(n)} = \frac{\rho}{6H_s}\xi^{(n)}z^3 + \frac{\rho}{2H_s}C_3^{(n)}z^2 + C_6^{(n)}z + C_7^{(n)} + \sum_{i=0}^{n}\left[a_{1ws}^{(n,i)}\sinh(r^{(i)}z) + a_{2ws}^{(n,i)}\cosh(r^{(i)}z)\right] \tag{7-2-52}$$

其中，常系数 $a_{1,2\mathrm{ws}}^{(n,i)}$ 为

$$\begin{cases} a_{1\mathrm{ws}}^{(n,i)} = \begin{cases} \dfrac{\rho}{H_\mathrm{s} r^{(i)2}} a_{1\Delta}^{(n,i)}, & i < n \\ \dfrac{\rho}{H_\mathrm{s} r^{(i)2}} C_1^{(n)}, & i = n \end{cases} \\ a_{2\mathrm{ws}}^{(n,i)} = \begin{cases} \dfrac{\rho}{H_\mathrm{s} r^{(i)2}} a_{2\Delta}^{(n,i)}, & i < n \\ \dfrac{\rho}{H_\mathrm{s} r^{(i)2}} C_2^{(n)}, & i = n \end{cases} \end{cases} \tag{7-2-53}$$

其中，$C_{6,7}^{(n)}$ 是待定系数。

将式(7-2-46)、式(7-2-50)、式(7-2-52)代入式(7-2-8)中，可得到 $v^{(n)}$：

$$\begin{aligned} v^{(n)} = & -\frac{\rho \xi^{(n)}}{24h} \Big[\frac{1}{H_\mathrm{c}^{(n)}} + \frac{1}{H_\mathrm{s}} \Big] z^4 - \frac{\rho C_3^{(n)}}{6h} \Big[\frac{1}{H_\mathrm{c}^{(n)}} + \frac{1}{H_\mathrm{s}} \Big] z^3 + \\ & \frac{C_4^{(n)} - C_6^{(n)} + \xi^{(n)}}{2h} z^2 + \frac{C_5^{(n)} - C_7^{(n)} + C_3^{(n)}}{h} z + C_8^{(n)} + \\ & \sum_{i=0}^{n} \big[a_{1\mathrm{v}}^{(n,i)} \cosh(r^{(i)} z) + a_{2\mathrm{v}}^{(n,i)} \sinh(r^{(i)} z) \big] \end{aligned} \tag{7-2-54}$$

其中，常系数 $a_{1,2\mathrm{v}}^{(n,i)}$ 为

$$\begin{cases} a_{1\mathrm{v}}^{(n,i)} = \dfrac{a_{1\mathrm{wc}} - a_{1\mathrm{ws}} + a_{1\Delta}}{r^{(i)} h} \\ a_{2\mathrm{v}}^{(n,i)} = \dfrac{a_{2\mathrm{wc}} - a_{2\mathrm{ws}} + a_{2\Delta}}{r^{(i)} h} \end{cases} \tag{7-2-55}$$

其中，$C_8^{(n)}$ 是待定系数。

根据式(7-2-19)、式(7-2-26)、式(7-2-20)和式(7-2-27)可得组合梁的内力 $N_\mathrm{c}^{(n)}$、$N_\mathrm{s}^{(n)}$ 和 $M_\mathrm{c}^{(n)} + M_\mathrm{s}^{(n)}$ 为

$$\begin{aligned} N_\mathrm{c}^{(n)} = & -\frac{\rho}{2} \xi^{(n)} z^2 - \rho C_3^{(n)} z + H_\mathrm{c}^{(n)} C_4^{(n)} - H_\mathrm{c}^{(n)} \varepsilon_{\mathrm{c,sh}}^{(n)} + \\ & \sum_{i=0}^{n} \big[a_{1\mathrm{Nc}}^{(n,i)} \cosh(r^{(i)} z) + a_{2\mathrm{Nc}}^{(n,i)} \sinh(r^{(i)} z) \big] \end{aligned} \tag{7-2-56}$$

$$N_\mathrm{s}^{(n)} = \frac{\rho}{2} \xi^{(n)} z^2 + \rho C_3^{(n)} z + H_\mathrm{s} C_6^{(n)} + \sum_{i=0}^{n} \big[a_{1\mathrm{Ns}}^{(n,i)} \cosh(r^{(i)} z) + a_{2\mathrm{Ns}}^{(n,i)} \sinh(r^{(i)} z) \big] \tag{7-2-57}$$

$$\begin{aligned} M_\mathrm{c}^{(n)} + M_\mathrm{s}^{(n)} = & \frac{\rho [J_\mathrm{c}^{(n)} + J_\mathrm{s}] \xi^{(n)}}{2h} \Big[\frac{1}{H_\mathrm{c}^{(n)}} + \frac{1}{H_\mathrm{s}} \Big] z^2 + \\ & \frac{\rho [J_\mathrm{c}^{(n)} + J_\mathrm{s}] C_3^{(n)}}{h} \Big[\frac{1}{H_\mathrm{c}^{(n)}} + \frac{1}{H_\mathrm{s}} \Big] z - \frac{[J_\mathrm{c}^{(n)} + J_\mathrm{s}] [C_4^{(n)} - C_6^{(n)} + \xi^{(n)}]}{h} + \\ & \sum_{i=0}^{n} \big[a_{1\mathrm{M}}^{(n,i)} \cosh(r^{(i)} z) + a_{2\mathrm{M}}^{(n,i)} \sinh(r^{(i)} z) \big] \end{aligned} \tag{7-2-58}$$

其中，常系数 $a_{1,2Nc}^{(n,i)}$、$a_{1,2Ns}^{(n,i)}$ 和 $a_{1,2M}^{(n,i)}$ 为

$$\begin{cases} a_{1Nc}^{(n,i)} = \begin{cases} H_c^{(n)} a_{1wc}^{(n,i)} r^{(i)} + \eta_{1N}^{(n,i)}, i < n \\ H_c^{(n)} a_{1wc}^{(n,i)} r^{(i)}, i = n \end{cases} \\ a_{2Nc}^{(n,i)} = \begin{cases} H_c^{(n)} a_{2wc}^{(n,i)} r^{(i)} + \eta_{2N}^{(n,i)}, i < n \\ H_c^{(n)} a_{2wc}^{(n,i)} r^{(i)}, i = n \end{cases} \end{cases} \quad (7\text{-}2\text{-}59)$$

$$\begin{cases} a_{1Ns}^{(n,i)} = H_s a_{1ws}^{(n,i)} r^{(i)} \\ a_{2Ns}^{(n,i)} = H_s a_{2ws}^{(n,i)} r^{(i)} \end{cases} \quad (7\text{-}2\text{-}60)$$

$$\begin{cases} a_{1M}^{(n,i)} = \begin{cases} -[J_c^{(n)} + J_s] a_{1v}^{(n,i)} r^{(i)2} + \eta_{1M}^{(n,i)}, i < n \\ -[J_c^{(n)} + J_s] a_{1v}^{(n,i)} r^{(i)2}, i = n \end{cases} \\ a_{2M}^{(n,i)} = \begin{cases} -[J_c^{(n)} + J_s] a_{2v}^{(n,i)} r^{(i)2} + \eta_{2M}^{(n,i)}, i < n \\ -[J_c^{(n)} + J_s] a_{2v}^{(n,i)} r^{(i)2}, i = n \end{cases} \end{cases} \quad (7\text{-}2\text{-}61)$$

同时依据式(7-2-11)可得内力 $T^{(n)}$ 为

$$T^{(n)} = \rho [\xi^{(n)} z + C_3^{(n)}] \left[h + \frac{J_c^{(n)} + J_s}{h} \left(\frac{1}{H_c^{(n)}} + \frac{1}{H_s} \right) \right] + \sum_{i=0}^{n} [a_{1T}^{(n,i)} \sinh(r^{(i)} z) + a_{2T}^{(n,i)} \cosh(r^{(i)} z)] \quad (7\text{-}2\text{-}62)$$

其中，常系数 $a_{1,2T}^{(n,i)}$ 为

$$\begin{cases} a_{1T}^{(n,i)} = a_{1M}^{(n,i)} r^{(i)} + a_{1Ns}^{(n,i)} r^{(i)} h \\ a_{2T}^{(n,i)} = a_{2M}^{(n,i)} r^{(i)} + a_{2Ns}^{(n,i)} r^{(i)} h \end{cases} \quad (7\text{-}2\text{-}63)$$

子时间步 t_n 内的待定系数 $C_i^{(n)} (i = 1, \cdots, 8)$ 都可依据组合梁结构的边界条件求解，对于简支组合梁，其边界条件为

$$\begin{cases} N_c^{(n)} |_{z=0} = 0 \\ N_s^{(n)} |_{z=0} = 0 \\ v^{(n)} |_{z=0} = 0 \\ [M_c^{(n)} + M_s^{(n)}] |_{z=0} = 0 \\ w_c^{(n)} |_{z=L/2} = 0 \\ w_s^{(n)} |_{z=L/2} = 0 \\ T^{(n)} |_{z=L/2} = 0 \\ v'^{(n)} |_{z=L/2} = 0 \end{cases} \quad (7\text{-}2\text{-}64)$$

如此，最终可得到结构每个子时间步内结构的内力和位移。

7.3 栓钉锈蚀和疲劳对组合梁的影响

栓钉是目前应用最广泛及综合性能、施工性能最好的抗剪连接件,栓钉设置于组合梁中混凝土板和钢梁的结合面上,能够有效传递剪力,以阻止两者之间的相对滑移。组合梁设计过程中,结构的安全性和适用性往往是主要考虑的因素,但结构在复杂多变环境侵蚀作用下的耐久性却容易被忽略,加上施工不当、质量控制不严、维护保养不足,可能造成结构在还没达到设计基准使用期限时就出现使用功能和承载力下降、刚度减小的现象,甚至使结构提前破坏。同时组合梁在车辆反复荷载作用下,栓钉的界面连接处出现裂缝,使腐蚀介质从裂缝处进入,造成栓钉锈蚀,降低组合梁刚度以及抗弯、抗剪承载力甚至完全丧失组合作用。因此,栓钉的锈蚀是造成组合梁性能退化的主要原因之一。

近年来,组合梁的疲劳问题也开始受到人们的重视,由于抗剪连接件是保证组合梁中钢与混凝土发挥组合作用的关键元件,而栓钉是实际工程中最常用的抗剪连接件,因此国内外很多学者对组合梁栓钉疲劳也已有不少研究成果。研究成果显示,栓钉疲劳会导致组合梁的界面滑移量增大,受力不再符合平截面假定,其刚度和抗弯、抗剪承载力发生不同程度的降低,从而影响了组合梁的安全、使用和耐久性能。因此,栓钉的使用性能和工作状态好坏是组合梁能否保持安全、适用、耐久的关键,栓钉锈蚀和疲劳对组合梁的影响不容忽视。

7.3.1 栓钉锈蚀和疲劳对组合梁力学特性的影响

1)栓钉锈蚀和疲劳对组合梁刚度的影响

目前,国内外很多学者研究了栓钉的锈蚀机理,并通过恒电流方法快速锈蚀栓钉进行了刚度的研究试验。组合结构的栓钉锈蚀一般为电化学锈蚀,混凝土中二氧化碳和氯离子侵入导致栓钉钝化膜破坏,使栓钉处于活化状态,由于栓钉表面存在化学反应需要的水和氧气,在存在电位差的环境下会发生电化学腐蚀,栓钉不同锈蚀率下的状态如图7-3-1所示。

图7-3-1 栓钉不同锈蚀率下的状态

栓钉锈蚀的基本过程如下。

(1)阳极反应过程:阳极区铁离子离开晶格转变为表面吸附原子,然后越过双电层放电转变为阳离子(Fe^{2+}),并释放电子,这个过程称为阳极反应,其方程式为

$$Fe \longrightarrow Fe^{2+} + 2e^- \tag{7-3-1}$$

(2)电子传输过程:阳极区释放的电子通过钢筋向阴极区传输。

(3)阴极反应过程:阴极区由周围环境中通过混凝土孔隙吸附、渗透、扩散作用进入并溶解于孔隙中水的 O_2 来吸收阳极区传来的电子,发生还原反应:

$$O_2 + 2H_2O + 4e^- \longrightarrow 4OH^- \quad (7\text{-}3\text{-}2)$$

(4)腐蚀产物生成过程:阳极区生成的 Fe^{2+} 向周围水溶液深处扩散、迁移,阴极区生成的 OH^- 通过混凝土孔隙和混凝土界面的空隙中的电解质扩散到阳极区,与阳极区附近的 Fe^{2+} 反应生成 $Fe(OH)_2$,$Fe(OH)_2$ 进一步氧化生成 $Fe(OH)_3$,$Fe(OH)_3$ 脱水后变成疏松、多孔、非共格的红锈(Fe_2O_3);在少氧的条件下,$Fe(OH)_2$ 氧化不完全,部分形成黑锈(Fe_3O_4):

$$Fe^{2+} + 2OH^- \longrightarrow Fe(OH)_2 \quad (7\text{-}3\text{-}3)$$

$$4Fe(OH)_2 + O_2 + 2H_2O \longrightarrow 4Fe(OH)_3 \quad (7\text{-}3\text{-}4)$$

$$2Fe(OH)_3 \longrightarrow Fe_2O_3 + 3H_2O \quad (7\text{-}3\text{-}5)$$

$$6Fe(OH)_2 + O_2 \longrightarrow 2Fe_3O_4 + 6H_2O \quad (7\text{-}3\text{-}6)$$

由于自然环境下栓钉的锈蚀需要十几年甚至几十年,因而通常的试验研究都采用加速锈蚀的方法,缩短其达到预定锈蚀率的时间,提高研究效率。通常的加速锈蚀的方法有两种,即人工气候环境模拟试验方法和恒电流加速锈蚀方法。实验室中一般采用电化学锈蚀方法加速栓钉锈蚀。室内通电快速锈蚀,实际上是利用电能加速电解栓钉,通电时不锈钢板上发生阴极反应,栓钉上发生阳极反应。实验室内的栓钉电化学锈蚀装置如图 7-3-2 所示。

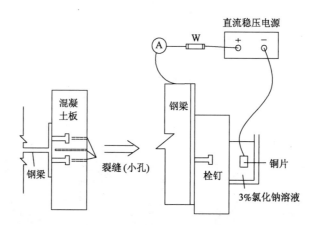

图 7-3-2 实验室内的栓钉电化学锈蚀装置

栓钉锈蚀造成栓钉截面削弱,特别是根部主要承受剪力的部位。一些学者如余志武、匡亚川、龚匡晖、薛文等人进行了栓钉锈蚀率与组合界面滑移的试验研究,匡亚川的研究结果如图 7-3-3 所示。根据试验研究,在栓钉弹性范围内锈蚀的栓钉和未锈蚀的栓钉,荷载和滑移值的曲线基本相同且呈直线增长。之后随着荷载的增加,未锈蚀的栓钉荷载和滑移值继续保持较快增长,锈蚀的栓钉荷载增幅变小而滑移值增幅变大,曲线变得平缓。随着锈蚀率的增大,试件的荷载-滑移值曲线变得越来越平缓,即在荷载相同时相对滑移变大。这表明随着栓钉锈蚀率的增大,其屈服荷载变小,推出试件的相对滑移值增大。而界面滑移的增大会进一步削弱组合梁的整体刚度。

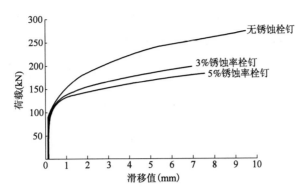

图 7-3-3　不同锈蚀率下栓钉的荷载-滑移值曲线

栓钉的疲劳对组合梁刚度的影响同样很大,与栓钉锈蚀的刚度削弱机理大致相似,即削弱了栓钉的截面抗剪性能,造成组合梁的界面滑移量增大,刚度减小。组合梁受到反复荷载作用时,随着作用次数增加到一定数量(大约200万次),栓钉出现疲劳屈服现象,钢梁与混凝土翼缘板之间的相对滑移增加。由于滑移效应的存在,平截面假定不再适用,但是钢梁和混凝土的应变为斜率相同的线性变化;随着疲劳加载次数的增加,钢梁与混凝土板交界面的应变差值变大,组合箱梁中混凝土板和钢梁的截面应变、疲劳残余应变以及挠度都不断增大。

2)栓钉锈蚀和疲劳对组合梁承载力的影响

栓钉的锈蚀机理为栓钉的锈蚀会造成栓钉截面的弱化,在降低组合梁刚度的同时也会降低组合梁的承载力。栓钉锈蚀对钢混凝土组合梁承载力的影响包括栓钉锈蚀引起的抗剪连接度降低,以及栓钉锈蚀引起的连接件和翼板混凝土黏结性能的劣化。钢混凝土组合梁中栓钉锈蚀后连接件抗剪承载力降低,从而导致组合梁剪力连接程度降低。在钢-混凝土组合梁中,栓钉承受弯矩、剪力和拉力的作用,是保证钢梁和混凝土板能够共同工作的关键。栓钉锈蚀后,抗剪承载力必然下降,其退化机理如下:

(1)栓钉锈蚀后栓杆直径减小,根据《钢结构设计标准》(GB 50017—2017)计算单个栓钉承载力的公式:$N_v^c = 0.43 A_s \sqrt{E_c f_c} \leq 0.7 A_s \gamma f$,单个栓钉承载力与栓杆截面面积成正比,栓钉锈蚀后,其承载力必然随着栓杆直径的减小而降低。

(2)栓钉锈蚀产物是一层结构疏松的氧化物,这层氧化物隔在栓钉与混凝土之间,形成了一层疏松隔离层,起到了类似润滑剂的作用,降低了栓钉与混凝土之间的黏结力。无论在组合梁中还是在推出试件中,栓钉除了起到抗剪作用外,还起到抗混凝土板掀起的作用,栓钉锈蚀后,由于锈蚀产物的润滑作用,构件受力时栓钉很容易被拔出来,从而降低了单个栓钉的承载力。

(3)栓钉锈蚀产物的体积相比原来增大很多,是原体积的2~4倍。当锈蚀量较小时,由于锈蚀产物的挤压,混凝土对栓钉的挤压力增大,这对栓钉的承载力影响不大。随着锈蚀量的增大,锈蚀产物增加,向外膨胀,使得其周围的混凝土受环向拉应力的作用。而混凝土的抗拉强度是很低的,由锈蚀产物产生的环向拉应力很容易使混凝土开裂,这必然导致单个栓钉的承载力降低。

(4)栓钉不均匀锈蚀产生的锈坑,使其在承受外荷载作用时产生应力集中现象,从而使栓钉抗剪承载力降低。

龚匡晖与匡亚川根据试验数据拟合栓钉锈蚀率影响其抗剪承载力的曲线,如图7-3-4所示,随着栓钉锈蚀率的不断增大,栓钉抗剪承载力不断下降,研究给出了拟合公式。

$$V_{cr} = e^{4.92992 - 4.95475\eta} \tag{7-3-7}$$

研究还引入了锈蚀栓钉抗剪承载力降低系数 k:

$$k = \frac{V_{cr}}{V_{cr,0}} = e^{-4.95475\eta} \tag{7-3-8}$$

则栓钉锈蚀的抗剪承载力为

$$V_{cr} = kV_{cr,0} \tag{7-3-9}$$

式中:η——栓钉锈蚀率,当 $\eta = 0$ 时,$V_{cr} = e^{4.92992}$;

$V_{cr,0}$——未锈蚀栓钉的抗剪承载力。

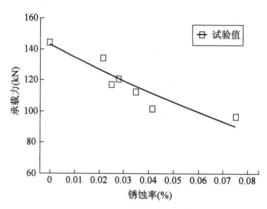

图 7-3-4 栓钉抗剪承载力-锈蚀率关系曲线

相较栓钉锈蚀率对组合梁承载力的影响,栓钉的疲劳更容易导致其承载力降低且承载力降低程度更大。栓钉的疲劳与承载力关系可以基于栓钉剩余承载力退化模型进行描述,栓钉的承载力与其受到的疲劳次数和应力幅等有关。在疲劳加载初期,疲劳荷载作用下产生的缺陷(错位和滑移等)对栓钉的强度影响很小,其剩余强度退化得很慢,组合梁此时仍处于弹性阶段,抗弯、抗剪承载力变化不大;但在后期,特别是当疲劳循环次数比接近 1 时,由于材料内部不断萌生的裂纹及其扩展过程引起有效承载面积减少,栓钉剩余强度迅速减小,直至发生破坏,组合梁随即发生破坏。

7.3.2 栓钉锈蚀和疲劳对组合梁耐久性能的影响

相比于普通钢筋混凝土结构,钢-混凝土组合梁结构一旦出现问题,修复起来也较为困难,且修复效果不甚理想。随着技术的发展和成熟,组合结构的应用范围日益广泛,一旦由于耐久性不足,组合结构提前失效,那么造成的损失也会更大。钢-混凝土组合梁结构耐久性的研究变得日益重要,揭示其耐久性腐蚀机理以及结构力学性能退化规律,对提高组合梁抗腐蚀性意义重大。

组合梁的腐蚀主要包括栓钉锈蚀、钢梁锈蚀、钢筋锈蚀、混凝土性能劣化等,在组合梁中,抗剪连接件(主要是栓钉)的作用非常关键,它不仅能抵抗混凝土板的掀起,还是保证钢梁和混凝土板共同工作的关键元件。试验研究表明,栓钉锈蚀是造成组合梁性能劣化的重要原因。

同钢筋的锈蚀类似,氯离子侵入也是造成界面处栓钉锈蚀的重要原因。离子是钢-混凝土组合梁结构在使用寿命期间可能遇到的最危险的侵蚀介质,容易造成钢筋、栓钉及钢梁锈蚀,导致结构较早损坏。因此,防止栓钉锈蚀是提高组合梁抗腐蚀性能的关键,主要措施有:

(1)防止混凝土碳化,保证栓钉周围环境处于碱性状态,栓钉表面致密的钝化膜不被破坏。

(2)阻断氯离子的侵入路径,提高混凝土养护质量,提高混凝土的密实性。

(3)涂层防护,包括普通涂料防护和喷金属层的长效涂层防护,其中90%以上的防腐蚀措施是采用涂层防护。

(4)电化学防护,即阴极保护法。

7.3.3 栓钉锈蚀和疲劳对组合梁抗疲劳性的影响

关于栓钉连接件的疲劳问题,自20世纪60年代已经开始了相关的研究。栓钉是应用最广泛的抗剪连接件形式之一,而组合梁的疲劳破坏多始于栓钉连接件处。1966年Sluttter和Fisher通过研究认为栓钉连接件的疲劳寿命主要与疲劳应力幅有关,并得出相关公式:

$$\Delta \sigma_f = 1020 N^{-0.186} \tag{7-3-10}$$

式中:N——疲劳循环次数;

$\Delta \sigma_f$——疲劳应力幅。

此后大量的试验也表明,疲劳应力幅也是影响疲劳寿命的主要因素之一。随着研究的深入,人们发现在疲劳荷载作用下钢与混凝土的界面滑移随荷载加载次数变化,界面滑移效应不能忽视,它将引起挠度和转角的增大,使组合梁抗疲劳设计偏于不安全。同时影响组合梁抗疲劳性能的因素还有很多,包括栓钉的静力抗剪强度、栓钉直径、混凝土强度等级、疲劳荷载方式(低周疲劳、高周疲劳)等。但最主要的因素还是栓钉的疲劳应力幅,国内外规范也都采用以疲劳应力幅为主导因素的疲劳计算公式。

引起栓钉疲劳破坏的因素固然很多,我们也可依据这些因素采取有针对性的防护措施来避免栓钉过早进入疲劳状态,以提高组合梁的抗疲劳性能。提高抗疲劳性能的措施主要有提高栓钉焊接质量,避免出现应力集中;采用高强度的栓钉,提高静力抗剪强度;提高混凝土强度等级等。

7.4 混凝土收缩、徐变对钢管混凝土的影响

7.4.1 混凝土收缩、徐变对钢管混凝土性能的影响机制

1)混凝土收缩对钢管混凝土性能的影响机制

对于混凝土的收缩机理,学术界有着较为一致的认识。其主要原因是混凝土在空气中凝固和硬化的过程中,水泥水化生成物的体积小于原物料的体积(化学性收缩),以及水分蒸发后集料颗粒受毛细管压力的压缩(物理性压缩)。此外,空气中二氧化碳和混凝土表层的碳化作用,也引起少量的局部收缩。

混凝土的收缩对钢管混凝土构件的应力和变形状态影响很大。当混凝土收缩时,核心混凝土与钢管之间产生空隙,破坏了钢管与混凝土协同受力的工作状态,而且钢管的内表面在使用期间也容易发生锈蚀。在混凝土收缩的过程中迫使钢管承受更大的荷载,其结果是导致混凝土产生拉应力,钢管承受更大的压应力。

钢管混凝土作为组合结构,管内混凝土收缩产生的应力是结构设计必须考虑的因素。收缩应力包括收缩自应力和收缩次应力。钢管混凝土拱肋作为组合构件,管内混凝土收缩受到钢管的约束,钢管混凝土构件的收缩值小于管内混凝土的收缩值,根据应变协调条件,将产生钢管受压、混凝土受拉的应力,称为收缩自应力。对于超静定的钢管混凝土拱,拱肋的收缩会在结构中产生附加内力(次内力),由收缩次内力引起的应力被称为收缩次应力。

2)混凝土徐变对钢管混凝土性能的影响机制

解释混凝土的徐变机理有多种理论观点,但都不能圆满地说明所有的徐变现象。一般认为,混凝土徐变产生的主要原因包括混凝土裂纹的扩展和水泥浆体的蠕变。当应力水平较低时,混凝土的徐变以水泥浆体的蠕变为主;当应力水平较高时,徐变由水泥浆体的蠕变和混凝土材料内部的损伤两者构成。

相对于普通混凝土而言,由于钢管混凝土核心混凝土处于密闭的钢管内部,与外界环境没有接触,因此空气湿度对核心混凝土基本没有影响,在没有水分转移的情况下导致钢管混凝土结构的徐变效应产生的显著变形持续时间将比普通混凝土结构更长。同时,徐变作用下的核心混凝土由于应变的增加,混凝土本身承担的荷载将会有所下降,这一部分荷载转移到钢管上,因此核心混凝土应力下降的同时,钢管的应力在不断提升,所以结构的截面发生了应力重分布,对于钢管混凝土构件而言,截面的应力重分布现象是不能忽视的。

在实际工程应用中,桥梁中的钢管混凝土拱肋承受弯矩作用,在钢管混凝土的徐变过程中,随着截面应力的不断重分布,构件的截面特性在不断改变,影响着构件的整体变形特性。所以,钢管混凝土受弯构件的挠度也在随时间不断变化。由于钢管上的作用应力是随着徐变的发展而增大的,所以受弯构件的挠度也随徐变的发展而增大。

总的来讲,与普通钢筋混凝土不同的是,在长期荷载作用下,钢管内核心混凝土的收缩、徐变具有以下特点:一是核心混凝土处于密闭状态,和周围环境没有湿度交换;二是核心混凝土的收缩会受到外包钢管的限制作用;三是在受力过程中,当核心混凝土的泊松比大于钢管的泊松比时,其将会受到钢管的有效约束而处于复杂受力状态。这些都会影响混凝土的徐变和收缩变形,因而与钢筋混凝土及素混凝土相比,钢管混凝土的徐变和收缩性能更为复杂。

7.4.2 钢管混凝土徐变计算的建模方法

随着有限元方法及计算机技术的不断发展,目前逐步计算方法成了计算徐变的主要方法。逐步计算方法的核心是将时间历程分解成多个微小时间历程,在每一个时间段的开始求解平衡方程,然后在此平衡方程基础上计算这个时间历程内的收缩徐变应变,从而得到下一个时间历程开始时模型新的几何形态,如此累进叠加,从而得到长时间历程内收缩徐变变化趋势。然而此种方法在计算过程中混凝土徐变量必须以整个应力变化历史为依托,若要求计算过程中计算机记录整个应力演变过程,则计算机难以完成,这种计算方式也很不经济。所以目前采用不依托应力变化全过程而采用相邻龄期应力状态的递推关系方法进行计算,为此需将徐变计算函数转化为 Dirichlet 函数:

$$C(t,\tau) = \sum_{j=1}^{m}\psi_j(\tau)[1 - e^{-\lambda_j(t-\tau)}] \tag{7-4-1}$$

式中：$C(t,\tau)$——在 τ 时刻加载时到达 t 时刻混凝土的徐变度函数。

设混凝土的弹性应变为 $\varepsilon^e(t)$，徐变应变为 $\varepsilon^c(t)$，则总应变 $\varepsilon(t)$ 为

$$\varepsilon(t) = \varepsilon^e(t) + \varepsilon^c(t) \tag{7-4-2}$$

其中 $\varepsilon^e(t)$ 和 $\varepsilon^c(t)$ 依据定义分别为

$$\varepsilon^e(t) = \frac{\sigma(t_0)}{E(t_0)} + \int_{t_0}^{t}\frac{1}{E(\tau)}\frac{\mathrm{d}\sigma}{\mathrm{d}\tau}\mathrm{d}\tau \tag{7-4-3}$$

$$\varepsilon^c(t) = \sigma(t_0)C(t,t_0) + \int_{t_0}^{t}C(t,\tau)\frac{\mathrm{d}\sigma}{\mathrm{d}\tau}\mathrm{d}\tau \tag{7-4-4}$$

式中：$\sigma(t)$——t 时刻的应力；

t_0——初始加载时刻；

$E(t)$——t 时刻混凝土的弹性模量。

将时间段离散化为 $t_0, t_1, \cdots, t_n$ 一系列时间点。在微小时间段内，弹性应变增量为

$$\Delta\varepsilon_n^e(t) = \varepsilon^e(t_n) - \varepsilon^e(t_{n-1}) = \int_{t_{n-1}}^{t_n}\frac{1}{E(\tau)}\frac{\mathrm{d}\sigma}{\mathrm{d}\tau}\mathrm{d}\tau \tag{7-4-5}$$

积分中值定理认为，对于已知函数 $f(x)$，在 $[a_0, b_0]$ 区间内必有一点 x_0 可使得 $f(x_0) \cdot (b-a) = \int_{a_0}^{b_0}f(x)\mathrm{d}x$，而又由于每个微时间段 Δt_i 的长度较小，因此认为可以利用中点龄期的计算结果乘时间段长度来代替整个积分过程。设每个时间段中间值龄期为 $\bar{t}_i$，则

$$\Delta\varepsilon_n^e(t) = \frac{1}{E(\bar{t}_n)}(\sigma_n - \sigma_{n-1}) = \frac{\Delta\sigma_n}{E(\bar{t}_n)} \tag{7-4-6}$$

另外，徐变应变可计算为

$$\varepsilon^c(t_n) = \Delta\sigma_0 C(t_n, t_0) + \sum_{i=1}^{n}\Delta\sigma_i C(t_n, \bar{t}_i) \tag{7-4-7}$$

将式(7-4-1)代入式(7-4-7)可得：

$$\varepsilon^c(t_n) = \Delta\sigma_0\sum_{j=1}^{m}\psi_j(t_0)[1-e^{-\lambda_j(t_n-t_0)}] + \sum_{i=1}^{n}\Delta\sigma_i\sum_{j=1}^{m}\psi_j(\bar{t}_i)[1-e^{-\lambda_j(t_n-\bar{t}_i)}] \tag{7-4-8}$$

进一步可得到：

$$\begin{aligned}\Delta\varepsilon_n^c &= \varepsilon^c(t_n) - \varepsilon^c(t_{n-1}) \\ &= \sum_{j=1}^{m}(1-e^{-\lambda_j\Delta t_n})[\Delta\sigma_0\psi_j(t_0)e^{-\lambda_j(t_{n-1}-t_0)} + \sum_{i=1}^{n-1}\Delta\sigma_i\psi_j(\bar{t}_i)e^{-\lambda_j(t_{n-1}-\bar{t}_i)}] + \\ &\quad \Delta\sigma_n\sum_{j=1}^{m}\psi_j(\bar{t}_n)[1-e^{-\lambda_j(t_n-\bar{t}_n)}] \\ &= \sum_{j=1}^{m}(1-e^{-\lambda_j\Delta t_n})\eta_{j,n} + \Delta\sigma_n\sum_{j=1}^{m}\psi_j(\bar{t}_n)[1-e^{-\lambda_j(t_n-\bar{t}_n)}]\end{aligned} \tag{7-4-9}$$

其中，

$$\eta_{j,n} = \Delta\sigma_0\psi_j(t_0)e^{-\lambda_j(t_{n-1}-t_0)} + \sum_{i=1}^{n-1}\Delta\sigma_i\psi_j(\bar{t}_i)e^{-\lambda_j(t_{n-1}-\bar{t}_i)} \tag{7-4-10}$$

由 $\eta_{j,n}$ 的表达式易知其满足下述递推关系式：

$$\eta_{j,n} = \begin{cases} e^{-\lambda_j \Delta t_{n-1}} \eta_{j,n-1} + \Delta\sigma_{n-1} \psi_j(\bar{t}_{n-1}) e^{-\lambda_j(t_{n-1}-\bar{t}_{n-1})}, & n \geq 2 \\ \Delta\sigma_0 \psi_j(t_0), & n = 1 \end{cases} \quad (7\text{-}4\text{-}11)$$

如此可得到每个时间段内徐变应变增量的递推关系,可省去整个时间历程内应力历史的存储,仅存储相邻子时间步内的应力增量即可。

不存储应力历史的逐步计算方法可用于大型结构收缩徐变行为的有限元计算中,具有计算效率高、占用存储空间小等优点。以下通过一个钢管混凝土拱桥算例说明不存储应力历史的逐步计算方法如何应用于钢管混凝土拱桥的收缩徐变行为计算。

【例题】

（1）工程概况。

某三跨下承式钢管混凝土系杆拱桥,全长 299.9m,单跨长 97.9m,计算跨径 92.5m,矢跨比约 1/5,桥面全宽 18.65m,主桥桥型总体布置如图 7-4-1 所示。

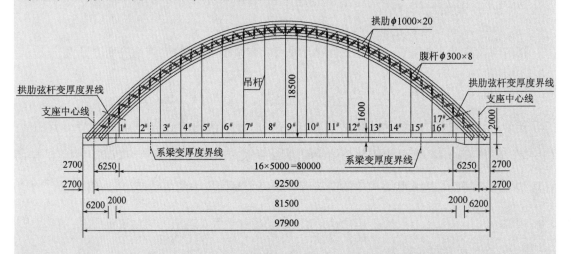

图 7-4-1　某三跨下承式钢管混凝土系杆拱桥单跨布置图(尺寸单位:mm)

单片拱肋采用双肢桁式断面,由直径 1m 弦杆和直径 0.3m 腹杆焊接而成,弦杆内灌注 C60 混凝土,在拱脚处拱肋弦杆的钢管壁加厚,拱肋上、下弦杆轴线间距 2m,横桥向拱肋轴线间距 16.5m;拱肋间设置横撑及 K 撑以增大横向刚度,横撑及 K 撑由直径 0.5m 主杆和直径 0.25m 腹杆焊接而成。

桥面系由系梁、纵梁、横梁及联结系组成。系梁与拱肋刚接。系梁、横梁均采用焊接箱形截面,其中系梁尺寸为 1.6m×1.4m,系梁在与拱脚连接处加高加宽为 2m×1.7m;端、中横梁截面尺寸分别为 2m×1.6m 和 1.6m×1.0m;纵梁和联结系分别采用 0.65m×0.4m 和 0.65m×0.35m 焊接工形截面。横梁和纵梁腹铰接连接,具体施工方法为腹板采用高强度螺栓连接,翼缘不连接。

吊索采用 16 股 ϕ^s15.24 的环氧喷涂钢绞线成品索,两端均配备挤压式配套锚具。在桥梁端部的行车道范围内铺设 160 型钢齿型伸缩缝,行车道桥面铺设混凝土,管道下铺设钢格板,检修通道设置在系梁的顶板翼缘外侧悬臂上。

钢箱梁与桥面混凝土板通过 T 形抗拔连接件连接在一起共同工作,T 形抗拔连接件长 150mm,焊接在横梁上,横向间距为 500mm,沿梁轴线方向间距为 10m。

桥面混凝土板采用 C40 无收缩混凝土,桥面板厚度 25cm,采用现场整体浇筑施工方法。该桥的主要技术指标如下:

①公路等级:双向 4 车道。
②桥梁宽度:0.5m 防撞栏 +1m 人行道 +15m 行车道 +1m 人行道 +0.5m 防撞栏 =18m。
③设计车速:100km/h。
④荷载标准:公路一级。
⑤桥梁坡度:桥梁纵横向坡度均为 2%。
⑥抗震设防:按 7 度设防烈度抗震设防。

(2)主要材料参数。

钢材:采用 Q345C 级钢材,弹性模量为 2.06×10^5 MPa,泊松比为 0.3,线膨胀系数为 1.2×10^{-5} ℃$^{-1}$,考虑全桥腹板,底板及横隔板上布置一定量的加劲肋,因此假定钢材重度增大 30%,为 94.2kN/m^3,钢材容许应力为 210MPa。

拱肋内填混凝土:采用 C55 混凝土,弹性模量为 3.55×10^4 MPa,泊松比为 0.2,线膨胀系数为 1.0×10^{-5} ℃$^{-1}$,考虑混凝土板内布置较多钢筋,混凝土重度增大到 26.5kN/m^3。C60 混凝土抗压强度标准值为 38.5MPa,控制压应力为 19.2MPa,抗拉强度标准值为 2.85MPa,控制拉应力为 1.43MPa。

桥面板混凝土:采用 C40 混凝土,弹性模量为 3.25×10^4 MPa,泊松比为 0.2,线膨胀系数为 1.0×10^{-5} ℃$^{-1}$,考虑混凝土板内布置较多钢筋,混凝土重度增大到 26.5kN/m^3。C40 混凝土抗压强度标准值为 26.8MPa,控制压应力为 13.4MPa,抗拉强度标准值为 2.40MPa,控制拉应力为 1.2MPa。

钢绞线:采用 16 股 φ^{s}15.24 钢绞线,弹性模量为 1.95×10^5 MPa,抗拉强度标准值为 1860MPa。

(3)计算过程。

如图 7-4-2 所示,首先根据施工过程划分子时间步,这里主要考虑两个状态:成桥后和收缩徐变 10 年。将这段时间划分成多个子时间步,每一步进行考虑收缩徐变的计算,根据式(7-2-5)得到相应的收缩徐变应变。之后将其作为位移荷载增量施加在结构上,进行该步的模型求解计算,得到下一步收缩徐变分析的应力数据。如此直至所有时间荷载步内的分析完成。

(4)计算结果。

在恒荷载作用下,考虑拱肋内填混凝土收缩徐变与不考虑收缩徐变的拱肋跨中内力、挠度计算结果对比如表 7-4-1 所示,可以发现考虑收缩徐变后跨中位置肋杆钢材承担的应力大大增强,跨中下挠显著增加。

拱肋跨中内力、挠度计算结果 表 7-4-1

拱肋跨中	考虑收缩徐变	不考虑收缩徐变
肋杆钢材应力(MPa)	-101.1	-16.4
挠度(mm)	49.0	26.8

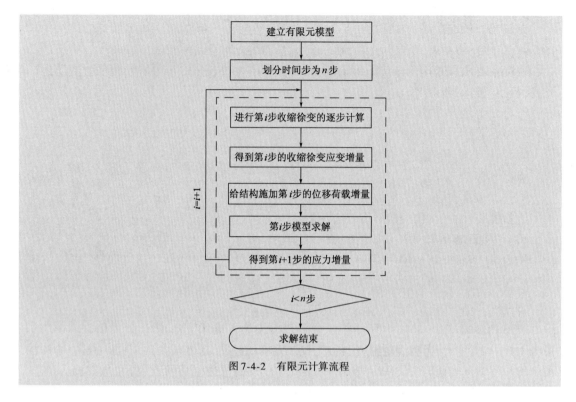

图 7-4-2 有限元计算流程

7.4.3 徐变对钢管混凝土性能影响的基本规律

大量的工程实践与试验表明,钢管混凝土构件的含钢率、核心混凝土的加载龄期、混凝土强度等都会对钢管混凝土构件的徐变作用产生影响,进而影响构件的变形与内力分布。

1) 含钢率

钢管混凝土构件含钢量 a 定义为

$$a = \frac{A_s}{A_c} \tag{7-4-12}$$

式中:A_s——钢管截面面积;

A_c——核心混凝土截面面积。

在试验中,通常采用改变钢管厚度的方式来改变钢管混凝土试件的含钢率,而保持核心混凝土截面面积不变。

一方面,随着含钢率的增加,钢管混凝土构件的徐变度呈下降趋势。由于同直径的钢管混凝土构件含钢率随着壁厚的增加而增加,因此在相同荷载下,混凝土受到的荷载随含钢率的增加而减小,故造成钢管混凝土在相同荷载下的徐变度随含钢率的增加而下降的主要原因有两个:一是在相同荷载下,混凝土应力随着含钢率的增加而减小;二是随着壁厚的增加,钢管对混凝土的约束增加,限制了混凝土的变形。

另一方面,随着含钢率的增加,钢管混凝土构件的徐变增率的减小越来越不明显。钢管混凝土构件的应力增率在不同含钢率下也有相同的变化规律,即含钢率越小,徐变产生的钢管应力增量(正值)变化越大,核心混凝土应力增量(负值)变化越小,但随着含钢率的增加,增加相同含钢率时,应力增量变化程度越来越不明显。所以单纯通过增加含钢率来减小钢管混凝土构件的徐变增量并不经济,需要综合考虑钢管混凝土的徐变增量程度和经济性来确定含钢率。

2)应力水平

混凝土承受的应力水平 $\sigma(t_0)/f_c(t_0)$ 越高,则起始应变越大,随时间增长的徐变也越大。图 7-4-3 给出了不同应力水平下徐变应变的发展规律,具体如下。

(1) $\sigma(t_0)/f_c(t_0) \leq 0.4 \sim 0.6$ 时,在应力长期作用下混凝土的徐变有极限值,且任何时间的徐变值约与应力成正比,即单位徐变与应力无关,称为线性徐变。

(2) $0.4 \sim 0.6 < \sigma(t_0)/f_c(t_0) < 0.8$ 时,在应力长期作用下混凝土的徐变收敛,有极限值,但单位徐变值随应力水平提高而增大,称为非线性徐变。

(3) $\sigma(t_0)/f_c(t_0) \geq 0.8$ 时,混凝土在高应力作用下,持续一段时间后因徐变发散而发生破坏。

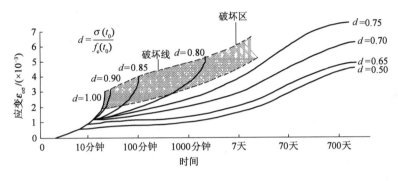

图 7-4-3　不同应力水平下徐变应变发展曲线

为了降低钢管混凝土构件中核心混凝土的应力水平,大跨度钢管混凝土拱桥多采用高强混凝土,在相同的应力水平下,高强混凝土(50MPa 以上)的徐变变形比普通强度混凝土小得多,而两者的总变形则接近,这是由于高强混凝土承受较高的应力值,因而有较大的初始变形所致。高强混凝土的徐变系数也要比普通强度混凝土小得多,据 Cornell 大学的试验,加载龄期为 28d 的混凝土受 $0.6f_c$ 的持久应力作用,则 60d 后的徐变系数对应高强、中强和低强混凝土分别为 0.9、1.8 和 2.7。

3)加载龄期

比起其他材料的蠕变特性,混凝土蠕变(徐变)的特殊之处表现在,混凝土的力学性能与材料的龄期有关。这种与龄期有关的力学性能,主要是因为混凝土水化作用的长期性。混凝土在加载时龄期越小,成熟度越差,内部结构仍不密实,混凝土结构的强度较低,弹性模量也较小,因此起始应变和徐变都大,极限徐变要大得多,如图 7-4-4 所示。不同加载龄期的混凝土单位徐变的比较如表 7-4-2 所示。

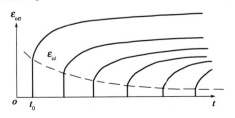

图 7-4-4　不同加载龄期的徐变应变

不同加载龄期的混凝土单位徐变　　　　　　表 7-4-2

t_0(d)	3	7	28	90	365
相对值	1.6~2.3	1.5	1	0.70	0.35~0.50

近年来，国内外学者如刘宏伟、马龙、Briffaut、Hilaire A、Darquenne、J. P. Forth 等人都对早龄期混凝土徐变进行了试验研究。这些试验主要围绕加载龄期和应力水平的变化开展，其中加载龄期均在 7d 之前，应力水平则控制在 0.45 以内。总结这些试验的结论，可以得到早龄期徐变的一致规律：

(1) 混凝土龄期越早，名义弹性模量越低；在相同的荷载级别下，龄期越早，单位应力的弹性应变越大。

(2) 龄期越早，名义弹性模量的变化速率越快，瞬时变形越大。

(3) 早龄期混凝土总应变显著大于硬化混凝土，加载龄期越早，总应变越大。

(4) 加载龄期越早，总应变的增加速率越快。

(5) 早龄期混凝土徐变度较硬化混凝土更高。

在大跨度钢管混凝土拱桥施工过程中，由于管内混凝土是在施工中逐步加上去的，混凝土的龄期之差自数天至半年以上，且混凝土的龄期短，结构的体系经过多次转换，收缩徐变所引起的各施工阶段的挠度变化、预应力损失及体系转化后的内力重分布等均为不容忽视的因素，并影响钢管混凝土结构的长期使用性能。

4) 原材料与配合比

(1) 水泥细度。

水泥细度是指水泥颗粒总体的粗细程度。水泥颗粒越细，与水发生反应的表面积越大，因而水化反应速度越快，而且越完全，早期强度也越高，进而影响混凝土的徐变。大量试验结果表明：水泥细度为 $220m^2/kg$ 时，低热水泥混凝土的徐变稍大于普通水泥的徐变；较粗的（细度为 $130m^2/kg$）低热水泥混凝土徐变比普通水泥大得多。

(2) 灰浆率。

单位体积混凝土内水泥浆含量称为灰浆率。它综合反映了水泥用量和用水量，也反映了集料体积含量。试验结果表明，混凝土徐变随灰浆率的增大而增大。

(3) 水灰比。

水灰比是指混凝土中水的用量与水泥用量的质量之比。在单位体积混凝土的水泥用量不变的情况下，混凝土的收缩会随着水灰比的增大而增大；单位体积混凝土的含水量越高，收缩也就越大。正常情况下，当水灰比发生改变时，混凝土内水泥浆的含量也会随之改变。不同水灰比对徐变的影响研究，应该建立在同样的其他外部条件的基础之上，如以相同的水泥浆含量和相同的加载应力作为比较的基础。在此基础之上，水灰比越低，那么混凝土的徐变也会越低。

(4) 集料。

在混凝土结构的内部，集料对水泥石的收缩徐变有一定的制约作用。约束力的大小与组成混凝土结构的集料的百分比以及集料本身的刚度有很大关系。如将混凝土的集料体积由 60% 提升到 75% 以后，混凝土的徐变会因此降低到原来的 50% 上下。通过试验进一步得出结论，当集料自身的弹性模量没有达到 30GPa 时，混凝土的徐变受集料自身弹性模量的影响较大;当弹性模量超过30GPa时,集料自身的弹性模量对混凝土结构的徐变影响已经较小;如果集料自身的弹性模量超过70GPa,考虑集料的刚度对混凝土结构徐变的影响并没有多大意义。

不同的集料除了弹性模量不同外,还可能具有不同的空隙率、吸水性、压缩性等。有试验表明,当其他条件相同,加载20年后,以砂岩为集料的混凝土的徐变,约为以石灰石为集料的混凝土的徐变的2.5倍。这说明不同的集料可能对徐变产生不同的影响,但并不代表这是普遍的规律。轻集料混凝土的徐变大,反映了轻集料的弹性模量低,此外,轻集料混凝土的弹性模量比普通混凝土小,如以徐变对初始弹性应变之比来衡量,则轻集料混凝土和普通集料混凝土的徐变性能是相近的。

5)外加剂

在混凝土的制作过程中,为了能改善和提升混凝土的某些性能,通常需要掺入多种外加剂以及矿物掺合料,特别是对于高性能混凝土的制作,种类繁多的外加掺合料对混凝土收缩徐变的影响较为复杂,全世界范围内的学者对一些常见的化学外加剂和矿物掺合料进行了较为详细的研究。

(1)减水剂。

在使用减水剂时,其作用和目的不同,对混凝土徐变的影响也不一样。如果使用减水剂是为了能使混凝土的强度得到提高,那么其徐变效应比不掺减水剂时的徐变效应要小;如果使用减水剂是为了在保持混凝土强度不变的情况下节约水泥的用量,那么其徐变效应与不掺减水剂的徐变效应基本相当;如果掺入减水剂是为了提高混凝土的流动性,那么其徐变效应比起不掺入减水剂的徐变效应要大。

(2)硅粉。

在混凝土中掺加硅粉,可提高混凝土强度,另外还能使混凝土更加密实,提高混凝土的耐久性。通常情况下,在混凝土中掺入少量的硅粉,徐变效应会有所降低,如果掺入量超过16%,徐变效应会变大,而混凝土的收缩作用受硅粉的影响极小。

其他影响钢管混凝土结构徐变的因素还包括混凝土的受力状况及历史、环境条件的随机变化、构件的尺寸等。

7.5 本章小结

桥梁结构的长期性能是设计中必须考虑的技术问题。本章针对钢-混凝土组合梁桥在混凝土收缩、徐变作用下的长期性能给出计算与分析的方法。基于《公路钢混组合桥梁设计与施工规范》(JTG/T D64-01—2015),介绍了基于模量换算的组合梁长期性能计算方法;给出了基于迭代分析的组合梁桥长期性能的推导过程和计算方法;讨论了栓钉锈蚀、疲劳对钢-混凝土组合梁长期性能的影响;分析了混凝土收缩、徐变对钢管混凝土结构的影响,以及影响混凝土早期收缩、徐变的材料及配合比的主要因素,同时提出了钢管混凝土徐变计算的建模方法。

思考题

1. 试简述基于模量换算的组合梁长期性能计算方法的要点。
2. 根据本章介绍的组合梁迭代方法的推导过程,采用按龄期调整的有效模量法推导求解简支组合梁的长期性能。
3. 栓钉锈蚀和疲劳对组合梁性能影响的机理是什么?
4. 基于不存储应力历史的逐步计算方法推导求解钢管混凝土柱的长期性能。

本章参考文献

[1] BAZANT Z P. Prediction of concrete creep and shrinkage-past, present and future[J]. Nuclear engineering and design, 2001, 203: 27-38.
[2] 惠荣炎,黄国兴,易冰若. 混凝土的徐变[M]. 北京:中国铁道出版社,1988.
[3] 孙海林. 高强轻骨料混凝土结构长期性能的试验研究[D]. 北京:清华大学,2006.
[4] BAZANT Z P. Prediction of concrete creep effects using age-adjusted effective modulus method [J]. ACI journal, 1972, 99: 367-387.
[5] NGUYENA Q H, HJIAJ M, UY B. Time-dependent analysis of composite beams with continuous shear connection based on a space-exact stiffness matrix[J]. Engineering structures, 2010, 32 (9): 2902-2911.
[6] 余志武,匡亚川,龚匡晖,等. 加速锈蚀钢-混凝土组合梁的性能试验研究[J]. 铁道科学与工程学报,2010,7(3):1-5.
[7] 陈肇元. 土建结构工程的安全性与耐久性[M]. 北京:中国建筑工业出版社,2003.
[8] 龚匡晖. 氯离子作用下钢-混凝土组合梁的耐久性研究[D]. 长沙:中南大学,2009.
[9] 石卫华. 考虑耐久性的钢-混凝土组合梁结构力学性能研究及可靠性分析[D]. 长沙:中南大学,2013.
[10] 荣学亮,黄侨,任远. 栓钉连接件锈蚀后静力性能和抗疲劳性能的试验研究[J]. 土木工程学报,2013,46(2):10-18.
[11] 匡亚川,余志武,龚匡晖,等. 栓钉锈蚀与抗剪承载力试验研究[J]. 武汉理工大学学报:交通科学与工程版,2013,37(2):381-385.
[12] 薛文,陈驹,吴麟,等. 栓钉锈蚀钢-混凝土组合梁试验研究[J]. 建筑结构学报,2013,34 (s1):222-226.
[13] 丁发兴,倪鸣,龚永智,等. 栓钉剪力连接件滑移性能试验研究及受剪承载力计算[J]. 建筑结构学报,2014,35(9):98-106.
[14] 聂建国,王宇航. 钢-混凝土组合梁的疲劳设计[C]//中国土木工程学会桥梁及结构工程分会. 第十九届全国桥梁学术会议论文集. 北京:人民交通出版社,2010.
[15] 李清元. 钢-混凝土组合梁耐久性试验研究及时变可靠性分析[D]. 长沙:中南大学,2014.

[16] 吴麟.栓钉锈蚀钢-混凝土组合梁性能试验研究[D].杭州:浙江大学,2013.

[17] SLUTTER R G. Fatigue strength of shear connectors[J]. Highway research record,1966.

[18] 聂建国,王宇航.钢-混凝土组合梁疲劳性能研究综述[J].工程力学,2012,29(6):1-11.

[19] 韩冰,王元丰.徐变对钢管混凝土受弯构件挠度影响分析[C]//中国力学学会结构工程专业委员会、西南交通大学、中国力学学会《工程力学》编委会、清华大学土木工程系.第九届全国结构工程学术会议论文集第Ⅰ卷.出版地不详:出版单位不详,2000.

[20] 陈宝春,赖秀英.钢管混凝土收缩变形与钢管混凝土拱收缩应力[J].铁道学报,2016(2):112-123.

[21] 张戎令,王起才,马丽娜,等.膨胀剂掺量和含钢率对钢管混凝土徐变性能的影响[J].建筑材料学报,2015,18(5):749-756.

[22] 聂建国.钢-混凝土组合结构桥梁[M].北京:人民交通出版社,2011.

[23] 谢尚英,钱冬生.劲性骨架混凝土拱桥施工阶段的非线性稳定分析[J].土木工程学报,2000,33(1):23-26.

[24] 过镇海.钢筋混凝土原理[M].3版.北京:清华大学出版社,2013.

[25] 刘宏伟,马龙.外加剂对混凝土早期徐变特性影响试验研究[J].盐城工学院学报:自然科学版,2011,24(3):70-73.

[26] BRIFFAUT M,BENBOUDJEMA F,TORRENTI J M. Concrete early age basic creep: Experiments and test of rheological modelling approaches[J]. Construction and building materials,2012,36:373-380.

[27] HILALRE A,BENBOUDJEMA F,DARQUERMES A,et al. Modeling basic creep in concrete at early-age under compressive and tensile loading[J]. Nuclear engineering and design,2014,269:222-230.

[28] DARQUENUES A,STAQUET S,ESPION B. Behavior of slag cement concrete under restraint conditions[J]. European journal of environmental and civil engineering,2011,15(5):787-798.

[29] FORTH J P. Predicting the tensile creep of concrete[J]. Cement and concrete composites,2015,55:70-80.

[30] 姚宏旭.大跨度钢管混凝土拱桥收缩徐变性能研究[D].长沙:湖南大学,2006.

[31] 邹智波.混凝土收缩徐变对钢管混凝土拱梁组合结构内力重分布的影响[D].重庆:重庆交通大学,2014.

[32] 潘家英.混凝土结构的徐变计算[J].土木工程学报,1983,15(4):29-40.

[33] 朱聘儒.钢-混凝土组合梁设计原理[M].北京:中国建筑工业出版社,1989.

[34] 黄侨.桥梁钢-混凝土组合结构设计原理[M].2版.北京:人民交通出版社股份有限公司,2017.

[35] 中华人民共和国交通运输部.公路钢结构桥梁设计规范:JTG D64—2015[S].北京:人民交通出版社股份有限公司,2015.

[36] 中华人民共和国交通运输部.公路钢混组合桥梁设计与施工规范:JTG/T D64-01—2015[S].北京:人民交通出版社股份有限公司,2015.

[37] 中华人民共和国交通运输部.公路钢筋混凝土及预应力混凝土桥涵设计规范:JTG

3362—2018 [S]. 北京:人民交通出版社股份有限公司,2018.
[38] 中华人民共和国住房和城乡建设部,中华人民共和国国家质量监督检验检疫总局. 钢-混凝土组合桥梁设计规范:GB 50917—2013 [S]. 北京:中国计划出版社,2014.
[39] 中华人民共和国交通运输部. 公路桥涵设计通用规范:JTG D60—2015 [S]. 北京:人民交通出版社股份有限公司,2015.

第8章
钢-混凝土组合梁桥施工技术与方法

8.1 施工方法对组合梁受力的影响

钢-混凝土组合梁桥的现场施工包括钢结构的架设安装施工和混凝土桥面板的施工两大部分。其中钢结构现场的架设施工方法有吊装法施工、顶推法施工和支架法施工等,混凝土桥面板的施工方法有现浇法施工和预制法施工等。这些不同的施工方法对最终形成的组合梁桥的受力会产生不同的效应,应了解不同的施工方法对组合梁桥受力产生什么样的影响,并结合具体工程的现场条件和运输条件选择合适的钢结构和混凝土桥面板施工方法。

8.1.1 钢结构架设方法对组合梁受力的影响

钢结构的架设采用何种方法与施工现场的地形特点、吊装能力及构件的运输条件有关。当施工现场不具备大型吊装机械或不具备运输大型钢结构条件时,只能在现场进行小构件的吊装并组装成大结构构件,可以采用支架法施工或顶推法施工;当施工现场有大型吊装设备并且具备大节段钢结构运输条件时,可以采用吊装法施工。

采用顶推法施工的钢梁桥,在钢梁到达各个墩顶设计指定位置后,钢结构在自重状态下的受力呈现出多跨连续梁的受力特点。在中间墩附近的钢梁受负弯矩作用,非中间墩的钢梁受正弯矩作用。在正弯矩作用下钢梁的上缘受压、下缘受拉,在负弯矩作用下钢梁的上缘受拉、下缘受压。通常在组合梁桥中钢梁的自重所占的结构恒载比例较小,钢结构在顶推到位后钢结构的应力水平不大,特别是中小跨径的桥梁中钢结构的应力水平更低,因此在顶推到位时钢结构的应力状态不会决定结构受力的安全性。但是采用顶推法施工时,钢结构在墩顶上连续通过,钢结构在顶推过程中的受力状态与最终钢结构就位时的受力状态有较大的不同,特别是钢梁就位时跨中正弯矩区段的钢结构在顶推经过墩顶时变为负弯矩受力状态。在跨中正弯矩区段的钢结构底板受拉,不需要设置过多的加劲肋,但是在顶推经过墩顶时钢结构底板处于受压状态,为了防止钢结构的局部失稳需要在底板设置足够强健的加劲肋。此外,钢梁的腹板在顶推过程中的受力状态与安装到位时的受力状态也有较大的不同,需要对钢梁腹板的安全性进行全面的计算和分析。

采用支架法施工的钢梁桥,通常在桥墩之间设置直接支承钢梁的膺架,在膺架上组拼钢梁。当桥梁跨径较大时在膺架下方需要设置适当数量的临时立柱;当桥梁跨径不大时,膺架直接支承在桥墩上。当钢结构在膺架上组拼完成后,进行后续的桥面板施工。桥面板的施工方法有两种:一种是在膺架没有拆除时进行,一种是在膺架拆除之后进行。这两种不同的方法对组合梁的受力产生不同的影响。在膺架没有被拆除时施工混凝土桥面板的施工方法相当于一次落架施工,桥梁的结构自重全部由组合梁承担;当膺架被拆除后再施工混凝土桥面板,这时组合梁的自重全部由钢梁承受,而混凝土不承担梁体的一期恒载效应。显然,在相同跨径下,前一种施工方法(组合梁承受结构自重)所需要的钢梁尺寸会比后一种(钢梁承受结构自重)的小,但是对于连续梁,采用前一种施工方法会使负弯矩区的混凝土产生拉应力,跨径较大时混凝土的拉应力可能超过材料的抗拉强度从而导致混凝土在负弯矩区开裂。

钢梁桥采用吊装法施工,即采用大型吊装设备把一跨范围的整段桥梁直接吊装到设计的指定位置。通常钢梁有两种分段吊装方法:一种是每跨梁段的长度等于两桥墩之间的距离,吊装时将钢梁节段直接放到两边桥墩上,再进行钢梁的连接;另一种是桥梁两个边跨的钢梁长度与实际的跨长不等,中间跨的钢梁长度与实际跨长相等,先吊装比边跨长的钢节段放到两个桥墩上,再依次吊装中间跨的梁段,使得吊装梁段一端与先安装的钢梁相连,另一端支承到桥墩上,最后安装比边跨短的钢梁节段。虽然就位后的钢梁是连续梁结构,但这两种施工方法的钢梁基本上每跨都接近简支梁的受力特点,而不是连续梁的受力特点。采用吊装法施工的钢梁其跨中截面的尺寸要比采用其他方法施工的钢梁跨中截面尺寸略大。

8.1.2　桥面板混凝土施工方法对组合梁受力的影响

除了钢梁采用支架法施工由膺架支承钢梁和混凝土外,一般的组合梁是采用钢梁承担结构自重的施工方法。采用钢梁承担结构自重的施工方法时要注意,桥面板混凝土的浇筑过程中以及在预制混凝土桥面板的安置或顶推过程中钢梁受压翼缘横向没有约束,容易导致钢梁失稳,这种危险的情况需要充分考虑;一旦混凝土凝固并与钢梁上翼缘结合后,翼缘板横向得到约束,就不会发生侧向扭转屈曲。

混凝土板的施工顺序也会对钢梁上的反力有影响,根据各跨径比值以及施工混凝土的顺序,可能会出现负反力,这样会导致支点处主梁向上翘,使得主梁与支座脱空。在桥墩处对于边跨比邻跨短的情况和在施工邻跨的过程中,需要检查钢梁是否上翘或支座是否脱空。

另外，现浇法和预制法这两种混凝土桥面板的架设方法对组合梁产生不同的影响。具体如下。

1) 现浇法施工的影响

采用现浇法施工混凝土桥面板时，根据桥梁跨径的大小，全桥的混凝土桥面板可以采用整体现浇，也可以采用混凝土桥面板分段浇筑。当桥梁的跨径较小时，采用整体浇筑施工较为方便，混凝土不参与结构的恒载受力，需要钢结构承受全部的一期恒载；对于跨径较小的桥梁，钢结构的用量不会增加太多。但是对于跨径较大的桥梁，采用整体浇筑混凝土时，靠钢结构承受全部的一期恒载会使得钢结构的用量大幅增加，对桥梁的综合造价影响较大，这种情况下应采用混凝土分段浇筑的方法。在连续梁桥中分段浇筑混凝土一般先浇筑正弯矩区段的混凝土，然后浇筑负弯矩区段的混凝土，也可以在每个区段内再细分若干步。当采用分段法现浇混凝土桥面板时，正弯矩区段的钢梁受力比采用整体浇筑时的小，但是混凝土受到的压应力比采用整体浇筑时的大。由于混凝土的抗压强度相对其抗拉强度高很多，在正弯矩区的混凝土承受不同施工方法下结构自重产生的压应力不会对其强度效应产生较大的影响。

当混凝土浇筑完成并与钢结构结合成为一体后，混凝土的收缩会受到钢主梁的限制，总体上使得混凝土受拉、钢梁受压。组合梁中混凝土由于收缩作用产生的拉应力与钢梁截面面积 A_s 和混凝土截面面积 A_c 的比值有一定关系，A_s/A_c 值越大，混凝土产生的拉应力越大。混凝土由于收缩作用产生的拉应力会接近其抗拉强度，因此在组合梁中采用现浇混凝土必须注意由于收缩作用产生的拉应力。

2) 预制法施工的影响

混凝土的早期收缩量比后期的大，为了克服混凝土收缩对组合梁受力的不利影响，可以采用事先预制混凝土板的方法。该方法是提前预制混凝土桥面板，并存放一定的时间，使得混凝土的收缩处于自由状态，释放掉这部分混凝土与钢梁组合产生的拉应力。混凝土预制存放时间根据工程的实际情况而定，存放时间越长，前期的混凝土收缩应变释放量就越多。但是需要注意，即使采用预制混凝土桥面板，当桥面板与钢梁结合成一体后，混凝土后期的收缩还是要发生的，这部分收缩同样受到钢梁的约束，需要计算这部分收缩的影响。

在采用预制法施工的组合梁桥中，桥面板的施工顺序对组合梁的受力会产生一定的影响，其原理与现浇混凝土施工相似，这种影响随着桥梁跨径的增大而变得更为明显。因此在大跨径组合梁桥中先安装正弯矩区段的混凝土桥面板，并浇筑桥面板之间的湿接缝混凝土，使混凝土桥面板之间以及钢与混凝土桥面板之间连为整体，然后安装负弯矩区段的混凝土桥面板。

预制法施工混凝土桥面板能有效减少混凝土收缩对梁体产生的不利影响，但是预制法施工形成的混凝土桥面板的整体性比现浇法施工的差，主要原因是在湿接缝界面处预制混凝土与现浇混凝土材料的性能不一致。

8.2 钢结构施工方法

8.2.1 钢结构吊装法施工

1) 主要特点

钢梁吊装施工按照吊装方式可以分为两种类型：一种是利用起重机(陆地)或浮式起重机

(水上)进行钢梁节段的起吊安装;另一种是利用固定在已经安装梁段端部的提升设备进行钢梁节段的提升安装。

钢梁的吊装一般使用一台或多台起吊设备,吊起钢构件并将其安装至墩顶永久支座上或预定位置上。从减少吊装环节、提高现场作业效率角度考虑,起吊的构件单元应尽量大一些,同时也要兼顾构件划分数量、吊装重量和所需起吊设备能力等多方面因素。起吊安装分为采用移动起重机在陆上施工和采用浮式起重机在水上施工两类。

钢梁的吊装施工首先需要根据钢梁的结构形式与尺寸、运输条件和起重机起吊能力等对钢梁进行节段划分。从桥梁的纵向看,钢梁吊装单元可以按照桥梁的孔跨布置,以接近一跨长度为单位进行节段单元划分。需要控制起吊重量时,也可以按照小于一跨长度进行节段单元划分,这种划分方法需要有临时墩配合吊装施工。从桥梁的横向看,对于(组合)钢板梁和多箱(组合)钢箱梁,可以划分为单片钢板梁或钢箱梁进行吊装,这将增加横向连接的现场工作。即使对于单室的钢箱梁,如果受到运输或吊装能力限制,钢梁也可以横向一分为二,这通常用于小跨桥梁陆地吊装施工。

钢梁的提升吊装施工是先将钢梁节段运输至永久位置下方,然后提升吊装至最终位置。提升施工比较复杂,仅在某些特殊情况下具有经济优势从而得以应用,在实际工程中常在安装跨越河道的中跨部分节段时使用。尤其是对于中跨跨径比边跨跨径大且数量不多的情况,不宜采用顶推施工,同时浮式起重机安装造价高昂甚至不可行。在这种情况下,提升吊装施工能够在几小时内完成几百吨甚至几千吨的钢梁节段的提升就位,从而大大减小施工对河道交通的影响。

2)陆地/水上起重机安装

钢梁吊装单元尺寸划分有两种:以一跨长度为单元和以小于一跨长度为单元。不同的单元对应不同的施工流程。这些施工流程对于陆地吊装和水上吊装方法是一致的,不同的是吊装机具、重量和辅助设备。

如图 8-2-1a)所示,钢梁节段长度为整跨长度(或与主跨跨径基本相似)。第一节段支承在桥台和桥墩上,第二节段可支承在已经就位的第一跨的悬臂端和下一个桥墩上。钢节段可依次架设施工而无须设置临时墩。在水上环境、节段质量大、施工安全风险高等情况下,也会将分段截面选择在墩顶,如图 8-2-1b)所示。这种施工方法需要墩顶有较大的纵向尺寸,使接缝面在墩顶可以沿桥梁纵向适当偏离墩中心,以避开受力最不利位置。

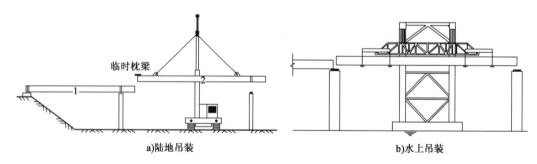

图 8-2-1 起重机架设整跨长度节段的施工示意图

如图 8-2-2 所示,钢节段长度小于跨径。完成最左边第一个节段吊装后(如需要可架设临时墩),后续施工的第二个节段左端可支承在已完成吊装的第一个节段梁端和临时墩上。再后面第三个节段的吊装,支承在临时墩和下一个永久墩支座上,从而完成合龙。

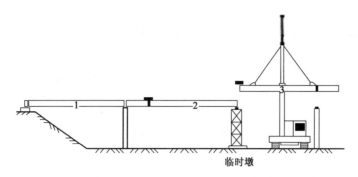

图 8-2-2　起重机架设长度小于跨径节段的施工流程示意图

为方便节段连接的现场对接焊施工,节段连接点通常设置在跨径的四分点处,此位置基本也是桥梁使用阶段的应力最低点的截面位置。

如果钢梁是双幅梁或多幅梁,在横梁连接后,横向全断面整体吊装也是可行的。这一方法的优点在于可在地面上安全地、高效地实施焊接,且吊装架设后结构自身是独立稳定的。然而,在桥梁跨径较大或梁宽太大的情况下,需要采用大型起重机进行吊装。在起吊能力受限或经济性不好时,需要梁体横向分节段吊装。

钢梁的吊装施工方法,通常对任何平坦地形位置的桥梁类型都是适用的,并使钢梁节段施工阶段受力较小,避免因施工过程受力与桥梁使用阶段不同而需加强设计。吊装施工也具有较高的施工效率和速度,在需要封闭道路、铁路的施工中尤其有利。

当桥梁为相对较长的组合梁时,钢梁节段吊装和梁体焊接比混凝土板现浇的速度快,因此在完成三至四跨长度的钢梁安装后,混凝土浇筑引发的钢梁变形不会影响前端钢节段的焊接,这样可以实现钢梁吊装和桥面板的浇筑施工部分重叠,有利于加快施工进度。另外,相对于工厂拼装,吊装后的节段对接焊接、横向构件的焊接等施工现场操作比较困难。

对于水上施工而言,特别是具有通航运输能力时,能够运输的梁体节段较大,这样现场焊接工作量就相应减少,可大量缩短施工时间。但是,浮式起重机施工的成本较高,施工时即便有水上运输条件将节段运至场地,且场地有足够抛锚定位条件,也还是会受到一定限制。此外,浮式起重机由于体积庞大,移动起来非常困难,常常会阻塞航道。

3)梁上起重机提升安装

钢梁提升吊装一般用于跨越河道的中跨节段的安装。岸上或近岸的边跨采用比较常规的施工方法,如起重机吊装、顶推或者二者结合等方法,在完成边跨施工后,跨越河道的中跨节段用船运至现场,采用固定在边跨悬臂端的提升设备完成对中跨节段的提升就位,如图 8-2-3 所示。

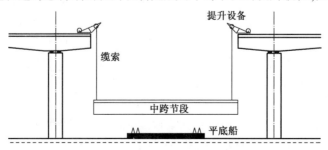

图 8-2-3　钢梁提升吊装

提升操作可由提升滑轮组或缆索顶升千斤顶实现。提升设备与已施工边跨梁的悬臂端临时固结。为确保跨中节段的安全提升和提升就位后节段间的焊接定位,两个边梁间的间距应比待提升的中间节段长度大几厘米。在中跨节段提升结束后,可抬高临近主墩的支承点或将其中一个已完成施工的边跨移动至其最终位置,再完成节段间的焊接固定。提升结束并精确调整完成后,跨中节段和两侧边跨完成对接焊接施工或者螺栓拼接施工。

采用提升方法吊装的钢梁节段,其主要的组装工作都在地面或钢结构加工厂完成,有利于保证施工安全和工程质量。当桥位处于航运繁忙区时,可以先在其他地方完成结构组装梁节段,可以多台缆索和千斤顶设备并联使用以满足起重要求。

这种施工方法的应用对象的节段一般都比较大,提升设备通常需要定制,因此设备的可重复利用性较差。再者,非常复杂的提升工序需要精细的施工操作,并且需要在气象条件较好的环境下施工。

另外,大跨度钢桁梁桥中的钢梁施工,会先采用支架法施工墩顶附近的钢梁结构,然后在架设好的钢梁端部安装桥面板起重机,利用桥面板起重机起吊待安装的钢梁节段,达到指定位置后把吊装段与已架设好的钢梁连接。再向前移动桥面板起重机,准备下一个节段的吊装。如此循环完成所有节段的吊装与安装,最后进行合龙段的吊装与连接。这种钢梁桥的施工方法总体上是悬臂法施工,而对于钢结构则采用支架法与吊装法的组合形式。

8.2.2 钢结构顶推法施工

1)基本特点

钢梁顶推法适用的范围很广,特别是跨越山谷、河流的桥梁,普遍采用顶推法施工。顶推法不仅可用于位于直线上的桥梁,还可以用于具有不变曲率的平弯桥梁;多用于等高梁,也可用于变高梁。顶推法施工通常不设临时墩,即使跨度为100m以上也是如此,这充分利用了钢梁自重轻,抗拉、压能力强的特点,提高了其在经济上的竞争能力。

顶推施工的方法,按照驱动钢梁前进方式的不同,可以分为单点顶推和多点顶推。所谓"顶推"并不限于向前的驱动,也可以是对梁体的牵引,其动力并不限于千斤顶,也可以是卷扬机配以滑轮组。顶推施工时各钢梁支承处的支承座,除了满足承受竖向反力要求外,还需设置滑动面,通过使用四氟板等降低界面之间的摩擦力,同时还要能够适应梁体挠曲和预拱线形等导致的梁底不平顺。

钢梁顶推时可以在前端和后端设置导梁,以实现顶推过程中对梁体受力的控制以及对结构挠曲等方面的调整控制。当跨度较大且顶推施工控制钢梁设计时,可以采用在钢梁上安装吊索支架辅助施工的方法,通过张拉与放松吊索,在顶推过程中适时控制钢梁内力和位移,这一方法的经济性比设置临时墩的方法要好。

钢梁顶推施工时,为了防止钢梁从顶推支承装置上滑落,并保证顶推系统的基座支承位置维持在腹板下方,必须设置侧向约束导向设备。侧向约束导向设备必须固定在至少两个支点上,通常包括设有顶推装置的墩台,并且要求这些支点之间的距离越大越好。

2)滑动支承座上的顶推

利用桥梁墩台处设置滑动支承座进行钢梁顶推,可以分为两种系统:一种是滑动支承座固定在桥梁墩台(含临时墩)上,钢梁底缘在滑动支承座上的滑板上滑动,如图8-2-4所示;另一种是滑动支承座固定在钢梁底缘上,滑动支承座在固定于梁墩台(含临时墩)上的滑板上滑动,如图 8-2-5 所示。

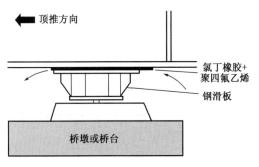

图 8-2-4　梁体在固定的支承座上滑动

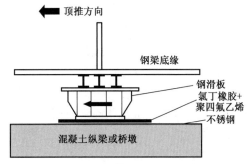

图 8-2-5　固定于梁体的支承座在桥墩上滑动

第一种系统由于滑动支承座固定在桥梁墩台上,顶推时滑动支承座不做纵向运动,仅钢梁发生纵向移动,因此滑动支承座对其下面底座的尺度要求不高,两者基本相称即可,具体尺寸要依据承担的反力来设计。这种顶推方式,滑动支承座通常做成摇臂式,以满足钢梁在顶推期间的转动,避免钢梁因为转动而产生应力集中。采用这种方法,钢梁底缘从滑动支承座上滑过,无论其构造加劲强弱均需经受支承集中力的考验,因此,这种方法适合于中小跨度的桥梁。

第二种系统梁体与滑动支承座保持固定,共同在桥梁墩台上的滑板上滑动,每个滑动支承座都被临时安装在钢梁上。滑动支承座的底面需要安装弹性支承垫,其下方放置聚四氟乙烯板。在顶推区域,滑动支承座在墩台上的滑板上滑动,通常该滑板顶面用不锈钢覆盖。采用这种方法,钢梁被顶推至其行程终点时,需要将钢梁顶升抬高,以便将滑板移回其初始位置,之后钢梁再次降落到滑动支承座上,进入下一轮循环作业。这种方法中钢梁和滑动支承座是临时固定的,可以选择加劲较强的部位,可以最大限度地兼顾钢梁受力。如钢桁梁采用这种顶推方法,滑动支承座可以选择固定在钢桁梁的节点位置或接近节点的位置,钢桁杆件只需承受桁架总体承载下的轴力作用。但是,这种方法需要大型支承底座,比如对于钢桁梁,其下滑动面的支承底座的长度需要超过钢桁梁一个节间的长度与滑动支承座长度之和。

3)滚动支承座上的顶推

利用滚动支承座支承钢梁进行顶推的方法,钢梁在滚筒鞍座上移动的滚动摩擦力可以达到非常低的水平。滚动支承座有两种形式(图 8-2-6):常用的一种是摇臂鞍座式,其底座为铰接,以确保滚筒(通常成对编排)不论顶推时钢梁纵曲线如何变化,始终与底缘保持接触;另一种是缆索鞍座式,滚筒的轴支承在张紧的环形缆索上,以保证荷载在滚筒上的均匀分布。

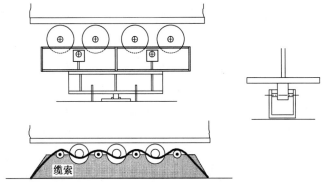

图 8-2-6　梁体在滚动支承座上滑动

摇臂鞍座式滚动支承座常用滚筒承载力为每个滚筒 40~60t,必要时最大可达 100t。顶推时每个支点所需要的滚筒数量取决于需要承担的荷载。目前在法国每个缆索鞍座的滚筒数量限制在 6 个,摇臂鞍座则可达 12 个。在每个支承大约 300t 的荷载作用下,尤其在有较高顶推速度的情况下,摇臂鞍座式是理想的选择。

鞍座与钢梁间的联系必须集中在底缘,且垂直于腹板,以确保支承反力直接传递给腹板。如果与腹板联系不恰当,工字形主梁的底缘可能产生显著的横向转动。当箱梁的顶推设备必须横向设置于距离腹板轴线较远处时,应在顶推支座上方设置专门的加劲肋进行加强,以满足顶推时的受力之需,通常采用 T 形截面构造并称之为"顶推 T 肋"。

4) 锲进式顶推

锲进式顶推系统是一种自动化程度很高的顶推装置。这种顶推系统在钢梁向前顶推之前,通过顶推系统的提升与顶推锲块的起升,将钢梁向上托起使之离开竖向支承,然后推动顶推锲块向前运动。一次前进的行程结束后,通过提升锲块的下降,使钢梁向下重新回落到竖向支承上。如此完成一次循环作业。在钢梁的一次前进行程中,钢梁底面与顶推锲块之间位置是固定的。整套顶推装置设有自动控制系统,顶推时多点同步运作,通过设置参数由电脑控制顶推过程,现场无须人工操作,工作效率高、速度快。

锲进式顶推系统包括:支承在桥墩上的竖向平衡千斤顶(可调节支点处的高程、自动控制保持支承受力均衡)、支承座(下缘落在竖向平衡千斤顶上、上缘可支承梁体)、提升锲块与水平向千斤顶(具有推拉功能、固定于支承座上)、顶推锲块与水平向千斤顶(具有推拉功能、固定于支承座上)。顶推前进时顶推锲块与钢梁下翼缘位置相对固定,钢梁随顶推锲块向前运动。此外,还有横向约束导向装置等。

图 8-2-7 所示为一次完整的锲进式顶推循环作业。具体可分为以下 4 个步骤:

步骤 1:水平向千斤顶推动顶升锲块反向水平移动,由于顶升锲块和顶推锲块之间接触面的斜坡作用,顶推锲块上升,并托举钢梁起升和顶升脱离支承座。

步骤 2:水平向千斤顶拉动顶推锲块正向水平移动,钢梁随顶推锲块一并前进。在该过程中,同样由于顶推锲块和顶升锲块之间接触面的斜坡作用,顶推锲块继续升高,升高值由锲块斜坡面的坡度和顶推行进距离决定。

步骤 3:水平向千斤顶回缩拉动顶升锲块正向水平移动,顶升锲块和顶推锲块之间发生反向错动,从而引起顶推锲块的下降运动,同时带动钢梁回落并接近支承座。

步骤 4:水平向千斤顶推动顶推锲块反向水平移动,从而使顶推锲块进一步下降,并带动钢梁最终回落到支承座。

5) 步履式顶推

步履式顶推是指由一套顶推系统与墩顶临时支承块相互配合的一种方法。这种方法在钢梁向前顶推之前,通过竖向千斤顶顶起整个顶推系统,使钢梁脱离临时支承座,然后推动系统中的上顶推座向前运动,上顶推座带动钢梁前进。一次前进的行程结束后,竖向千斤顶下降,使钢梁向下重新回落到竖向支承上,如此完成一次循环作业。在钢梁的一次前进行程中,钢梁底面与上支承座之间位置是固定的。这类顶推系统设有自动控制系统,顶推时多点同步运作,通过设置参数由电脑控制顶推过程,现场无须人工操作。

步履式顶推系统包括:支承在桥墩上的竖向平衡千斤顶(与下支承座整合一体、可调节支点处的高程、自动控制保持支承受力均衡)、下支承座(由竖向平衡千斤顶支承、顶面设滑板并支承上顶推座）、上顶推座（其支承在下支承座上、顶推时顶面支承钢梁）、纵向千斤顶（具有推拉功能、固定于下支承座上）、横向约束导向千斤顶与滚轮（固定于下支承座上）。顶推前进时上顶推座与钢梁下翼缘位置相对固定，钢梁随上顶推座向前运动。除此之外，还须在墩顶设置临时支承块，以便在顶推系统落梁时支承钢梁。

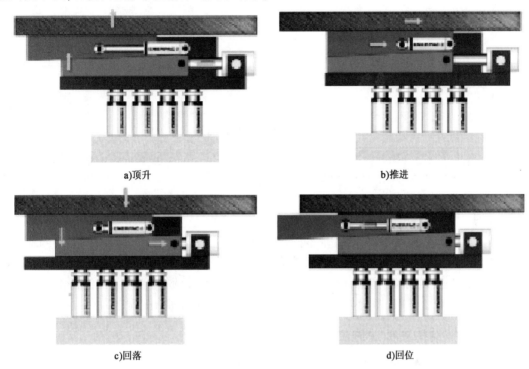

图 8-2-7　锲进式顶推系统工作原理

注：下面的楔块为顶升楔块，上面的楔块为顶推楔块。

图 8-2-8 所示为一次完整的步履式顶推循环作业。具体可分为以下 4 个步骤：

步骤 1：竖向平衡千斤顶顶升，从而顶起整套顶推系统上升，并托举钢梁起升和脱离临时支承块。

步骤 2：纵向千斤顶顶推上顶推座正向水平移动，钢梁随上顶推座一并前进。

步骤 3：竖向平衡千斤顶回落，同时带动钢梁下降并支承在临时支承块上。

步骤 4：纵向千斤顶回缩，带动上顶推座回位。

图 8-2-8　步履式顶推系统工作原理

6）移动临时墩的顶推

对于有些跨河桥梁,利用驳船或浮桥上设置临时墩作为前端支承,进行钢梁顶推施工,常常因为其经济上的优势而得到应用。以一跨跨河的静定跨桥梁为例,为了跨越河流的顶推,可以采用自驱式驳船或浮桥,钢梁前端支承在驳船或浮桥上的临时墩上,而后端则支承在邻近岸台的滑道小车上(图8-2-9)。

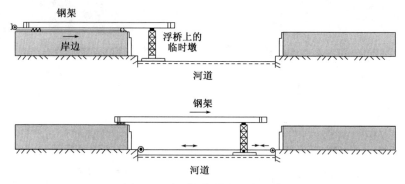

图 8-2-9　在驳船或浮桥上顶推示意

实施时驳船先行定位好后,通过顶推操作使钢梁垂直置于浮桥上,接着将钢梁牢固地固定于驳船和临时墩上,之后驳船就可以沿河道移动了。一旦钢梁一端到达另一边的桥台,通过压载驳船或直接在横梁或端横梁下面用千斤顶顶升,梁段就可以脱离船体。在浮桥上顶推只能在非常平静的河流上进行,钢梁与浮桥系统必须通过高效的锚固措施固定。

8.2.3　钢结构支架法施工

支架法安装钢梁节段,首先是在桥位孔跨处搭设支架,桥梁孔跨较多时可以考虑支架的倒用,以便减少临时工程费用。支架系统一般由上部的膺架梁和下部的支承立柱和基础组成,当桥梁处于陆地时,支架系统的基础费用相对较低,可以采用多立柱支承,这样上部膺架梁可以选用承载能力较小、更为经济的结构;当桥梁处于水上时,支架系统的基础费用相对较高,可以采用少立柱支承,上部膺架梁选用承载能力较大的结构,甚至在桥跨间不设临时支柱,直接选用较强的膺架梁支承在桥墩或桥墩承台上。陆地和水上支架系统示意分别如图8-2-10和图8-2-11所示。支架系统搭设完成后,按照施工流程进行钢梁节段单元的吊装,陆地吊装和水上吊装方法的施工流程是一致的,不同的是吊装机具和辅助设备。

图 8-2-10　陆地支架系统示意

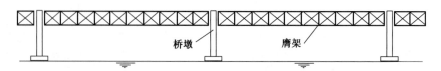

图 8-2-11　水上支架系统示意

陆地上的支架法安装,起重机到位不受限制时,可以直接将钢梁节段逐段吊装就位;也可以将钢梁节段运输至桥台处安放在支架上,通过滑移就位,如图 8-2-12 所示。钢梁节段采用滑移法就位,可以避免起重机不断更换位置,特别是地面通行条件较差或根本无法就位时,滑移法就成为自然而然的选择。当桥梁长度较大时,钢梁节段在支架上滑移太长,施工效率将明显下降,需要考虑增设钢梁节段的提升点。

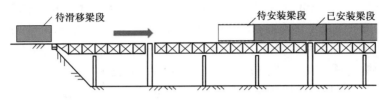

图 8-2-12 支架法钢梁节段滑移施工示意

在水上环境下,当浮式起重机到位不受限制时,可以直接将钢梁节段逐段吊装就位,如图 8-2-13 所示;也可以将钢梁节段运输至桥台处安放在支架上,通过滑移就位。当不适合从岸上桥台处开始通过滑移法完成钢梁节段安装就位时,可以在水上合适位置设置提升站或直接用浮式起重机吊装钢梁节段到支架上,再滑移就位。

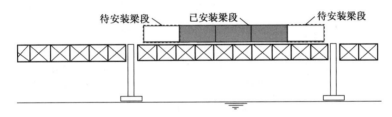

图 8-2-13 支架法钢梁节段吊装施工示意

支架法安装时,钢梁节段吊装就位并不限于上述方法,比如采用门式起重机进行钢梁节段安装,不仅在陆地上具有可行性,在水上也可以将门式起重机设在栈桥上。但无论何种方法,都需要结合具体情况,考虑经济性后进行选择。

钢梁节段吊装就位后由支架支承,可以按照预定施工顺序逐段吊装、逐段连接,也可以吊装多节段(比如一孔梁长的节段)后再逐段连接。节段连接前需要利用调节装置进行精确定位,为便于节段连接的现场对接焊施工,钢梁节段间还需要采取临时连接措施。

钢梁分成小节段利用支架进行安装施工,通常对任何平面线形的桥梁类型都是适用的,钢梁安装施工阶段受力较小,但仍然需要考虑施工时支架弹性和非弹性变形对钢梁拼装线形的影响。此外,钢梁现场连接工作量大、施工条件相对较差,特别是焊接施工时需要充分考虑气候条件影响,必要时采取措施以保证施工质量。

8.3 桥面板的施工方法

8.3.1 现浇法施工混凝土桥面板

组合结构桥梁的桥面板滑模现浇法施工是国外最常用的施工方法,在组合钢板梁、组合钢箱梁、组合钢桁梁中都有广泛应用。现浇法非常适合于构造简单的钢梁结构,如采用双主梁组合钢板梁就最常使用滑模现浇混凝土。由于其构造简洁规整、标准化与规律性强，在大量实践中形成了高效成熟的滑模现浇施工工艺，这不仅代表了施工方法的不断优化成熟的过程，也包含了设计中结构构造与施工的结合，这种设计与施工的互动形成了最为经济、高效的施工方法。因此，组合钢板梁的桥面板滑模现浇施工方法最具代表性。

组合钢板梁桥面板基于滑动模板现浇的方法，是采用可在钢主梁上移动的装置，在现场分节段现浇桥面板混凝土。每次浇筑的桥面板长度可以根据结构与现场条件、工期等确定，通常一次浇筑长度为 8~20m。桥面板现浇施工的滑动模板系统作为一种临时结构，包含支承在钢主梁上的一个钢框架及模板平台。一个完整的滑动模板系统示意如图 8-3-1 所示，模板平台分为三个部分，中间段一个部分，两侧悬臂段各一个部分。这套模板系统可以完成截面全宽范围的混凝土板节段浇筑。对于简单的双主梁-横梁结构的组合钢板梁桥，具有不变的梁高同时采用小横梁时，滑动模板系统通常包括支承在主梁上翼缘的活动纵梁、支承在活动纵梁上的横向支架以及连接各横向支架的纵梁。混凝土桥面板下的模板平台由吊杆吊挂在连接横向支架的纵梁上。

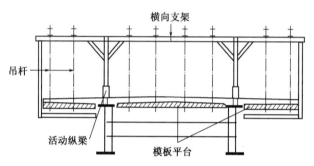

图 8-3-1　完整的滑动模板系统示意

在浇筑工作状态下，支承整个滑动模板系统的活动纵梁支承在钢支座之上，而钢支座穿过混凝土板现浇段内的钢筋支承在主梁上。模板平台用吊杆吊挂在连接横向支架的纵梁上。在走行工作状态下，需先释放吊杆对混凝土板中间段模板平台的支承，并直接降低该模板平台，将其支承在横梁上翼缘上。横梁的上翼缘设置滚轴或临时滑板，这样模板平台利用导链等装置可以很容易地向前移动，直至下一个混凝土浇筑节段的位置。完成了中间段模板平台的纵向移动操作后，滑动模板系统的上部门架可以带着悬臂段模板平台前进，但悬臂段模板平台必须事先降低到适当高度。纵向活动梁则在支座上滚动或滑动。

对于组合钢箱梁和组合钢桁梁桥，桥面板采用滑模施工的基本方法和组合钢板梁是相同的，不同之处在于这两种结构形式对于桥面板滑模施工而言，其标准化与规律性不强。比如，组合钢箱梁的箱内或组合钢桁梁的两片钢桁中间部分的模板，其浇筑前安装时的临时支承与浇筑后的走行，没有组合钢板梁那样的规律性设置的横梁可以利用，常常需要采用手动操纵的模板平台在每个施工循环中进行安装、拆卸和移动。这不仅是施工的问题，还需要设计对施工需求的充分考虑。尤其是组合钢箱梁桥，其内部横隔系的设置对桥面板现浇施工影响很大，应该从设计与施工相互依存的角度，寻求最优解决方案。

以横隔系设计成无水平拉杆和直接支承横梁的组合钢箱梁为例，需要采用一种复合的滑动模板系统，该系统悬臂部分的模板平台和前述滑动模板系统是一致的，对于箱梁上翼缘之间的跨中区段，横隔系的存在限制了跨中段模板平台的下降及随后的纵向移动。因此，需要一个具有手动操纵梁的悬吊式模板平台，可以在每个混凝土板节段施工周期中进行安装、拆卸和移动(图 8-3-2)。

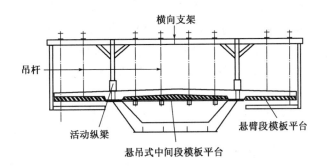

图 8-3-2 无直接支承横梁的箱梁结构滑动模板

典型的组合钢桁梁一般用于大跨度桥梁,应用最为广泛的是具有两片直立主桁的截面形式,其钢梁上弦杆处通常设有水平横梁。这种组合钢桁梁其桥面板现浇施工和组合钢板梁桥面板现浇施工条件类似,不同之处在于跨中部分模板平台的安装与走行。组合钢桁梁没有组合钢板梁那种可用于模板平台安装和走行支承的横梁,因此需要设置临时结构辅助实现该项功能。

8.3.2 预制法施工混凝土桥面板

混凝土桥面板预制施工是在预制场进行混凝土板节段预制,然后将这些预制单元安装于钢梁之上,最后浇筑预制板之间的接缝或槽口,使桥面板与钢梁结合共同受力。虽然预制桥面板的应用没有现浇施工广泛,但桥面板预制的施工方法也具有其优势,如加快施工进度、提高施工质量等,在一些类型的桥梁中得到大量应用,包括具有复杂几何外形的桥梁(变宽度、斜的双主梁等)、施工时间要求很短的桥梁、场地条件很困难(寒冷的地区,桥址远离混凝土搅拌站,穿越繁忙的公路、铁路及航道等)的桥梁。从结构受力角度看,预制施工也可以减小混凝土板的收缩效应和水化热效应,当安装预制混凝土板时,大约50%的混凝土收缩已经发生。另外,预制桥面板的设计和施工过程均需极其细致。根据预制混凝土桥面板横向是整块还是分块预制,相应施工方法也有所不同。按照横向是否分块,可以分为分块单元预制和全宽单元预制,不同的预制方法对应不同的结构形式和施工要求。

横向分块预制在组合钢板梁、组合钢箱梁及组合钢桁梁中都可能用到。当钢梁上翼缘之间的混凝土板难以现场浇筑时,通常采用桥面板预制施工的方法。桥面板横向分块的方法如图 8-3-3 所示,混凝土板被分解成悬臂部分的 2 块预制单元和跨中部分的 1 块(有时对于很宽的桥面板是 2 块或 2 块以上)预制单元。

桥面板横向分块预制时,钢主梁上翼缘以上区域的混凝土板不需要预制,该部分的混凝土为现浇完成的,并且不需立模进行现浇,但必须保证接缝处混凝土浇筑时的水密性,现浇混凝土通常采用补偿收缩(微膨胀)混凝土。

桥面板采用横向分块进行预制时,预制板单元的长度可直接由横隔系的纵向间距确定,该间距常用值为 4m 左右,预制板件的长度则在考虑预留钢筋连接长度后小于 4m。

对于采用双主梁的组合钢板梁桥,预制单元的宽度也可以采用混凝土板全宽进行预制(图 8-3-4),这种方法的最大弱点在于预制单元与主梁的连接存在困难。连接件以簇群的方式集中布置在混凝土板槽口区域的钢梁上,对于这些槽口随后采用低收缩混凝土现场浇筑将其填满,填充料强度一般应该高于桥面板混凝土强度并保证密实可靠。预制桥面板单元和钢主梁之间空隙采用灌浆或在钢梁上翼缘铺设砂浆利用桥面板重量压实的方法处理,其不利的一面是桥面板与钢梁上翼缘接触面(预留槽处除外)的密实性难以保证,钢梁上翼缘存在腐蚀风险。正因为如此,横向全宽预制桥面板多用于小跨度桥梁,在大跨度桥梁中很少见,应用时必须注意环境条件并采取相应措施。

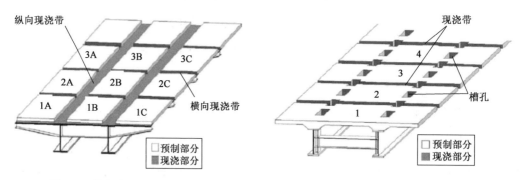

图 8-3-3 横向分块预制板单元划分　　　　图 8-3-4 横向全宽预制板单元划分

桥面板单元的安装可以在一个固定的预制工厂或现场生产基地进行,一般采用钢模进行浇筑。预制桥面板在其余现浇部分和预制部分的接触面设有齿槽。由于接缝混凝土体积空间的不足及连接件的存在,桥面板通常需要精心设计与施工,确保安装密集的钢筋网与焊钉群准确就位并不发生位置冲突。对于预制单元的储存条件同样需要给予关注,必须采取预防措施防止预留搭接钢筋损坏,同时必须避免不规则的堆放,防止预制单元的不利变形。

预制板的安装一般要有利于钢梁上用于预制板安装定位设备的前后移动以及优化接缝混凝土的浇筑。当主梁接近地面和运输通道时,预制板单元可以利用起重机进行安装。

对于跨越河流、山谷的长桥,预制板单元的安装可以采用移动式起重机,但必须能够同时在已安装的预制板单元上及钢梁上翼缘之上移动。为了提高作业效率,可以选择采用专用设备安装预制桥面板。专用设备一般由自行式起重机和在临时轨上沿全桥走行的运输车组成,起重机跨越整个桥宽,它从运输车上提取预制板,然后在桥梁全宽范围把预制板安置到最终位置。在选择预制桥面板安装方法时,应该结合桥梁所在地的自然条件、机具设备能力与费用、工期要求等进行综合比较确定。

8.4 结合段的施工方法

应用于桥梁不同位置的钢-混凝土结合段的施工方法有支架法施工和悬臂法施工。其中拱肋的钢-混凝土结合段、桥塔钢-混凝土结合段以及与混凝土承台连接的钢-混凝土结合段一般采用支架法施工。对于各种桥型的主梁钢-混凝土结合段,除了可以采用支架法施工外,还可以采用悬臂法施工。

对于采用支架法施工的钢-混凝土结合段,先在支架模板上施工混凝土部分,然后吊装钢结构与混凝土中预埋构件,使二者相连形成相对固定的结构,再安装模板及绑扎钢筋,最后浇筑钢结构接头与混凝土之间的结合段混凝土,从而形成完整的钢-混凝土结合段。

对于主梁采用悬臂法施工的钢-混凝土结合段,需要采用挂篮逐段浇筑主梁的混凝土梁段,直到挂篮达到结合段位置为止。利用施工完成的梁段支承挂篮,把钢-混凝土结合段的钢结构吊装到梁体的设计位置,然后把结合段的钢结构与施工完成的混凝土梁体进行临时刚性连接。再安装钢-混凝土结合段中浇筑混凝土的模板和钢筋,然后浇筑混凝土,等结合段的混凝土达到一定强度后张拉预应力钢束,再拆卸挂篮,此时挂篮对结合段不再具有支承作用,从而形成完整的可受力钢-混凝土结合段。

采用支架法施工的钢-混凝土结合段适用于桥位下施工条件便捷、有足够的施工空间、搭设支架方便的场合。该方法需要消耗大量的临时设备,施工速度快,投入成本较大,施工操作容易、风险低。而采用悬臂法施工的钢-混凝土结合段适用于大跨度桥梁,施工操作相对困难。这里重点对采用悬臂法施工的钢-混凝土结合段进行介绍。

8.4.1 结合段混凝土的施工方法

钢-混凝土结合段中结构复杂,钢结构的箱室多、空间狭窄,板件布置在纵、横、竖三个方向,结合段内部布置钢筋和连接件,为了把混凝土浇筑并填充到结合段的每个部分,保证钢与混凝土紧密结合,就需要对混凝土的材料和施工方法采取特殊的要求。

首先,浇筑结合段的混凝土除了满足必需的强度等级外,该部位混凝土的流动性要比其他部位的混凝土要求高,通常需要进行专门的研究,采用流动性好的混凝土。

其次,在钢结构箱室的适当位置设置冒浆孔,保证浇筑混凝土时混凝土能从冒浆孔中冒出,从而保证箱室内充满混凝土。

再次,在浇筑混凝土时要确保混凝土振捣密实,杜绝钢-混凝土结合面处产生局部气泡和空洞,并预留压浆措施。

最后,混凝土浇筑完毕后,应采取可靠措施(例如超声波检测)对钢-混凝土结合段混凝土的密实性进行检测,如发现内部有孔洞,应压注水泥浆以确保密实。

在实桥建设中,为保证主梁钢-混凝土结合部填充混凝土的浇筑质量,现场应按一定比例制作多个局部钢格室模型,在结合部混凝土浇筑前进行浇筑模拟试验,对结合部填充混凝土的工作性能、浇筑工艺、密实程度检测、振捣孔及冒浆孔优化、压浆措施进行论证比较,并根据试验结果制订可行的浇筑施工方案,以便在现场施工中进行应用。

上述方法介绍的钢-混凝土结合段混凝土施工通常用于大跨度斜拉桥和梁式桥中,依靠挂篮来支承结合段钢结构和混凝土的重量,这种情况下结合段只能沿桥梁纵向水平放置。虽然采用了一系列的措施来确保混凝土能比较理想地浇筑到结合段的各个箱室中,但是在实际工程中浇筑完成混凝土后很难再对混凝土的浇筑质量进行评判,甚至明知有缺陷也很难去处理。因此,当钢-混凝土结合段不太重时可以采用预制钢-混凝土结合段的方法。

预制钢-混凝土结合段总体施工方法是在钢-混凝土结合段被吊装到设计位置之前把混凝土先浇筑到结合段上,再把钢-混凝土结合段吊装到设计位置,一端与混凝土梁通过湿接缝连接,最后把钢梁部分与结合段的钢结构进行连接。其中在预制钢-混凝土结合段时可以把结合段翻转90°,使得结合段中欲浇筑混凝土的部分朝上,然后搭设模板、浇筑混凝土,待混凝土达到规定强度后对试件再次翻转90°使之呈水平状态。这种方法能够保证混凝土在自重状态下流动到结合段各箱室的各个角落,避免了水平放置结合段浇筑混凝土的先天不足。这种方法浇筑的混凝土无须对其进行专门的材料配置,也无须在浇筑前进行浇筑模拟试验,质量容易得到保证。其缺点是需要对大型构件进行两次90°翻转。我国浙江温州瓯江大桥的四个钢-混凝土结合段采用了预制钢-混凝土结合段的施工方法，明显缩短了施工工期并保证了钢-混凝土结合段的混凝土施工质量。

8.4.2 结合段钢结构的施工方法

钢-混凝土结合段中的钢结构构造复杂，板件纵横交错，空间狭小，特别是还设置内穿钢筋的开孔板连接件及焊钉连接件，各个板件的安装精度、焊接质量均比常规的梁体钢结构要求高。结合段钢结构的加工制作需要采用更加严密的加工制造组织设计，确保钢结构板件能够焊接到位而又不相互干扰。特别是带格室的开孔板中带有贯穿钢筋时（图8-4-1），若后续不具备穿插钢筋操作空间则需要在钢结构加工时就把钢筋放置到开孔板中。

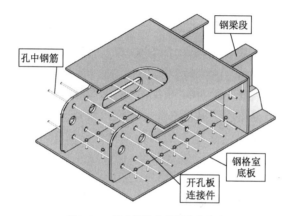

图8-4-1　混合梁结合部钢格室构造

由于钢-混凝土结合段中的钢结构板件比钢梁主体部分的板件数量多，其加工制作过程更为复杂，同时钢-混凝土结合段钢结构的制作过程会因不同工程中结构形式的不同而变化。这里以一座钢箱梁与混凝土箱梁之间的钢-混凝土结合段的钢结构为例介绍钢结构的主要制作过程。

钢-混凝土结合段钢结构主要由顶板、顶板双壁板、底板、底板双壁板、腹板、腹板双壁板、横隔板、挑臂等单元组成，每个单元上包含各自的加劲肋，其结构示意图如图8-4-2所示。

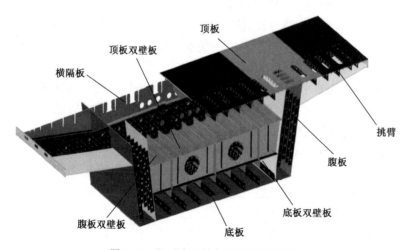

图8-4-2　钢-混凝土结合段钢结构示意图

该结合段制造采用正装法，以胎架为外胎，以横隔板为内胎，各板单元按纵、横基线就位，辅以加固设施以确保精度和安全。梁段组装按照底板→横隔板→腹板→腹板双壁板→底板双壁板→纵隔板→小隔板→顶板双壁板→中间顶板→挑臂块体→边顶板→组焊附属结构的顺序进行施工，实现立体阶梯形推进方式逐步组装与焊接。

制作完成的钢-混凝土结合段的钢结构部分运输到桥梁现场后，采用桥面起重机或挂篮吊装到设计指定位置并与施工完成的混凝土梁体部分进行临时锁定。然后支设结合段与混凝土梁体之间的模板，安装预应力管道和穿预应力钢束，浇筑结合段部分的混凝土。直到混凝土达到规定的强度后进行预应力的张拉，然后可松掉吊装设备的吊钩并拆掉前期的临时锁定装置。

8.4.3 结合段预应力的施工方法

在钢-混凝土结合段中通常需要设置预应力钢束，一方面是为了满足结构受力需要，另一方面是为了防止钢结构与混凝土在截面上分离。在钢-混凝土结合段中预应力一般设置为一端固定一端张拉的形式，其中固定端埋设在混凝土中，张拉端在钢结构的承压板上。

在钢-混凝土结合段中预应力的施工方法相对简单，主要是在钢结构中先固定预应力管道，由于结合段的钢结构板件数量多，钢板纵横交错、布置复杂，定位预应力管道时须格外注意线形，并保证在结合段中牢固定位。当混凝土浇筑完成并达到规定强度后即可在钢结构箱室内对钢束施加预应力，进行锚固，完成预应力钢束的施工。

8.5 波形钢腹板的加工制造

8.5.1 钢板的选用

波形钢腹板组合梁桥用的结构钢主要有桥梁用结构钢、碳素结构钢、低合金高强度结构钢，以及耐候结构钢。在选用时，应综合考虑结构的重要性、荷载特征、结构形式、应力状态、连接方式、钢材厚度和工作环境等。其质量要求应符合现行《碳素结构钢》（GB/T 700）、《低合金高强度结构钢》（GB/T 1591）和《桥梁用结构钢》（GB/T 714）的规定，钢材的强度设计值和物理特性指标按现行《钢-混凝土组合桥梁设计规范》（GB 50917）规定执行。一般情况下，波形钢腹板宜优先选用 Q345 钢。当受力较小时，构件由最小尺寸或稳定控制设计，或者对整体受力影响不大的次要部位的构件，可选用 Q235 钢。波形钢腹板所用的钢材应具有抗拉强度、抗剪强度、伸长率、屈服强度和氮、硫和磷含量的合格证书。对于需要验算疲劳的焊接结构钢材，应具有常温冲击韧性的合格保证。

波形钢腹板及其连接件焊接材料的选用应与主体钢材相匹配。焊缝强度设计值应按现行《钢-混凝土组合桥梁设计规范》（GB 50917）规定执行。高强度螺栓、螺母、垫圈的技术条件应符合现行《钢结构用高强度大六角头螺栓、大六角螺母、垫圈技术条件》（GB/T 1231）、《钢结构用扭剪型高强度螺栓连接副》（GB/T 3632）的规定。栓钉连接件的材料应符合现行《电弧螺柱焊用圆柱头焊钉》（GB/T 10433）的规定。

8.5.2 钢板的切割与弯曲成型

1) 钢板的切割

波形钢腹板用的钢板切割常采用机械切割、气割和等离子切割的方法。下料前应对平直度未达标的钢板进行冷矫正。切割前应将钢料面上的浮锈、污物清除干净。钢料应放平、垫稳,割缝下面应留有空隙。切割的其他技术要求按现行《铁路钢桥制造规范》(Q/CR 9211)的规定执行。

2) 钢板的弯曲成型

波形钢腹板的加工通常采用折弯法(图 8-5-1)和模压法(图 8-5-2、图 8-5-3),主要加工设备分别是折弯机和液压机。

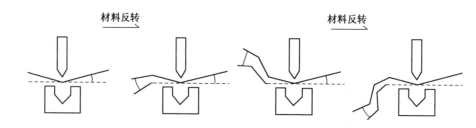

图 8-5-1 折弯法示意图

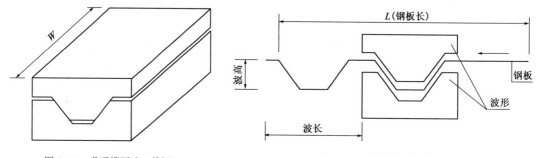

图 8-5-2 普通模压法(单幅) 图 8-5-3 普通模压法(连续)

折弯机进行波形钢腹板加工具有以下特点:

(1)因要进行材料的多次反折,故作业效率低。

(2)由于板材需多次反折移动,对厚、重的大板进行制作的难度大。

(3)设备费用便宜。

图 8-5-4 和图 8-5-5 为利用折弯机加工波形钢腹板的实例及模具。采用折弯机加工成型时,要进行多次反复折压,波高、波长难以控制,虽然可用压力控制,但钢板放置位置、温度、加载角度的微小变化都会造成波形较大的变化,操作工效比较低。

液压机进行波形钢腹板模压冷弯成型的特点:

(1)可以用较短时间压制一个波长。

(2)因为可以连续压制,所以可进行较长波形钢板的制作(但受运输长度的限制)。

(3)波形钢板长度受压力机能力制约。

(4)按波形要求制造模具需较多的资金。

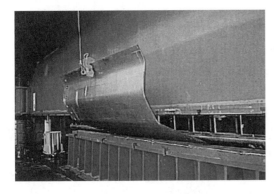

图 8-5-4　折弯机加工波形钢腹板

图 8-5-5　折弯机模具

图 8-5-6 和图 8-5-7 展示了我国加工波形钢腹板的液压机和模具。由于模压冷弯加工效率、加工精度高，现在通常推荐采用模压冷弯成型的方法加工波形钢腹板。

图 8-5-6　液压机模具以及波形钢腹板的模压成型

图 8-5-7　2000t 液压机

波形钢腹板加工成型时转角半径一般应大于板厚的 15 倍，当满足表 8-5-1 所示的夏比摆锤冲击试验的要求，且化学成分中的氮含量不超过 0.006% 时，其转角半径亦可做成板厚的 7 倍或 5 倍以上。若是在与轧制成直角方向处进行冷弯加工，则应当采用压延直角方向的夏比摆锤冲击试验吸收能量的值。

冷弯加工半径与冲击韧性的吸收能量值　　　　表 8-5-1

冲击韧性-吸收能量(J)	冷弯加工半径(mm)	试验方法
>150	≥7t	《金属材料　夏比摆锤冲击试验方法》(GB/T 229—2020)
>200	≥5t	

8.5.3　钢板的焊接与整形

1）手工焊

对于波形钢腹板与翼缘板的焊接往往需要手工焊。施工准备材料：钢材应为 Q345C 或 Q345D，性能和质量须符合相关国家标准和行业标准的规定，具有质量证明书或检验报告。焊条选用及焊接要求如下：

（1）焊缝金属的性能符合使用要求，焊缝金属的力学性能包括抗拉强度、塑性和冲击韧性达到金属标准规定的性能指标的下限。

（2）尽量选用生产效率高、成本低的焊条。
（3）焊条直径主要根据焊件厚度来选择。
（4）焊接电流主要根据焊条直径来选择。
（5）焊接电压主要取决于弧长。

2）埋弧自动焊

通常波形钢腹板是按一个波长来冷弯成型加工的。为了满足桥梁建造时对波形钢腹板的节段长度的要求，减少现场拼装后的焊接工作量，常常需要在工厂内将几个波长的波形钢板焊接成一个节段。常用的焊接工艺是埋弧焊，采用的设备为自动埋弧焊机。通过采用引弧板与引出板进行引弧与收弧，避免焊缝裂纹与缺陷。引弧板与引出板的材质应与被焊母材相同，坡口形式应与被焊工件相同。埋弧焊的引弧板与引出板宽度应大于80mm，长度应为板厚的2倍且不小于100mm，厚度不应小于10mm。引弧板和引出板应采用气割的方法切除，并修磨平整，不得用锤击落。波形钢腹板拼接和引弧板与焊缝分别如图8-5-8和图8-5-9所示。

图8-5-8　波形钢腹板拼接和引弧板　　　图8-5-9　波形钢腹板焊缝

3）气体保护焊

气体保护焊是使用外加气体作为电弧介质并保护电弧和焊接区的电弧焊接方法。气体保护焊直接依靠从喷嘴中连贯送出的气流，在电弧周围造成局部的气体保护层，使电极端部、熔滴和熔池金属与周围空气隔绝开来，以保证焊接过程的稳定性，并获得质量优良的焊缝。气体保护焊的分类方法很多，通常可分为熔化极气体保护焊和非熔化极气体保护焊，其中熔化极气体保护焊在钢结构工程中应用最广。如果按所采用的保护气体的种类来分，气体保护焊可分为二氧化碳（CO_2）气体保护焊、惰性气体保护焊、活性气体保护焊、药芯焊丝气体保护焊、钨极氩弧焊和钨极氦弧焊等。

4）钢板的整形

波形钢腹板的整形主要有冷矫正法和热矫正法两种。冷矫正法有以下三种形式：

（1）机械矫正法。利用外力使构件产生与焊接变形方向相反的塑性变形，让二者相互抵消。

（2）锤击法。通过锤击延展焊缝及其周围压缩塑性变形区域的金属，达到消除焊接变形的目的。

（3）强电磁脉冲矫正（电磁锤）法。利用强电脉冲形成的电磁场冲击力，在焊件上产生与残余焊接变形相反的变形量，达到矫正的目的。

矫正时需采用专用的标准钢平台、工装设备进行整形,以满足波形钢腹板的尺寸和整体结构要求。厚度大于或等于10mm的波形钢腹板和相关连接件,应采用机械整形矫正,不得采用锤击等其他人工方法。冷矫正时环境温度不得低于-12℃,矫正后的钢材表面不应有超过标准要求的凹痕和其他损伤,钢板矫正的技术方法及允许偏差可参考现行《铁路钢桥制造规范》(Q/CR 9211)的规定。

热矫正法有整体加热法和局部加热法两种。局部加热法主要是采用火焰对焊接构件局部加热,在高温处材料的热膨胀受到构件本身刚性的制约,产生局部压缩塑性变形,冷却后收缩,抵消了焊接后在该部位的伸长变形,从而达到矫正的目的。热矫正温度应控制在600~800℃,不能过烧。图8-5-10显示了火焰热矫正实例。热矫正后,零件温度应缓慢冷却,降至室温以前,不得锤击钢材工件或用水急冷。

图8-5-10 波形钢腹板的翼缘板的热矫正

8.5.4 波形钢腹板的防腐涂装体系与工艺

1)波形钢腹板的防腐涂装体系

我国波形钢腹板的防腐涂装体系广泛采用了金属热喷涂与有机涂层组成的复合涂层重防腐涂装体系,体系的结构如图8-5-11所示,它可使波形钢腹板取得20年以上的长效防腐效果。

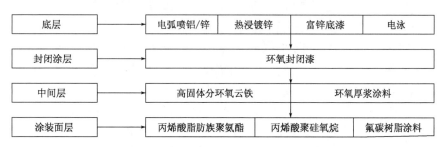

图8-5-11 波形钢腹板的防腐蚀涂装体系结构

波形钢腹板的涂装体系主要采用重防腐涂装体系,即由底漆[喷锌(铝)、有机富锌、无机富锌、水性富锌]+中间漆(高固体分环氧云铁、环氧厚浆涂料)+面漆(丙烯酸聚硅氧烷、丙烯酸脂肪族聚氨酯、氟碳树脂涂料)构成的复合涂层重防腐涂装体系。富锌(铝)底漆对钢铁起阴极保护作用和屏蔽作用,当中间漆和面漆完全失效后,腐蚀介质作用于富锌(铝)涂层,使富锌(铝)涂层以一定的腐蚀速率被腐蚀消耗。中间漆和面漆的作用是增加一定的涂层厚度,对钢铁起屏蔽作用和对富锌(铝)涂层起封闭作用,推迟或阻止富锌(铝)涂层及钢铁的腐蚀过早发生。

2)涂装前处理与准备

涂装前应采用抛丸或喷砂的工艺,对波形钢腹板表面应进行二次除锈,将表面氧化皮和铁锈以及其他杂物清除干净,油污脱脂应采用化学分解去除法,不宜采用灼烧法。前处理达标后应在4h内进行涂装作业,否则应再次进行前处理。同时应制作两块300mm×150mm×6mm薄板,焊成300mm×300mm×6mm的板,用与钢腹板相同的涂料和喷涂方法,做成喷漆样板,经检查确认平板区和焊缝区各项检验指标均合格后,再进行喷涂作业。

除现场修复及最后整体面漆可在现场作业外,其余涂装均应在工厂进行。涂装时的环境温度宜在5~30℃之间,相对湿度不应大于80%。不应在雨天、有扬尘风、蚊虫多、钢材表面有潮气、结露、涂漆后表面易产生气泡时涂装;涂装后4h内应加以保护,免受雨淋。

3)底层防护配置及涂装

底层涂装宜配置高附着力的具有屏蔽或阴极保护功能的涂层体系,主要有以下三类。

(1)重防腐粉体涂装系列:主要有通用粉体环氧类、熔融结合性重防腐粉体环氧类涂层[符合《熔融结合环氧粉末涂料的防腐蚀涂装》(GB/T 18593—2010)的规定]。应采用静电喷涂及热喷涂方式,并加热使涂层固化。采用热喷涂工艺可一次性涂装。

(2)铝和锌防腐系列:主要有喷铝、喷锌和喷涂锌铝合金涂层。应采用电弧热喷涂方式,不宜采用热镀锌工艺作为涂装层,不应采用冷镀锌工艺作为涂装层。

(3)富锌系列:主要分为有机类富锌涂料、无机类富锌涂料。应采用高压无气喷涂方式。不建议采用水性富锌涂料。

4)封闭层与中间层防护配置及涂装

无机富锌底漆中富含锌粉,其粒子之间存在着孔隙,当直接使用厚浆型涂料进行覆盖时,会使锌粉粒子之间的空气穿透涂膜逸出,造成针孔现象。金属热喷涂底层也不可避免地有一定的孔隙率(一般为2%~10%)。孔隙的存在不仅破坏了涂层的完整性,而且更重要的是在使用过程中腐蚀性的液体和气体介质可以通过这些孔隙渗入,甚至会通过联通孔隙直接延伸到涂层与基体的界面,从而使涂层和基体表面发生腐蚀破坏而导致防腐体系失效。波形钢腹板处于工业大气环境、海洋大气中,为提高涂层的服役要求、性能和使用寿命,在涂装中间漆前,需对底层的固有孔隙进行填充封闭处理。常采用的封闭处理方法是利用有防护性能的封闭剂(涂料)渗入涂层孔隙中,使其与外部环境隔绝,进一步增强涂层对基体的保护效果。

中间漆是具备屏蔽封孔功能的涂层体系,主要有环氧云铁、环氧厚浆漆等。中间漆在波形钢腹板的防腐体系中起承上启下的作用,它与底漆往往不一定采用同种涂料。为使各层漆间黏结良好,形成一个整体防护体系,要求中间漆与底漆和面漆之间具有相容性,以获得良好的层间附着力。设计中间漆时,一般尽量选择与底漆和面漆相同或相近的基料,同时采用较厚的中间层厚度,以增强屏蔽效果。中间漆通常采用高压无气喷涂的涂装方式。

5)面层防护配置及涂装

用于波形钢腹板防腐涂装体系的面漆的主要作用是遮蔽太阳紫外线以及污染大气等对涂层的破坏作用,抵挡风、雪与水,且具有良好的美观装饰性。目前使用的主要有经济有效的丙烯酸脂肪族聚氨酯面漆、耐候性优异且环保的丙烯酸聚硅氧烷面漆和高耐候性氟碳树脂面漆。面层防护配置及涂装应满足以下要求:

(1)面层防护宜配置具备耐候及防化学腐蚀功能的涂层体系,面层防护采用粉体涂装的,宜配置聚酯等面层体系,应采用静电喷涂及热喷涂方式,并加热使涂层固化。底层防护也采用粉体涂装的,面层可一次性或在底层固化前涂装。

(2)面层涂装可采用聚氨酯类、聚硅氧烷类和氟碳类等液态涂料。

(3)应采用高压无气喷涂方式。面层液态涂料涂装宜分成两层,一层在工厂涂装,最后一层在安装修复后整体涂装。

8.5.5 波形钢腹板的质量检验

波形钢腹板的制造质量控制和整形控制应根据设计要求和现行《组合结构桥梁用波形钢腹板》(JT/T 784)的有关规定执行,其外观质量与制造精度应符合表8-5-2和表8-5-3的要求。

波形钢腹板外观质量要求　　　　　　　　　　　表8-5-2

项次	项目	要求
1	转角处	转角处圆弧平滑,无裂纹,无纤维状暗筋
2	切口	平直、无明显锯齿
3	颜色	表面色泽均匀,无明显缺陷和色泽灰暗现象
4	锈蚀、麻点和划痕	深度不得大于钢材厚度允许偏差值的1/2
5	其他外观质量	表面顺滑平整

波形钢腹板制造精度要求　　　　　　　　　　　表8-5-3

项次	项目	精度
1	翼缘板宽	±2mm
2	翼缘板平整度	±L/1000
3	翼缘板垂直度	±b/200
4	波形钢腹板高度	±2mm
5	波形钢腹板节段长和节段对角线长	±3mm
6	波形钢腹板高度方向平整度	±h/750
7	波形钢腹板波高	±3mm
8	波形钢腹板波长	±5mm
9	单个节段波形钢腹板平面挠曲量	±3mm

注:L为波形钢腹板波长(mm);b为翼缘板宽(mm);h为波形钢腹板高度(mm)。

8.6 波形钢腹板组合结构桥梁的施工

波形钢腹板组合梁桥的施工方法由桥梁的设计、施工现场、环境、设备和经验等因素决定,常用的主要有满堂支架现浇施工、悬臂现浇施工和预制拼装施工方法,与预应力混凝土梁桥相应的施工方法相比,主要的不同之处在于波形钢腹板的加工、定位与安装。

8.6.1 满堂支架现浇施工方法

满堂支架现浇施工方法多用于桥墩较低的波形钢腹板简支梁桥和中、小跨径连续梁桥。它的主要特点是对机械和起重能力要求不高,桥梁整体性好,波形钢腹板安装与调整方便,施工简便可靠。在2007年前,我国波形钢腹板组合梁桥施工多采用该方法。波形钢腹板组合梁桥满堂支架现浇施工流程如图8-6-1所示。

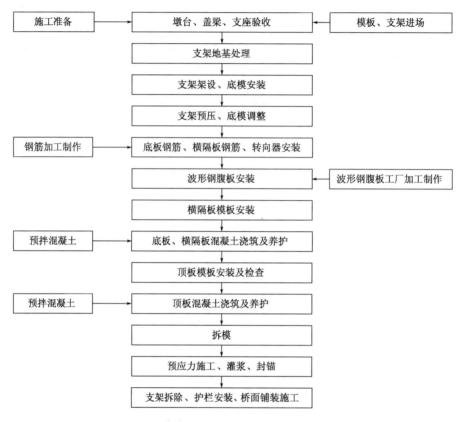

图 8-6-1 波形钢腹板组合梁桥满堂支架现浇施工流程

1）基本要求

所用的水泥、砂、石、水、外掺剂及混合材料的质量和规格,必须符合有关规范要求,并按规定的配合比施工。支架和模板的强度、刚度和稳定性,应符合现行《公路桥涵施工技术规范》（JTG/T 3650）的有关规定。支架变形和地基沉降应符合设计和相关规范要求,预应力钢筋施工应符合《公路桥涵施工技术规范》（JTG/T 3650）的有关规定。

2）模板、支架工程

波形钢腹板组合梁桥的满堂支架可采用碗扣式、盘扣式、门式或扣件式等钢管构件。施工支架应具备波形钢腹板就位、平面纠偏、高度调整、倾斜度控制的设施。波形钢腹板外侧可设一定刚度的靠架,在波形钢腹板内侧设可调拉杆。靠架与可调拉杆的刚度可适当加大,以防止波形钢腹板加载后产生局部变形,或混凝土浇筑时导致波形钢腹板上浮,影响高程控制效果。支架应预留施工预拱度,在确定施工预拱度值时,应考虑下列因素：

（1）支架承受施工荷载时的弹性变形。

(2)超静定结构由于混凝土收缩、徐变及温度变化引起的挠度。
(3)加载后由于构件接头挤压和卸落设备压缩所产生的非弹性变形挤压值。
(4)由于恒载及活载作用结构所产生的挠度。
(5)由于支架基础下沉而产生的非弹性变形。

当在软弱地基上设置满布现浇支架时,应对地基进行处理,使地基的承载力满足现浇混凝土的施工荷载要求。

3)波形钢腹板的运输与保存

在运输和保存过程中钢板采用多层叠放的形式,底层钢板支承在外形相同的混凝土存放垫上,最多不宜多于5层。为妥善保护防腐涂装层,在钢板表面涂装完全干透后进行搬运,且宜覆粘一层保护膜。波形钢腹板从加工厂运往工地后,集中按编号堆放,待现场安装时,由小型平板车运输,为减小起吊时变形,宜将波形钢腹板竖直安放于平车上,拉好防风缆绳,防止倾倒。

4)波形钢腹板现场安装准备

在安装前对波形钢腹板连接件进行外观检查,其外观应平整,无裂缝、毛刺、凹坑、变形等缺陷。波形钢腹板安装应进行施工过程控制,保证其变形、线形及高程符合设计要求。安装前应对临时支架、支承、起重机等临时结构本身在不同受力状态下的强度、刚度、稳定性进行验算。对波形钢腹板应按板块设计编号进行核对并查验产品出厂合格证及材料的质量证明书,并应对桥梁的墩台顶面高程、中线及各孔跨径进行复测,误差在允许偏差内方可安装。波形钢腹板安装时,不得在现场对其进行未经批准的临时性的焊接和切割作业,波形钢腹板的二次涂装应在桥梁主体施工完成后及时进行。

5)波形钢腹板的安装与定位

波形钢腹板定位时,其高程应与桥梁纵坡一同调整。波形钢腹板吊装时应采用专用夹具,保持起吊后波形钢腹板上缘水平。在钢腹板安装定位后,同时注意连接件中贯穿钢筋与顶底板钢筋的绑扎次序,以免顶、底板钢筋与连接件贯穿钢筋相抵触。波形钢腹板吊装应注意如下事项:

(1)吊装前,必须检查钢丝绳、吊钩是否符合要求,不符合要求时应更换。
(2)吊装前必须检查确认波形钢腹板是否正确编号、是否变形,如变形,应矫正后才可吊装。
(3)吊装前应做好波形钢腹板定型加固以防止波形钢腹板因吊装而产生变形。
(4)吊装应缓慢进行,吊件起吊离地后,应暂时停顿,观察吊件挂钩是否稳妥,确认无误后,再继续吊装。
(5)吊装过程中,应按指挥信号作业。
(6)吊装时,在吊装设备作业范围内禁止人员进入、停留。
(7)六级及以上大风、雷雨天气时禁止起吊作业。

波形钢腹板在支架上的安装可参照以下步骤执行:

(1)安装波形钢腹板前,应在底模板上标记出底板钢筋位置及波形钢腹板位置,以保证横隔板位置准确,避免底板钢筋与波形钢腹板的下翼缘连接件互相干扰。
(2)多箱室波形钢腹板安装,可按照先边腹板后中腹板的顺序进行。

为保证波形钢腹板位置准确,宜在腹板两侧及翼缘板上设置临时支承(图8-6-2)。安装前计算箱梁内尺寸断面,可用钢管制成胎具控制箱梁断面形状。可沿桥梁纵向每隔 3～5m 设置一道支撑,通过外撑杆、拉杆螺栓、内支撑和大头楔等工具将钢腹板组合并焊接。焊接时宜挂线作业,及时校正钢腹板的方位,保持钢腹板各向线形顺直。波形钢腹板安装精确定位可按以下步骤执行:

(1)可在波形钢腹板底部设临时千斤顶调整高程(图 8-6-3),上、下翼缘板上设可调支承脚(图 8-6-4、图 8-6-5),微调波形钢腹板位置和线形。

(2)在波形钢腹板顶端每隔 3～5m,设置横拉或横撑的定位钢管,把每一块钢腹板准确地调整到图纸设计位置。

(3)自检合格后按规定程序进行验收,验收合格后方可进行连接工作。

图 8-6-2 波形钢腹板临时支撑固定

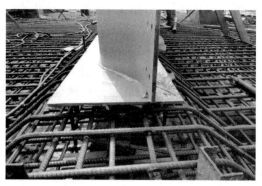

图 8-6-3 设千斤顶调整高程

图 8-6-4 波形钢腹板的上翼缘板可调支承脚

图 8-6-5 波形钢腹板的下翼缘板可调支承脚

6)波形钢腹板现场焊接与防腐

波形钢腹板节段之间的焊接连接,应在梁段就位、固定,并经检查合格后方可进行施焊作业。工地焊接前应做工艺评定试验,施焊作业应严格按已评定的焊接工艺进行。焊接前应对接头坡口、焊缝间隙和焊接板面高低差等进行检查,并应采用钢丝砂轮对焊缝进行除锈,且工地焊接应在除锈后 24h 内进行。工地焊接时应设立防风、防雨设施,遮盖全部焊接处。

工地现场焊接的环境要求为:风力小于 5 级,温度应高于 5℃,相对湿度应小于 85%。在箱梁内焊接时应有通风防护安全措施。焊接施工时的技术要求应符合现行《钢结构工程施工质量验收标准》(GB 50205)的要求。在钢腹板现场焊缝焊接完成后,需要对钢腹板的偏位进行符合校正,并在焊接完成 24h 后进行焊缝第三方检测,合格后方可进行下道工序。

波形钢腹板现场涂装修复要求:在清除焊接时烧蚀区域的涂装后,涂刷富锌底漆。中层和面层的涂装做法不变,修复宽度以焊接施工时不破坏相邻涂层为准,各层修复厚度应为原设计厚度的120%。

7) 波形钢腹板高强度螺栓连接

高强度螺栓宜选用大六角头螺栓。高强度螺栓、螺母及垫圈的外形尺寸公差、技术条件、运输、保管以及储存应符合现行《钢结构用高强度大六角头螺栓》(GB/T 1228)、《钢结构用高强度大六角螺母》(GB/T 1229)、《钢结构用高强度垫圈》(GB/T 1230)、《钢结构用高强度大六角头螺栓、大六角螺母、垫圈技术条件》(GB/T 1231)的规定。高强度螺栓连接的摩擦面应按照现行《钢结构工程施工质量验收标准》(GB 50205)的要求进行防滑处理。安装前应复验出厂所附试件的抗滑移系数,合格后方可进行安装。

高强度螺栓的施工预拉力应符合设计要求。高强度螺栓连接副应按出厂批号复验扭矩系数,每批号抽验不少于8套,其平均值和标准偏差应符合设计要求。

8) 波形钢腹板现场涂装

涂装前应先对焊缝表面及焊缝两边进行处理,清除表面的锈迹、焊渣、氧化皮、油脂等污物,直至表面呈现出均匀金属光泽。在表面处理的质量检查合格后方可进行涂装,涂装层数和漆膜厚度应符合设计要求。防腐涂料应有良好的附着性、耐蚀性,底漆应具有良好的封孔性能。

涂装完成后,波形钢腹板表面有光泽,颜色均匀,不应有露底、漏涂与涂层剥落、破裂、起泡、划伤等缺陷。波形钢腹板纵向节段间采用高强螺栓连接时,波形钢腹板搭接面宜采用无机富锌底漆涂装。

9) 混凝土浇筑

浇筑混凝土之前,应对连接件的位置进行检查。混凝土在施工振捣时应保证连接件的位置不发生偏移,必要时应采取临时措施以保证施工过程中连接件的位置,若超出允许偏差应及时进行纠正。应保证连接件周围混凝土的密实性,保证连接件周围的混凝土满足设计要求的强度。波形钢腹板翼缘板与混凝土连接一侧的表面不得有油漆,在浇筑上翼缘板混凝土之前,应清除铁锈、焊渣、泥土和其他杂物。

混凝土浇筑及养护应符合现行《公路桥涵施工技术规范》(JTG/T 3650)的有关规定。混凝土浇筑时纵向从梁跨中向墩顶方向浇筑,防止浇筑过程中墩顶位置出现裂缝,全部浇筑在混凝土初凝前完成。混凝土底板的浇筑可按先底板、再承托、最后连接构造的顺序进行。混凝土顶板浇筑时应保证顶板与波形钢腹板连接件结合部位混凝土振捣密实。

8.6.2 悬臂现浇施工方法

大跨径波形钢腹板连续梁桥、T形刚构桥和连续刚构桥的施工常采用悬臂现浇施工方法。悬臂现浇施工的特点是无须建立落地支架和使用大型起重与运输机具,仅依靠一对能行走的挂篮进行施工。挂篮在已经张拉锚固并与墩身连成整体的梁段上移动,绑扎钢筋、立模、波形钢腹板安装与连接、浇筑混凝土和预应力施加都在挂篮上进行。完成本节段施工后,挂篮对称向前各移动一个节段,进行下一对梁段的施工,如此循序渐进,直至悬臂梁段浇筑完成。大跨径波形钢腹板组合梁桥悬臂现浇施工流程如图8-6-6所示。

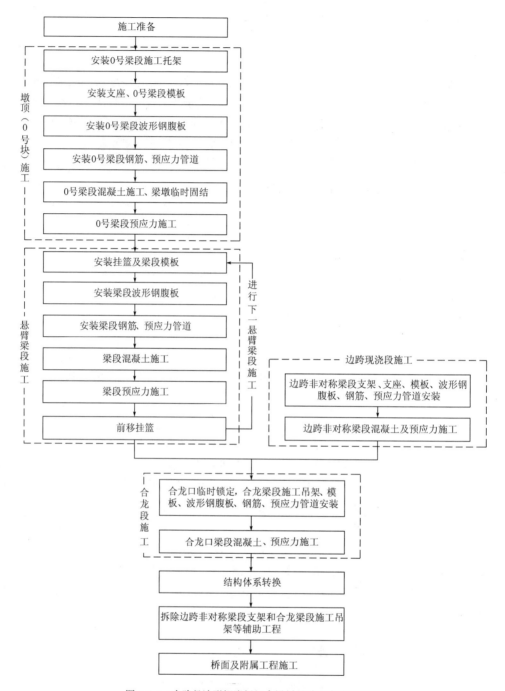

图 8-6-6 大跨径波形钢腹板组合梁桥悬臂现浇施工流程

1) 基本要求

采用悬臂施工法施工时,其节段划分长度宜为波形钢腹板波长的整数倍。悬臂浇筑前,必须对桥墩根部(0号块)的高程、轴线做详细复核,符合设计要求后,方可进行下一步施工。悬臂施工时应对梁的高程、轴线以及波形钢腹板的空间姿态进行监控。在施工过程中,梁体不得出现宽度超过设计和规范规定的受力裂缝,一旦出现,必须查明原因,经过处理后方可继续施工。悬臂合龙时,两侧梁体的高差应在设计允许范围内。

挂篮结构必须经过设计计算,具有足够的强度、刚度和稳定性,且应符合现行《公路桥涵施工技术规范》(JTG/T 3650)的相关要求。设计挂篮时,应给波形钢腹板的吊装设备预留空间,锚固部位应考虑抗剪连接件的影响。挂篮应根据实际可能发生的作用及其最不利组合进行设计,应考虑的主要荷载如下:

(1)最大浇筑梁段重量。
(2)挂篮自重。
(3)最大梁段模板重量。
(4)施工机具重量。
(5)施工人群荷载。
(6)平衡重物重量。
(7)冬期施工防寒设施重量。
(8)其他施工中可能出现的荷载。

挂篮的设计要求:挂篮质量与梁段混凝土的质量比值宜控制在 0.3~0.5 之间,特殊情况下也不应超过 0.7。主要设计参数如下:

(1)挂篮自重控制在设计限重之内。
(2)允许最大变形(包括吊带变形的总和):20mm。
(3)施工时、行走时的抗倾覆安全系数:2。
(4)自锚固系统安全系数:2。
(5)斜拉水平限位系统安全系数:2。
(6)上水平限位安全系数:2。

挂篮模板的结构形式、几何尺寸,应能适应梁段长度及高度,顶、底板厚度等变化和与已浇筑梁段紧密搭接的要求。挂篮后吊杆和下限位拉杆孔道应严格按计划尺寸准确预留。挂篮支承平台除应有足够的强度外,还应有足够的平面尺寸,以满足梁段的现场作业需要。挂篮使用前,应对制作及安装质量进行全面检查,进行行走性能试验并按设计要求进行静载试验。当设计对静载试验无要求时,挂篮应按 1.2 倍最大施工荷载进行静载试验,消除挂篮在加载状态的非弹性变形并测量挂篮的弹性变形值,以便合理设置悬臂浇筑梁段的立模高程。

2)波形钢腹板安装

波形钢腹板的悬臂安装步骤:

(1)波形钢腹板起吊、安装。
(2)波形钢腹板定位。
(3)设置临时支撑固定内外侧波形钢腹板使之成为整体,并应留有可调整余地。

波形钢腹板起吊系统宜采用塔式起重机起吊(图 8-6-7),将波形钢腹板运输至塔式起重机吊点正下方,起吊纵向移动至设计位置,转换吊点至手拉葫芦,通过松、紧四角手拉葫芦精确定位安装(图 8-6-8)。

波形钢腹板应根据横向坐标、纵向坐标和竖向坐标进行空间定位,定位精度应符合表 8-6-1 要求。

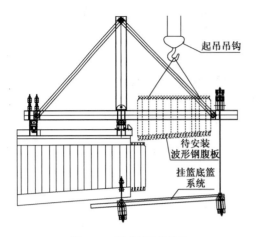

图 8-6-7　塔式起重机起吊　　　　　图 8-6-8　转换吊点至手拉葫芦

波形钢腹板定位要求　　　　　　　　　　　表 8-6-1

序号	项目	允许偏差	备注
1	波形钢腹板轴向偏位(mm)	10	内外侧波形钢腹板分别测量
2	内外侧波形钢腹板间距偏差(mm)	5	间距 2m 量 3 处
3	内外侧波形钢腹板高差(mm)	10	间距 2m 量 3 处
4	波形钢腹板垂直度	1/500	间距 2m 量 3 处
5	波形钢腹板纵桥向坡度	1/500	间距 2m 量 3 处

3）混凝土浇筑

悬臂段混凝土的浇筑应符合现行《公路桥涵施工技术规范》(JTG/T 3650)有关规定。现浇段的浇筑顺序为靠近边墩(台)的先浇,逐段向合龙段靠拢,并逐渐调整现浇梁段的高程,使合龙高差在允许误差范围之内。浇筑混凝土前应确保支架与梁底之间能相对滑动,使边跨合龙时现浇段能随原浇筑 T 构自由伸缩,避免混凝土拉应力过大。

4）合龙段施工

合龙顺序应符合设计要求,设计无要求时,一般按先边跨、后次中跨、再中跨的顺序。多跨一次合龙时,必须同时均衡对称地合龙。应测量箱梁顶面高程及轴线,连续测试温度影响偏移值,观测合龙段在温度影响下梁体长度的变化。波形钢腹板在合龙段的安装可按以下步骤执行：

(1)测量合龙段的实际尺寸,合龙段波形钢腹板根据现场实际长度精准确定。

(2)调整合龙段两端的高程至符合设计要求。

(3)锁定合龙段。

(4)将波形钢腹板吊装就位,按设计连接方式与合龙口两侧钢腹板有效连接。

(5)焊接波形钢腹板的安装焊缝。

连续梁桥合龙段长度及体系转换应符合设计规定,将两悬臂端内合龙口临时联结,联结注意事项如下：

(1)复查、调整两悬臂端合龙施工荷载,使其对称相等,如不相等,应用压重调整。

(2)检查梁内预应力钢束是否张拉完成。

(3)复测、调整中跨、边跨悬臂的挠度及两端的高差。

(4)通过观测了解合龙前的温度变化与梁端高程及合龙段长度变化的关系。

(5)合龙前应在两端悬臂预加压重,并于浇筑混凝土过程中逐步撤除,使悬臂挠度保持稳定。合龙宜在一天中最低气温时完成。合龙段的混凝土强度等级可提高一级,以尽早张拉。合龙段混凝土浇筑完成后,应加强养护,覆盖悬臂端,防止日晒。

8.6.3 预制拼装施工方法

波形钢腹板组合梁桥预制拼装施工流程如图8-6-9所示。

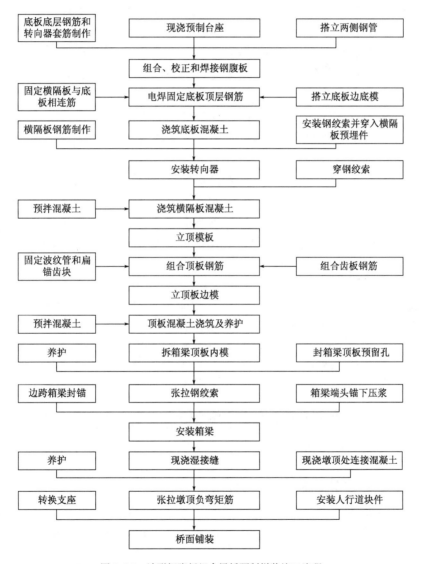

图8-6-9 波形钢腹板组合梁桥预制拼装施工流程

1)基本要求

(1)所用的水泥、砂、石、水、外掺剂及混合材料的质量和规格,必须符合有关规范要求,并按规定的配合比施工。

(2)梁体不得出现露筋和空洞现象。

(3)梁体在吊装移出预制底座时,混凝土的强度不得低于设计要求的吊装强度;梁体安装时,支承结构(墩台、盖梁、垫石)的强度应符合设计要求。

(4)梁体安装前,墩、台支座垫板必须稳固。

(5)梁体就位后,梁端支座应对位,梁底与支座以及支座与垫石应密贴,否则应重新安装。梁体之间的接缝填充材料的规格和强度,应符合设计要求。

2)预制梁的制作

预制场地与预制台座应符合现行《公路桥涵施工技术规范》(JTG/T 3650)的有关规定。钢筋、模板及预应力的施工同样要符合现行《公路桥涵施工技术规范》(JTG/T 3650)的有关规定。

对波形钢腹板组合预制梁的预制场布置、预制和存放台座的设置,应进行专门的荷载计算并进行专项设计。预制梁制作时应充分考虑波形钢腹板剪切变形引起的梁体挠度变化。

3)预制梁的运输与保存

波形钢腹板组合预制梁的运输与保存可参考现行《公路桥涵施工技术规范》(JTG/T 3650)的有关规定。同时,预制梁在运输的过程中,应注意保护波形钢腹板的表面涂装层。

4)预制梁的现场安装

波形钢腹板组合预制梁的安装施工应符合现行《公路桥涵施工技术规范》(JTG/T 3650)的有关规定。预制梁吊装前应做好工艺设计,计算吊装工况下结构应力和变形,确保吊装过程中结构安全。吊点应设置在设计支承线、具有横隔板位置,梁上的吊点以4个为宜。预制梁就位后,应及时设置保险垛或支撑,将梁固定并用钢板与先安装好的梁体预埋横向联结钢板焊接,防止倾倒,待全孔安装完毕后,再按设计规定使全孔梁整体化。梁体就位后应按设计要求及时浇筑接头混凝土。

波形钢腹板组合预制梁整孔运输、安装时必须配备足够吨位的起吊运输设备,如对梁体有先简支后连续的设计要求时,安装时应设临时支座,且临时支座必须预压到设计荷载的1.0倍以上。支座体系转换必须符合设计规定,以防止在转换过程中造成梁体开裂。安装过程中,应经常对梁体混凝土进行裂缝观测。

8.7 波形钢腹板组合梁桥设计与建造实例

8.7.1 南水北调大桥的结构特点

南水北调大桥位于河北省邢台至衡水高速公路邢台段的南水北调大渠上,跨径组合为70m + 120m + 70m,上部结构采用波形钢腹板变截面连续组合箱梁结构,如图8-7-1所示。

8.7.2 桥型布置

南水北调大桥为上、下行分幅布置,采用单箱单室截面(图8-7-2),下部结构桥墩采用矩形实体墩,桥台采用肋板式桥台,墩台基础均采用桩基础。桥梁平面位于直线上,纵断面位于 $R = 20000\text{m}$ 竖曲线上,纵坡分别为 0.220%、-3.522%,采用悬臂现浇法施工。

图 8-7-1 南水北调大桥

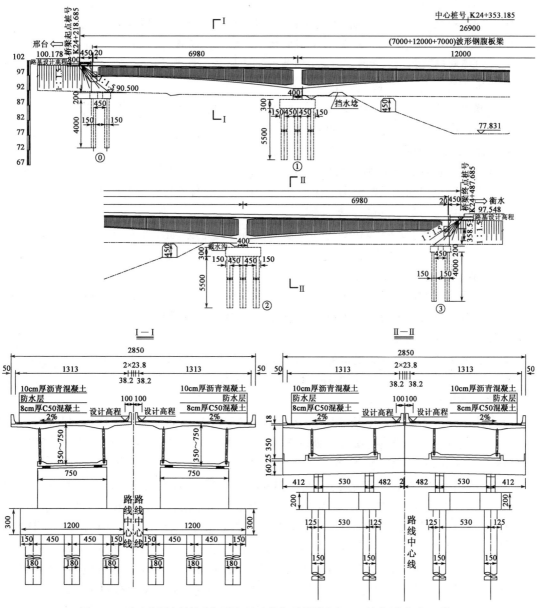

图 8-7-2 南水北调大桥桥型布置图(尺寸单位:除设计高程以 m 计外,其余以 cm 计)

8.7.3 主桥上部结构

1) 波形钢腹板组合箱梁构造

南水北调大桥上部结构为三跨波形钢腹板连续组合箱梁(图8-7-3)。桥面设置2%横坡,由箱梁沿顶板顶缘中点旋转形成,箱梁底板水平设置,左右幅箱梁关于桥梁中心线对称。单幅桥箱梁宽度为14.012m,箱梁底板宽度为7.50m。梁高和底板厚度均以2次抛物线的形式由跨中向根部变化,跨中梁高3.5m,底板厚度28cm,根部梁高7.5m,底板厚80cm(图8-7-4)。箱梁翼缘悬臂325.6cm,悬臂端厚度20cm,悬臂端根部厚度70cm。箱梁在左边跨设置3道横隔板,在中跨设置4道横隔板,隔板厚50cm。箱梁在0、1号块波形钢腹板内侧设置内衬混凝土。

2) 波形钢腹板构造

波形钢腹板采用Q345D钢材,波长1.60m,波高0.22m,水平面板宽0.43m,水平折叠角度为30.7°,弯折半径为15t(t为波形钢腹板厚度)。波形钢腹板厚度采用12mm、16mm、18mm和20mm四种型号,图8-7-5为$t=14$mm的波形钢腹板断面构造。

3) 波形钢腹板与顶、底板混凝土的连接构造

南水北调大桥箱梁的波形钢腹板与混凝土顶板的连接采用双开孔板连接件(图8-7-6),与底板的连接则采用开孔板与栓钉组合连接件(图8-7-7)。

4) 波形钢腹板与横隔梁的连接构造

南水北调大桥箱梁的波形钢腹板与混凝土中横隔梁采用开孔板连接件连接,如图8-7-8所示。波形钢腹板与端横梁的纵向连接也采用开孔板连接件连接,如图8-7-9所示。

5) 波形钢腹板节段之间的连接

节段与节段间的波形钢腹板的连接在施工现场焊接完成,如图8-7-10所示。焊接时先用定位螺栓定位,再进行贴角焊接。

6) 内衬混凝土组合腹板构造

支座附近节段与标准波形钢腹板节段之间设有钢混凝土组合腹板,其外侧采用波形钢腹板,内侧设混凝土(图8-7-11)。内衬混凝土与波形钢腹板之间采用焊钉连接。

7) 波形钢腹板的防腐涂装

南水北调大桥波形钢腹板的涂装防腐方案为:底层用180μm热喷铝,中间层用80μm环氧云铁,面层用80μm脂肪族聚氨酯漆。防腐设计寿命不低于20年。

8) 预应力体系

南水北调大桥的箱梁采用纵、横双向预应力体系。箱梁纵向预应力采用体内与体外相结合的体系。其中悬臂顶板束、顶板合龙束和底板合龙束均采用体内预应力钢束,钢束采用19 ϕ^s15.20、15 ϕ^s15.20、12 ϕ^s15.20 等,锚下控制张拉应力1395MPa。体外预应力钢束采用22 ϕ^s15.20类型钢绞线,锚下控制张拉应力1209MPa。箱梁顶板横向预应力采用3 ϕ^s15.20类型钢绞线,锚下控制张拉应力1395MPa。箱梁悬臂施工和箱梁合龙时的预应力全部采用体内预应力,以抵抗一期恒载和施工临时荷载,箱梁在连续状态下的体外预应力用于抵抗二期恒载和活载。纵向预应力采用两端整体张拉,横向预应力除边跨端部张拉外,其余均采用一端交替张拉。预应力钢束采用张拉力与伸长量双控。所有纵向、横向体内预应力管道均采用圆形和扁形塑料波纹管,并采用真空辅助压浆工艺。纵向体内合龙预应力钢束按顺序对称张拉,先长束后短束;横向体内预应力钢束在挂篮前移且挂篮后锚点移出梁段后进行张拉。体外预应力

钢束在全桥合龙后、桥面二期铺装及护栏等附属设施施工之前完成张拉。体外预应力采用在中跨交叉锚固于墩顶横隔板的方式,张拉时应在南北、上下游对称张拉。

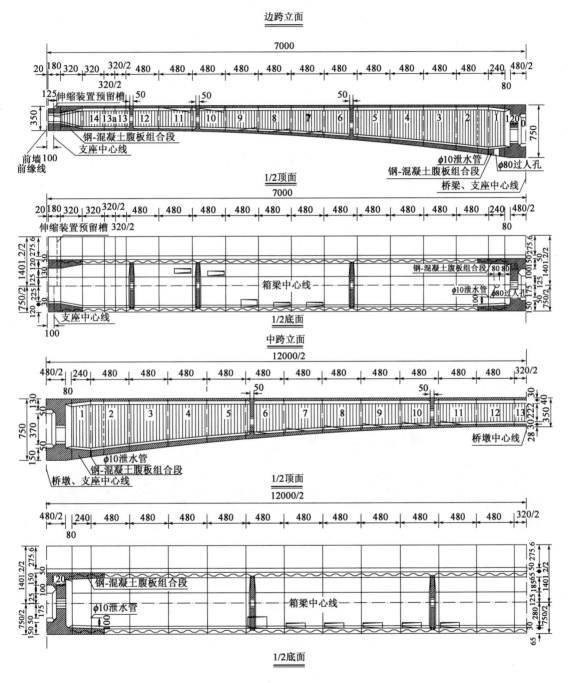

图 8-7-3 南水北调大桥箱梁一般构造图(尺寸单位:cm)

南水北调大桥采用的体外预应力体系是以"易安装、可检查、可维护、可更换"为出发点进行设计,要求采用的体外预应力体系具备有效的防腐措施,能够方便进行单根换束,能够对钢束进行多次张拉、补张拉等操作。

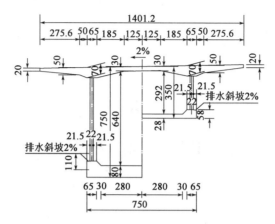

图 8-7-4　南水北调大桥箱梁典型断面图(尺寸单位:cm)

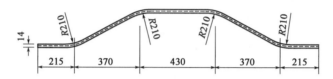

图 8-7-5　波形钢腹板断面构造(尺寸单位:mm)

图 8-7-6　双开孔板连接件

图 8-7-7　开孔板与栓钉组合连接件

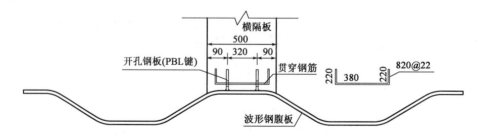

图 8-7-8　波形钢腹板与中横隔梁的连接示意图(尺寸单位:mm)

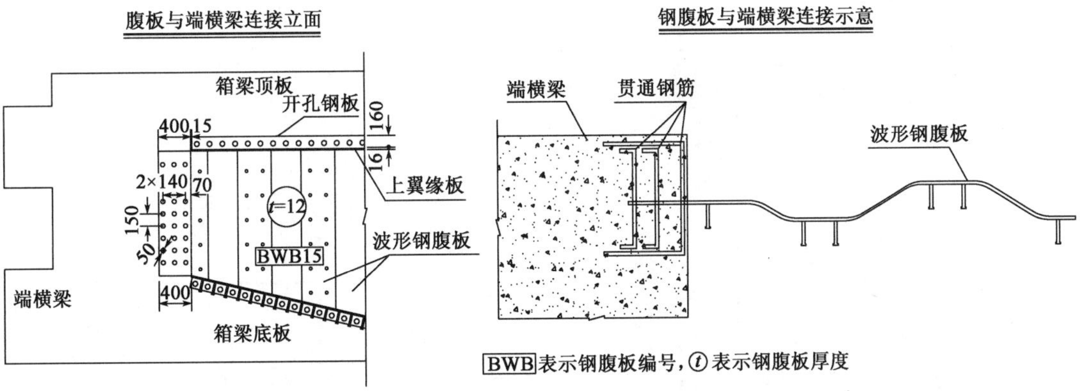

图 8-7-9 波形钢腹板与端横梁的纵向连接示意图(尺寸单位:mm)

8.7.4 南水北调大桥的施工

1)波形钢腹板的加工与连接工艺

(1)多波连续成型工艺。

采用特殊的油压设备和工装模具(图 8-7-12),进行数控连续送料和连续成型压制,制作出若干个连续波形钢腹板(图 8-7-13)。这种生产工艺效率高,质量好,理论上可以无限连续压制,但波长受设备的宽度限制。目前工厂可以生产波长不大于 2500mm 的等截面连续波形钢腹板。

(2)翼缘板成型工艺。

采用数控等离子切割机进行翼缘板下料(图 8-7-14),翼缘板与波形板的焊接采用埋弧自动焊接工艺(图 8-7-15～图 8-7-17)。

(3)波形钢腹板的现场焊接工艺。

施工现场波形钢腹板之间的连接采用全位置小车自动焊接(图 8-7-18、图 8-7-19)。全位置小车自动焊接具有以下特点:

①各项参数可调节,直观精确。焊接横缝和角焊缝时进行斜式摆动,熔池不往下淌,焊缝饱满。

②全程跟踪焊接电流,自动控制小车行走速度,使焊缝成形始终饱满一致。

③焊接小车可以从行走导轨中间卸下,轨道及中途线可选配长度,不影响焊接。

④一次焊接厚度可达到 12～28mm,适用于中厚板角焊缝和纵缝,焊接效率非常高,焊接死角小。

2)南水北调大桥的施工步骤

南水北调大桥采用悬臂现浇施工,设计采用挂篮重 800kN,主梁施工节段划分如图 8-7-20 所示。

南水北调大桥主梁悬臂现浇施工顺序如图 8-7-21 所示。

南水北调大桥主梁悬臂现浇施工步骤如下。

(1)步骤一:0 号块及 1 号块施工。

桥墩施工完成后,在主墩上依次安装托架、支座和梁段模板(图 8-7-22)、波形钢腹板、0 号梁段钢筋以及预应力管道,浇筑 0 号块,梁墩临时固结,并进行 0 号梁段的预应力施工。完成后再拆除 0 号块上托架并组装挂篮(图 8-7-23),分别对称浇筑 1 号块,并张拉顶板钢束。

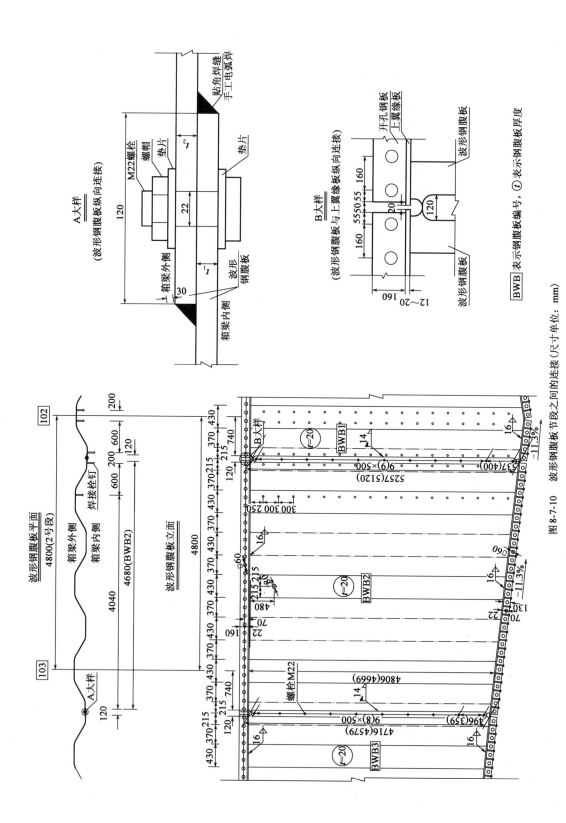

图 8-7-10 波形钢腹板节段之间的连接（尺寸单位：mm）

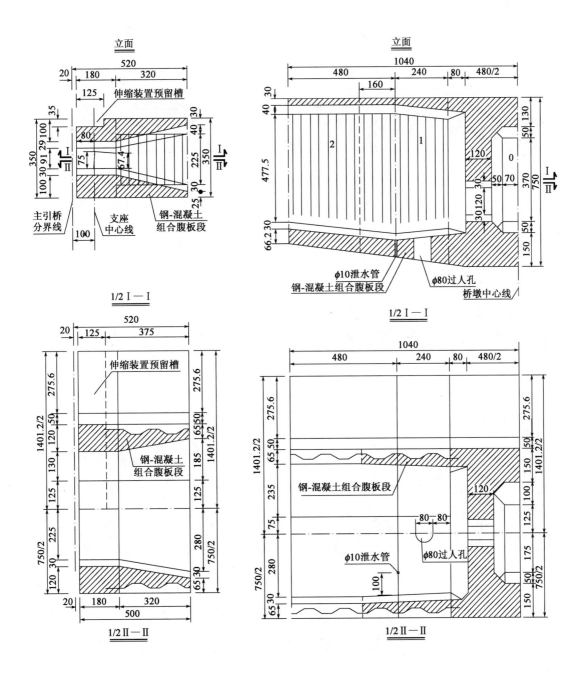

图 8-7-11 波形钢腹板组合段示意图(尺寸单位:cm)

图 8-7-12 多波连续成型设备

图 8-7-13 多波连续成型钢腹板

图 8-7-14 开孔板连接件下料

图 8-7-15 翼缘板矫形与组对

图 8-7-16 翼缘板与开孔板连接件焊接

图 8-7-17 翼缘板埋弧焊接

图 8-7-18 全位置小车自动焊接

图 8-7-19 全位置小车自动焊接焊缝

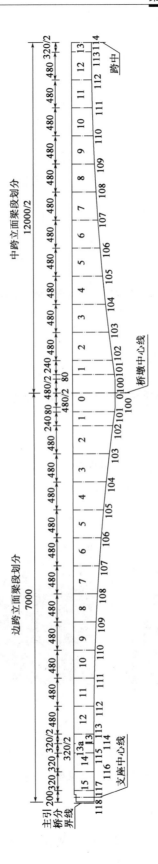

图 8-7-20 南水北调大桥主梁施工节段（尺寸单位：cm）

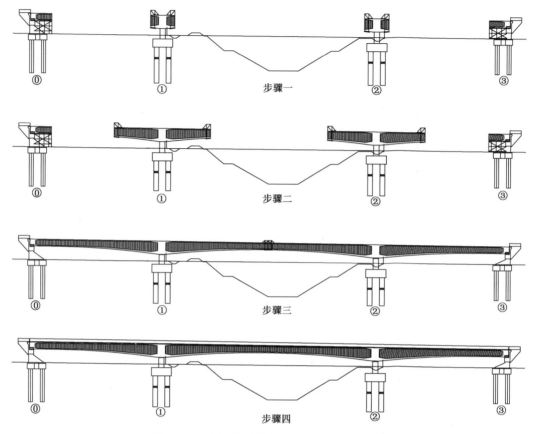

图 8-7-21 南水北调大桥主梁悬臂现浇施工顺序图

图 8-7-22 0 号块及内衬混凝土模板搭建

图 8-7-23 挂篮组装

(2)步骤二:悬臂梁段及边跨段施工。

挂篮前移,进行下一悬臂梁段施工。同样依次安装模板与波形钢腹板(图 8-7-24)、钢筋及预应力管道。对称浇筑 2~12 号块混凝土,并张拉相应钢束。同时架设满堂支架浇筑边跨不平衡段,进行边跨合龙。

(3)步骤三:合龙段施工与体系转换。

在各 T 构形成后,首先边跨合龙,并张拉合龙钢束与底板束,然后合龙中跨(图 8-7-25),

并张拉合龙钢束与底板束,按先边跨、后中跨的顺序进行体外预应力张拉。拆除边跨满堂支架与1、2号墩临时固结设施,进行体系转换,然后进行横向预应力张拉。

图8-7-24 波形钢腹板的吊装

图8-7-25 中跨合龙

(4)步骤四:桥面及附属设施施工。

施工防撞护栏、桥面防水层及桥面铺装,施工桥梁伸缩缝,完成全桥施工(图8-7-26)。

图8-7-26 建成后的南水北调大桥

8.8 本章小结

钢-混凝土组合梁桥的施工方法主要介绍了钢结构的施工方法和混凝土桥面板的施工方法,它们不同的施工方法对成桥后的组合梁受力性能产生不同的影响,因此在组合梁的设计中首先要确定具体的施工方法。钢梁和混凝土的施工方法的确定受到桥梁现场的地理环境条件影响,要根据具体的运输、吊装和架设条件选择合适的施工方法。从组合结构桥梁的未来发展看,陆地上工程体量较大时采用架桥机架设的装配式桥梁施工方法是比较合适的,海洋环境中工程体量较大时采用整体吊装大节段的施工方法则是比较合适的。其他情况下的组合梁桥施工可以灵活选择具体的施工方法。

思考题

1. 桥梁钢结构的现场施工方法有哪些？具体的施工方法是什么？
2. 组合梁混凝土桥面板的施工方法有哪些？具体的施工方法是什么？

本章参考文献

[1] 黄侨.桥梁钢-混凝土组合结构设计原理[M].2版.北京:人民交通出版社股份有限公司,2017.

[2] 赵秋.钢桥——钢结构与组合结构桥梁[M].北京:人民交通出版社股份有限公司,2018.

[3] 吴冲.现代钢桥(上册)[M].北京:人民交通出版社,2006.

[4] LEBET J P,HIRT M A.钢桥:钢与钢-混组合桥梁概念和结构设计[M].葛耀君,苏庆田,等译.北京:人民交通出版社股份有限公司,2014.

[5] 聂建国.钢-混凝土组合结构桥梁[M].北京:人民交通出版社,2011.

[6] 邵长宇.索承式组合结构桥梁[M].北京:人民交通出版社股份有限公司,2017.

[7] 刘玉擎.组合结构桥梁[M].北京:人民交通出版社,2005.

[8] 日本土木学会.复合构造标准示方书[S].出版地不详:出版单位不详,2015.

[9] 封晓平.桥梁顶推法施工的现状及发展趋势[J].交通世界,2018(27):122-123.

[10] 杨俊,刘大洋.单塔单跨钢桁悬索桥加劲梁与桥面板架设方案研究[J].公路,2017,62(5):136-140.

[11] 曾一峰.大跨度混合式组合梁斜拉桥施工关键工序及控制技术研究[D].重庆:重庆交通大学,2016.

[12] 赵人达,张双洋.桥梁顶推法施工研究现状及发展趋势[J].中国公路学报,2016,29(2):32-43.

[13] 伍柳毅,韦富伦.步履式顶推装置设计及应用[J].预应力技术,2014(3):13-20,23.

[14] 张磊.组合结构桥梁步履式顶推施工应力监控策略研究[J].公路交通科技:应用技术版,2012,8(8):340-343.

[15] 杨成.组合梁桥现浇桥面板施工工艺探讨[J].市政技术,1997(2):2-5.